U0578912

何涛 · 著

现象学入门

——胡塞尔的认识批判

GATING FOR PHENOMENOLOGY

On Husserl's Critique of Episteme

SSAP 社会科学文献出版社
SOCIAL SCIENCES ACADEMIC PRESS (CHINA)

题献给我的博士生导师张廷国教授，感谢其良多教益

我们现在被导向深处，
深处一片黑暗，
黑暗之中是问题所在。

——胡塞尔

前　言

本书出版五年了，两次印刷均已售罄，这并不意味着本书掠得新趣或饶有价值，而是因为现象学这个字眼尚翩跹于学术界而已。趣真则滞，涉俗则流，时人所爱，必也早衰，于此无须多意。就国内而言，诸多非哲学专业的研究涉及了现象学，这些研究与我所从事的现象学研究在主题上大相径庭，其整体上都有同样的特征，将现象学研究中出现的一些观点加以利用，以解释审美体验或心灵体验、医学伦理、社会矛盾等相关问题，简言之，其是在寻找论据或思想支持。这些现象学研究，是否真的意味着一种新的研究方式，是否真的推进了对问题的理解，还要把这个问题放到相关的思想史中去考察。历史上的一些思想虽未谈及现象学的还原和反思、本质直观这样的工作方式，却不一定不是以现象学的工作方式完成的；一些现象学的方法虽以现象学命名，却不是现象学的发明，而是早已存在的思考问题的方式。如果利用形色各异的现象学思想得到了曾有的结论，或将本来清晰明了的认识含混化了，或得到了一望即知的观点，那这样的研究就只有增加观点的传播势力的作用，并没有为人类的基本知识库增加知识点的作用，也没有为人类的学术研究提供新鲜的失败经验，以起到提醒后人、避免重蹈覆辙的作用。理论研究要与历史进行对比，实践研究则要考虑它的应用效果，含混二者的模仿性研究，注定是令人不解的。

胡塞尔的现象学，从他对逻辑的研究来看，是与逻辑学相区别的，它的工作方式意味着对形成概念和关系所涉及的内容及心理行为的描述，这种基础性的工作方式可以使我们更好地认识逻辑，理解人类的科学或知识究竟是怎么回事并发展它们。这样的现象学就是描述现象学，意指对所认识的内容及相关要素执行最为忠实的描述，由此而言，这样的工作就成为科学的基础性工作。后来的纯粹现象学，专指对作为思维基础的纯粹意识的研究，这是一种主题化的研究，研究的是仅通过思维自身的反思或直观活动而把握的认识活动中的内在现象，现象学要做的事情就是对这些现象进行描述，以解释认识的形成过程，包括理性、科学这些东西，都可以通过这种反思性描述和分析而得到更好的澄清或促进。先验现象学实则是纯粹现象学的一个分支，它研究的是认识中那些必然存在的一般性的东西，包括一般性的形式、形式之间的一般结构、普遍存在的“前提”等，这些东西是形成严格的理论认识或规律性认识必需的要素。胡塞尔所说的这三种现象学都属于认识论，亦即对认识活动的哲学研究。我所从事的现象学研究是就这种意义而言的认识论研究，而非前述种种现象学研究。认识论研究承担着对哲学或科学、信念或信仰的根本问题予以透彻说明的任务，这些任务都可以从胡塞尔的研究中看到。胡塞尔以现象学冠名自己研究的做法遭到了其老师斯图普夫的严厉批评，这些批评出现在斯图普夫谢世两年后才安排出版的遗著（《认识论》，1939）中，斯图普夫认为胡塞尔不恰当地使用了自己的现象学概念，其本该使用的概念是布伦塔诺的描述心理学。斯图普夫对科学的整体分类曾做过系统性论述。他对胡塞尔的批评是合适的，但并不妨碍我们从认识论角度去理解胡塞尔的现象学，这还会增进我们的理解。当全部科学的一般性问题仍处于争议的时候，此类批评是必要的，理论探索本身意味着我们身处错误之中且对其不满，争论、批评和犹疑是每一新发现所遇到的常态，风平浪静恰恰也许意味着没有新意。

我们既可以从工作方式和目的出发去定义和理解科学，也可以进一步从其研究对象出发去理解。现在流行的做法是含混地从主题上去理解。科学始于描述，成于逻辑，就工作方式而言，科学有描述的，也有逻辑较强的。将科学定义为井井有条的思想工作，显然是偏重从其逻辑方面进行的定义，但没有描述的科学作基础，科学也无法发展，博物学、人类学及对自然事实的历史性描述是现代自然科学和社会科学发展的前基，否则，单纯的构想就缺乏充足的被解释的对象。胡塞尔初期的现象学是就工作方式而言的。从布伦塔诺的描述心理学来看，它属于描述心理学。如描述关于某个概念的心理体验时，将那些在理解概念的过程中由于心理惯性而被忽视的要素重新描述出来，以达到对已有认识的充分理解，为进一步形成对事物更真切的理解做准备。如看到“同一性”，我们会发现它是在意识中对同一个模型的尝试性运用，而非对不同模型的综合；如看到“羞怯”，我们会想到形成羞怯的心理过程，以及这个过程中的动机、目标等心理体验内容。这种工作在古人解释这些概念时都曾做过，如马克西姆在对情绪进行定义和分类时，显然是做了这样的工作的，否则就不可能对各种情绪做清晰的定义和分类。如欣赏自然风景时，当我们觉察到明显的情绪波动并使注意力定向于刚发生的意识过程时，就很有可能反思到面前的自然景色引起我们喜爱它的诸多因素和各种原因。这种定向工作坚持久了，我们就可以获得一种观察和思考习惯，对于那些先天观察力不强的人而言，这种由外到内的凝视训练或许可以提升观察力。科学从目的上而言，是为了满足人的生理或心理需求，或进一步地满足自己求知的天性，后者有益于前者。人是天性上求知的动物，其努力追逐自己的感觉，想获得对自然界和人类社会的认识，认识前者可以更好地满足需求，认识后者可以减少冲突或增强获取的力量，因此，人想透彻地理解事物运行的秘密，所以，人也一直在透彻性和系统性方面下功夫。从这个目的而言，现象学力图追求彻底性的认识。满足生理、心理需求的科学无外乎是技术与艺术类科学。为获得更好的认识，满足天性的科学着眼于对事物的发展变化做出更为简洁有效的描述，它以研究对象为分类标准，这样就形成了研究自然对象和非自然对象的两大类科学。现象学显然不属于这两大类，但它会增进科学的描述，助益科学的发现。“主题”这个词按理说与“散乱”相对应，于是，关于某个主题的科学也意味着其是系统化的学问。现今新兴的科学，多是从主题上界定的，这样可以省去与已存在的科学进行比较论证的麻烦。避免麻烦终究还是麻烦。这些主题有时指的是所要解决的问题，即想要确立的事物间的关系，有时是一组现象，有时是明确的目的，有时是模糊的目的，但多不是从实体方面可以划分出来的科学，这种犯懒导致了许多重复的科学产生，形成了不少麻烦和混乱。文化哲学、认知科学都是从主题上定义的科学，它们研究文化现象和认知现象。当现象学将情感、逻辑、时间意识、纯粹意识等作为自己的研究对象时，它显然属于主题化的现象学。胡塞尔研究的这些问题，在哲学范围内都属于认识论研究的问题。历史上对科学的根本划分各有不同、难得统一，也不尽合理，较为系统的长篇论述是由冯特和斯图普夫做出的，他们各自为确立新兴的心理学的历史地位做了这些工作，后来还有一些，我在这里初步表达的这些看法与他们有所不同。科学是生成的，因此，我认为科学的基本分类只能从目的和方法开始，然后延伸至对象，主题类的科学划分，如果不清楚知晓它在根本上究竟属于哪种类型，就会出现自己也不知其意义何在的模仿研究，因为不知根本研究就无法从内心最深层的呼唤中展开，也就不知意义之所在。感觉在其天性中有喜爱统一性的一面，人在眼花缭乱中因获得统一而喜悦，因持续的喜悦而生出厌倦，在厌倦中又去寻找新的体验，新的体验意味着会带来新的喜悦，周而复始，来来回回，乐此不疲。但不知根本就无法获得更好的统一性，由感觉形成的希望的弥合可致使的喜悦也就无法达成。如情感有其生理方面，也有非生理方面，前者受制于生物本能或化学反应机制，后者则多体现为主动建构的结果，规律性弱于前者。如对生活现象的研究，既有自然性的方面，也有人为的方面，后者的规律性较弱或难以寻伺；如果不明白这一点，将后者的现象视为自然客体的现象处理，获得的就是偏执的规律。持久的精神动力只能基于恒久的目标，如不曾思考产生知识的根本机制和大体，内心中没有深层的呼唤和渴望，信念必然不坚定，研究必然不彻底，仅会模仿前人研究，初期尚可兴致勃勃，后来就自感无趣、“移情别恋”或“游手好闲”了。现象学拒绝模仿，强调重新认知。它的工作方式值得在基础研究中推广，以满足探索深层次理论问题的需求。一些现象学研究的主题，如审美经验、艺术经验，虽仍属于认识论，但在各自的学科及历史中差异很大。哲学被分为自然哲学（形而上学）、伦理学（价值论）和认识论，这是主题式的划分，在这种划分中，现象学属于哲学领域的认识论主题。对哲学的这种划分不尽合理，但以此可以把历史上的相关经验放在一起以便研学，权且采用它也是可以的。科学作为井井有条的思想工作，当其伸向基础时，就成了哲学工作，当其专注实用时，就成了技术工作，它们是相互贯通的。从科学的整体划分看，从工作方式看，现象学是作为描述的科学（描述心理学）出现的，但后来胡塞尔将纯粹现象作为研究对象，从研究领域或研究对象来打造现象学，这必然会产生一些混乱，我认为这是招致他的老师斯图普夫严厉批评的根本原因。但从胡塞尔自始至终的著作来看，他内心的呼唤是深层次的，代表着科学之路上最终的情怀，他的努力执着如一、终始皆然。相照而言，坐井观天、照猫画虎地理解科学和自己所从事的科学，这种理解最终会迷乱自己并破坏科学共同体精神的存在，把科学研究浮巧化，使科学陷入孤立、盲目、杂乱，毁于自利、片面、混乱。

科学应同时用工作目标、方式、对象这三重标尺予以整体理解。从工作方式看，现象学必然和数学、语文等一样，处于科学的底层。又由于胡塞尔认为现象学应该为一切科学奠基，这无形中意味着它应处在最底层。而实质上，这是相对于其他理论性和应用性科学而言的。相对而言，它们都是处于描述层面的科学。在这个层面，除了语文的描述学、数学的描述学（含透视学、音律学等）之外，就多出了一个也在寻求细腻描述的现象学，细腻是为了防止构成认识的要素在运演的过程中引起意义上的不当迁移或混乱，使认识能够保持它所应有的严格和准确。描述是为了忠实地反映事物，基于此形成的理论和规律则是为了预测，应用则依理论干预事物以满足人的某些需求，这三个层面的每一种科学都有自己的目标、方式和对象，目标不同，方式或对象也就不同。无论是纯粹现象学还是先验现象学都离不开对意识的描述，这些描述是为了获得更精确细腻的认识，这样一种现象学，就是认识论意义上的现象学。这样的现象学与斯图普夫的现象学略有区别，后者的现象学指的是对声音、色彩等感觉及其意象的描述，即经验现象学，基于这些经验的描述可以形成的就是物理学及心理学的认识。在最为基本的描述的层面，三种描述的科学任务各有不同：语文的描述力求贴切、生动、感性；数学的描述注重于形式的严密、简练、和谐；现象学的描述则在于挖掘那些被忽略或省略的内容以求更全面地把握形成认识的素材。在描述过程中，它们三者各自发展了（或需要发展出）自己的语法和句法，形成了（或将会形成）庞杂的系统，这就使它们显得像是各自分立的科学一样。而实质上，它们都是普遍的科学，即可以用于所有科学的科学，它们之间也可以互相借用——都是为了将心中领会的东西更好地表达出来。相应的，作为一门科学所具有的三个层面的内容，在其最基本的层面就是它的语文、它的数学、它的现象学，继之是为实现其特定目标而形成的理论或规律，继而是它的应用部分或最终诉求，其不同层面的目标、工作方式、工作对象也不一样，或不完全一样。但是，胡塞尔不仅追求对形成认知的那些心理现象的描述，也希冀通过这些描述形成对意识认知活动的一般结构的描述，这实质上就是对意识活动的认知方面的规律的内在研究，对获得的这些规律的应用形成的就是更为严密、有效的认识。这样的现象学也就意味着自己有三个层面：第一个层面是对参与认知的意识活动及其素材的描述；第二个层面是直觉的理论，即揭示“较为原始的理性”的根本性质而形成一般性理论或规律；第三个层面是运用这样的直觉理论形成对认识的认识，形成对事物的认识。实质上，作为科学的数学也包含着相似的三个层面。同样，作为科学的语文也应包含相似的三个层面。胡塞尔以现象学统称自己的研究，而其实质上包含着不同层面的研究，这是我们须区别对待的。胡塞尔这样的现象学研究，与其他流派的主题化的现象学在诉求上是不一样的，他的目标是基于对纯粹的心理现象的描述而形成理论化的现象学科学或现象学哲学，或作为严格科学的哲学。进入这条道路的方式之一就是对认识的批判。

简言之，现象学思潮，各种主题化的现象学，作为一种工作方式的现象学，作为一门科学的现象学，它们是不同的。将这些现象学综合起来形成一个统一的现象学是不合理的愿望。

现象学如果要作为一门科学存在，还得明确自己的研究目标和对象，总的来说，认识论意义上的现象学要解决的是认识论问题，它的目标在于获得更严格或更彻底的认识，它的研究对象是认识活动，它的工作方式是还原、直观、紧贴着直观对观念的自行变更、描述。我们不能把所有涉及现象的研究都视为现象学，也不能把涉及这些工作方式的学问都视为现象学，否则就只有现象学这一门科学了。不存在一门漫无边际的科学，那样的科学无法成立，也不能有效推进。

胡塞尔关于意识或与认知相关的意识活动的研究，这样的作品、这样的思想，在现今脑科学如火如荼推进的时代，还能发挥多少作用尚无法评判。人脑的工作作为一种化学机制，细胞分子层面的解释远比传统的观察和玄思更为真切，解释也更为究竟。但我认为，我们还需要胡塞尔现象学，因为描述的科学为理论科学及实证科学提供素材，现代的脑科学毕竟还没有完全解释清楚意识的秘密，在这种情况下，胡塞尔对意识活动自身的反思式的描述仍然是一种可以参照的历史经验。此外，胡塞尔辛勤努力的方向，与今日对大脑和意识研究的自然科学是完全一致的，只是它们的工作方式不同。但若枉顾自然科学研究的成果和事实，继续沉迷于回避事实的单纯构想之中，那就令人无奈了。哲人的话语仅可以刺激我们的思考，但并不就是问题的答案。就社会事实和人类已有知识而言，现象学所强调的“面向事情本身”的基本态度（这也是所有已成功的科学研究本来就秉持的态度）和已有的部分工作经验，对于克服教条主义、形式主义、低级的拿来主义等无利于有效解决社会问题和科学研究的简单、平庸的行为习惯而言，还有用。

现象学努力去获得已有认识中所应包含的更多内容的做法，有助于形成更全面、更准确的认识，这是在研究中需明确建立的和值得巩固的科学习惯。各类社会科学研究在使用现象学方法和观点时，如果是理论问题，要看其最终是否获得了清晰明了的认识，现象学的方法和观点并不能对这些研究的结果做出保证。方法从来就没有预先的正确性，它的正确性是在目的实现之后才确定的，观点也仅是对应于其原本的对象时才是正确的。现象学中的观念、结论，也仅是部分内容的呈现。因此，我们首先要做的是面对事情本身，而不是事先相信任何方法和律令，至多暂时借用它们以盘活对事物的认知活动，所有方法都是人类在解决问题的过程中经尝试而形成的，律令是权宜的规范，它们都没有先行的必然的正确性。由此而言，面对事情本身的现象学态度优先于现象学所使用的方法和其他的现象学思想。

人类对世界的认识是在对事物的反复观察、体会、发现、构想、验证的基础上形成的，相对于此，现象学的一些思想和观点在研究中或许会有引导观察、丰富体会、引导发现的作用，这与多思多读多看多闻以扩展视野和提升思维素养会产生的作用并无明显差异。在这个过程中，丰富的观察和体会有助于我们更透彻地理解事物。

一些非哲学的研究中，对现象学的理解只是现象学著作中一并会体现的哲学观点，并不是现象学所独有的。有科学家认为，现象学在于以更全面的方式看待问题，而实质上，哲学和科学都力图更全面地看待问题。科学家从现象学中获得的这种思想对其研究并无特别助益。科学家从现象学著述中提取到的观点是不能直接使用的，这不是现象学无意义的体现，却恰好是现象学应期望的样态，这即是现象学还原之所以存在的意义所在，现象学还原本身意味着别人还原的结果是不能直接使用的。通过熏习、练习现象学的工作方式，你获得的会更多，除非不想这么干，那就在少量的教条中安心。现象学的工作方式，意味着基础的理论和认识都需自己重新思考，这进一步意味着在已有认识的触动之下，努力调动自身最为基本的直觉和反思功能，描述出事情本身的构成，才可能形成较好的认识，形成时代中较好的表达。在这个意义上，现象学体现了独立思考的工作习惯。对于现存社会问题的思考、表述和解决，只是搬运古人的词汇、外来的说法，这是缺少对现实问题细致观察和思考的体现。世界是不断变化的，这必然要求我们不断重新观察、思考和提炼问题，顺着较为永恒的意义，去寻求解决问题的答案。食文不化，是思想惰者的特征，这样做必然无法解决根本问题。多数人明白，没有人会通过抄作业名列前茅，更何况是基础研究呢？时新玩乐，莫不旧日相识，搬运旧说他论不会从根本上解决新问题。今月曾经照古人，古月不曾照今人，不仅世事变化须重新认知，人的认知和情感也在变化，旧词古曲，对其感触已有既定偏好，难以改善今人已变的内心，搬运旧文，宣传新知，解答新事，这本身就是对新知新事缺乏透彻理解时的错误做法。在对问题和事情的理解中，现象学的工作习惯远胜于它所产生的认识，是基础的理论研究所必需的，在这个意义上，万物皆可现象学，但所有以此形成的学问又都不是现象学，它们应有其自身的学科归属，因此，存在与现象学相关的哲学家或科学家，但不存在现象学家。而且，作为一门科学的现象学或胡塞尔所设想的现象学科学还没有形成，只存在一些基础性的工作和尝试，因而也就不存在真正意义上的现象学家了。因此，对待现象学的合理态度之一就是不要使用任何现象学家的观点！

总是对事物和感知予以渐趋详尽的考察，我们才有可能获得较为全面且透彻的认识，进一步以此才能揭示出过往经验中的合理性和批判它们中的不合理性，以此进一步地才可能认识其他可能性的存在。在后续的这两层意义上，现象学是彻底的认识论，彻底的认识论必然是现象学的，除此之外不存在其他可能存在的彻底的认识论。

2024 年 5 月于楚庭

目　录

第二篇　现象学方法与认识批判

第三篇 胡塞尔对近代认识论的批判

第四篇 胡塞尔对近代认识论的超越

第一章　导言

胡塞尔（Edmund Husserl，1859－1938）是欧洲近代认识论史上最后一位哲学家，他的现象学认识论是对近代认识论的超越。他不仅试图打通主体与客体之间的阻隔，也试图打通经验主义与理性主义之间的阻隔，还要贯通自然科学与德国观念论之间的断裂。

本书是对德国哲学家胡塞尔思想的专门论述，主要梳理和讨论了与胡塞尔的认识批判相关切的问题，包括笛卡尔（René Descartes，1596－1650）、休谟（David Hume，1711－1776）、康德（Immanuel Kant，1724－1804）、布伦塔诺（Franz Brentano，1838－1917）、弗雷格（Gottlob Frege，1848－1925）等对胡塞尔思想的影响，从方法自身的系统化产生和构成层面论述了现象学方法。这些问题中，胡塞尔对近代认识论的批判是此前国内外哲学研究中较少顾及的零散内容。胡塞尔毕生孜孜以求地朝向认识之彻底性的方向，如他所言："哲学的理念本身就包含一种最终有效性和一种有关最终有效性的彻底精神。"① 就这一方向而言，从认识论的角度研究胡塞尔现象学，是进入胡塞尔现象学的一条有效门径。

从认识论角度研究胡塞尔现象学，这样做并不意味着将胡塞尔的现象学视为那种论证链条明显存在断裂却过度地形而上学化了的"主客二分"的认识论，而是将其视为对认识活动的系统性构成予以科学化把握的那种彻底性的认识论。这对于从整体上理解胡塞尔现象学哲学的思想发展和内在脉络是较为有利的方式，在很大程度上可以避免零散的

① 胡塞尔：《第一哲学》下卷，王炳文译，商务印书馆，2017，第62页。

概念研究所导致的思想的乱绪化。科学化的研究需要努力寻找事物的主要内核，并在此内核之上形成一种系统性的研究和对认识的系统性的把握方式，而不是仅仅停留在零散的观察经验和知识经验之上。假令我们也站在主客二分的认识模式上看待这一问题，与大多数杰出的哲学家一样，胡塞尔不会轻易地坚持对世界的客观性认识的拥有，而只是一再展示自己以主观性通向那种客观性的努力和所达到的程度。

在论述的主要线索上，本书所表明的是胡塞尔研究的认识论取向。这一论述以认识批判为核心，目的在于探索胡塞尔现象学哲学的内在演化路径。胡塞尔说："认识批判终结了本质上包含在科学体系的理念中的学科的领域。人们也能够以充分的合法性把握如此宽泛的逻辑学概念，它囊括了认识批判这样一门最终阐明理论理性本质的学科。"① 胡塞尔在与舍斯托夫（Lev Shestov，1866 - 1938）的谈话中也表明，对已有认识的根本问题做出澄清，获得彻底性的认识，就需要对已有的认识进行批判，写作《逻辑研究》的初衷就是进行认识批判。

可以毫不怀疑地说，现象学就是在认识批判中产生的。研究胡塞尔的认识批判，是进入胡塞尔现象学的一条门径。但本书并不是普通的入门读物。当然，根据胡塞尔的其他论述，进入现象学的道路还有数条。无论是以何种方式，只要能够抓住胡塞尔的主要问题，都是可行的进入现象学的途径。

胡塞尔是20世纪著名的哲学家。他于1882年获得数学博士学位，他开创的现象学在当代哲学及相关学科的发展中具有重要、广泛的影响。胡塞尔一生笔耕不辍，共留下了4万多页的手稿及相关

---

① Edmund Husserl, *Einleitung in die Logik und Erkenntnistheorie*, *Vorlesungen 1906/07*, Hua XXIV, Hrsg., Ullrich Melle, The Hague, Netherlands: Martinus Nijhoff, 1985, S. 157.

出版著作，给人们留下了高贵的精神财富。这些资料于二战前转存于比利时的卢汶档案馆。这些遗稿经整理后陆续出版。截至 2024 年，可以见到的有 43 卷的《胡塞尔全集》，此外还有档案 4 卷、资料 9 卷。已有的这些出版物有 3 万多页的内容。其余遗稿仍在陆续整理出版中，研究者可以在胡塞尔档案馆的网页上看到出版计划和相关的文献目录。

胡塞尔的著作被翻译为英语、法语、意大利语、日语、波兰语、汉语、韩语等多种语言文字。目前已翻译出版的中文译著数量居首位，共 35 册（按最后一版计近 1.6 万页）。涵盖《胡塞尔全集》共 22 卷的内容和非全集的《经验与判断》。相关的研究著作有一部分也被翻译为了中文。

胡塞尔现象学开端于他的著作《逻辑研究》。1900 年，欧洲哲学史上有两个具有象征性的重要事件：一是尼采（Friedrich Nietzsche，1844 – 1900）去世，二是胡塞尔出版了其现象学开端性著作《逻辑研究》。前者试图颠覆西方道德思想和传统价值，揭示蒙蔽于神学和道德之下的人的脆弱性和劣根性及与此相关的精神危机。为此，人们也将尼采视为现代西方哲学的开端。而后者却仍然坚信严格的科学可以满足最高理论的需求并使人的行为受到纯粹理性的更规范的支配。这一努力显然与其他现代西方哲学家有根本不同，所以，胡塞尔更应该属于传统意义上的哲学家。胡塞尔也认为哲学家需要继承的是传统哲学家的精神和情怀。就这一点而言，胡塞尔的确是传统意义上的哲学家。

《逻辑研究》出版几年后，现象学才逐渐在哲学研究领域产生影响。后来，演变为波澜壮阔的现象学运动。20 世纪前半叶现象学传入中国，在 20 世纪 30 年代的报纸杂志上可见到十余篇对胡塞尔现象学基本思想的介绍。自 1978 年以后，国内掀起了现象学研究热潮，研究队伍逐渐扩大，研、译著作不断问世。这段历史可参阅张庆熊的回顾。[1] 经过40年的发展，中国的现象学研究及胡塞尔研究已经成为当今世界此类研究的重镇，多所大学成立了与现象学相关的研究中心。

由胡塞尔所点燃的现象学运动的影响是深远庞杂的。但从认识论传统看，现象学运动中唯有胡塞尔更多地沿袭了这一传统。其现象学作为意识现象学[2]，实则是将认识论研究聚焦于对意识（意识现象）的研究。与以往现象学研究相比，从认识论角度有利于把握胡塞尔的思想。恰如胡塞尔信赖的学生马尔文·法伯（Marvin Farber，1901－1980）在节译、意译《逻辑研究》（*The Foundations of Phenomenolgy*，1943）时所做的那样：立足于逻辑与认识论，以使胡塞尔思想在美国容易被理解。[3]

胡塞尔在其思想开端就是在认识论范围内进行研究的（如数学的基础、逻辑的本质），并以此逐渐深入意识世界。因而，意识研究实则延续了认识论研究。胡塞尔也认为，“唯有在现象学的基地上才能提出合理的认识论问题”，彻底的认识论问题都是现象学的问题，对实际自然及自然科学结论的合理诠释，都是以纯粹认识论问题（即现象学问题）为前提的。[4] 胡塞尔曾将现象学方法视为认识批判的真正方法。[5] 这里的认识批判就是对认识的现象学研究。《胡塞尔全集》

---

① 张庆熊：《中国现象学研究四十年——基于个人经历的回顾》，《天津社会科学》2017年第5期。

② 胡塞尔：《文章与讲演（1911—1921年）》，倪梁康译，人民出版社，2009，第18页。

③ 曹街京：《在“构造”与“分析”之间：〈逻辑研究〉在胡塞尔现象学中的地位》，载《现象学在中国　胡塞尔〈逻辑研究〉发表一百周年国际会议》，上海译文出版社，2003，第4页。

④ 参见胡塞尔《文章与讲演（1911—1921年）》，倪梁康译，人民出版社，2009，第197页。

⑤ Claire Ortiz Hill, “Translator's Introduction”, in Edmund Husserl, *Introduction to Logic and Theory of Knowledge: Lectures 1906/1907*, Trans. by Claire Ortiz Hill, Dordrecht: Springer, 2008, p. XIII.

中有不少关于认识论的讲座①，也有“现象学认识论”的专题研究。②在思想后期，胡塞尔通过对近代认识论的批判阐明了现象学的认识论任务③，并将现象学视为彻底的认识论。④ 这些研究不厌其烦地从现象学角度去澄清认识的对象和方法，与以往的旨在进行理论化和系统化的认识论研究截然不同。

从胡塞尔的认识批判中，的确可以看出胡塞尔现象学中蕴含的认识论传统。与这一批判相关的内容主要包含两部分：一是胡塞尔认识批判的方法，这主要是指现象学的方法；二是胡塞尔批判的对象（自然主义和心理主义、近代认识论）。现象学的方法在对流行的自然主义、心理主义哲学的批判中使研究者更容易看明白其任务和操作程序。对近代认识论的批判，是认识批判的延续和展开，对于理解胡塞尔思想的认识论向度有着重要意义。所以，现象学方法与认识批判是密不可分、相互交织的。

研究胡塞尔现象学中的认识批判理论及相关认识论问题，不仅有助于贴近胡塞尔现象学的核心，也有助于把握胡塞尔现象学的实质，也是进入现象学的门径。在不同时期的文本中，胡塞尔对近代认识论进行了一系列或多或少的批判，且从不同的起点思考了现象学认识论的内容。因而，研究胡塞尔关于认识批判及认识论批判的相关方面的问题，对于

---

① 这些资料见于德文版《胡塞尔全集》第24、30卷，资料卷第3卷。

② 在《文章与讲演（1911—1921年）》中，胡塞尔有专门的“现象学认识论”的研究，并将现象学视为科学理论（Wissenscaftstheorie）。（第213页）鉴于汉语中“科学”一词并不明显地包含德语“Wissenscaft”一词的古老含义“知识”，所以，“Wissenscaftstheorie”虽译为“科学理论”，但还是认识论的含义，与费希特的“知识学”（Wissenscaftslehre）的含义其实是一致的，都是关于认识论的研究。与此相关，波尔扎诺的《知识学》（*Wissenscaftslehre*）探讨的是认识论的主要问题。这部著作对胡塞尔的影响也很大。

③ 这些批判集中出现在胡塞尔的《第一哲学》上卷中。

④ 参见胡塞尔《第一哲学》下卷，王炳文译，商务印书馆，2017，第693页。

彻底理解人类的认识活动的本质特征具有重要意义。

胡塞尔认识批判的内容主要集中在《第一哲学》《现象学的观念》《逻辑学与认识论导论》《欧洲科学的危机与超越论的现象学》等著作中。在《现象学的观念》中，胡塞尔不仅把现象学的任务明确地定义为认识批判①，也在其他时期的讲座和著作中直接或间接地贯彻了这一任务。这充分体现了他对认识之彻底性目标孜孜不倦的追求精神。其中，《第一哲学》通过梳理近代认识论产生的背景及其实际目的和形态，批判了近代经验主义、理性主义哲学及知识客观主义的局限性，阐明了通向现象学的道路；《逻辑学与认识论导论》与《现象学的观念》，直截了当地提出了现象学的认识批判以及认识的现象学研究这一任务；《欧洲科学的危机与超越论的现象学》通过对欧洲危机所形成的根源的追溯，批判了近代以来偏执的理性主义思潮，提出了解决这一困境的先验现象学路径。

与此相关，胡塞尔的其他著作对于理解胡塞尔的认识批判和认识论具有重要意义。《算术哲学》《逻辑研究》《纯粹现象学与现象学哲学的观念》《被动综合分析》《形式逻辑与先验逻辑》《经验与判断》等著作，从不同的起点出发对认识的一般要素及其特征进行了详细论述。这些论述体现了胡塞尔思想在不同时期的发展变化，但总体上都围绕认识问题进行不同程度的内在性探讨。例如，《算术哲学》的主要出发点就是为算术寻找哲学上的奠基，这一奠基就是对算术的认识之基础的奠基，这虽然不是胡塞尔真正的现象学著作，却体现了胡塞尔朝向认识的彻底性方向的早期努力。《逻辑研究》致力于揭示逻辑要素在意识中的产生情形，并且力图克服逻辑学的心理主义误区，将逻辑学视为关于规范的科学，而不是本质的科学，由此引出了现象学。《纯粹现象学与现象学哲学的观念》三卷本可以视为胡塞尔思想中期意识现象学的综合

① 胡塞尔：《现象学的观念》，倪梁康译，商务印书馆，2017，第33页。

性研究著作，这是继《逻辑学与认识论导论》这一极其重要的枢纽性著作后，形成的现象学哲学的重要著述。对认识的范围、认识的诉求等方面进行了较为详细的论述。在现象学哲学的一般论述之后，论述了自然世界与精神世界的构造问题，阐明了自然科学的本质问题。后两卷的内容紧紧承接着《逻辑学与认识论导论》中对象的“双阶构造”（对象的高阶构造与初阶构造）和自然科学阐明。《形式逻辑与先验逻辑》通过对逻辑理性的偏执化的批判，阐明了一门真正的具有严格科学特征的逻辑学必然要建立在内在给予性的基础上，即规范性的来源问题。《经验与判断》着重分析了判断的主词与谓词在内在经验中的起源，它的出发点是从“判断的明证性回到对象的明证性”，所以，必然是与对象的高阶构造紧密联系的。这是因为逻辑必须建立在对象的高阶构造的基础之上。这一著作是在《逻辑学与认识论导论》基础上对逻辑学所进行的谱系学研究。除这些著作外，还有其他涉及认识论问题的著作。

这些繁多的著作，为我们展现了胡塞尔现象学与近代认识论不同的研究面向。胡塞尔把现象学方法作为认识批判的真正方法。他对“对象”的研究及其领域的扩展，与以往的认识论哲学也有一些不同。他反对以获得认识的既定性质为目的的认识论研究。胡塞尔之前的认识论侧重于对认识体系的构造，侧重于对认识的性质、目的等方面的梳理与研究，集中表现为对认识的一般规律的研究。胡塞尔认为，这些研究要么是经验主义的，要么是理性主义的，要么是极端怀疑论的。对于胡塞尔而言，他的现象学致力于阐明在何种意义上通过何种方法才可以获得认识的彻底性和明晰性。

就根本任务而言，胡塞尔现象学意义上的认识批判在于整顿认识的混乱，揭示认识的给予性本质。① 胡塞尔对欧洲近代以来的认识论予以

① 参见胡塞尔《现象学的观念》，倪梁康译，商务印书馆，2017，第43页。

了彻底的批判，并寻求认识真正得以可能的根基，将认识奠基于绝对的自身被给予性之上，以此摆脱游移不定的认识论倾向。胡塞尔曾表明，他的认识批判的任务包含在对逻辑理性、实践理性和普遍价值理性的批判中，其目的是理清“理性批判的意义、本质、方法、主要观点”，理清和阐述“理性批判的一般纲领”。[①] 换言之，这样一种理性批判，就是一门现象学意义上的“本质科学”或现象学哲学的准备过程，这是一门建立在直观的可以“看”到的给予性意义上的本质科学，在关于“什么是本质”的界定方面，与以往经验主义的本质科学和自然主义的本质科学有很大不同。

就主要问题而言，胡塞尔认识批判的主要任务是彻底清算近代以来对认识论问题的“二元对立”的解决模式。

近代以来，由于笛卡尔哲学及其“心物二元论”的影响，认识论逐渐发展成为主体与客体“二分”的二元论哲学。我认为，这一趋向虽然在部分程度上来自笛卡尔哲学，但极端化的缺乏严密支撑的论证和思考导向，最终将主体与客体对立起来以解决认识论问题而忽视了其内在的关联性，这一做法实际上并不一定完全符合笛卡尔的本意。这一做法造成了主体的认识与客观的规律之间的断裂。因此，站在主客二分的认识论立场上，认识论问题最终的困惑集中于“主体如何能够切中客体”[②] 这一问题之上。

也恰恰是在笛卡尔思路的影响下，古老的宇宙论哲学的研究，需要首先确认主观性认识的合法根基。因此，研究重心也转移到了认识的主观性研究上，并在近代以来首先集中表现为对人的认识能力及其范围的研究。这也是自洛克（John Locke，1632－1704）到康德及后来的认识

① 胡塞尔：《现象学的观念》，倪梁康译，商务印书馆，2017，第2页。
② 胡塞尔：《现象学的观念》，倪梁康译，商务印书馆，2017，第11页。

论哲学在不同程度上体现出来的共同方面。但这些做法都不能满足人们对认识之彻底性的寻求。

为了更好地解决这一问题，在马赫（Ernst Mach，1838－1916）主义和实验心理学成就的共同影响之下，在认识的主观性研究中，人们感受到了自然科学（实验心理学）和逻辑学的强大魅力，于是，一些人把事物自身的规律与认识的规律等同了起来，把逻辑的规律与思维的规律等同了起来。这种默许的看法尤其体现在与胡塞尔同时代的心理主义的一些哲学态度中。这是一种自然的思维态度，它没有贯彻彻底反思的意识，即没有寻找认识得以产生的真正根源，因而也未能彻底解决认识何以可能的问题。而在胡塞尔看来，这一根源只能在意识活动中去寻找。如果认识的基础和建立的方式是有疑问的，那么，在这样的认识基础上，就不能建立稳固的认识。同样，将认识论问题的研究当作主体性中蕴含的规律的研究，这一做法，实质上潜在地承认了一个未经审查的不言而喻的前提。当"二元对立"的认识论立场无法解决其中所蕴含的矛盾时，自然就受到了人们的质疑，并最终导致了怀疑主义与相对主义倾向。

为了彻底解决近代认识论所面临的这一困境，胡塞尔基于他自己数学分析方面的素养，在继承布伦塔诺的意识理论的基础之上，通过对逻辑学的研究，通过现象学的认识批判的逐步展开，将认识论问题奠基于纯粹意识中的绝对被给予性上，并形成了作为认识批判的真正方法的现象学方法，继而产生了他的纯粹现象学和现象学的认识论。

认识论意味着两个方面：一是在认识活动中贯穿的某种认识立场或认识体系，二是对认识活动本身的哲学研究。前者不必然是后者，但后者的研究中必然包含着前者的原则。因而，涉及对认识论的批判问题，也就相应地包含两个方面：一是对某种认识立场的批判，二是对认识之哲学研究的批判。相应地，在前者中包含的就是对自然主义、经验主义、怀疑主义认识立场的批判，后者包含的就是对洛克、贝克莱

(George Berkeley, 1685 – 1753)、休谟、康德等对认识活动本身的哲学研究的批判。对这二者的批判是相互结合、相互渗透的，无法截然分开。为了叙述方便，将前者称为认识批判，将后者称为认识论批判，因而，在后者中也就理所当然地包含了对近代认识论哲学的批判。但对认识论哲学的批判（简称为认识论批判）并不是与认识批判并列的独立部分，而是与之紧密关联的部分。

胡塞尔的认识批判主要涉及对心理主义、自然主义、经验主义和怀疑主义等"一般认识论"的批判，这是一种对认识立场的批判，是对当时自然科学和哲学领域中存在的认识原则及方法的批判。在这个意义上，胡塞尔的认识批判虽然是对当时存在的认识立场及其根源的批判，却又不同于以往的认识批判。如康德的认识批判是对唯理论和经验论的批判。胡塞尔的认识批判旨在达到认识的最终明证性，达到认识的绝对被给予性和相即的被给予性。

胡塞尔对近代认识论的批判是其认识批判的进一步展开。认识批判是原则性的批判，而近代认识论批判（对认识论哲学的批判）是在认识批判的基础上，对近代认识论哲学家的思想原则、方法及主要观点的批判和澄清。

认识批判必须借助对现有哲学观念的批判而展开，这样才能避免玄谈，使人们真正领会到认识批判的方法与目的。但这样一种批判首先也离不开对现象学的认识的确真性把握。如果预先没有对认识活动的确真认识，那么，在批判中就会失去方向，并最终走向消极的怀疑主义，陷入对世界认识的相对主义甚至不可知论的境地。

具体而言，本书的主要内容有四个方面。

1. 认识批判的方法

首先是现象学还原。现象学还原需要排除任何超越之物和既定的实存的东西，最终还原到纯粹意识之中。这样，才能从最直接的自身给予性中对认识活动进行真正彻底的考察。现象学还原有两个基本步骤：第一步，确立本质事物的独立合法性，这一确立，目的在于避免将本质事物心理化的做法；第二步，考察内在本质与超越性的本质之间的关系，即是说，现象学还原将超越的东西还原到纯粹意识之中，以摆脱对本质和本质事态心理化的倾向，从而考察内在的本质与超越的本质之间的区别与联系。在此之中，一方面涉及的是在意识自身中的诸构成物的本质，另一方面是超越于意识的个体事件的本质，这是“被意识构成的东西”的本质。① 在现象学还原中，需要对本质还原和先验还原（超越论的还原）进行区分。本质还原是从方法上得到保证的本质直观过程，按照胡塞尔的定义，是从心理学现象走向纯粹本质的还原过程，在判断思维中意味着从事实性的一般性向本质的一般性的还原过程。本质还原是先验还原的核心部分。“先验还原”是“先验现象学还原”的简称，是对超越的东西的还原。先验还原在一定程度上包含着本质还原，但凸显了使先验之物重新获得认识上的有效性的方面，也意味着对超越的认识的构造过程，或意味着对超越之物重新把握的过程。所有的超越，包括自然科学、精神科学等，都要排除掉，暂且存而不论。本质还原与先验还原不能截然分开，前者针对的是还原的范围和还原的最终归宿，后者却包含了还原的对象。但都同时包含着“彻底地重新进行认识”这一意蕴。需要强调的是，本质还原就是还原到本质直观中，这是最为核心的还原。但有些东西无需还原，如几何学中的直接给予性的东西。

其次是本质直观的方法。直观与显现的含义是等同的或相通的，直观是从主体侧而言的，显现是从客体侧而言的，显然也就是呈现。在胡塞尔现象学中，本质与直观紧密结合在一起。但是，在现象学意义上，

① 胡塞尔：《纯粹现象学通论》，李幼蒸译，中国人民大学出版社，2014，第 109 页。

一种纯粹的直观并不存在，是无法被人们理解的抽象物。直观一定是对于某一现象的直观。本质直观具有给予性行为的特征，它的被给予之物是一个纯粹的本质，不包含任何个体的东西。本质直观的对象不是一般经验直观中的对象，也不是感性直观中的个体对象，而是本质直观自身给予的纯粹本质的东西，与本质直观伴随出现。离开直观意识，个体对象可以实存，离开本质直观，本质直观的对象无法实存，因为它的对象是观念物。对本质直观的理解应借助于经验直观这一人们较为熟悉地感受过的东西。本质直观不仅有不同于经验直观的对象，也有自己相应的范围。简言之，本质直观意味着对心理体验的最单纯的把握。

2. 对流行的哲学观的批判

首先是对心理主义的批判。主要是对逻辑基础的心理学化及自然科学基础的心理学化的批判。在胡塞尔的认识批判中，心理主义主要是指对逻辑基础的心理主义解释。心理主义是一种将认识的基础奠基在心理学的认识论基础上的哲学立场。如此一来，逻辑学的规律就变成了一种自然规律，这是荒谬的。问题在于他们未能真正把握逻辑学的本质，也没有意识到逻辑学的本质应当建立在纯粹意识的直接被给予性之上。逻辑学只是作为规范的科学，不能因为其在实际的推理过程中的效用性而直接将其当作思维自身的规律。

其次是对自然主义的批判。主要是对实验心理学的原则、方法、成就的批判。对自然主义的批判就是对自然主义影响下发展起来的心理学的批判，更多的是对实验心理学的批判，且集中体现于方法的批判。自然主义哲学最主要的特征就是将意识自然化，经验意识与纯粹意识混淆在一起，曲解了自然科学中有价值的、理论化的、实践的理想，把形式逻辑当作思维的自然规律，把心理规律当作物理规律予以研究。自然主义哲学，要么是观念主义哲学，要么是客观主义哲学。无论它属于哪一种，都不能有效地回答“主体如何切中客体”的问题。胡塞尔对自然主义批判的主要内容有两个方面：一方面是对其基础的批判，另一方面是对其方法的批判。自然主义的基础是经验主义，对经验主义的批判就是对自然主义基础的批判，也是对心理主义的进一步批判。自然主义的方法典型地体现在实验心理学中。

3. 对近代认识论的批判

首先是对理性主义的批判。对理性主义进行批判的重点是笛卡尔的怀疑论和康德的认识论。胡塞尔认为理性主义的大多数哲学家都没有看到意识自身所需要的真正的本质分析的方法，在前提上与方法上具有共同的缺陷。所以，胡塞尔对大多数理性主义哲学家的认识论的批判都一笔带过，但对于康德认识论的批判的专门论述在其手稿和演讲中为数不少。

其次是对经验主义的批判。胡塞尔对经验主义认识论的批判，主要集中于洛克、贝克莱和休谟三位哲学家。胡塞尔认为，近代以来的经验主义哲学，对一门返回到内在意识中去寻求认识之彻底性的现象学有着重要作用，“它促使建立一种使哲学一般第一次成为可能的、将一切知识返回到现象学起源的方法获得成功，并且使一种彻底直观主义哲学的要求得以突出”。[①] 然而，经验主义由于其方法的缺陷，由于其秉持不言而喻的未经证实的前提，最终必然走向怀疑论。但始终存在于经验主义中的直观主义方法是自然科学和现象学都需要的方法。然而，这种直观主义方法需要进一步改造才能为现象学服务。

4. 现象学对近代认识论的超越

首先，现象学作为彻底的认识论。对理性认识的批判需要回溯到对理性认识使用的概念等方面的主观性起源的探讨，必然无法借助已有的

① 胡塞尔：《第一哲学》上卷，王炳文译，商务印书馆，2017，第242页。

客观科学的理论来完成，只能通过探讨意识把握活动中的观念起源来完成。这样一来，认识论这一诉求，就成了现象学研究的课题。为了满足认识的彻底性要求，避免理性认识的矛盾，需要对意识活动中的观念的给予行为进行考察。这样一种研究，既是现象学，也是认识论，或者也可称为现象学认识论或认识的现象学。因而，在认识起源的考察中，胡塞尔哲学中的“现象学”与“认识论”这两种称谓是等义的。现象学的认识论承担的是认识的本质分析的任务，承担着解决认识的先验问题的使命，因而，它也作为本质的现象学而出现。胡塞尔也认为，“唯有在现象学的基地上才能提出合理的认识论问题。所有彻底的认识论问题都是现象学的，而所有除此之外的其他被称作认识论的问题，包括对实际自然及其自然科学结论的合理‘诠释’问题，都以纯粹认识论的问题、现象学的问题为前提”。① 这样一门认识论所需的方法，就是现象学的方法，在第六章已进行了论述。

其次，探索现象学认识论的对象构造问题。现象学认识论的对象不是一般意义上的自然客体，而是内在体验或内在意识。外在事物是意识中的显现所表象的东西。现象学认识论的对象为了达到自身明证的给予性，必须成为内在地相即构造的对象，主要包括初阶对象的构造和高阶对象的构造。初阶对象构造主要包括意识的构造和时间意识的构造。前者大致可以分为四个层次，分别是体验、意向、执态、注意意识；后者最核心的部分，由三个并行的各有侧重的层面组成，按照现象学术语来表述，分别是滞留、原印象和前摄。高阶对象构造建立在初阶对象构造之上，主要有同一性、普遍性、不确定性、特殊性、联言、选言、单称与复称、否定、事态等。

① 胡塞尔：《现象学与认识论（1917)》，载《文章与讲演（1911—1921 年)》，倪梁康译，人民出版社，2009，第 197 页。

再次，对自然科学进行现象学的阐明。自然科学的现象学阐明主要包括两部分，一是对自然科学发现中的自然规律的本质来源的阐明，二是对经验性断言的阐明。经验中的普遍性断言可以在意识把握中被重新给予，可以被反复地重新给予。经验给出的只是个别性，而不是真正的普遍性。而现象学中的普遍性是实际“看到”的普遍性，是意识自身给予的东西，而不是包含在经验性的认识事物之自身中的普遍性。现象学的断言是本质断言，以一个完全不同于事物客体化的方式被构造。现象学的本质规律意味着在观念被给予的地方，关系以永远不变的方式存在于那里。经验性断言中，时间作为预先设定的东西而存在；而本质断言中，时间是在意识中构造的。本质断言中事物客体化的过程中蕴含的观念之物可以被确立为无限的不同的观念之物，始终可以重新确立并永远敞开。经验性断言中的同一性是通过归纳的方式而获得的，但归纳法自身的合法性不是经过绝对洞见的意识自身直接给予的东西，只是不言而喻地设定的东西，它不应盲目地超越自身的固有界限。本质断言可以是普遍性断言，而经验断言最终不是普遍性断言。

由于现象学作为流派和一种学术运动，影响甚广，所以，在现象学名目下包含了众多不同层次和方面的学说。就哲学学科内部而言，现象学包含着众多现象学哲学家的研究。根据学界惯例，一般将现象学的开创者胡塞尔的现象学称为“胡塞尔现象学”或“现象学”，本书也沿用这一惯例。本书主要涉及的是胡塞尔现象学的研究，为了行文方便，本书在写作时小节标题中出现的“现象学”都是指“胡塞尔现象学”。在正文中，部分地方为突出强调胡塞尔现象学的观点，也使用全名“胡塞尔现象学”字样。正文中出现的“意识现象学”字样，均指“胡塞尔现象学”。

“超越论的”（transcendental）这个词在引用胡塞尔文本时，一律沿用惯例；引用康德著作时，也一律从原文。但在论述时，都使用“先验”或“先验的”字样。“Transcendent”一词在论述中为“超越的”，“transcendence”和“Transcendenz”在论述时为“超越”“超越者”“超越物”。王炳文翻译的胡塞尔《第一哲学》中的“先验的”（*a priori*）一词，为了与其他译本保持统一，在引用时统一改译为“先天的”。

“怀疑论”与“怀疑主义”、经验论与经验主义，在字面上是等义的。唯理论与理性主义，虽涉及的外文原词是相同的，但在中文语境中已经产生了不同的意义，所以区别使用。

“直观”与“直觉”在英文中本是同一个术语，由于词源差异，在德文中分别对应“Anschauung”和“Intuition”两个词。在本书的写作中，在突出方法层面的东西时，一般使用直观一词；在心理学意义上或日常语义上，使用直觉一词，蕴含的是对确真性的或经验性感受这一方面的强调。而通常的胡塞尔研究认为，胡塞尔将这两个术语等义使用。诸如这样的同义词，其实是在不同的认识基础或叙述基础上产生的，本应该有不同的侧重点，只有抽调这些基础后，才可以作为等义词去理解。但它们仍然可以被区别使用，以强调或突出表达中不同的侧重点。这不仅仅是语法问题，更重要的是语法背后的东西，它是实现更准确的表述的需要。如 experience/Erfahrung/经验，empiricism/Empirismus/经验主义，empirical/经验性的，虽然可混同使用以表示相同的意义，但包含着不同的叙述侧重点，应区别对待。诸如此类的词语，正文中或有多处，不一一枚举。

部分术语译名和著者译名由于国内译著时间跨度较长，不尽统一，本书一律使用现今通用译名，但在脚注标注文献出处时，仍按相关著作印刷时名称予以标注。详见相关注释。

第一篇
胡塞尔认识批判的哲学背景

引言　胡塞尔是近代认识论脉络上追寻彻底性的哲学家

胡塞尔现象学属于整个欧洲近代哲学史的认识论类型。无论从理性主义传统而言，还是从经验主义传统而言，胡塞尔都是欧洲近代哲学史开端以来这一思想路线上最后一位秉持传统哲学精神的哲学家。欧洲近代认识论最一致的特点就是对认识之确定性的寻求。这一寻求以一种“理想的姿态”蕴含在近代认识论哲学对认识的基础和发生过程的研究中，也蕴含在以现象学方法进行的认识批判和认识论研究中。

胡塞尔之后，也兴起了各种反近代哲学传统的哲学思潮。形而上学与生活感受之间的“遥远距离”使人们较少痴迷于形而上学的思考，社会批判和文化批判更能触动人们的心弦。随着各种后现代思潮的蜂拥而起，立足于各自的感受和地域文化背景的多元立场蓬勃涌现，人们在经验性感受的变迁中阐述着对社会现象或人类行为的理解。文化形态在这些思潮的主导下，必然走向多元的局面。虽然研究近代哲学著作、现象学著作仍然是哲学工作的主流，但新兴的主导思想显然不是必然地从那种古老的严格的追求认识之确定性的目标出发，而是从各自的文化背景和文化感受出发，演变为对当下价值及未来利益的相关思考。

然而，在哲学沉思中，人类理性认识的确定性不应被遗忘或虚置。近代以来它一直是人类知识探索的主旋律。如果将认识的确定性继续向深层推进，就产生了对认识之彻底性的追求。文艺复兴以后，当神学威信逐渐让位时，科学的合理性便需要得到根本上的说明。这一合理性集中体现于对认识的确定性及彻底性的追寻上。然而，现代意义上的自然科学知识的确定性，显然已经无法建立在上帝的绝对存在之上，而只能在个体的人对它所进行的探寻之中重新考量和奠基。寻求科学知识的可靠性的过程，势必也是寻求科学知识的确定性的过程。因此，一旦人们从自己的学科领域过渡到对认识之确定性的寻求，自然而然，对具体科学的认识基础的思考就迁变为哲学之思。欧洲近代以来的哲学家和思想家，包括物理学家伽利略和数学家笛卡尔在内，展开了对由个体的人所建立起来的自然科学及相关科学认识的确定性的寻求历程，目的是确认由“人”所建立起来的科学知识的确定性和合法性。

概括地讲，这一过程就是为认识寻求奠基的过程。在学科化的发展中，为认识寻求奠基的过程，表现为不断求证而又不断遭到质疑的过程，因而也表现为不断批判的过程。从笛卡尔到康德，由“人”本身出发可以获得的认识的确定性，不断经历质疑和批判。这些批判的目的并不是要瓦解认识的确定性，而至少是在寻求更容易为人们接受的认识的确定性。

胡塞尔的认识批判，正是位于这样一个哲学史发展脉络中。他的现象学与认识批判的产生和发展，都始终围绕认识的确定性和彻底性而展开。

起初在《算术哲学》中，胡塞尔为数学寻求奠基。后来，胡塞尔放弃了对数学基础的心理学解释。接下来在《逻辑研究》中，胡塞尔致力于通过对逻辑意识、逻辑思维的体验联系中的意义给予和认识成就的回溯，对纯粹的逻辑学观念的澄清，批判了心理主义，把逻辑学视为规范的科学。① 在这样一部关键性的著作中，也正是在对逻辑观念的直观性起源的回溯中，胡塞尔发现了与这一回溯过程相伴随的现象学的东

---

① 参见倪梁康《现象学的始基——胡塞尔〈逻辑研究〉释要（内外编）》，中国人民大学出版社，2009，初版绪言第1页。

西，并将这一发现作为现象学课题而提到理论化的高度。经过一系列的研究之后，1906/07 年冬季学期《逻辑学与认识论导论》的专题讲座，1907 年 4 月 26 日至 5 月 2 日在哥廷根所做的《现象学的观念》的讲座，标志着胡塞尔自己的现象学观念的真正形成。1913 年出版的代表性著作《纯粹现象学通论》中，胡塞尔详细阐明了现象学方法，指出了纯粹现象学在方法上的严格性。在 1917 年“弗莱堡就职演讲”中，胡塞尔再次强调了现象学在方法上的严格性，重申现象学方法是最适合认识批判的方法。①

纵观胡塞尔哲学思想的不同阶段，其现象学方法就是伴随认识批判而逐渐产生的方法。而批判的目的和现象学方法的产生，都是以一种本真的方式获得认识的确定性和彻底性。

站在近代认识论考察的意义上，胡塞尔现象学也是一种“认识批判理论”，或称之为“认识的现象学”也未尝不可。这在胡塞尔 1906 年 9 月 25 日的笔记中有着明显的体现。他认为自己作为哲学家的任务就是弄清理性批判（逻辑理性和实践理性、普遍价值理性）的意义、本质、方法、主要观点，设想、计划、确定和阐述它的一般纲领。②

胡塞尔对于近代哲学的批判性继承，不仅在于对认识的清晰结构的寻求，更重要的在于对认识的确定性的探索。中世纪之后，哲学思考中对认识确定性的寻求，是在科学及与科学特征相关的认识活动中展开的。哲学家从各自的起点出发寻求认识的确定性。笛卡尔、休谟、康德的哲学尽管起点不尽相同，但都是围绕这一目标而努力的。笛卡尔哲学

① 参见胡塞尔《纯粹现象学及其研究领域和方法》，载《文章与讲演（1911—1921 年）》，倪梁康译，2009，第 73 ~74 页。

② 胡塞尔：《现象学的观念》，倪梁康译，商务印书馆，2017，第 2 页。

致力于探讨科学赖以存在的坚实条件，区分了物体真实拥有的本质属性（形状、大小）和物体似乎拥有的表象属性（颜色、气味及其他感知的特性），区分了以感觉为基础的认识框架和更严格的数学式的认知框架，坚信后者能更客观地理解物质世界，前者无法摆脱人们的质疑，而后者可以驱逐不确定的幽灵。① 莱布尼茨主张，客观性知识不受任何人的主观影响，通过对理性的运用可以获得关于知识的所有断言。休谟持相反意见，认为人们不可能拥有任何的客观性知识。休谟区分了观念与印象，并认为离开观念，理性就无法发挥作用。因为观念只能通过感觉来获得，所以每个思想的内容必然来源于能够对它进行证实的经验。因此，人们关于真理的信念，其实就是通过感觉方式的特定刺激而获得的对认识的信念。依据康德的观点，莱布尼茨是唯理论的代表人物，休谟是经验论的代表人物。二者对康德哲学以及近代哲学都产生了深远的影响。休谟将因果关系解释为观念间的关系，康德认为这一做法破坏了科学思想的基础，因而需要重新思考形而上学问题。他对休谟的经验论和莱布尼茨的唯理论都有所取舍。胡塞尔的认识批判理论受到了近代这些哲学家的影响。

然而，在哲学工作路径中，正是布伦塔诺给胡塞尔的思考以最重要的指引。在布伦塔诺的科学化努力及意识学说的启示下，胡塞尔将对认识的确定性及清晰性的探索追溯到纯粹意识领域，并在意向性理论的影响下，在对心理主义所面临的局限性的思考中，在对数学基础的心理主义解释所出现的困境的反思中，建立了纯粹现象学，并以此使自己的现象学与其他的现象学理论区分了开来。因此，人们也将胡塞尔现象学称为意识现象学或意识哲学。无论是从胡塞尔本人所使用的表述，还是从其现象学所强调的研究对象来看，这

---

① 参见汤姆·索雷尔《笛卡尔》，李永毅译，译林出版社，2010，第4页。

一说法都是成立的。

因而，从近代认识论的发展来看，在寻求认识确定性及彻底性的意义上，可以说，胡塞尔是欧洲近代哲学开端以来的最后一位传统哲学家。

第二章　笛卡尔对认识之确定性的寻求

笛卡尔被喻为近代哲学的始祖。作为欧洲中古思想和近代思想的分水岭上的哲学家和思想家，笛卡尔的思想不仅是自己天赋和才华的体现，也依赖于文艺复兴的整个历史环境。笛卡尔对近代哲学的开端作用和贡献，与当时的历史环境是分不开的。近代以来，教会关于事实真理的威信逐渐衰落，科学的威信逐步上升。作为近代哲学史上一位禀赋迥异、见解颇新的思想家，笛卡尔不仅吸收了经院哲学中的一些东西，也努力对哲学和知识做出新的探索。需要补充的是，发扬理性之光并不是笛卡尔独创的，在笛卡尔之前，在基督教神学的笼罩之下，就已经有秘密的团体坚信"自然王国"中的认识具有"恩宠王国"中一样的一致性。① 笛卡尔认为，研究的目的，就是让心灵获得对所出现的一切事物形成"确凿的、真实的判断"。② 这与胡塞尔的目的有一致之处。

第一节　笛卡尔认识论的主要贡献

笛卡尔认识论的主要贡献在于对方法的思考、对人类理性的自身合法性的彰显和精神实在性的充分肯定。在笛卡尔时代，不允许公开讲授任何质疑古代博学权威的观点。然而，"强制"恰好也意味着所强制的东西必然存在强大的生命力，否则，就没有必要去禁止它。在那个时代，对经院哲学的批判在暗地里涌动，无神论的思想在知识分子中日益流行。笛

---

① 汤姆·索雷尔：《笛卡尔》，李永毅译，译林出版社，2010，第 12 页脚注①。

② 参见笛卡尔《探求真理的指导原则》，管震湖译，商务印书馆，2009，第 1 页。

卡尔与这些暗地里活动的思想家一样，也认为经院哲学应当被取代。然而，当经院哲学对思想的钳制不复存在，其中的部分思想对经验科学的支撑失去效力甚至显示出悖谬之时，就需要重新奠基新兴科学的认识基础。正是在这一需求的促动之下，笛卡尔思想应运而生。他不仅对探究事物的方法进行了考察，也提出了建立一门自然科学所需要的哲学的必要性。无论是其方法，还是论题，对后世哲学及胡塞尔哲学都产生了重要影响。

一　论述了最为重要的求知方法

方法在任何学科研究中的重要性已毋庸置疑。现象学方法也是胡塞尔现象学的重中之重。在《探求真理的指导原则》的第四条法则中，笛卡尔认为，“研究的向导应该是方法，而不是好奇心”。[①] 这可以说是探求事物的方法中的一条总的方法。如果忽视了对方法的考察，那么，认识的可靠性就无法真正得到保证。自然科学的进步也体现在方法的革新或进步上，因为方法可以将理论思考切换到可行的思维操作过程和技术应用层面。

“原则四”一开始列出的命题是：“方法，对于探求事物真理是[绝对]必要的。”[②] 虽然人们很容易看到那些具有奠基性的理论的重要作用，但这些理论如果没有相应的方法，就无法在自然科学研究中得到验证和实现。或者说，革新性的理论只有在伴随着相应的方法时，才具有现实性意义。如果没有方法，科学研究便不能正常进行，也就无法形成真正的科学。对此笛卡尔说：“寻求真理而没有方法，那还不如根本别想去探求任何事物的真理，因为，确定无疑，这样杂乱无章的研究和暧昧不明的冥想，只会使自然的光芒昏暗，使我们的心灵盲目。”[③] 可

① 汤姆·索雷尔：《笛卡尔》，李永毅译，译林出版社，2010，第16页。

② 笛卡尔：《探求真理的指导原则》，管震湖译，商务印书馆，2009，第16页。译文中的“绝对”二字，是根据笛卡尔传记作家巴伊叶的译文所加。见中译本第22页注释。

③ 笛卡尔：《探求真理的指导原则》，管震湖译，商务印书馆，2009，第16页。

见，方法是通向真理的必要手段。认识中有了方法，才能够克服混乱和晦暗而达到清晰性，这也是胡塞尔所要克服的东西。

在《探求真理的指导原则》中，最为主要的方法就是普遍数理学的方法和通过直观、排列、比较的方式认知事物的方法。前者是理性的方法，后者是经验直观的方法。在这一意义上，笛卡尔是近代经验主义与理性主义两条线的起点。

1. 普遍科学的方法

16 世纪至 17 世纪前叶，在哥白尼（Nicolaus Copernicus，1473－1543）和开普勒（Johannes Kepler，1571－1630）具有革命性意义的天文学研究的影响下，欧洲的科学家深刻领会到了数学在自然科学中的重要性，继而，在这一科学研究发展的时代背景之下，笛卡尔和伽利略（Galileo Galilei，1564－1642）重新选定了科学应该使用的概念，改变了科学研究中的方法论，并且把数学和科学紧密地结合起来。①

笛卡尔所倡导的方法就是“普遍科学”（Mathesis universalis）的方法。为便于理解，在此从词源上对这个术语加以介绍。“Mathesis”的含义包括“古老的天文学（astrology）”“文献学”“科学”等，也源于古希腊语“μάθησις”，这一希腊词的原义是“学习”。在英语中，这个词有两个基本含义，一是指心智的计算和原则，二是指建立事物的系统秩序的科学。“universalis”是拉丁语动词“ūnĭversus”的形容词形式，在词根上由“ūnus + verto”构成，“ūnus”的古老形式是“oinos”和“oenos”，意思就是“one”（一个、一），“verto”的意思是“turn”，合起来的基本含义应该是“turned into one”，或“combined into one whole”（变成一个，成为一个整体）。但是，ūnus 的另一个含义不应被

① 参见莫里斯·克莱因《古今数学思想》第 2 册，朱学贤等译，上海科学技术出版社，2012，第 28 页。

遗忘，它也指不同的个体或事物共同包含的东西，一个东西和同这个东西一样的东西。所以，“ūnǐversus”这个词不仅包含“使事物合成整体”这个含混的含义，也应该包括较为明确的“获得事物中共同包含的东西”这个理应更合理的含义。所以，“Mathesis universalis”应理解为“获得事物共同包含的东西的方法、原则或科学”。对于这个词，国内有“普遍数学”“普遍数理”“普遍科学”“普全数学”等数种译名。由于“普遍”一词在现代汉语中的古老意义部分已经脱落，本应该很好地以汉语词根“普”“遍”表示“universalis”的两个基本含义，现在却不易被人们捕捉到其较为准确的含义。在较为通俗的意义上，将“Mathesis universalis”解释为“都予以数学化”或“都予以数理化”是完全合适的，即在事物中寻找共同的东西或以“通式”对事物进行认识或概括。“Mathesis universalis”的含义应该是在认识活动中统一化或概括化，而不是形成形如建筑或铸造活动中的房屋或物体那样的“统一”的东西。作为一门科学，采用“普遍数理学”这一译名，一方面可以体现其有数学那样的特征，另一方面可以体现其还意指的寻求“理”的方法，即“理学化”“数理化”“学理化”的方法。单就“Mathesis”一词而言，译为“数理学”也很好。

笛卡尔尝试在各种事物或现象中寻找数学形式的统一性，力求在看似没有关联的事物或方法之间建立稳固的数学模型的做法，与之前的科学研究是密不可分的。在笛卡尔看来，普遍科学的方法不是他的创造，而是蕴含在古代几何学探索中的方法。笛卡尔说：“我们也发现，古代几何学家也使用过某种解析法，而且扩大运用于解答一切问题，虽然他们处心积虑不向后代透露这一方法的奥秘。”① 这里所谈论的解析法，就是笛卡尔通过对古代几何学进行探索所建立的可以将代数与几何统一

---

① 笛卡尔：《探求真理的指导原则》，管震湖译，商务印书馆，2009，第18页。

为稳固的处理模型的方法。当然，这一方法不仅可以处理自然界的秩序问题，也可以处理心灵的秩序问题。

在这一方法的基础上，笛卡尔所要建立的是一门被称为“普遍科学”的科学，它是一门总的科学。笛卡尔说，他不是要在《探求真理的指导原则》中谈论普通数学，如算术、代数、几何等，而是要建立一种真正揭示秩序和度量的普遍科学，与其说这些代数、算术等是它的组成部分，还不如说它们仅仅是这样一门科学的外衣。① 笛卡尔认为这门学科应该包含人类理性的初步尝试，理应扩大到可以从任意主体中去求得真理，他深信“这门学科优越于前人遗留给我们的任何其他知识”。② 就单纯性和统一性方面而言，这门学科让其下属学科相形见绌。笛卡尔说：“它既有用，又容易，大大超过了一切从属于它的科学。”③

笛卡尔也区分了科学与技艺。他认为，科学就是心灵所认识到的东西，是一种确定的、明显的认识，技艺则是身体的特定运用和习惯。④ 笛卡尔强调了科学知识的确定性和明晰性。由于这种普遍科学的做法在认识拓展过程中被不加分析地进行扩展，人们并没有按照笛卡尔的意图发展和深化这门科学，所以，由于对它的误解，这门科学也遭到了批判。对于尚未赢得普遍确信的某种方法，为了获取人们对它的信念，往往需要强调或夸大它的作用，继而，逐渐在相互传递中忽视了夸大的部分和原来的实际样态之间的差别，就产生了谬误。

2. 以直观、排列、比较的方式认知事物的方法

直观是最为根本的获得清晰性的认识的方法。笛卡尔认为，根除错

---

① 笛卡尔：《探求真理的指导原则》，管震湖译，商务印书馆，2009，第 18 页、第 23 页注释⑥。

② 笛卡尔：《探求真理的指导原则》，管震湖译，商务印书馆，2009，第 18 页。

③ 笛卡尔：《探求真理的指导原则》，管震湖译，商务印书馆，2009，第 21 页。

④ 笛卡尔：《探求真理的指导原则》，管震湖译，商务印书馆，2009，第 1、5 页。

误的过程总是独立完成的。[①] 所以，从这个立场出发，根本上的方法是内在的，而不是外在的，笛卡尔的六个沉思所要表明的也正是这种内在的方法。既然如此，根除错误的方法就不再局限于通过外在的公理予以证明的方法，而是需要通过认识者自身的认识行为来完成认识任务的方法。这是因为，认识作为心灵作用的结果必然要借助于心灵中的东西，心灵中清晰的意识虽不必然获得确凿的认识，但心灵活动中含混的意识行为必然难以获得清晰的、确凿的认识。而任何清晰的认识首先意味着在意识直观中的清晰性，无论其是何种类型的直观。所以，在主观上，这一方法就只能是直观的方法，因为只有直观的方法才得以使人在根本上看清错误的实相。如果我们立足于这样的认识，就能真正理解笛卡尔为什么强调直观的重要性。如笛卡尔认为的，“若不通过心灵直观或者通过演绎，就不能够掌握真知”。[②] 换言之，如果没有这种心灵的直观方式，就不会掌握任何方法，因为那样的方法自身不会教给人们如何去运用它，而且，它也必须借助于直观的方式而产生。如果没有直观，那些简单的、最为根本的东西就不会被掌握。在掌握之后，对其认识顺序或把握顺序的整理或梳理，就自然形成了方法。在这一意义上，笛卡尔认为方法就是被直观到的某种秩序，是“为了发现某一真理而把心灵的目光应该观察的那些事物安排为秩序”。[③]

排列是获得秩序的方法。既然方法就是秩序，那么获得秩序就是获得认识，也意味着获得方法。方法自身就是认识中伴随的东西。而秩序也意味着对事物进行简化处理。为了获得认识中的秩序，对于复杂问题的处理，首先也需要进行简化，然后在简单的基础上叠加出原来的复杂

① 参见汤姆·索雷尔《笛卡尔》，李永毅译，译林出版社，2010，第24页。
② 笛卡尔：《探求真理的指导原则》，管震湖译，商务印书馆，2009，第17页。
③ 笛卡尔：《探求真理的指导原则》，管震湖译，商务印书馆，2009，第25页。

样态。这样才能按照某种方式获得事物的秩序。所以，认识事物就是认识秩序。笛卡尔认为，一切事物都可以排列为某种系列，这种排列依据的不是某位哲学家的范畴，而是依据事物是怎样从其他事物中获得认知的，也就是说，通过通观（discursus）某些其他事物，通观它们是哪些事物，通观它们依据的秩序，来认识这些所要认识的事物。①

与简单项进行比较以获得事物的秩序。笛卡尔说："要从错综复杂的事物中区别出最简单的事物，然后，予以有秩序的研究，就必须在我们已经用它们互相直接演绎出某些真理的每一系列事物中，观察哪一个是最简单项，其余各项又是怎样同它的关系或远或近，或者同等距离的。"② 因而，在笛卡尔的意义上，考察事物，不是一个一个分别考察它们的性质，而是把它们相互比较，由此及彼地予以认识。继而，要获得真知，就必须"通过毫无间断的连续的思维运动，逐一全部审视他们所要探求的一切事物，把它们包括在有秩序的充足列举之中"。③ 笛卡尔所论述的这种方法，包含着经验主义的直观和归纳法，但笛卡尔较为明晰地指出了它们的实质和操作过程。实质上，这是笛卡尔通过内省自己的认识过程对方法的表述。

这三种方法都以直观为基础，排列和比较都是为了获得事物的秩序，也就是获得对事物的认识。而方法本身也就意味着对秩序的发现，它伴随认识而存在。

二　以精神实在性颠覆神学教义

笛卡尔把广延看作精神与物质的区分，并且把"可度量性"作为

---

① 参见笛卡尔《探求真理的指导原则》，管震湖译，商务印书馆，2009，第27页。
② 笛卡尔：《探求真理的指导原则》，管震湖译，商务印书馆，2009，第27页。
③ 笛卡尔：《探求真理的指导原则》，管震湖译，商务印书馆，2009，第34页。

精神与物质之间的桥梁。笛卡尔认为，思维是各理智性行为彼此一致的共同理由，广延是各物体性行为彼此一致的共同理由。[①] 这即是以广延区分了思维与物质客体。相应地，思维和理智位于精神之中，如果我们将理性行为视为认识行为，那么，它必然发端于精神之中，并按照自己的方式获得认识。因此，认识中获得的"实在性"必然建立在精神自身之中。对此，笛卡尔说："观念和它的客观实在性都不应该照事物本身所有的全部的形式实在性来衡量，而只是按照精神所认识的那一部分，或换言之，按照精神所有的认识来衡量。"[②] 也即是说，实在性是精神所认识到的实在性，所以，它应该按照精神的认识来衡量。

继而，如果按照笛卡尔之前所认为的，形式的实在性本身有自己的实体，那么，这个实体最终不是别的，而是精神，因为形式作为认识中的东西无法明确地被奠立在物质世界的实在性中，形式作为认识只能存在于精神中，所以它的实在性只能奠定在精神中，如果精神不具有实在性，那么，认识就不具有实在性，因而精神必然具有实在性。于此，正是因为精神的实在性奠定了形式的实在性，精神与物质都被理解为实在的。

精神由于具有实在性，所以，心灵在理智的作用下就可以反映出对物质的实在性的认识，即获得"观念的客观实在性"。从笛卡尔沉思的路径来看，即"我思"的实在性保证其与"我思的对象"的关系也可以具有实在性。

简言之，精神或灵魂，或心灵，是认识行为的本体。精神实在性是心灵可以获得确凿认识的本体论解释。连同笛卡尔对于获得确凿认识的诸方法的论述在内，它们都意味着对人的心灵的认识能力的拔高。而对

① 参见笛卡尔《第一哲学沉思集》，庞景仁译，商务印书馆，2012，第183页。

② 笛卡尔：《第一哲学沉思集》，庞景仁译，商务印书馆，2012，第294～295页。

人的理性认识能力的不断拔高自然会降低神学教义的真理性。例如，笛卡尔认为，应当通过先描述身体再描述灵魂的方式，描述出这两种本质的结合如何可以成为与我们相似的人。这一说法从另一个角度否认了上帝造人说。

虽然笛卡尔本人表明他的哲学没有触动神学教义，但读者的确找不到其中存在着可以使不信教者皈依上帝的内容。在神性遍布的文化土壤中，对神性的漠视自然也蕴含着对神学教义的抵触。实质上，笛卡尔巧妙地借用带有神学色彩的“灵魂”一词，真真切切地谈论着他的心智理论。在他的哲学中引入上帝，在当时只不过是明哲保身的策略。或者说，这种妥协的态度，本身就是其智慧的体现。由此，才不至于使他的理论和著作在诞生时就被封杀在教会的熊熊烈火中，使他的思想和认识获得广泛传播的时间与空间。然而，当一再表明心灵认识的确凿性而无视神性对认识的合法性的最终奠基时，上帝这一最终原因就被置于虚妄之中。

因此，笛卡尔的理论在实质上要表明的是：离开“神性”的支撑后，“凡人”的“理性认识”可以达到确真的理论。这是由精神的实在性保证的。“理性”这样一个普通经验中的词，在这样一种背景下被赋予了崇高的意义，以用来代替神性并确保人性也可以达到确真的认识，从而也开创了一个哲学的新时代。笛卡尔也说，《谈谈方法》的出版，完全是为了替他的物理学扫清道路。[①] 他要扫清的，就是神学教义对理性认识形成的障碍。可以说，笛卡尔的上帝论是理性论。而理性论的本质是无神论。

但是，立足于历史和时代需求，那时公然摧毁神学教义及立足于这一基础的法律和习俗，还不是必然紧要的事情。所以，笛卡尔也认可已

---

① 参见汤姆·索雷尔《笛卡尔》，李永毅译，译林出版社，2010，第40页。

有的法律规范和习俗，他认为，在质疑自身信仰的同时，如果要使行动有效，就必须依靠所有这些已经存在的教义、法律和习俗等。这不是对神学教义及其附属物的维护，而是理性地加以利用。

新的思考的秩序没有普遍地被建立起来时，旧有的规约对于规范人们的行为仍然有重要作用，所以，笛卡尔对上帝的证明仅仅是维护当时多数人对于上帝的信仰，以避免不必要的社会混乱或对风俗的破坏而引起的伤害。同代人伽利略被审判的事实也会再度让他在写作时考虑如何在著作中安排上帝的位置。通过"我思"显然不能直接证明上帝的存在，这一证明方法不是必然的，上帝的存在也不是因为被证明了存在而存在，上帝的存在不是经验性证明和理性证明能够充分得以说明的。或许是基于这些顾虑，他尽量避免在著作中留下亵渎宗教的铁证。尽管如此，他的著作在其去世后仍然遭到了查封。

此外，鉴于当时的宗教环境，借用罗素（Bertrand Russell，1872－1970）的说法，笛卡尔的著作中的言辞，没有必要拘泥于文字对其进行理解。笛卡尔浅显易懂、生动的文风，不仅包含着其本人真正的智慧，也包含着其在说理方式上的诸多考量。他不仅仅是在理性指导下对自然界进行认知，而且从这种认知出发对方法进行思考，因而，笛卡尔所期望的不仅是一门普通的自然科学，而是一门哲学。

第二节　笛卡尔对胡塞尔的影响

笛卡尔是胡塞尔首肯的哲学家。胡塞尔的著作在多个地方都谈到了笛卡尔，他一直都非常敬佩笛卡尔。笛卡尔对认识的彻底性的追求精神，是胡塞尔在思考中所秉持的。笛卡尔对胡塞尔的思想影响在内容上主要体现在意向性、方法、明证性三个方面。

一 意向性方面的影响

在《第一哲学沉思集》第三沉思中，笛卡尔说："我是一个在思维的东西，这就是说，我是一个在怀疑，在肯定，在否定，知道的很少，不知道的很多，在爱、在恨、在意愿、在不意愿、也在想象、在感觉的东西。"① 胡塞尔不止一次在论述中提到笛卡尔关于意识的论述。例如，胡塞尔认为，现象学的"纯粹意识概念从根本上说就是笛卡尔的思维（cogitatio）概念"，更恰当地说就是"我思"（cogito）的概念，即"作为通过反思而把握到的'我感知、我表象'、'我回忆'、'我期待'、'我判断、推理'、'我感到高兴或悲哀'、'我欲求'、'我意欲'等概念"。②

如果比较一下奥古斯丁、布伦塔诺、胡塞尔关于意识意向性的特征的描述，就会发现，关于意向性的发现和描述，在思想史传统中很早就有。他们几位使用过同样的描述要素，只是前人并没有将其置于胡塞尔现象学中那样重要的地位，没有将其视为意识行为的基本"结构"之一。在同样的基础上，笛卡尔没有从对纯粹意识的把握过程中给予其方法性层面的东西，而胡塞尔力图在这种明晰性的认识行为中寻找或给予方法性的东西，以使认识行为以一种明晰的方法得以操作。

二 悬搁方法的共通处

笛卡尔认为，人们之所以出现意见的分歧，在于运思的途径和思考的对象不同③，而一些方法的运用可以使人的才智达到较高的水平。

---

① 笛卡尔：《第一哲学沉思集》，庞景仁译，商务印书馆，2012，第 37 页。

② 胡塞尔：《现象学与心理学（1917 年）》，载《文章与讲演（1911—1921 年）》，倪梁康译，人民出版社，2009，第 104 页。

③ 参见笛卡尔《谈谈方法》，王太庆译，商务印书馆，2012，第 3 页。

所以，方法是认识产生差异和优劣的关键原因。胡塞尔也非常注重笛卡尔的方法，并认为对笛卡尔的方法进行改造就可以形成现象学的方法。

"悬搁"① （ἐποχή /epoché） 的方法是胡塞尔和笛卡尔都使用的方法。"悬搁" 是古代怀疑论的术语，它的本义是存而不论或不做出判断。在胡塞尔那里，指对已有的认识暂且放在一边，暂不接受其立场，然后自己重新探讨一遍。而怀疑论的立场中 "悬搁" 意味着对所有被给予之物都贴上可疑的标签。

对笛卡尔的悬搁进行改造，就自然成了现象学的悬搁。在弗莱堡就职讲演中，胡塞尔认为，笛卡尔已经接近了纯粹现象学领域，这表现在他的著名的却依然没有根本结果的考察中，这个考察伴随着 "我思故我在" (Ego cogito, ergo sum)② 的多次出现而达到顶点，对它的方法稍作修改并加以纯化和坚定地实行，"排除所有笛卡尔哲学的歧向，这样，就出现了所谓的现象学的还原：这就是在客观实在的所有入侵面前彻底地纯化现象学的意识领域并保持其纯粹性的方法"。③ 与这一说法相似的观点在《第一哲学》讲座中也曾出现过。④ 胡塞尔认为，在笛卡尔的沉思中，心灵的实在性通过沉思中怀疑的方式得以给出，它需要排

① "悬搁" 这一译名最先是梁志学主张的。在梁志学与沈有鼎 1962 年冬天的讨论中，熟悉这一术语史的发展情形和胡塞尔《逻辑研究》内容的沈有鼎认定了梁志学的这一译法。译名沿用至今。（参见梁志学《从沈有鼎先生给我的帮助谈起》，载《自由之路：梁志学文选》，商务印书馆，2013，第 637 页）

② 笛卡尔：《谈谈方法》，王太庆译，商务印书馆，2012，第 27 页脚注①。王太庆为该书所写的译者导言中夹注为 "Cogito, ergo sum"，二者有所不同，详见第 xii 页。

③ 胡塞尔：《纯粹现象学及其研究领域和方法》，载《文章与讲演（1911—1921 年）》，倪梁康译，人民出版社，2009，第 80 页。

④ 参见胡塞尔《第一哲学》上卷，王炳文译，商务印书馆，2017，第 98 页。

除所有不确定的东西，以彻底地克服那些值得怀疑的东西。[①] 这一过程即意味着一种内在的直观的存在。从现象学立场来看，由于这种根本的直观，笛卡尔所发现的是心灵的实在性。由于存在这种清楚自明的实在性，心灵关于物质的看法自然就有可能获得实在性的意义。至于在何种情形下心灵能够正确地反映物质性的认识，则取决于心灵与物质之间可度量性的东西的差别。

因此，在纯粹意识的觉察中，笛卡尔和胡塞尔所选取的是同一个方法。但笛卡尔没有进一步考察这种沉思中所蕴含的方法性的东西，即没有推进到胡塞尔所说的现象学的方法，所以在胡塞尔看来，笛卡尔只是抵达了发现现象学的门槛，然后又把它抛弃了。

三　明证性原则的影响

笛卡尔的沉思同时也意味着意识在自身中可以获得内在的明证性。意识在自身内部获得确凿性的基础就在于其明证性，即内意识的明证性。正是这种明证性，笛卡尔也是此方面除布伦塔诺之外影响胡塞尔的重要哲学家。特别是在现象学哲学向先验哲学（超越论的哲学）转变的过程中，笛卡尔也起到了重要影响。通过笛卡尔的方法，超越之物也可以在意识的回思中重新获得，这为现象学哲学转向先验哲学提供了契机。通过笛卡尔式的怀疑获得的内在明证性是先验哲学奠基的真正基础。在《笛卡尔式的沉思》中，胡塞尔说："法兰西最伟大的思想家勒内·笛卡尔曾通过他的沉思给过先验现象学以新的推动。这些沉思的研究完全直接影响了已在形成中的现象学转变成先验哲学的一种新的形式。借此，人们几乎可以把现象学称之为一种新笛卡尔主义，尽管现象学恰好由于笛卡尔动机的彻底展开而不得不摒弃笛卡尔哲学中几乎所有

---

① 参见胡塞尔《第一哲学》上卷，王炳文译，商务印书馆，2017，第98页。

那些众所周知的教义。”①

因而，可以说，在内在意识的考察中，笛卡尔对胡塞尔哲学的形成有着至关重要的影响。至少在对认识确定性的寻求这一方面，二者是同一的。又如胡塞尔所言：“笛卡尔已经看到，我在（ego sum）或思维者存在（sum cogitans）必须被表示为是确然的，由此我们就在脚下获得了一块最初确然的存在基地。”② 这是在意识活动中以内在的方式获得的确定性的东西。简言之，“我在”就是现象学中已经说明过的确然性，或者就是确定性。稍微不同的是，笛卡尔仅仅在于追求明晰性、确定性和实在性，而胡塞尔却要求获得一种彻底性的东西，这种彻底性的东西是内意识中绝对被给予的东西。胡塞尔在笛卡尔的基础上，在纯粹意识领域内，以方法推进了对什么是确定性的考察。这个确定性就是“相合（adäquat）的明证性”③，是纯粹意识领域中构造出来的确定性。但是，笛卡尔把还原出来的自我（Ego）作为一个思维实体而对待，因而成为近代以来先验实在论的开山鼻祖。④

胡塞尔认为，从笛卡尔那里我们发现了先验哲学的萌芽，笛卡尔的哲学中存在着较高的真理。胡塞尔说：“这位哲学天才的优点就是，即使在他的错误理论中，或在他的看上去简直是失于平庸的粗糙的思路中，也存在着较高的真理，隐蔽地，但仍能感觉得到地存在着；一种处于初生状态的，远没有得到正确组织和论证的，但却充满预感地指向未来的真理，另一方面，对于那些已经将它当作完全形成了的真理而占有

① 胡塞尔：《笛卡尔式的沉思》，张廷国译，中国城市出版社，2002，第3页。

② 胡塞尔：《笛卡尔式的沉思》，张廷国译，中国城市出版社，2002，第29页。

③ 参见兰德格雷贝《胡塞尔告别笛卡尔主义》，张廷国译，载《重建经验世界：胡塞尔晚期思想研究》，华中科技大学出版社，2003，第247页。

④ 参见胡塞尔《笛卡尔式的沉思》，张廷国译，中国城市出版社，2002，第33页。

的后来人，这种真理很可能被认为是发展之真正萌芽形式。”①

由于没有摆脱内在经验的基础，笛卡尔主义仍然属于理性的经验主义，或者经验着的理性主义，这种理性主义，如果忽视了其起源的考察以及相伴随的扩展所应该采取的谨慎负责的态度，那么，就会导致偏执的理性主义。而胡塞尔在笛卡尔的基础上，推进了理性主义。胡塞尔追求的是那种彻底的理性主义，而不是偏执的理性主义。因而，胡塞尔从根源上推进了真正的理性主义，也使理性主义的基本形态得到了彻底阐明，这种理性主义走向了还原与重建、不断还原与不断重建的模式。在这个意义上的确可以说，胡塞尔是近代以来最后一位理性主义哲学家。

笛卡尔在哲学方面的思考更多地体现在方法与原则方面。笛卡尔认为这些原则本身就是蕴含在人的理智思考过程中的方法所导出的原则。笛卡尔所展示的不是普遍的方法，而是“可行”的方法。笛卡尔说，我并不打算教给大家一种方法，“以为人人都必须遵循它才能正确运用自己的理性，我只打算告诉大家我自己是这样运用我的理性的”。②

无论何种原则，获得原则的方法与原则总是紧密结合在一起的，或者说，某个原则必然伴随着某种方法，某一方法也必然伴随着某些紧密联系的原则。“原则”在形成过程中如果没有必要的方法，那么，既无法形成原则，也无法被人们认识或理解。在认识方面，笛卡尔的方法是指如何运用理性获得可信的认识的方法，胡塞尔的现象学方法则是作为认识批判的方法。但二者对方法的理解都是围绕不同程度的确定性而展开的。前者是近代认识论的开创者，后者是近代认识论的终结者。

无疑，笛卡尔影响了胡塞尔思想的发展。当认识的确定性从神学的氛围中脱离以后，笛卡尔哲学开创了一个新的时代，为哲学开创了一个

---

① 胡塞尔：《第一哲学》下卷，王炳文译，商务印书馆，2017，第43页。
② 笛卡尔：《谈谈方法》，王太庆译，商务印书馆，2012，第4页。

主观性领域。胡塞尔对此高度赞许，他说："在这里毫无疑问的是，近代哲学与从柏拉图以后的哲学相比，标志一种从根本特征上是新的发展系列，笛卡尔以他的《第一哲学沉思集》开创了一个新时代，为哲学历史发展之流提供了一个全新的方向。"①

① 胡塞尔：《第一哲学》下卷，王炳文译，商务印书馆，2017，第98页。引文内书名按通行本改动。

第三章　休谟对认识之确定性的颠覆

经由休谟发展起来的怀疑论哲学，一方面不同于高尔吉亚那样的怀疑主义哲学，另一方面更不等同于相对主义哲学。如果仅仅停留在哲学传统平面上对休谟哲学进行理解并不是十分恰当，应该在将休谟首先视为一个政治学家和历史学家的前提下去理解休谟的哲学。政治学和历史学本身不是为博得青睐而凭空做出的高谈，也不是为吸引眼球而卖弄的阔论，休谟的哲学是要为其政治学和经济学服务的。在研究对象上，政治学与经济学都是人的行为，而灵魂是行为的本体，所以，对作为灵魂之体现的人性的研究优先于这类实践哲学的研究。如果说极端的理性主义会成为独裁政治的哲学后盾，休谟的经验论在一定程度上则是为民主制服务的。

休谟哲学的起源与当时不严谨地依附于“理性”名目下的争论有很大关系。他希望借鉴实验推理的方法来探索精神科学内存在的认识起源问题。休谟通过内在的明察，将近代哲学引向了新的领域，这一考察是挂靠在“人性”这一标题之下的。休谟哲学的产生完全是为了颠覆四处蔓延的不恰当的形而上学推理，但他并不是要颠覆人类的认识，而是要颠覆那种不纯粹的确定性，颠覆一些自以为是的认识之确定性的美梦。这也为批判哲学的到来扫清了道路。

第一节　休谟思想的主要贡献

相对于后世的专业哲学家而言，像休谟这样的“业余哲学家”（包括笛卡尔）都有很好的文笔。这大概与学习中较为普遍地或有所偏重地存在的文学教育是分不开的。

休谟起初的目的并不是要对形而上学进行有意的破坏，而是使之更为彻底。休谟说："为了今后生活得轻松起来，我们现在必须忍受这种研究的劳累；为了消灭虚假的形而上学，我们必须小心地培养真正的形而上学。"① 这里的"小心"意味的就是一种审慎的态度。以审慎的态度建立具有实在性的哲学，以此满足人们的生活需求，而真正的形而上学，必须在认识程度上达到一定的彻底性，而要达到彻底性，则需要对人的认识能力（感性、知性、理性）加以考察或研究。无论是在《人性论》中，还是在《人类理智研究》（《人类理解研究》）中，他都是从形而上学的话题开始讨论，接下来才是关于知性问题的探究。除此之外，休谟的论述还涉及道德、宗教、政治、经济等。

一 让形而上学回归意识考察

由于人们对认识活动仍然缺乏一种严格真正的洞见，所以无法在争辩中真正地切中认识论的实质问题。

在《人性论》引论中，休谟说："用不着渊博的知识，就可以发现现在各种科学的缺陷情况，即使门外的群众根据他们所听到的吵闹的声音，也可以断定科学门内并非一切顺利。任何事物都是论辩的题材，学者们对它都持有相反的意见。对于一些微不足道的问题，我们也爱争论，而对于一些极为重要的问题，我们却也不能给予确定的结论。争辩层出不穷，就像没有一件事情是确定的，而当人们进行争辩之际，却又表现出极大的热忱，就像一切都是确定似的。在这一切吵闹中间，获得胜利者不是理性，而是辩才。任何人只要具有辩才，把他的荒诞不经的

---

① 休谟：《人类理智研究》，周晓亮译，中国法制出版社，2011，第7页。

假设，说得天花乱坠，就用不着怕得不到新的信徒。获得胜利者不是持矛执剑的武士，而是军中的号手、鼓手和乐队。”①

休谟的这段表述，批评了把“辩才”当作“理性”的自欺欺人的做法。而这之中的根本问题在于认识中还存在着一些根本上的含混性。按照休谟的说法，是对“我们所运用的观念的性质”没有获得澄清，而没有澄清的原因在于没有彻底认识“人类知性的范围和能力”。②

从休谟的哲学来看，要解决这一问题必须对意识活动进行某些方面的考察，归根结底就是对“人性”的考察。恰如休谟所言：“显然，一切科学对于人性总是或多或少地有些关系，任何学科不论似乎与人性离得多远，它们总是会通过这样那样的途径回到人性。即使数学，自然哲学和自然宗教，也都是某种程度上依靠人的科学；因为这些科学是在人类的认识范围之内，并且是根据他的能力和官能而被判断的。如果人们彻底认识了人类知性的范围和能力，能够说明我们所运用的观念的性质，以及我们在作推理时的心理作用的性质，那么我们就无法断言，我们在这些科学中将会作出多么大的变化和改进。”③ 如果缺少对“意识作用”或“心理作用”的考察，那么，辩论中所参与的就不可能是真正的理性，而是某些“貌似”理性的东西。对“心理作用”或“意识活动”的考察，对于确定认识的范围和认识能力而言，具有根本性的作用，这有助于确定讨论的对象和认识的层次或深度。休谟认识到，形而上学的思考如果想获得认识的确定性，就只能以意识为领域和界限，超出自身这一领域所获得的认识是没有办法检验的。那些看似运用理性而进行的争论，会因为没有严格的边际而变得荒诞无稽。休谟让形而上

---

① 休谟：《人性论》，关文运译，商务印书馆，2016，第2页。
② 参见休谟《人性论》，关文运译，商务印书馆，2016，第3页。
③ 休谟：《人性论》，关文运译，商务印书馆，2016，第2页。

学回归意识考察，影响了现象学的形成，现象学正是在意识平面上处理诸多哲学问题的。

二　观念与印象的划分

在《人性论》及《人类理智研究》[①] 中，休谟把知觉分为印象和观念。休谟认为：“人类心灵中的一切知觉（perceptions）可以分为显然不同的两种，这两种我称之为印象（impressions）和观念。”[②] 在意识中，二者的差别在于强烈程度和生动程度方面不同。刺激强烈的就是印象，而观念是微弱的意象，是印象的意象。在休谟那里，印象包含了我们的一切感觉、情感和情绪，而观念则是在思维和推理中出现的。由此，感觉和思维也就被区分开来了。在此基础上，休谟对人的认识能力及其中的一些认识做法进行了考察，这便构成了《人性论》第一部分。在《人性论》“论人类观念的起源”这一节中，休谟认为印象先于观念，并且将此作为认识活动的第一条原则。简单观念要么间接从印象中获得，要么直接从印象中获得。[③]

印象可以分为两类，一类是感觉印象，这是由人们所不知道的原因在内心中产生的；另一类是反省（reflection）印象，是由观念所产生的新印象，比如想到某种观念时产生的厌恶、希望、恐惧等情感性的东西。[④] 当厌恶的印象复本形成观念后，这种观念在心中复现，就会产生新印象。如果漏掉了某种具体的印象，就不可能理解与之对应的那个观念。也可以说，当我们将知觉中的这些东西称为经验时，心灵的内容只能从经验中获得。在这个意义上，休谟的确是一位经验论者。但休谟的

---

① 该书是作为《人性论》的简写本而出现的。

② 休谟：《人性论》，关文运译，商务印书馆，2016，第2页。

③ 参见休谟《人性论》，关文运译，商务印书馆，2016，第9~14页。

④ 参见休谟《人性论》，关文运译，商务印书馆，2016，第15页。

经验论不是那种外在经验论。外在经验论更多地体现在实验推理作用下的关于物质动力学的研究领域中，也体现在其他与人的行为相关的学科领域中。按照经验的内在性与外在性划分，休谟的经验论是内在的经验论，因而也就是关于意识经验的讨论。从这方面而言，休谟是现象学的先驱。

休谟将观念划分为记忆观念和想象观念。休谟认为，观念指意识中印象的再现，记忆的观念在程度上强于想象的观念，想象可以自由地移置和改变它的观念。记忆的作用不在于保存简单的观念，而在于保存它们的次序和位置。[①] 而想象是与记忆对立的，它虽然立足于印象，但它可以随意改变它的观念，是创造力的主要部分。印象与观念，都有简单与复合之分，因此，知觉也就有简单知觉与复合知觉之分。有了这些区分，我们就可以通过排列和次序研究对象，精确地确定它们的性质和关系。此外，观念中的实体观念和样态观念，都属于一些简单观念的集合体，而抽象观念，就是指一般观念。休谟的这一区分来源于洛克，并非休谟首创。

在上述划分基础上，休谟将人类理性或人类研究的一切对象分为两类，即“观念间的关系（Relations of Ideas）和实际的事情（Matters of Fact)”，其中，几何、代数、算术都属于观念间的关系的科学，这些科学是可以在直觉上断言的。“实际的事情是人类理性的第二类对象”，它们不能以直觉的方式来确定，它在我们的感官证据之外，这些都是建立在因果关系之上的。而原因和结果也不是理性发现的，“而是被经验发现的”。[②]

不仅如此，休谟还指出了观念间的关系的联结原则和哲学关系的种类。观念间的关系的联结原则包括：“类似，时空接近，因果关系。”

---

① 休谟：《人性论》，关文运译，商务印书馆，2016，第 17 页。

② 休谟：《人类理智研究》，周晓亮译，中国法制出版社，2011，第 20 ~22 页。

哲学关系的种类有七种：类似关系、同一关系、空间和时间关系、数量关系、性质的差别程度、相反关系、因果关系。[①] 拥有因果关系的信念，是形成相应的判断习惯的真正基础，这些信念影响人在经验世界中的预判行为。

此外，休谟认为，差异（difference）并不属于观念间的关系，它是对关系的否定，不是任何实在的或积极的关系。休谟认为“差异分为两种，即与‘同一’相反的差异或与‘类似’相反的差异。前者可称为数目上的差异；后者可称为种类上的差异”。[②]

休谟对观念与印象的论述，是在内在意识平面内处理的，是在内在的观看中区分出来的，同样，“差异”在这样的内在考察中，才能区分出其是与“同一”相关，还是与“类似”相关。休谟在内在观看中对意识或认识活动进行研究的做法，与胡塞尔是一致的。

三　其他重要论题

知性与情感相互作用形成道德。

《人性论》主要由三部分构成：第一部分是关于知性的讨论；第二部分是关于情感的讨论，这部分和心理学有一定的关系；第三部分是关于道德的讨论。这也就意味着在休谟看来，人性（human nature）主要涉及知性、情感、道德这三部分。从休谟的讨论来看，知性与情感相互作用，形成关于道德的认识，而道德本身就是一种认识。关于道德的一般性分析，就形成了通常所说的伦理学的部分内容。因而，伦理学的讨论，包括亚里士多德的《尼各马可伦理学》和康德的伦理学在内，首先都是在讨论认识论的问题，其次，根据“情感需求”这一前提，才

---

① 休谟：《人性论》，关文运译，商务印书馆，2016，第18~23页。

② 休谟：《人性论》，关文运译，商务印书馆，2016，第23页。

能够展开关于伦理学或某种意义上的道德的讨论。需要注意的是，“情感需求”不同于“利益需求”，情感需求具有更高的层次，情感需求的冲突最终导致的是对人性的反思，而利益需求的冲突所导致的最坏结果是战争。“情感需求”在“认知需求”的作用下，所导致的就是道德裁决（道德思考或伦理学）。这是精神科学中涉众最为普遍的工作。休谟认为，理性或知性行为与判断的真假有关系，但道德不是理性的对象，而是激情和情感的对象。①

在道德论述中，休谟不是为了提供一套可供直接使用的道德准则，而是力图将人类的思辨领域的理论贯彻到实践领域，以此来解释道德实践活动。简言之，道德研究需建立在理智研究的基础之上，才能更为彻底。

认识行为与日常的人类所特有的其他行为都是密切相关的，所以，对于知性问题的相关研究，必然有益于其他学科对人类行为的研究。认识论是休谟政治学与经济学思想的基础。当哲学家将其思想应用到政治与经济领域时，更多的人才意识到了哲学的魅力。休谟关于政治与经济学的思想，表面上看来不属于严格的哲学主题，但的确是在他对理智的研究基础之上完成的，它可以使我们更充分地理解休谟认识论研究对实际生活的作用。

休谟政治理论以人性论为基础。

休谟认为，人类在大多数情况下都表现出自私、贪婪、嫉妒而又富于野心的特质，喜欢统治别人，所以，应该依靠法治和良好的政治体制，而不能将希望寄托在人治之上。对财产的信念会对社会政治和文化道德产生很大影响。政治一方面可以作为科学去研究，寻找其中蕴含的规律；而在另一方面，政治事务中存在很多偶然发生的、出人意

---

① 参见休谟《人性论》，关文运译，商务印书馆，2016，第504~505页。

料的事件，因而，政治规律会出现意外。[①] 休谟的这一认识与后世几百年所发生的政治事实和经济事实恰好相应。意外的行为导致了不同的事件，“人为性因素”的增加使很多实践哲学研究难以取得相对有效的规律性的说明。

休谟主张慎重稳健的政治策略，带有鲜明的保守主义的特征。因而，他带有保守性质的分析使保守党人更容易接受，那些深刻的分析也赢得了激进派的赞赏，温和的改良论更易于为有一定人生阅历的成年人接受。休谟认为，政府建立在公众的信念之上，但需要以“暴力”（强力）来维持。休谟承认民主共和国的体制是最好的，但由于民众的无知容易被野心家所煽动和操纵，所以，他并不相信民众可以选出好的领袖。休谟赞赏的君主立宪制是文明的君主立宪制，因为它可以保障人们的私有财产。休谟反对君主专制制度，因为这种制度与真正的法律是相排斥的。[②]

休谟的经济理论分析同样以人性论为基础。

在《论商业》一文的开始，休谟不是去论述商业的性质与目的，而是首先将人大致分为两种类型，一种是“才智短浅难窥玄奥的庸人”，另一种是“出神入化超然物外的大智”。[③] 休谟继而认为，“才情”的大小对于经济的分析结果会产生很大的影响，因而会影响到相应的经济策略。而经济规律的确有人为性的因素。在休谟的经济理论中，内容最多的是货币数量理论，他是 18 世纪这一理论最重要的代表。[④] 休谟认为，可交换品的价格取决于商品与货币之间的比例，比例

① 参见《休谟政治论文选》，张若衡译，商务印书馆，2010，第 5～19 页。

② 参见《休谟政治论文选》，张若衡译，商务印书馆，2010，第 34～36 页。

③ 参见《休谟经济论文选》，陈玮译，商务印书馆，2012，第 3 页。

④ 参见胡企林《简析休谟的经济理论》，载《休谟经济论文选》，陈玮译，商务印书馆，2012，第 3 页。

的变化引起价格的起伏或波动，货币所拥有的价值是虚构的价值，是约定俗成的。[①] 在以货币为核心的分析中，休谟还讨论了利息、贸易平衡、赋税、社会信用、人口等几个方面的经济问题。建立在人性论之上的这些分析，对后世经济理论产生了深远影响。

休谟以人性论为基础的思想，无论是对知性、情感、道德的分析，还是对实际上包含在情感需求之内的政治需求和利益需求的分析，都给后世带来了深远的影响。前者影响了哲学的发展，将哲学思考导向了内在意识经验的分析领域。后者在人性论的基础上，考虑了政治与经济问题，人性必然是政治与经济的根本。例如，休谟从人性的角度分析了正义的起源，“正义只是起源于人的自私和有限的慷慨以及自然为满足人类需要所准备的稀少的供应”。[②]

休谟延续了笛卡尔、洛克和贝克莱以来的传统，返回到人性之中（即返回到主体性中）来探讨认识论问题及相关问题，这在一定程度上增强了对主体性的研究。无论是其理论核心，还是边缘效应，对胡塞尔的哲学都产生了影响。

第二节　休谟对胡塞尔的影响

休谟的《人类理智研究》和《道德原则研究》对胡塞尔影响至深。[③] 休谟对胡塞尔的影响较为明显地体现在三个方面。

---

① 参见《休谟经济论文选》，陈玮译，商务印书馆，2012，第38、45页。

② 大野精三郎：《休谟对市民社会的系统认识》，胡企林译自日本《经济研究》1982年4月号，朱泱校，附录于《休谟经济论文选》，陈玮译，商务印书馆，2012，第171页。

③ 参见胡塞尔《文章与讲演（1911—1921年）》，倪梁康译，人民出版社，2009，第339页。

一　内在经验论的影响

如果说休谟的经验论是内在经验论，休谟是对意识探究和考察的经验论者，那么，胡塞尔也是内在经验论者，胡塞尔的意识现象学的考察也属于内在经验论范围内的考察。胡塞尔也认为休谟认识论的方向就是通向现象学的方向。

休谟的观念学说对胡塞尔有不可或缺的影响。在印象与观念的分析中，休谟说："我用印象一词是指当我们听、看、触、爱、恨、欲求、意愿的时候，我们所具有的一切比较生动的知觉。"① 这一论述明显影响了胡塞尔的老师布伦塔诺，人们在布伦塔诺的著作中就可以找到几乎与此论题相似的内容。② 这一影响，经由布伦塔诺，影响了胡塞尔的研究和思考。在1886年前后，胡塞尔跟随布伦塔诺学习时，在布伦塔诺的指导下就深入研究了休谟此方面的重要著作。观念产生于印象之上，在胡塞尔那里，其实就是意识体验中的被给予性（Gegebenheit/Giveness）的一种类型。

二　意识明证性的影响

休谟的确定性和明证性就是意识中的确定性和明证性，这与胡塞尔是一致的。休谟证明了事实推理不具有逻辑上的必然性，并且解释了人们为什么把事实推理看成必然的。这也就意味着休谟在意识的考察中将因果关系还原为观念间的关系，而因果关系必然离不开内在经验中的构成。然而，休谟并没有完全否认唯理主义的观点，他仍然认为欧几里得

---

① 休谟：《人类理智研究》，周晓亮译，中国法制出版社，2011，第13页。

② 参见布伦塔诺《从经验立场出发的心理学》，郝亿春译，商务印书馆，2017，第105～106页。

几何学中的真理是必然的和有效的。休谟认为，即使在自然界中根本没有一个圆或三角形，欧几里得所证明的真理也永远保持其确定性和明证性（evidence）。[①] 这其实意味着，欧几里得几何学的这种确定性和明证性，在休谟看来就是在内在经验中获得的确定性和明证性。这种明证性是内在的，独立于外在的明证性，并成为其基础，它是意识自身提供的东西，无需自然界的圆和三角形。在胡塞尔那里，这其实就意味着明证性是纯粹意识中的明证性，是认识的明证性，而不是必须依赖于别的其他东西而产生的明证性。这是由意识中绝对被给予之物的严格的构造活动产生的或相即地被给予的，这种严格的构造活动，使建立在这一构造活动中的东西被追认为确定的和明证的。

从另一个角度讲，休谟并不是要颠覆人们对于自然界的事物的认识，不是一定要颠覆那些关于“实际的事情”的判断，而是从根本上指出了“观念的判断”与“实际的事情的判断”在很多情况下并不具有绝对的一致性的原委。因而，休谟颠覆的是这样一种片面的认识之确定性的美梦。这一颠覆不仅为康德留下了难题，也为胡塞尔的思考埋下了伏笔。胡塞尔现象学虽然受休谟影响较大，但并不能完全解决休谟所遗留下来的问题，而是将此作为难题保留了下来。这也是布伦塔诺留下的难题，他暂且将证明行为视为与信念的强度及表象的强度相关。这一裂缝在数学家哥德尔那里是以不完备性定理的方式展现的，即观念的判断与实际的事情的判断之间存在着无法真正逾越的鸿沟，人们所证明的是自己的信念，而不是真理本身。这一难题仍然是今后人们在对认识活动的研究中绕不开的沟壑。

我们可以这样理解休谟的怀疑论：理智中获得的普遍性无法赋予

① 参见休谟《人类理智研究》，周晓亮译，中国法制出版社，2011，第 20 页。Evidence，周译为明白性，为了论述方便，引用时有改动，其余仍参照周译。

外在经验以普遍性，并不是说人们绝对无法获得外在经验中的普遍性，而是说它质疑以独断的方式获得普遍性的可能。独断论和近代认识论中的理性主义，都是胡塞尔批判的对象，它们都无法达到真正的明证性。

三　感觉论的影响

胡塞尔在《第一哲学》讲座中充分肯定了休谟的贡献。胡塞尔说："经验主义的感觉论并不是无价值的，而且休谟的著作仍然值得认真研究。几乎在休谟的所有的论述中，都有被同时看到的，同时在读者的视界中呈现的现象学的关联；在一切荒谬的否定背后，都隐藏着有价值的见解成分；只不过这些东西没有由休谟本人产生效果，没有被休谟本人从理论上把握住，没有被休谟本人形成理论上的基本见解。"① 从现象学的意识直观领域来看，休谟的探究已经是半只脚踏入纯粹意识的领域之中了。但胡塞尔认为休谟缺少对意识的进一步考察，其经验论带有局限性。

胡塞尔无疑是对休谟的感觉理论进行了更为精细的处理，且以本质直观和构造理论更为细致地考察了观念间的关系。休谟虽然被视为经验论者，也被视为怀疑论者，但他重直观的思考模式，对胡塞尔意识现象学的考察有着重要影响。在时间意识的分析中，休谟关于"印象"的认识，无论是对布伦塔诺的意识分析，还是对胡塞尔的滞留概念，都有着重要的影响。胡塞尔将休谟的"联想"扩展到了时间意识的构造之中，本源上的时间意识可以通过某种形式或本源上的关联来获得解释。②

---

① 胡塞尔：《第一哲学》上卷，王炳文译，商务印书馆，2017，第240页。

② R. T. Murphy, *Hume and Husserl: Towards Radical Subjectivism*, The Hague: Martinus Nijhoff Publishers, 1980, p. 100.

第四章　康德对形而上学的重新奠基

休谟的怀疑论唤醒了康德独断论的迷梦。使康德获得辉煌声誉的是他的《纯粹理性批判》。这一著作被视为晦涩难懂之作，在出版之后引起了巨大反响。康德区分了独断论、怀疑论和批判论。他对独断论持批评态度，对怀疑论持保留态度，认为怀疑论是在为纯粹理性批判的到来打扫战场。

康德认为，“我们的时代是真正的批判时代，一切都必须经受批判”。[①] 这足以看出他的哲学的主要风格，即批判的风格。因而，《纯粹理性批判》理所当然地被视为一部带有认识批判色彩的认识论著作。在哲学史的发展中，从“逻各斯”精神到柏拉图（Plato，B. 427 - B. 347）的反思精神，继而到笛卡尔的怀疑精神，再到康德的批判精神，最终让理性（Vernunft）成为一切已有认识的裁决者。[②] 生活在这样一个理性法庭中的哲学家或思想家，还有黑格尔（Georg Wilhelm Friedrich Hegel，1770 - 1831）和马克思，他们继承了康德并批判了康德。在理性批判这一点上，从胡塞尔的笔记中可以看出，康德的哲学影响了胡塞尔哲学的发展。胡塞尔在 1906 年 9 月 25 日的一则笔记中写道：“如果我能够称自己为哲学家，那么我首先提到的是我必须为自己解决这个一般的任务。我指的是理性批判，是逻辑理性和实践理性、普遍价值理性的批判。如果我不在大致的轮廓中弄清理性批判的意义、本质、方法、主要观点，如果我还没有设想、计划、确定和阐述它的一般

① 康德：《纯粹理性批判》，邓晓芒译，杨祖陶校，商务印书馆，第 3 页脚注①。

② 参见邓晓芒《康德哲学的当代意义》，《文汇报》2004 年 2 月 22 日。

纲领，我就不能真正而又真实地生活。我已经受尽了模糊性、左右摇摆的怀疑的折磨。我必须达到内在的坚定性。我知道，这是事关重要的事情。我知道，伟大的天才们曾在这里失败过，如果我想和他们去比较的话，那么从一开始我就不得不绝望……"① 胡塞尔这段时期正在深入研究康德哲学，在研究过程中他产生了先验哲学（超越论哲学）和作为先验观念主义的现象学、现象学还原的想法。

第一节　纯粹理性批判的认识奠基

在休谟那里，不能为人类经验到的那些原理是不可靠的，因而没有合法性。休谟的经验论颠覆了近代自然科学探索道路上知识的确定性信念，因而也颠覆了依照科学而建立的形而上学。这使得人们对自然科学和形而上学的信念都受到了强烈冲击，康德为了应对休谟问题而重新思考了形而上学何以可能的问题。

一　建立科学的形而上学

纯粹理性批判的任务在于建立科学的形而上学。康德在《纯粹理性批判》中表明：经验和理性都不能独立地提供知识，经验提供没有形式的内容，理性则提供没有内容的形式，只有将二者结合起来，才能获得知识。② 前者的终结形式是独断论，后者的终结形式是怀疑论。为了克服唯理论和经验论带来的问题，纯粹理性批判要对理性本身的运用范围和权限做出估计，在这一理性的审查中，批判的主体是纯粹理性自

---

① 胡塞尔：《现象学的观念》，倪梁康译，商务印书馆，2017，第 2 页。

② 参见罗杰·斯克鲁顿《康德》，刘华文译，译林出版社，2013，第 27 页。

身，执行的是“自我认识的任务”。[①] 在纯粹理性的法庭内，通过先天综合命题的可能性，最终建立科学的形而上学。

也可以说，《纯粹理性批判》的出发点就是要摆脱认识的不确定性所引起的科学与形而上学的信念的丧失，重新寻找认识中的确定性。这一初衷是由休谟的怀疑论对知识的确定性造成的伤害引起的。因为一旦知识的确定性受到了伤害，统一性的理念自然就被瓦解了，统一的社会秩序也就无法建立了。康德找到了先天综合判断，通过论述先天综合判断来说明知识的普遍性和必然性。

二　先验哲学的思路

纯粹理性批判（先验哲学）总体上由两部分论述构成：先验要素与先验方法（要素与方法）。这是参照某种一般体系之构成的普遍观点来划分的。[②] 康德在明确的和不明确的两个方面使用经验概念，不明确的含义中经验就意味着日常的认识，在明确的用法中康德把经验视为感性经验。通常，在一般的经验常识中，如果希望达成有效的目的，总的考虑有两个方面，一个是要素，另一个是方法，二者缺一不可，方法加之于要素，才会实现目的。由于经验认识自身不能自己赋予自己以普遍必然性，与之相关的这种必然性已经被休谟颠覆了，为了说明认识中的普遍必然性，必须寻找经验（认识）中出现的必然性的“根源”。这一“根源”就是“先验”之物。于是，将超越出经验认识的“先验”（先

---

① 参见康德《纯粹理性批判》，邓晓芒译，杨祖陶校，人民出版社，2004，“第一版序”第3页。

② 参见康德《纯粹理性批判》，邓晓芒译，杨祖陶校，人民出版社，2004，第21页。这里的“先验”或“先验的”，原文为“transzendentale”，在涉及康德本人的思想概述中使用当今中文研究的通用译名。这一译名对应胡塞尔现象学的当今译名是“超越论的”。后文不再注。

天的确定性）“加之于”认识，才能说明认识的普遍必然性。按照这样一种思路，纯粹理性批判整体上的两部分就是将普通经验中的要素和方法上升为先验要素和先验方法以奠定形而上学和认识的基础。

1. 先验要素论

先验要素由三部分构成：先验感性要素、先验逻辑要素、先验理想。

第一部分：感性要素

感性要素因其是先天的纯直观而成为先验要素。康德认为，“人类的一切知识都是从直观开始，从那里进到概念，而以理念结束”，这三个要素方面都有先天的认识来源。① 因此，在要素方面，首先讨论的是感性要素。由于经验无法给自己的判断提供严格的普遍性，但为了说明某一判断的普遍必然性，只能追溯到人的先天认识能力这一知识来源上。② 因此，先验要素论的第一部分就是关于感性能力的论述，即先验感性学，它是探讨感性这一认识能力的先天原则的科学。某一知识是关于对象的先天可能的认识方式的，就是先验的，再者，纯粹直观作为感性形式（时间和空间）先天地存在于内心中，感性包含“那些构成对象由以被给予我们的条件的先天表象”。③ 因此，对“感性”的分析理所当然就是“先验感性论”。这一分析的核心点是“先验”的先天必然性支撑认识的可能性和判断的必然性。先验的感性要素就是先天的纯直观或纯形式，即时间与空间。

第二部分：先验逻辑

先天地与经验对象发生关系以形成认识的东西就是先验逻辑。感性

---

① 参见康德《纯粹理性批判》，邓晓芒译，杨祖陶校，人民出版社，2004，第544～545页。

② 参见康德《纯粹理性批判》，邓晓芒译，杨祖陶校，人民出版社，2004，第3页。

③ 参见康德《纯粹理性批判》，邓晓芒译，杨祖陶校，人民出版社，2004，第19、27、22页。

要素是认识的先天来源之一，但只有感性要素还远远不够，要形成知识，必然还需要逻各斯的能力，用逻各斯来形成概念，对概念进行处理。康德把一般感性规则的科学称为感性论，一般知性规则的科学称为逻辑。相应地，用来“完全先天地思维对象”的关于纯粹知性知识和理性知识的科学，就是先验逻辑。简言之，这之中的概念先天地与经验对象发生关系，它涉及的是知识的先天可能性或知识的先天运用，它只包含对一个对象的纯思维的规则，且排除了感官对象，它所获得的知识不能归之于对象；它不以对象的现实在场为前提，是不抽掉“知识的全部内容”的逻辑。①

先验逻辑为什么分为分析论和辩证论？

康德认为，普遍逻辑抽调一切知识与客体的关系而只考察知识的相互关系（一般思维形式），但是，将真理视为知识与其对象的一致时，如果这个知识适用于其他对象，那么对于那个对象而言这个知识就是错误的，因为与其对象不一致了，由于这种矛盾的存在，真理就需要演变为与对象无关的或抽调内容的知识。这就又产生了新的矛盾。通过这个新的矛盾可以发现，虽然知识在形式上自身不矛盾，但用之于对象时却可能与对象相矛盾。这即意味着，形式上的真理无法必然通达于内容上的真理。因此，关于普遍逻辑的分析就涉及两个方面的内容，一个是形式的分析，另一个是形式用之于内容所产生的情形的分析。前者就是分析论；后者在将普遍逻辑或形式逻辑视为工具用之于内容的考量时，就是辩证论。相应地，关于纯粹知性之诸要素和诸原则的考察，就是先验分析论，是真理的逻辑，它考虑的是概念的获取方式或概念的先天可能性，是概念运用于现象的原理。这都是一些先天的法规，是纯粹的运

① 参见康德《纯粹理性批判》，邓晓芒译，杨祖陶校，人民出版社，2004，第51～55页。

用。当理性试图先天地对对象有所断定，并把知识扩展到超出可能经验的界限时，或纯粹知性的概念及其原理用之于经验性的对象或质料时，就是辩证的。这就从先验分析论推进到了先验辩证论。“辩证的”在康德那里的含义就是形式逻辑作为工具论时产生的“幻相的逻辑”，先验辩证论就是对这种幻相逻辑的批判，目的是揭露它们的无根据的不合适的僭越。①

先验分析论为什么包含概念分析论和原理分析两部分?

先验分析论旨在把我们全部先天知识分解为“纯粹知性知识的诸要素”，即基本概念。这些概念不是经验性的或感性的概念，而是属于思维和知性的纯粹概念，是要素（元素性的）概念，剔除了由这些基本概念复合出来的概念，并且包含一个完备的基础概念表。② 这个概念表即范畴表。概念用之于现象形成的就是相关的原理。所以，先验分析论包含概念分析和原理分析两部分。

概念分析论是发现纯粹知性概念的过程。知性概念是循着一个线索被发现的。人类的知识是借助概念的知识，是推理性的知识，所以，概念只能用来做出判断。概念与对象的表象而不是与对象发生关系，所以，判断就是一个对象的间接知识，也就是对表象的表象。因此，判断中包含着适用于表象的诸多概念。康德又推论到“一切判断都是我们诸表象中的统一性机能”。因此，把“统一性机能”完备地描述出来，

---

① 参见康德《纯粹理性批判》，邓晓芒译，杨祖陶校，人民出版社，2004，第54～59、134页。

② 参见康德《纯粹理性批判》，邓晓芒译，杨祖陶校，人民出版社，2004，第60页。康德认为概念建立在“机能”之上。即建立在人的某种能力之上。康德说：“而我所谓的机能是指把各种不同的表象在一个共同的表象之下加以整理的行动的统一性。”（康德：《纯粹理性批判》，邓晓芒译，杨祖陶校，人民出版社，2004，第63页）所以，康德认识论的整体思路，仍可以看作要为主体的认识能力赋予某些必然性，这仍是洛克思考范围内的运作。

就等于找到了知性的机能。① 所以，范畴表就从判断的类型表中被发现了出来。这些范畴是“纯综合”获得的。

原理分析论对于判断力是一种法规，它指导知性概念运用于现象之上，即把事物归摄到规则之下。这里的第一部分是对感性条件的图型法的讨论，第二部分讨论基于感性条件的纯粹知性的诸原理。图型就其本身而言是想象力的产物，如三角形、五角形、数概念。这些东西只能实存于观念中。图型有量的图型、实体的图型、因果图型或相继图型、协同性的图型、可能性的图型、现实性的图型、必然性的图型。由此而导出的知性的图型法就是先验综合，它是“内感官机能的那种统觉的统一”。通过图型法，获得了量的图型、质的图型、关系的图型、模态及其诸范畴的图型。范畴离开图型就只是知性对概念的机能，不表象任何对象，感性通过限制知性，使知性实现出来。②

纯粹知性的诸原理只是与范畴相关的诸原理。在纯粹知性知识的诸原理中，矛盾原理是分析判断的至上原理；综合判断的最高原则是“每个对象都服从在可能经验中直观杂多的综合统一的必要条件”。也即是说：“这就是那些在现象的综合中的统一性的普遍规则，它们的客观实在性，作为必然的条件，任何时候都可以在经验中、甚至在经验的可能性中指出来。”此部分最终的结论为：“知性先天可以做到的无非只是对一般可能经验的形式作出预测，由于凡不是现象的东西都不能是经验的对象，知性就永远不能跨过感性的限制，只有在感性中对象才能被给予我们。”由此，在知觉的预测中，现象中的实在的东西作为感觉的一个对象具有内包的量。这些纯粹知性的先天原理不是从概念中抽取

① 参见康德《纯粹理性批判》，邓晓芒译，杨祖陶校，人民出版社，2004，第62～64页。
② 参见康德《纯粹理性批判》，邓晓芒译，杨祖陶校，人民出版社，2004，第135～145页。

出来的，而是从纯粹直观中抽引出来的，所以，第一原则就是直观的公理，它表明一切直观都是外延的量。这两条原理都是一种直觉的确定性，是数学性的原理；另外两条是推论的确定性，是力学性的原理。另两条原则是关于经验的类比和一般经验性思维的公设。经验类比的原则是经验只有通过对知觉做某种必然连接的表象才是可能的，其第一类比是实体的持存性原理，第二类比是按照因果律的时间相继的原理，第三类比是按照交互作用或协同性的法则同时并存的原理，这三种类比依据的是时间的持续性、相继性、同时性这三种样态。一般经验性思维的公设形成的是模态范畴，依次是："凡是（按照直观和按照概念）与经验的形式条件相一致的，就是可能的；凡是与经验的（感觉的）质料条件相关的，就是现实的；凡是其与现实东西的关联是按照经验的普遍条件而得到规定的，就是（在实存上）必然的。"①

先验逻辑的第二部分先验辩证论是对幻相逻辑的批判。先验辩证论在于"揭示超验判断的幻相，同时防止我们被它所欺骗"，但它并不能消除这种幻相，因为我们把主观原理偷换成了客观原理，从而造成一种自然的和不可避免的幻觉，这也是纯粹理性自然拥有的和不可避免的，它是依附于人类理性身上的，所以，纯粹理性就是先验幻相的驻地。理性就是提供出先天知识的诸原则的能力，因为它关乎原则的运用，通过概念在普遍中认识特殊的知识；出自诸纯粹概念（Notio）的超出经验可能性的概念，就是理性概念。纯粹理性就是含有完全先天地认识某物的诸原则的理性，即先验理念。因而，它是总体性的东西，是无条件的东西，包括"一个主体中定言综合的无条件者""一个序列中假言综合的无条件者""一个系统中选言综合的无条件者"；它的体系包含三个

① 康德：《纯粹理性批判》，邓晓芒译，杨祖陶校，人民出版社，2004，第146～197页。

方面：以思维主体为对象的灵魂学说，以现象全体作为对象的先验世界学，以最高或最终的存在条件为对象的先验神学。依次地，这个体系的第一个方面就是先验理念的谬误推理，因为它拥有一个在形式上做出虚假推论的先验的根据，是就我们思维的主体理念而言的片面的幻相；这个体系的第二个方面就是二律背反，其“按照与假言的三段论推理的类比而把现象中诸客观条件的无条件的统一当作自己的内容”而导致的矛盾；这个体系的第三个方面就是纯粹理性的理想，是从思维诸条件的总体性推论到“一般物的可能性的一切条件的绝对的综合统一性”，它是单纯的完美无缺的理想，它的客观实在性虽不能以理性的单纯思辨方式来证明，也不能以这种方式被反驳，这就是先验神学，它通过检查与自己不一致的理性而证明了自己的不可或缺性，如果有道德神学的话，就可以填充这种空缺。①

第三部分：理念要素

理念可以从先验理念（关于前述三类无条件者的概念）或纯粹理性这个系统的第三个方面被认识到。这部分没有独立出来，是作为前述的第三个方面进行论述的，其构架上虽然作为先验逻辑的部分，但从感性要素、先验逻辑要素、理念要素这一思路上而言，仍然是相对独立的。

理念要素，无法找到它能够具体表现出来的经验，它拥有着任何经验性的认识都达不到的完备性，比理念更高的是“理想”，它“不单纯是具体的、而且是个体的理念，即作为一种个别之物、唯有通过理念才能规定或才被完全规定之物的理念”。这是出于“关于绝对必然的存在者的研究来开始我们的新知识”这一目的而要开展的探索工作，所以，

---

① 参见康德《纯粹理性批判》，邓晓芒译，杨祖陶校，人民出版社，2004，第261、262、275、18、269、276、283、288、347、287、505页。

康德在论述二律背反之后新开一章论述了纯粹理性的理想。人类的理性包含理念和理想，这些理想具有实践方面的调节功能，并为行为（行动）的完善性的可能提供根据。又由于“理性以其理想所要达到的则是按照先天规则所作的通盘规定”，所以，首要的理想就是先验的理想（Prototypon），或者说，这就是一种“先验的预设”，因为在这样一种理性的思考中，把“一切谓词的总和”这种全部可能性预设为先天的条件，这就使得“每一物表现得如同是从其在那个全部可能性中所拥有的份额里推导出自己特有的可能性一样”，这样一种总和“把自己纯化为一个先天得到通盘固定的概念”，所以必须被称为纯粹理性的一个理想。[①] 而最高的理念就是上帝或神，它是至上的原因或最高的原因。相应地，从纯粹理性而来的借助于纯然先验的概念来设想它的对象的神学就是先验神学，“必然性、无限性、统一性、在世界之外的（不是作为世界灵魂的）存有、没有时间条件的永恒性、没有空间条件的全在、全能等等，这都是些纯然先验的谓词，因此它们的被纯化出来的概念，作为每一种神学如此必不可少的概念，都只能从先验神学中抽引出来”。[②]

2. 先验方法论

如果说纯粹理性或先验哲学要形成的是一个完备的系统，那么，先验方法论就是对这个系统的诸形式条件的规定。通过这些方法，有助于再一次理解纯粹理性的诸要素和诸形式上的条件。先验方法论共有四部分。

第一部分：纯粹理性的训练

康德认为，纯粹理性这样一个系统，首要的任务是确立自身的正当

---

① 参见康德《纯粹理性批判》，邓晓芒译，杨祖陶校，人民出版社，2004，第455～459页。

② 康德：《纯粹理性批判》，邓晓芒译，杨祖陶校，人民出版社，2004，第498、505页。

性。这就必然要防止错误的出现。并且，先验的批判作为一种研究，本身的首要目的也在于校正知识。康德强调：先验的批判作为纯粹理性的批判“只是用来澄清我们的理性，并使它避免犯错误”。[①] 因此，先验方法的第一个方面就是防止错误，这个方法被康德视为“纯粹理性的训练”。换言之，这里的训练就是限制并最终清除偏离规则的倾向的那种强制。在没有经验直观和纯粹直观的情形下，理性就需要“训练”来抑制它超越相应界限的放纵，所以，它也是一个预警和自检系统，它针对的是认识方法而不是内容。[②]

第一个训练是在独断运用中的训练。它意味着哲学的构造不能够模仿其他科学的方法，因为通过概念的构造不能做出直觉的判断，只能做推论性的判断，先验命题“只能按照概念来先天地给予”。相应地，哲学的概念旨在阐明，终归必须知道“什么是我本来想要思考的”，哲学的定义作为准确的清晰性，往往是哲学工作的结束。又由于“哲学只是按照概念的理性知识”，所以，它的任何原理都不是公理，它不能像数学那样通过把“对象的诸谓词”先天地结合起来而提出公理，“数学的可能性也必须在先验哲学中被指出来”，所以，哲学的命题不是一目了然的，它没有任何公理。由于推论性的先天概念不能产生直观的确定性或自明性，所以，哲学无法模仿数学的演证，它只是一种讨论的证明，而不是像数学那样从概念的构造中引出自己的知识。因此，如果独断地认为数学的方法可以在量的领域之外获得成功，那么，就不能真正有助于形而上学的科学化构建，因为它偏离了纯粹理

---

① 康德：《纯粹理性批判》，邓晓芒译，杨祖陶校，人民出版社，2004，第 18 ~ 19 页。

② 参见康德《纯粹理性批判》，邓晓芒译，杨祖陶校，人民出版社，2004，第 551 ~ 552 页。

性应有的规则。[①] 实际上，理论的模仿本身就意味着一种“穷途末路”式的独断。所以，在独断运用中的训练意味着纯粹理性不能借助或模仿已有的科学知识以完成自己的认识，这不是正向的方法，而是负向的方法。

第二个训练是纯粹理性在其论争上的运用的训练。针对关于纯粹理性各种命题的“独断论地否定”，而为这些命题所做的辩护，就是纯粹理性在其论争上的训练。虽然纯粹理性的批判不能以任何禁令破坏批判的自由，但其自身也出现了二律背反，这会引起人们对纯粹理性的主张的怀疑，但是，通过先验批判，这些自相矛盾的冲突被澄清了，自相矛盾是由误解造成的，因为人们按照偏见把现象视为自在之物本身。有时候，由于人们混淆了真正的事实（Sache）和说法（Ton），从而导致了争执，所以，在论争中，纯粹理性的批判在于揭示本不该有的矛盾，消除界限不清造成的谬误。它在纯粹理性的一切争执“直接指向客体时不被卷入其中，而是被确立起来，以按照理性最初所指示的那些原理来规定和评判理性的一般权限”。[②] 第二个训练在于提示矛盾以清除谬误，仍是负向的方法。

第三个是纯粹理性在假设上的训练。想象力的严格构想所预先完全确定的东西就是对象本身的可能性，为了对象本身的现实性求助于意见，这种与作为解释之根据的确定东西相联结的意见，就是假设。通过纯粹理性的考察发现，假设是在经验中遇到的，所以，它不能按照知性范畴并根据无法指出的性状而“本原地臆想出某种唯一的对象”，因为这样会使理性“基于悬空的幻影而不是事实的概念”。因此，不能根据

① 参见康德《纯粹理性批判》，邓晓芒译，杨祖陶校，人民出版社，2004，第557~567页。

② 康德：《纯粹理性批判》，邓晓芒译，杨祖陶校，人民出版社，2004，第571~578页。

我们不理解的东西来进行某种解释。简言之，理性只能把可能经验的条件作为事物可能性的条件来运用，但不能独立于这些条件而自己制造条件。康德认为，“假设的原则将只是用来满足理性，而不是用来促进知性在对象上的运用”，“假设在纯粹理性的领域内只容许作为作战武器，不是为了在这上面建立一种权利，而只是为了捍卫这种权利”。[①] 对假设的考察又一次体现了纯粹理性的主张。第三个训练在于说明借用的东西只是用来满足理性自身的认识需求，并不能真正揭示对象的认识。这仍然是负向的方法。

第四个是纯粹理性在其证明上的训练。先验证明有三个特点或规则。第一个特点或规则是：“在先天综合知识的一切证明中”，“理性在它们那里不可借助于其概念而直接转向对象，而是必须预先说明这些概念的客观有效性和对它们进行先天综合的可能性”。这是涉及证明本身的本质和可能性的一个必要的谨慎规则。这个规则也即意味着：“在对于我们将从何处取得我们打算将先验证明建立于其上的那些原理、以及有什么权利能期待它们有好的推论结果都预先考虑好了，并且说明了在那种情况下这样做的理由之前，不要尝试任何先验的证明。”第二个特点是：“对每个先验的命题只可能找到一个唯一的证明。”因为从直观出发，提供了种种综合命题的杂多材料，所以，这些材料能够以不止一种方式联结，因此，能够以不同的道路达到同一个命题，而先验原理从一个概念出发，所以只能有一个唯一的证明根据。第三个特点或规则是：“它的证明必须永远都不是反证法的，而任何时候都必须是明示的。”直接的明示的证明，不仅与对真理的确信结合在一起，也与对真理的洞见结合在一起，它同时带来的是可理解性，而反

① 康德：《纯粹理性批判》，邓晓芒译，杨祖陶校，人民出版社，2004，第 589 ~ 594 页。

证法，只能带来确定性，却不能带来可理解性，反证法在强行将主观加之于客观的东西时，才有作用。[①] 纯粹理性自身能够为自身提供根据或直接的说明，而反证法却不能。第四个训练在于说明先验证明是预包的、唯一的、明示的，而不是反证法的，先验认识是发展出来的，而不是推论出来的。这是既有正向的方法，也有负向的方法。

纯粹理性的四个训练在于通过对纯粹理性在不同场合中的运用，以批判性的例子澄清自身的形式条件。

第二部分：纯粹理性的法规

康德将法规视为“某些一般认识能力的正确运用的先天原理的总和”。纯粹理性的训练相对于法规而言构成消极的用处，而它的法规是积极的用处。在积极的方面，对纯粹理性的误解虽引起了种种谬误，事实上却构成理性努力的目标。但这个法规的运用不是关于思辨运用的，而是关于实践运用的。理性的先验运用中的思辨，最后导致的终极意图涉及三个对象：意志自由、灵魂不朽和上帝存在。针对这三个对象，分别有三个命题：第一个，意志的自由“只能与我们意愿的理知原因有关”，即意志自由是建立在意愿的先验根据之上的；第二个，灵魂的不朽不能用来作为解释此生现象的根据，也不能以此期望来世的情形；第三个，从最高的存在不能推出任何一种特殊的部署和秩序。这三个命题都意味着不能“把我们所知道的东西从完全超出我们的一切知识之上的东西中推导出来”。因此，这三个命题对于知识来说是根本不必要的，它的重要性只涉及实践。因而康德进一步认为，“一切通过自由而可能的东西都是实践的”，但如果施行自由的条件是经验性的，那么理性就只能有一种调节作用，

---

① 参见康德《纯粹理性批判》，邓晓芒译，杨祖陶校，人民出版社，2004，第597～603页。

提供自由行为的实用规律，以达到感官向我们推荐的那些目的，绝不能提供完全先天规定的纯粹规律。纯粹理性运用的法规涉及上帝和来世两个问题，与此相关的知识可以起到对实践的调节作用。这也就意味着纯粹理性的运用必然包含着最终目的，而这个目的的根据就是至善理想。这个目的也是从实践的理论问题中推出的，因为在康德看来，“我可以希望什么”这个问题中，希望是指向幸福的，它作为实践和道德律方面的本质，推出的是“某物应当发生”，就像知识及自然律作为事物认识方面的本质推出的是“因为某物发生”一样。道德律“只一般地考察一个理性存在者的自由”，考察在道德律之下与“幸福的原则性分配”相一致的自由的那些必要条件，所以，它有可能被先天地认识，因此，纯粹理性在道德运用中包含经验可能性的原则。然而，“获得幸福的希望与使自己配得幸福的不懈努力之间的必然连结”不能通过理性来认识，只有“把一个依照道德律发布命令的最高理性同时又作为自然的原因而置于基础的位置上时，才可以有希望”，这样一种理智的理念就是至善的理想，所以，纯粹理性只能在这个最高的理想中找到派生善的要素在实践上必然连接的根据，也就是道德世界的根据。这也是纯粹主观上的东西在客观实践上之所以成为根据的原理。由此，根据主观与客观的充分性程度（主观上的充分叫作确信，客观上的充分叫作确定性），康德在判断的主观有效性与确信的关系中区分了三个层次：在主观上和客观上都视其为真的，但都是不充分的，是意见；主观上充分，客观上不充分的，就是信念；主观上和客观上都充分的，就是知识。①

在上述考察中获得的仍然是对纯粹理性之完备体系的形式条件的认

---

① 参见康德《纯粹理性批判》，邓晓芒译，杨祖陶校，人民出版社，2004，第606～623页。

识。这个规定不是直接揭示出来的，而是在实践运用的法规中揭示出来的。因此，纯粹理性在实践中的运用所体现的调节作用，也是理解和明了纯粹理性的体系、形式的有益方法。

第三部分：纯粹理性的建筑术

纯粹理性批判或先验批判作为科学必然是一个系统，因为科学必须是系统性的知识或学说。如果纯粹理性是一个完备系统，建筑术就是关于如何构建这个系统的技艺。这个完备的系统是从图型开始生长出来的。①

这个建筑术在以下步骤中有所体现。第一，作为一个科学系统，我们是从自然统一性出发而认识到“理性中存在根据”这样一种理念的，且据此以规定科学。第二，在这个理念的指引下，收集了许多知识作为建筑材料，在组合这些材料后形成清晰的理念，并由此从建筑术上构想一个整体，有时是一个模糊的整体。第三，把一切知识的建筑术从纯粹理性中构想出来，从知识的普遍根基之一理性（另一条是经验性）这样一种高级能力出发，构想知识，形成“出自于原则的知识”，并区别于“出自于事实的历史的知识”。第四，在高级的认识能力中，要形成知识，必须先形成概念，相应地，哲学知识从概念而来，数学知识从概念的构造而来。第五，由于“一切哲学要么是由纯粹理性而来的知识，要么是由经验性原则而来的理性知识”，所以，分别称之为纯粹哲学和经验性哲学，前者在“一切纯粹先天知识方面检查理性的能力”方面形成批判，要么是“出自纯粹理性并系统关联起来的全部（真实的和虚假的）哲学知识”，这是纯粹理性的（科学的）系统，也就是形而上学，相应地，在纯粹理性的思辨运用方面形成的是自然形而上学，在实践运用方面形成的是道德形而上学。第六，从起源的完全不同的质性和

① 参见康德《纯粹理性批判》，邓晓芒译，杨祖陶校，人民出版社，2004，第630页。

差异性出发来考虑问题，就构成了形而上学的四个部分：只考察知性和理性本身的本体论，考察被给予对象总和之自然的自然之学（合理的物理学和合理的心理学），以内部联结为自己对象的合理的宇宙论，以外部联结为自己对象的合理的神学。①

纯粹理性的建筑术意味着哲学或形而上学必须有一个系统化的努力方向，而这种系统化的努力是纯粹理性自身在其图型的生长模式上就已经蕴含的。形而上学的这个系统的构建，也是对纯粹理性这个完备系统的形式条件的规定的方法例示。

第四部分：纯粹理性的历史

康德认为，人类理性从幼年的独断论，走向青年时期的怀疑论，再发展为成熟时期的批判论。② 对批判论的强调就在于指出纯粹理性或先验哲学在概念和原理系统中对理性能力的考察与前两种哲学相比更为彻底，这是一条全新的道路。纯粹理性的历史包含三个方面的回顾：第一，一切理性知识在对象方面的感觉论和智性论，前者坚持感官对象才有的现实性，后者坚持知性的现实性；第二，在纯粹理性知识的起源方面有经验论和理性论，前者以亚里士多德、洛茨为代表，后者以柏拉图、莱布尼茨为代表；第三，在方法方面有自然主义的方法和科学性的方法，前者以感性的观察削弱了演证，后者则要么是怀疑论地操作，要么是独断论地操作。③

先验方法论的这四部分涉及不同功能：训练是划界的方法，在界限划定之后，法规就只能是与展现纯粹理性的调节作用有关的方法，建筑

① 参见康德《纯粹理性批判》，邓晓芒译，杨祖陶校，人民出版社，2004，第630、631、632、635、638页。

② 参见康德《纯粹理性批判》，邓晓芒译，杨祖陶校，人民出版社，2004，第584页。

③ 参见康德《纯粹理性批判》，邓晓芒译，杨祖陶校，人民出版社，2004，第642～644页。

术是构建形而上学系统的方法，纯粹理性的历史是从观念史上理解先验批判的方法。这些方法整体上可分为两类：一类是划界的方法，包括纯粹理性的训练和历史；另一类是构建系统的方法，包括纯粹理性的法规和建筑术。

第二节　康德对胡塞尔的影响

康德的先验哲学是一个牢固的体系，但这一哲学体系在其体系内部的牢固性并不意味着其没有含混性或缺陷。例如，康德对时间和空间的分析并不是彻底的，将统觉视为被动性认识的源头而没有去进一步探索。

胡塞尔在构思其先验现象学的过程中，康德哲学对他有着重要的影响，甚至在他通向先验现象学的途径中，也有一条“康德式的道路”。康德哲学使胡塞尔认识到了理性批判的重要意义，在诱因上促使了胡塞尔现象学向一门带有系统性特征的现象学哲学的转变，并将现象学方法视为理性批判的真正方法。胡塞尔曾认为自己人生的意义就在于解决理性批判的问题，否则，自己就不能作为一个真正的哲学家而存在，也只有弄清了理性批判的问题后，才能够摆脱模糊性的折磨，达到内心认识的坚定性。

胡塞尔说：“康德的著作含金量极高。但必须将它粉碎，在彻底批判的火焰中融化，而后才能从中获取其所含。近代认识论一部分舒适地定居在经验认识问题的基地上，丝毫没有想到它附加在其所有论据上的背谬，一部分则与康德和较早的康德主义者联结在一起。他们或深刻或肤浅地从他那里汲取，更多地是无力应对他的精神强力，而不是通过根本的、原则的批判和在唯一可能的、唯一可能有收获的基地上的建造来克服这种强力。”①

除了对康德认识论的理念及精神有所肯定外，胡塞尔对康德认识论的诸多方面进行了批判。至少就胡塞尔早期思想而言，他的哲学与康德哲学都是带有批判特征的哲学。对康德认识论的批判主要集中在胡塞尔于1923年和1924年前后所做的关于《第一哲学》的讲座中，以及相应时间段的讲演和论文中。在这些批判中，胡塞尔既肯定了康德哲学对后世哲学的意义以及对现象学的发展所具有的意义，也拓展了康德认识论的意义。

对于康德的认识论，我们不能过分夸大，更不能小看，需要保持谨慎的态度，这也是理性批判自身所应有的态度。康德并没有将既定的客观的科学的知识混编到自己的认知理论中，这是毋庸置疑的。康德对经验科学之可能性的提问，不是引导人们去承认已有科学知识的有效性部分，而是旨在引导人们去分析和思考其基础的东西。正是在这样的意义上，康德回应了休谟的怀疑论，并力图将人类认知的有效性建立在纯粹理性的批判或反思之中。这些潜藏的基础的东西，就是先验的主体性的东西。如感性、知性、理性等自身在一定的范围或限度内所能够产生认识的必然性的东西。康德的认识批判路径，首先在于对认知行为自身的要素与方法进行了思考，其次用这一分析来讨论认识客体的意义和知识的有效性。

康德的考察虽然是系统性的，但不是彻底的。而胡塞尔所坚持的先验哲学的道路，需要克服的是认知形成过程中由诸多含混的和不彻底的认识所产生的局限性，无形中就是对近代认识论研究的推进。无论是洛克对于认识基础与范围的考察，还是康德对于认识能力及界限

① 胡塞尔：《现象学与哲学史的关系（1917年）》，载《文章与讲演（1911—1921年）》，倪梁康译，人民出版社，2009，第215页。

的考察，抑或是胡塞尔对于认识对象与方法的考察，都可以称为认识批判。他们共同的方面都在于对认识的确定性和彻底性的追求。因而，哲学中的认识批判，都是要去克服那些带有局限性和不彻底性的认识。

正如胡塞尔所坚持的，只有经过了严格的现象学的训练，才能够真正弄懂康德哲学的意图。康德的认识论与胡塞尔现象学有密切的关系。胡塞尔认为："康德偶然地发现了意识中一步一步地形成着的意向性，在意向性中外部的对象性乃是对于进行经验的和进行思想的意识而言的对象性。"康德注意到了事物能够通过显现的无限多样性被知觉，并将此当作我们占有客观世界的一种必然形式。康德也认为，综合就已经属于想象直观的统一，而且是属于每一个内在对象的统一。因而，正如胡塞尔所指出的，康德真正重要的东西，"存在于被在直观内部大量具体认出的东西和系统展示的东西中"，并不存在于他的错误理论和不可知论中；康德第一次显露出趋向于有关自然的现象学的倾向，显露出趋向于有关自然的认识论的倾向；康德并没有考虑按照意识现象的本质内容以及诸多种类的意识性之间的关联去研究意识现象中可能揭示出来的综合的诸阶段，但是他第一个看出了这些粗略的结构，是向新的现象学过渡的一个中间环节。①

正如舍尔巴茨基所言："康德认为一切经验的对象，以及与之相应的表象及概念都不会是辩证的，这些对象被'给予'我们，尽管它们包含了多样性的直观，但它们也是由生起性的想象所构造的，所以它们仍然是'被给予的'。"② 这也从另一角度说明了康德在概念的被给予与现象的被给予之间至少在术语方面没有做出严格的区分，二者都被笼统

① 参见胡塞尔《第一哲学》上卷，王炳文译，商务印书馆，2017，第535～536页。

② 舍尔巴茨基：《佛教逻辑》，宋立道、舒晓炜译，商务印书馆，2010，第580页。

地归之于意识的被给予之下。胡塞尔认为，康德的探究虽然“是站在超越论的立场范围内的，但康德并没有认识到超越论还原的方法”。①

从胡塞尔对康德的一些哲学理念的继承关系及对其他几位德国古典哲学家的主要立场所持的肯定态度来看，胡塞尔现象学也是对德国古典哲学的继承。而事实上，因为胡塞尔跟随布伦塔诺学习过很长时间并受益至深，所以康德本就是胡塞尔师承谱系中的哲学家。这条谱系的师生关系为莱布尼茨—沃尔夫—科努岑（Martin Knutzen，1713 - 1751）—康德—莱因浩德（Karl Leonhard Reinhold，1857 - 1823）—特伦德伦堡（Friedrich Adolf Trendelenburg，1802 - 1872）—布伦塔诺”前进到胡塞尔。所以，胡塞尔不仅传承了数学的 - 自然科学的认识给养，也承接了德国观念论的认识给养。胡塞尔认为，19 世纪中叶起自然科学与德国观念论的断裂通过现象学可以打通。胡塞尔说：“有朝一日将会发现，又是现象学有资格并能够重新架起断裂了的桥梁，而且能够占有观念论哲学的伟大精神价值。”②

---

① 耿宁：《胡塞尔与康德向超越论主体性的回返》，王庆节译，载《心的现象》，商务印书馆，2012，第 39 页。

② 胡塞尔：《第一哲学》上卷，王炳文译，商务印书馆，2017，第 540 页。

第五章　胡塞尔哲学思想的主要来源

胡塞尔在认识批判中渗透着对认识确定性的寻求，并以此将哲学作为一门严格的科学来对待。胡塞尔这一思想的形成，和欧洲近代哲学家有密不可分的关系。近代经验主义和理性主义的代表性哲学家的思想对他都有着不同程度和向度上的影响。而影响其哲学思想形成和转变的最为直接的哲学家是布伦塔诺和弗雷格。前者使胡塞尔在哲学探索的道路上认识到哲学可以作为一门严格的科学而存在，后者使胡塞尔从含混的心理主义或不纯粹的现象学走向了心理主义的对立面。

第一节　布伦塔诺对胡塞尔的影响

胡塞尔真正转向哲学是在遇到哲学家布伦塔诺后开始的。此前，他获得了数学博士学位，副专业才是哲学。在所有的哲学家中，布伦塔诺是对胡塞尔哲学影响最多的哲学家，也是影响最大的哲学家。胡塞尔在《回忆弗兰茨·布伦塔诺》中说："在这个时期，我的哲学兴趣在增长，而且，我在犹豫，究竟是留在数学这里，以其为终生职业，还是应当将自己完全奉献给哲学。"① "这个时期"指 1884～1886 年这两年，其间胡塞尔跟随布伦塔诺听课，与之讨论、交游。

1884～1885 年，胡塞尔聆听了布伦塔诺关于描述心理学和现象学心理学问题的讲演。从布伦塔诺的讲演中胡塞尔认识到，哲学是一门严

---

① 胡塞尔：《回忆弗兰茨·布伦塔诺》，载《文章与讲演（1911—1921 年）》，倪梁康译，人民出版社，2009，第 338 页。

格的科学，是其他各门科学的内在基础。胡塞尔回忆道："首先是从布伦塔诺的讲座中，我获得了一种信念，它给我勇气去选择哲学作为终生的职业，这种信念就是：哲学也是一个严肃工作的领域，哲学也可以并且因此也必须在严格科学的精神中受到探讨。"①

这段时间内，胡塞尔在布伦塔诺的指导下进行研究，这一研究一直持续到1886年。其间，胡塞尔潜心钻研了休谟的哲学和马赫的感觉分析学说，这些学习和研究使胡塞尔认识到了对精神活动进行意向性分析的巨大价值。② 布伦塔诺对解决任何问题所采取的纯粹的实事性的做法，处理疑难问题的方式，对各种可能的论据的细致而辨析的考虑，对各种歧义的划分，将所有哲学概念都回到它们的直观中的原初源泉上的做法，使胡塞尔对他满怀钦佩和信任。③

布伦塔诺的讲座使胡塞尔认识到，思考活动必须具备这样三个重要方面的诉求：科学性、实事性、直观性。④ 科学性意味着对理论和认识进行系统化的努力，实事性意味着回到认识所产生的源头，直观性这一根本性的方法意味着明证性的最终获得。这几个重要方面几乎贯穿胡塞尔现象学研究的始终，作为以认识批判为其主题之一的胡塞尔现象学，认识批判恰恰需要回到实事性基础上，在直观性方面达到明晰性和彻底性，从而摆脱传统认识论的窠臼。但是，如果要避免重新落入传统的认

① 胡塞尔：《回忆弗兰茨·布伦塔诺》，载《文章与讲演（1911—1921年）》，倪梁康译，人民出版社，2009，第338~339页。

② 参见维克多·维拉德-梅欧《胡塞尔》，杨福斌译，中华书局，2014，第4~5页。

③ 参见胡塞尔《回忆弗兰茨·布伦塔诺》，载《文章与讲演（1911—1921年）》，倪梁康译，人民出版社，2009，第339页。

④ 参见倪梁康《现象学与心理学的纠缠——关于胡塞尔与布伦塔诺的思想关系的回顾与再审》，《同济大学学报》（社会科学版）2014年第3期，第4页。本部分论题参考了倪梁康教授的这篇论文。在吸收了这10个条目的基础上，参照《胡塞尔现象学概念通释》与相关文本，予以展开。

识批判之中，那么，就需要以“科学性”来解决这一问题，即需要使哲学以及关于认识的哲学研究通向系统化的思考方向，满足更高的理论需求，最终建立作为科学的认识论。

根据胡塞尔在《回忆弗兰茨·布伦塔诺》一文中的提示，以及布伦塔诺与胡塞尔在论题上所涉及的共同之处，结合倪梁康教授的研究，不难发现，布伦塔诺不仅在思考取向的科学性、实事性、直观性三个方面深深影响了胡塞尔，而且也影响了胡塞尔早期和晚期现象学的一些论题。这些论题简约地涵盖了可能产生影响的“意向性、描述、内在实在论、表象、内意识、时间意识、伦理学”等七个主题。除此之外，应该还有“真理问题”和“对康德的态度”两个主题。布伦塔诺对胡塞尔现象学产生的重要影响甚至还包括更多方面的内容。

一　科学化的努力精神

布伦塔诺的工作使胡塞尔认识到哲学研究可以是一项严肃的科学精神的活动，胡塞尔在后来完成的著名文章《哲学作为严格的科学》(1911) 中一开始就说：“自最初的开端起，哲学便要求成为严格的科学，而且是这样的一门科学，它可以满足最高的理论需求，并且在伦理－宗教方面可以使一种受纯粹理性规范支配的生活成为可能。”① 这表明了哲学的两个任务：一个是不断满足理论上的最高需求，另一个是以理性支配或规范人们的行为。前者也意味着哲学要不断向更高的理论迈进，是一个没有尽头的事业，后者意味着哲学在实践方面要承担的任务。

鉴于当时的哲学现状，胡塞尔认为构建严格科学的哲学尤为必要。胡塞尔认为：在当时，哲学还不是一门科学，哲学中的很多东西都是有

① 胡塞尔：《哲学作为严格的科学》，倪梁康译，商务印书馆，2007，第1页。

争议的，都是学派性的见解，都是基于不同的立场而形成的；黑格尔的哲学体系仍然缺乏理性批判，而进行理性批判才能使哲学的科学性得以可能；黑格尔与浪漫主义哲学一样，削弱或篡改了对严格科学的哲学予以构建的想法，并促成了“世界观哲学”的形成。在这样的情形下，胡塞尔认为：人类文化的最高兴趣在于要求造就一门严格科学的哲学，为此，需要对一门在严格科学意义上的哲学进行新的论证。[①]

胡塞尔在回忆中说，布伦塔诺为19世纪70年代变得无创造力的德国哲学带来了新的蓬勃向上的动机[②]，在学术立场上，他以亚里士多德和穆勒（John Stuart Mill，1806－1873）的经验主义反对康德及其学人的先验论，反对黑格尔的观念论，“试图在亚里士多德科学方法论的维度上扭转当时德国－奥地利哲学流行的后康德主义潮流”。[③] 这种科学化的思考路径在《从经验立场出发的心理学》中有着鲜明的体现。布伦塔诺对心理学进行科学化的论证的方向，对问题精细入微的处理方式，深深影响了胡塞尔。

布伦塔诺使胡塞尔认识到，哲学可以作为一门科学而存在，但胡塞尔并不满足于布伦塔诺那样的态度，他不认为真正的哲学方法就是对自然科学方法的模仿。可以说，自然科学在发展过程中通过批判性反思和严格态度建立起来了具有科学性特征的学科。然而，哲学思维在完成这一任务之后，却忘记了自身重新构建与发现的起源和一般特征，也没有意识到以一种严格的方式对这样一个领域进行描述和分析。成为严格的

---

① 参见胡塞尔《哲学作为严格的科学》，倪梁康译，商务印书馆，2007，第3～6页。

② 参见胡塞尔《回忆弗兰茨·布伦塔诺》，载《文章与讲演（1911—1921年）》，倪梁康译，人民出版社，2009，第342～343页。

③ Dale Jacquette，“Brentano's Science Revolution”，in Dale Jacquette，ed.，*The Cambridge Companion to Bretano*，Cambridge，Mass：Cambridge University Press. 2004，p. 1.

科学，意味着通过系统的思考来彻底澄清严格科学的条件，然后尝试新建一座哲学大厦。而近代哲学以及之前的哲学，却满足于解释过去的认知和认知现象，对既定的认识进行描述和整理，这显然不符合科学的特征，而只是经验中的习惯性做法，或理性的习惯。因而，哲学需要通过严格的考察和反思，将自己带入一个新的领域和平面中，这样才能使哲学具备严格科学的特征，而不是只停留在各行其是的解释中。虽然自然主义从一开始就对哲学进行了严格科学的改造，并相信自己已经实现了这个观念，但胡塞尔认为，自然主义的改造是错误的。因而，在对自然主义哲学的彻底批判中，首先需要的是对自然主义哲学的基础和方法的积极批判，并以这种积极的批判不间断地保持着对一门严格科学的哲学之可能性的信心。①

二 献身于实事的精神

胡塞尔将哲学的探索领域扩展到了纯粹意识层面，这无疑是将传统的理性主义认识论和经验主义认识论推进到了新的研究领域。认识活动作为意识活动，必然在意识世界内存在着更为根本的机制，这是认识活动自身的实事层面。对纯粹意识领域活动的探索，必然意味着暂且放下已有的认识或结论，在内心中再造认识。而彻底的思考，不是对意识外部的认识材料的简单接受，而是始终立足于意识自身的内部再造。② 因此，哲学必须探讨那些以自身被给予方式呈现出来的实际问题，以有别于远离实际问题的话语、意见和成见。③ 这实际上已经包

① 参见胡塞尔《哲学作为严格的科学》，倪梁康译，商务印书馆，2007，第5~7页。

② 参见胡塞尔《哲学作为严格的科学》，倪梁康译，商务印书馆，2007，第2页。

③ 倪梁康：《现象学与心理学的纠缠——关于胡塞尔与布伦塔诺的思想关系的回顾与再审》，《同济大学学报》（社会科学版）2014年第3期，第5页。

含现象学的悬搁方法的运用，悬搁就是将已有的这些东西暂且搁置一边，然后回到实事本身进行重新探寻。

哲学的科学化构建，意味着在实事基础上的构造。胡塞尔认为，被判断意指的客观之物就是被判断的实事状态。这之中的实事，不仅包括普通的经验直观或感性直观获得的东西，也包括内意识中的“直观”或内知觉物，以及对外感知的“捕获过程”的知觉的产物。因此，在胡塞尔意义上，作为严格科学的哲学，就是对实事进行理性地、科学地判断。胡塞尔说：“理性地、科学地对实事（Sachen）进行判断，就意味着朝向实事本身，从说法（Reden）和意见（Meinungen）返回实事本身，在它们的自身给予性中探索它们并摆脱所有不合适的偏见。”① 这意味着只有彻底地根据内知觉（或内“直观”）的明证性（Evidenz）原则来确定对象的基本领域与相应的给予性的直观领域的类型、相关的判断类型、感受行为（noesis）类型，才能获得一门真正的、科学的哲学。

三　奠基于直观的方法

维也纳思想传统中“反形而上学重视直观经验”的思维特征，不仅影响了布伦塔诺，并在布伦塔诺那里形成了经验心理学的立场和描述分析的手段，而且也通过布伦塔诺影响了胡塞尔，在胡塞尔那里形成了现象学直观的奠基原则。② 无论是经验直观还是理性直观，或者说，无

---

① Edmund Husserl, *Ideen zu einer reinen Phänomenologie und phänomenologischen Philosophie. Erstes Buch: Allgemeine Einführungin die reine Phänomenologie*. 1. Halbband: Text der 1. – 3. Auflage (Hua III – 1), Hrsg. von Karl Schuhmann, Den Haag: Martinus Nijhoff, 1976, S. 41. 中译本参见胡塞尔《纯粹现象学通论》，李幼蒸译，人民大学出版社，2015，第 33 页。引文参考中文后有改动。

② 倪梁康：《哥德尔与胡塞尔：观念直观的共识》，《广西大学学报》（哲学社会科学版）2015 年第 4 期，第 2 页。

论是外直观还是内直观，只有能够被反复地直观到的东西，才能成为建立稳固的认识的素材或材料。因此，只有将知识或科学建立在彼此能够直观到的东西之上，这样的知识才易于被人们学习和理解。因此，直观必然是知识的奠基原则，它同时也意味着明晰性和确定性。可以说，在胡塞尔意义上，直观是一切方法的方法。

在胡塞尔的著作中，直观是出现频率很高的术语。胡塞尔不仅对不同的直观方式进行了区分，甚至也是在直观的意义上理解本质（Wesen）的。布伦塔诺在直观与理论之间的迅速、清晰的转换给他留下了深刻印象。胡塞尔说："但在深入研究过程中以及常常是天才的直观分析中，他还是会相对较快地从直观过渡到理论：过渡到对清晰概念的确定上，过渡到对研究问题的理论阐述上，过渡到对各种可能的解答方式之总和的系统构建上，而本来更应该通过批判而在这些可能的解答之间做出选择。"① 可以看出，布伦塔诺立足于直观来理解概念，明晰地切换不同层次的认识，建构相应的解决问题和思考问题的系统。

直观也可以被理解为科学系统中一切认识的基础。如果没有对直观行为的强化，那么，概念的确定、理论的阐述，就会因为直观的缺失而造成基础的含混。布伦塔诺那里也区分了直观表象与非直观的表象。直观不仅在布伦塔诺那里意味着重视经验表象的传统，而且在理论化的形成过程中，直观基础上的描述分析的手段，也是理论化过程得以展开的基础，甚至在理论回溯过程中，直观一方面是对理论化过程的严格性进行审查的条件，另一方面肩负着使理论化的认识与经验表象形成严格对应性的任务。这是因为直观直接关系到认识的确定性的获得，并保证确定性可以稳固地呈现。

---

① 胡塞尔：《回忆弗兰茨·布伦塔诺》，载《文章与讲演（1911—1921年）》，倪梁康译，人民出版社，2009，第341页。

布伦塔诺重视“直观性”的思维态度对胡塞尔影响至深，甚至在胡塞尔那里，也存在着“直观的现象学”，存在着感性直观与本质直观的区分、个体直观与普遍直观的区分、外直观与内直观之间的区分、感性直观与范畴直观之间的区分。其中，“本质直观”奠基于“感性直观”并且提供着本质性的认识，这两种直观，都意味着意识活动中一种直接的把握方式的存在。而作为认识批判的现象学，在认识批判中，更需要借助直观来完成审查过程的严格性。“直观”在胡塞尔那里是一切原则的原则，在直观的基础上，胡塞尔现象学首先是一门在直观基础上进行描述分析的现象学。这一点与布伦塔诺对心理现象所采取的描述分析的方法是一脉相承的。

四　意识的意向性

布伦塔诺根据传统经院主义的意向性理论来理解心灵对象或内容的觉察，但没有使用“意向性”（intentionality）这一表达，而只是使用了“意向的”（intentional）这一说法。① 布伦塔诺认为：“每一心灵现象在自身内包含着作为对象的某物，尽管它们不是以相同的方式包含着。在表象中，某物被表象着，在判断中，某物被肯定着或否定着，在爱中某物被爱着，在恨中，某物被恨着，在渴望中，某物被渴望着。”② 这段话可以视为布伦塔诺对“意向性”最贴近的描述，虽然这并非布伦塔诺的原创，在奥古斯丁、笛卡尔和洛克那里都可以找到相似的论述，但是布伦塔诺从中看到并提取了意识的重要特征和要素：意识作为意向的意识。在后期的著作《我们知识对与错的起源》中，布伦塔诺使用的

① Dermot Moran, *Introduction to Phenomenology*, London: Routledge, 2000, p. 47.
② 参见布伦塔诺《从经验立场出发的心理学》，郝亿春译，商务印书馆，2017，第105～106页。

仍然是“意向的”这一表达。通过意向的特征，判断行为与判断对象成为必然的关联。在布伦塔诺的意义上，判断对象是判断过程存在的基础，缺少判断对象的判断过程是没有意义的。[①] 按照布伦塔诺的学说，判断是建立在表象基础上的，而表象是关于某对象的表象，因而，判断的强度与表象的强度是相关的。因此，判断对象是判断过程存在的基础。

胡塞尔在自己的现象学中强调：布伦塔诺是意识的意向性的发现者。这个说法虽不尽准确，但仍意味着其师的影响对其至关重要。

五 描述现象学

在《从经验立场出发的心理学》中，布伦塔诺对经验心理学和以生理学为基础的心理学进行了对比研究。在发表了该书之后，布伦塔诺在 1887 ~ 1891 年发展了自己有关“描述心理学”的课程，并且将它与“发生心理学”区别开来，此一课程对施通普夫（Carl Stumpf，1848 - 1936）、马尔悌（Anton Marty，1847 - 1914）和胡塞尔都产生了强烈影响，胡塞尔曾经读过讲课的手稿。[②] 布伦塔诺的这一区分，影响了胡塞尔思想早期的“描述现象学”或“静态现象学”的观念。对心理现象的描述与发生性研究，实质上就演变为胡塞尔现象学中描述的方法和构造的方法。布伦塔诺也将“经验立场上的心理学”称为“描述的心理学”。在《逻辑研究》（1900）第一版中，胡塞尔把“纯粹描述的”等同于“经验的”，胡塞尔早期的描述概念其实就意味着“经验的分析的描述”，“描述的”方法首先意味着“仅仅用那些产生于被直观之物本

---

① Dermot Moran, *Introduction to Phenomenology*, London: Routledge, 2000, p. 47.

② Dermot Moran, *Introduction to Phenomenology*, London: Routledge, 2000, p. 30.

身之中的概念来表达被直观之物”。①

胡塞尔的这一研究，描述的心理学或描述现象学（静态现象学），相当于以现象学方法所进行的感性学研究。这与古代哲学史上的灵魂研究是一脉相承的。承接了古代哲学的现代科学化研究中的灵魂，更多的也是指心理行为或意识行为，而非宗教中的灵魂和泛宗教中的灵魂。在此可以援引布伦塔诺的观点以说明这一含义：“在现代术语中，‘灵魂’一词指的是表象（Vorstellungen）与其它行为的本体承担者，这些行为都建基于表象，且像表象一样只能通过内经验被直接知觉。因而我们通常称灵魂为具有诸能力的本体，这些能力包括：感知想象（Phantasie）回忆行为、希望或害怕行为以及欲求或嫌恶行为等待。”② 因此，近代的意识研究就是关于灵魂的科学性内容的研究。在布伦塔诺那里，灵魂研究被赋予明确的含义，就是对意识的研究，就是对相对于物理现象而言的心理现象的研究，是对表象（表象行为）的研究，或者说对内意识的研究。相应地，胡塞尔的一切研究，都要回归到意识平面进行起源上的彻底考察，理应是对布伦塔诺描述心理学和发生心理学的发展。

六 内在实在论

布伦塔诺以“内实存”（内存在/Inexistenz）概念消解了“实在论”与“观念论”的对立。“内实存”在布伦塔诺那里是心理现象的普遍特征。布伦塔诺对心理现象的界定是：心理现象是奠基于表象的现象，其中的表象并非指被表象的东西，而是指表象行为；心理现象是在自身中意向地包含一个对象的现象；对象意向地内存在是心理现象的一个普遍

① 参见倪梁康《胡塞尔现象学概念通释》，商务印书馆，2016，第92页。

② 布伦塔诺：《从经验立场出发的心理学》，郝亿春译，商务印书馆，2017，第11~12页。

特征，这也是它与物理现象相区别的特征；只能对心理现象进行内知觉而不是内观察，它也是唯一能够被知觉的现象；心理现象以直接的明证性被知觉。[①] 每种心理现象，都有双重对象，一阶对象和二阶对象，且对于二阶对象的意识是三重的，例如，在“听”的行为中，“它包含着听的表象、对听的认识、以及对听的感受”，因而，每种心理行为就有了四个被考察的方面：它作为其一阶对象的表象，作为其自身的表象，作为其对自身的认识，作为其对自身的感受。[②] 布伦塔诺认为，心理现象的概念在理解和运用中必须做出相应的收缩和扩展，心理现象包含想象中呈现出来的物理现象，内在的真实存在的心理现象是心理学研究的真正对象。但在研究中，物理现象并不能被弃之不顾，心理现象可以统一体的形式呈现，而物理现象却不是。“内存在”是心理现象与物理现象的区分。[③]

胡塞尔在《逻辑研究》第五研究中以专门的三个小节讨论了布伦塔诺对心理现象的划界。胡塞尔认为不仅要去讨论心理现象与物理现象的划界，而且要考虑这样的类概念应该在现象学的纯粹性中去把握，这样才能抽象出一些基本概念的具体基础。可以说，胡塞尔在此强调了概念的生成问题，因此在方向上属于逻辑学的研究。布伦塔诺对心理现象的六个规定，胡塞尔认为除心理现象作为意向地存在的现象和作为表象及奠基于表象的现象这两个规定外，其余的四个都“毁坏性地带有某些迷惑人的歧义，这些歧义使得人们无法再坚持布伦塔诺的现象概念，尤其是他的物理现象概念，而后还有他的内感知和外感知的概念”。[④]

---

① 参见布伦塔诺《从经验立场出发的心理学》，郝亿春译，商务印书馆，2017，第95、106、108、109、116页。

② 布伦塔诺：《从经验立场出发的心理学》，郝亿春译，商务印书馆，2017，第182页。

③ 参见布伦塔诺《从经验立场出发的心理学》，郝亿春译，商务印书馆，2017，第118、116页。

④ 参见胡塞尔《逻辑研究》，倪梁康译，商务印书馆，2016，第711～712页。“内感知”在此应被准确地理解为“内知觉”，以与对外在对象的“外观察”相区分。

胡塞尔也用“内实存”来标示纯粹意识的存在方式，这是一种有别于实在之物的实存（存在/Existenz）方式。因而，胡塞尔现象学也被认为是“对布伦塔诺关于存在者的多重含义的旧学说的最著名的和最彻底的展开”。[①]“意向性的内实存”在“意向着”（intending）的行为中用来描述意向对象的存在样式，意向行为既可以描述可能存在的客体（object），也可以描述不存在的客体。这可以视为胡塞尔与布伦塔诺在此方面的共同之处。胡塞尔在《逻辑研究》第五研究中，已经不满意“内实存”一词，认为布伦塔诺的意向性概念具有误导性。[②] 这一明显的警觉，说明胡塞尔逐渐意识到《逻辑研究》中心理学术语的使用可能会带来的诸多误解或含混之处。虽然这样的表达方式也可以向特定的阅读对象展现清晰的考察，但仍然需要在纯粹现象学的意义上获得严格和精确的表述，以此在面对更多的读者群时，避免由于与传统心理学的纠缠而带来的歧义。但是，布伦塔诺对心理现象的存在特征的论述，有助于我们更好地理解胡塞尔的“内实存”概念。他们在这一点上的分歧是由各自不同程度的理论需求或理论向度所造成的，并不是由于对概念的不严格操作而造成的。

七 表象理论

布伦塔诺的“表象”理论对于胡塞尔的影响之处甚多。布伦塔诺认为，“我们的通过感觉与想象获得的每个表象都是心理现象的一个例示”，表象

---

① 倪梁康：《现象学与心理学的纠缠——关于胡塞尔与布伦塔诺的思想关系的回顾与再审》，《同济大学学报》（社会科学版）2014 年第 3 期，第 6 页。

② 参见德尔默·莫兰、约瑟夫·科恩《胡塞尔词典》，李幼蒸译，中国人民大学出版社，2015，第 123 页。为维持术语统一，“Inexistenz”一词改译为“内实存”。根据胡塞尔的理解，Existenz 的含义较广，不仅包括 Dasein，而且包括 Sein，狭义上的 Existenz 就是指 Dasein，故译为“存在”时，在理解中含义要根据语境灵活切换。

不是被表象的东西，而就是表象行为，表象就是心理现象，“一个东西被表象后才能被判断、被欲求、被害怕”。[①] 在胡塞尔的论述中，表象有广义的表象与狭义的表象的区分。狭义的表象是一种“直观表象”，包括感知表象、回忆表象、想象表象、图像表象等。狭义的表象也可以是“符号表象”，与立义活动相关。胡塞尔也探讨了“普遍表象和单纯表象”“本真表象与非本真表象”。[②]

胡塞尔不满意或部分地发展了布伦塔诺所论述的表象概念。他以更为细致的质性与质料的划分对整个意向体验进行了现象学的建构。相应地，表象有双重含义，被划分为以行为质性作为基础的表象和以行为质料作为基础的表象，后者就是我们称作代现（Repräsentionen）的东西，它以一种特有的意识方式被给予。我们姑且认为质性的预设在现象学中是多余的，它必然需要被取代或搁置起来。胡塞尔认为，由于表象被理解为行为，与行为统一相符合的是客观统一或对象性的统一，各种行为（判断、意愿、猜测）的总体对象与表象（行为）统一发生关系，并为表象（行为）奠定基础，因此，各个行为的实事状态就是一个被表象的实事状态，表象行为一方面使某物成为对象性的，另一方面也意味着对对象之物的感知和类似的直观。[③] 在此，胡塞尔对表象行为的功能性进行了研究，但我们很难看清这样的认识还可以有多少拓展性的意义。

在《想象，图像意识和记忆（1898～1925）》中，胡塞尔批评了布伦塔诺的表象理论。布伦塔诺区分了表象和被表象，表象是行为，被表象是内容。胡塞尔认为：从这一区分显然可以看出如此杰出敏锐的研究者（布伦塔诺）没有分离被表象的东西或内容的不同概念，没有完成永久的描述分

---

① 参见布伦塔诺《从经验立场出发的心理学》，郝亿春译，商务印书馆，2017，第94～95页。

② 参见倪梁康《胡塞尔现象学概念通释》，商务印书馆，2016，第537页。

③ 参见胡塞尔《逻辑研究》，倪梁康译，商务印书馆，2016，第777～814页。

析，也没有领会这些差异的根本意义；对于布伦塔诺而言，内容本来就是包含在感知中的感性内容；我们称之为感知对象的东西，无法与这个内容截然分离，也全然不是与它实在地分离的；布伦塔诺偶尔在与内容的区分中谈论“对象”，但这只是绝对的、形而上学意义中的外在对象。①

在很大程度上，胡塞尔仍然承认布伦塔诺的理解，表象就是表象行为。尽管胡塞尔对于传统的“表象”理论有很多不满，但是，只要谈及“显现”与“感知”的问题，表象必然以这样一个“调节者”的身份，它作为一个带有传统含义的术语，来调和“显现”与“感知”之间由于叙述问题而产生的矛盾。使用这个人们熟知的概念及其含义，也许是胡塞尔为相关知识背景的理解者提供一个进入他的思考活动的窗口。也许从这个意义上可以说，也即就表述方式而言，尽管在现象学的认识批判中包含着对近代认识论的诸多批判，但胡塞尔现象学在这一分析中尚不能完全摆脱传统哲学的影响。胡塞尔虽然在《逻辑研究》第一研究中详细考察了“表达与含义”，但仍然未能摆脱使用已有的哲学术语或学科术语所带来的含混性。因而对《逻辑研究》的诸多争议也就随之而生了。

八　内意识理论

布伦塔诺认为，“每种心理行为都被指向它的一种意识所伴随”，“任何心理行为都被双重的内意识所伴随，即，被指向它的一种表象与指向它的一种判断所伴随”。② 因此，布伦塔诺的内意识就是对心理现象的知觉。布

---

① 参见 Edmund Husserl，*Phäntasie*，*Bildbewusstsein*，*Erinnerung. Zur Phänomenologie der anschaulichen Vergegenwartigungen. Texte aus dem Nachlass*，*1898－1925*，Edited by Eduard Marbach，Husserliana Band XXIII，The Hague：Martinus Nijhoff，1980，S. 8. 英译本，*Phantasy*，*Image Consciousness*，*and Memory*，*1898－1925*，Trans. by John Brough，Dordrecht：Springer，2005，p. 8。

② 布伦塔诺：《从经验立场出发的心理学》，郝亿春译，商务印书馆，2017，第163、169～170页。

伦塔诺受亚里士多德的影响而形成“内意识”（内感知）理论。亚里士多德用“内伴随的意识”解决了意识无限复杂化的问题。① 这即意味着不能设想对一个感觉的感知，需要另外的感觉的感知，因为这样做会导致无穷设想。因而，当意识朝向自身与朝向对象时，就产生了不同的意识体验，后者是对对象的意识，前者是把自身当作对象进行意识，即本己的意识。

布伦塔诺认为，每种心理现象都伴随着的内意识包含一种表象、一种认识与一种情感，相应地，内意识有三种基本类型：表象、判断和爱恨现象。② 基于布伦塔诺的分类，胡塞尔在《逻辑研究》中做了新的解释和扩展。在第五研究中，立足于“意向关系具有各种本质特殊的差异性”这一认识，胡塞尔认为：情感意向这种复合体验，不应再被还原为其他的心理体验。虽然胡塞尔也坚持布伦塔诺对于内意识或心理现象的本质规定，但他的信念与布伦塔诺有所偏差，所以他不得不拒绝布伦塔诺的术语。③ 基于对表象行为的双重含义的区分（区分为质料与质性），胡塞尔认为：被判断的实事状态就是被判断意指的客观之物，判断行为中构成质料的东西，就是对实事状态形成判断的东西，在判断中借助于一个奠基性的表象，某个实事状态被表象出来，“而与这个被表象之物发生关系的是作为新行为的判断设定”，就是行为质性。④

胡塞尔在前期研究中为了解决“意识到对象”与“意识到自身”的问题，设想了意向性的不同维度，如“纵的意向性”和“横的意向性”，这产生了含混不清的分析，比如胡塞尔为解决此问题导入了“无意识”的说法，颇类似于弗洛伊德在精神分析中的做法。胡塞尔在《关于时间意识的贝尔瑙手稿》中又重新回到了布伦塔诺关于“内意

① 参见肖德生《胡塞尔与布伦塔诺时间观的勘比度》，《学海》2012 年第 4 期，第 153 页。

② 参见布伦塔诺《从经验立场出发的心理学》，郝亿春译，商务印书馆，2017，第 311 页。

③ 参见胡塞尔《逻辑研究》，倪梁康译，商务印书馆，2016，第 713、718 页。

④ 参见胡塞尔《逻辑研究》，倪梁康译，商务印书馆，2016，第 799 页。

识”的分析。在贝尔瑙手稿中，胡塞尔直接运用了布伦塔诺的术语来阐述其自身意识的思想，“意识不仅是实事意识，是对其‘第一性’(Primären) 对象的意识，而且也是‘内’意识，是对自己自身及其意向进程的意识”。因而，在这样的意识活动中，包含着“原初事件的构造”，同时包含着“（意向）进程自身的构造”。①

九 时间学说

布伦塔诺认为时间概念源于“原初联想”（ursprüngliche Assoziation）或“直接的记忆表象”（unmittelbare Gedächtnisvorstellung）这样的直观体验。后者是“一个按照一个毫无例外的规律而与各个感知表象不经任何中介地相衔接的记忆表象”，前者是“一个在时间上变异了的表象与给予的表象的联结”。② 这类体验与通常的感觉是不一样的，它是伴随在每一个通常的感觉中的（被直观到的）现象，涉及（被称为）过去体验的东西。正是在这种短暂的体验中，才能够得到并且理解“过去”“现在”“将来”“先”“后”等这样的概念，从两个相反的向度无限延展的时间连续统概念才能够得以真正的理解。与布伦塔诺一样，胡塞尔也是以声音为例来分析时间意识的。胡塞尔时间分析中对“滞留”要素的强调，继承了布伦塔诺对原初联想中内容分析的一些内核，与之相反的是，布伦塔诺认为时间是由想象创造出来的，而胡塞尔认为时间是感知体验或意识体验中被给予的时间意识的东西。③

---

① Edmund Husserl, *Die Bernauer Manuskripte über das Zeitbewusstsein 1917/1918*, Hrsg., Rudolf Bernet und Dieter Lohmar, Husserliana Band XXXIII, Dordrecht: Kluwer Academic Publishers, 2001, S. 42；参见肖德生《胡塞尔与布伦塔诺时间观的勘比度》，《学海》2012 年第 4 期，第 154 页。

② 胡塞尔：《内时间意识现象学》，倪梁康译，商务印书馆，2009，第 41 ~ 44 页。

③ 参见肖德生《胡塞尔与布伦塔诺时间观的勘比度》，《学海》2012 年第 4 期，第 149 ~ 151 页。

如果暂且抛开语义表述所带来的必然的歧义性，从时间作为显现与时间的构造来考察，布伦塔诺的时间构成更多是结合了已有的心理学术语和成果对时间进行的认识表述，而胡塞尔旨在通过具有传统哲学色彩及传统认知理论色彩的“感知”这一说法，来强调时间的意识构造特征。因而，胡塞尔的时间分析旨在突出的是时间意义构成分析中的现象学哲学的维度，而布伦塔诺的时间分析则是从自己经验心理学的立场与描述分析的角度出发的。可以说，二者对时间的看法具有一致之处，只是完成时间分析的向度不一样。胡塞尔分析的是时间意识而不是既定的物理学意义中的时间。

十　伦理学思想

在胡塞尔现象学中，伦理问题与价值问题紧密关联，同属于构造问题。胡塞尔在关于伦理学的价值比较规则的探讨中，多次涉及布伦塔诺的观点。胡塞尔表明，在谈及价值的等级关系的规则时，“可以从布伦塔诺的‘天才作品’《道德认识起源论（1898）》来看看这部作品是如何推动了我对一种形式价值论的所有的尝试”。①

在相关论述中，胡塞尔发展了布伦塔诺的观点。如布伦塔诺认为：“比起一个坏的和认为是坏的东西，宁可选择一个好的或者认为是好的东西。”据此，胡塞尔认为应该区分认识论规则和本体论规则。如果选择是一种理性行为，那么，认识行为本身引发了优先选择的理性，但是，如果说明选择行为的动机是错误的话，那么，这一选择就会被抛弃，比如有人购买一幅伪造的拉法埃尔的圣母像的行为，就会因为前提的无效而失去了相对应的理性价值。如布伦塔诺认为，单独的一个

① 胡塞尔：《伦理学与价值论的基本问题》，艾四林、安仕侗译，中国城市出版社，2002，第112页。

“好”比同一个“好”与一个“坏”混合在一起要好，好 > 好 + 坏（G > G + S）。据此，胡塞尔提出，一个“好”和一个“恶”同时存在比只单独存在一个恶要好；如果 α 是一个道德中值，那么，G = G + α，由此，E（G）= E（G + α）。①

胡塞尔从实事本身出发发展了布伦塔诺的价值论规则。胡塞尔认为，价值领域里存在一些符合规则的相对性，如果实事本身是有价值的，那么，这个价值是由多重因素决定的，因此，对价值关系的认识才会导致价值论的整体观念的形成。在价值论领域，“如果整体是一个价值，那么对各部分都可以在各不相同的意义里谈到价值”。

十一　真理概念

1889 年，布伦塔诺举办了一系列重要讲演，其中，在维也纳哲学学会的讲演，在其死后以《论真理的概念》为名出版。这篇论文对胡塞尔（包括海德格尔）的真理观产生了非常重要的影响。在此演讲中，布伦塔诺批评了对当作符合论（correspondence，*adequatio rei et intellectus*）的传统真理观的若干当代解释。如符合论（correspondence）需要一个进一步将原初判断与实在性（reality）相比较的判断，但在离开判断后我们却无法触及实在（reality）。② 这显然是悖谬的。布伦塔诺对符合论提出了自己的看法，也就是以“明证性”（Evidenz）观念对“符合论”提出新的解释，将其建立在内知觉的明证性上。这些看法明

---

① 参见胡塞尔《伦理学与价值论的基本问题》，艾四林、安仕侗译，中国城市出版社，2002，第 113 ~ 116 页。

② Dermot Moran，*Introduction to Phenomenology*，London：Routledge. 2000，p. 31. 同参见 Brentano，Franz，*The Origin of Our Knowledge of Right and Wrong*，Edited by Oskar Kraus，English Edition Edited by Roderick M. Chisholm，Trans. by Roderick M. Chisholm and Elizabeth H. Schneewind，London：Routledge，2009，p. 48。

显地影响了胡塞尔思想的形成。在胡塞尔现象学中，“明证性”概念是在“看”的意义上与洞见概念具有同等效力的专门术语，如果给予了明证性，那么，被判断的事物就具有了“自身给予性”的特征。

布伦塔诺认为，“存在（existence）与内存在的概念，就与肯定判断的真理和否定判断的真理的概念相关联，判断是与被判断的东西相关的。”① 是否存在与内存在是关于肯定和否定判断的，是与被判断的对象相关的，因而，对象的真理与意义的真理是有区别的。这些理论都影响了胡塞尔现象学中关于此论题的讨论。如胡塞尔认为，本质真理把一般对象和一般意义联系在一起，使得“纯意义真理”可转化为“纯对象真理”。某个领域决定着以某个领域的本质为基础的综合的真理。真理是原初信念的、信念确定性的“完全的理性特性的相关项”，真理只能在一个实显的明证意识中被实显地给予。在情感领域和意志领域的综合的纯形式中，存在着价值学的真理和实践的真理的可能性条件。价值理性和实践理性以现象学的方式可以转换为信念的理性，而且在意向对象方面转换为真理，在对象方面转换为现实。②

在布伦塔诺的影响下，胡塞尔的真理概念也出现在其对现象学的构想中。《算术哲学》中，胡塞尔认为逻辑真理奠基于逻辑判断行为之中，这显然是心理主义立场上的结论。在《逻辑学与认识论导论》中，胡塞尔说：“判断消逝了；真理持续了下来。客观的真理，真理，不包含与任何个体的此在（Dasein）或消逝的现象相关的任何偶然的关系，

---

① Brentano, Franz, *The Origin of Our Knowledge of Right and Wrong*, Edited by Oskar Kraus, English Edition Edited by Roderick M. Chisholm, Trans. by Roderick M. Chisholm and Elizabeth H. Schneewind, London: Routledge, 2009, p. 49.

② 参见胡塞尔《纯粹现象学通论》，李幼蒸译，中国人民大学出版社，2015，第23、30、272、286页。

是永恒的真理。对于每一条本质的真理而言都是如此。”[①] 因此，这可以理解为：真理本身是超越于所有时间性之上的，在时间维度上去衡量真理是无意义的，真理是观念王国中的有效性统一。在《第一哲学》中，胡塞尔认为：“真理实际上应称之为能够获得的善。它是一种价值，而非真理则是无价值；作为实践的价值它变成了认识努力和认识行为之目的。”胡塞尔又认为：“作为客观的真理而表明出来的理论，都主观地来源于主观性的意识成就，来源于主观性的前理论的被动性和理论的主动性。”[②] 因此，可以理解为，真理蕴含在主体的意向性构成中，真理是另一种价值，是知识自身的价值维度，认识的任务就是本真的历史任务。

十二 对康德的态度

胡塞尔虽然多次批判了康德的认识论，对待康德哲学的整体态度，与布伦塔诺是一样的，赞扬康德但并不高看康德。布伦塔诺“对于像康德和后康德的德国观念论者那样的思想家，即那些将原初直观和前直观预感的价值看得远远高于逻辑方法和科学理论价值的思想家，他的评价并不很高”。[③] 胡塞尔不仅在前期的认识批判中，将康德的理性批判视为一种认识批判的典范，也在后期的思想中，在严格科学哲学理念的指导下，在更进一步的理论需求中，对康德的思想进行了批判。这一批判中，既包含着对康德哲学的批判，也在哲学崇高的理性维度上赞扬了康德哲学。

布伦塔诺与胡塞尔对康德哲学都有着很高的评价，但皆认为需要从

---

① Edmund Husserl, *Einleitung in die Logik und Erkenntnistheorie*, *Vorlesungen 1906/07*, Hrsg., Ullrich Melle, The Hague: Netherlands: Martinus Nijhoff, 1985, S. 325.

② 胡塞尔：《第一哲学》上卷，王炳文译，商务印书馆，2017，第48、69页。

③ 胡塞尔：《回忆弗兰茨·布伦塔诺》，载《文章与讲演（1911—1921年）》，倪梁康译，人民出版社，2009，第342页。

新的出发点来理解和使用康德哲学。布伦塔诺认为，在康德哲学中，“涌现出了全新的和最为彻底的哲学问题的维度，只有澄清了它们并构造出它们的特性所要求的哲学方法之后，哲学的最终和最高的目标才会开显出来”。① 布伦塔诺基于经验立场的心理学认为心理现象是三分的。它分为：表象、判断和爱恨现象。这一划分也与广义的思维和广义的欲求相续，并认为康德的认识、情感和意求（Wollen）的三分是笨拙的。② 在这之中，布伦塔诺基于表象强度，将认识拆分为表象和判断，将情感和意求合并为一个。相应地，胡塞尔认为，现象学是近代哲学隐秘的憧憬。③ 因而，它也是康德哲学的憧憬。胡塞尔说：“康德的著作含金量极高。但必须将它粉碎，在彻底批判的火焰中融化，而后才能从中获取其所含。”④ 胡塞尔批评了康德的感性论，认为康德的感性的显现是被不言而喻地、笼统地处理的，所以康德的感性论是不纯粹的。⑤ 直到胡塞尔后来在笛卡尔思想的影响下形成先验现象学转向后，才意味着从对康德的较多批判转变为较多肯定。

十三　附论

无论是布伦塔诺本人的人格魅力与精神气质使胡塞尔难以忘怀，还是学术风格和讨论话题给胡塞尔留下了深刻影响，都足以说明二者在思想承接上有着密不可分的关系。这些影响可能波及胡塞尔工作与生活的

---

① 胡塞尔：《回忆弗兰茨·布伦塔诺》，载《文章与讲演（1911—1921 年）》，倪梁康译，人民出版社，2009，第 342～343 页。

② 参见布伦塔诺《从经验立场出发的心理学》，郝亿春译，商务印书馆，2017，第 224 页。

③ 参见胡塞尔《纯粹现象学通论》，李幼蒸译，人民大学出版社，2014，第 112 页。

④ 胡塞尔：《现象学与哲学史的关系》，载《文章与讲演（1911—1921 年）》，倪梁康译，人民出版社，2009，第 215 页。

⑤ 参见胡塞尔《第一哲学》上卷，王炳文译，商务印书馆，2017，第 275 页。

诸多方面。单纯就“意向性”这一论题而言，可以说，胡塞尔现象学就是在意识的意向性分析过程中形成的。这一过程伴随着相关认识要素的重新发现和提取。布伦塔诺分析问题的方式，特别是对问题的直观回溯方式，对胡塞尔的思考有着深刻影响。胡塞尔不断将一些哲学问题拉入意识活动的严格细微的分析中，以求获得认识的最终明证性，以至于伽达默尔对胡塞尔的讲课也有这样的负面评价：胡塞尔的研究班虽然不乏典雅气氛，但是他所谈论的一切简直就像是对已知的分析进行的再提炼而已。① 从另一个侧面看，伽达默尔当时虽然在情绪上流露出对胡塞尔研讨班的不满意，但也恰好表明了胡塞尔在意识分析方面的这样一个特征：有些结论虽然在已有的认知中已经形成并熟知，但已有的认知理论必然需要通过严格细致的回溯才能达到真正的理解，那些尚且不能通过已有表述完全表述出来的、被概括掉的部分，只能通过这样的分析方式才能重新把握并被强调出来，从而，才能避免由于对根本性问题的忽视所引起的混乱。然而，思想的发现就是对人们所没有觉察到的东西或遗忘的东西予以发现或重新发现，即将那些被忽视的但实际上影响认识的要素揭示出来。也恰恰是由于布伦塔诺思考问题的方式和思考主题的影响，胡塞尔在通常的以意向性为特征的问题考察中，发展了他的现象学，找到了现象学方法。

布伦塔诺还影响了胡塞尔对数学家和哲学家波尔扎诺（B. Bolzano，1781 - 1848）的重视。布伦塔诺向胡塞尔介绍了波尔扎诺的《知识学》。根据 Claire Ortiz Hill 的研究，“他思想这段时期有着波尔扎诺《知识学》（*Wissenschaftslehre*）的明显印记。在他 1896 年的逻辑学课程中，胡塞尔明确告诉他的学生，从波尔扎诺著作中学到的形式逻辑的根本的

① Dermot Moran, *Introduction to Phenomenology*, London: Routledge, 2000, p. 64.

描述层次比所有其他的过去和近来合起来的逻辑著作更多”。[①] 胡塞尔还认为，逻辑学必须从波尔扎诺的这部著作中学会“数学区分的准确性、数学理论的精确性”。[②] 在1972年出版的波尔扎诺的《知识学》英译本（节译）的封面上，赫然印着胡塞尔《逻辑研究》中的一句话：“逻辑学作为一门科学必须建立在波尔扎诺著作的基础上。”[③] 胡塞尔认为，波尔扎诺《知识学》中的逻辑要素论已远远超出了“世界文献所能提供的所有逻辑学体系设想”，他虽然没有明确赞同胡塞尔所提出的纯粹逻辑学的独立界域，但已经在著作中科学地、严格地阐述了纯粹逻辑学，他赋予纯粹逻辑学以丰富的原创的有科学保证的思想，以至于“必须将他视为所有时代中最伟大的逻辑学家之一”。[④] 后来，胡塞尔也认为，波尔扎诺虽然发现了形式逻辑的本质问题，但他以表象自身和命题自身限制了对自己的发现的理解，很可惜，对此没有进行现象学研究。[⑤]

此外，胡塞尔的数学老师魏尔斯特拉斯（K. Weierstrass，1815－1897）也向胡塞尔推荐过波尔扎诺关于集合研究的《无限性悖论》这一著作。1878年夏，胡塞尔在柏林大学选修了六个学期的数学课和哲学课，听了大数学家魏尔斯特拉斯和克罗内克（L. Kronecker，1823－1891）的课程。后来，胡塞尔经常提到魏尔斯特拉斯和布伦塔诺对他的思想的巨大影响，魏

---

① Claire Ortiz Hill，“Translator's Introduction”，in Edmund Husserl，*Introduction to Logic and Theory of Knowledge*：*Lectures 1906/1907*，Trans. by Claire Ortiz Hill，Dordrecht：Springer，2008，p. XV.

② 参见胡塞尔《逻辑研究》，倪梁康译，商务印书馆，2015，第225页。

③ Bernard Bolzano，*Theory of Science*，Edited and Trans. by Rolf George，Berkeley：University of California Press，1972；参见胡塞尔《逻辑研究》，倪梁康译，商务印书馆，2015，第225页。

④ 参见胡塞尔《逻辑研究》，倪梁康译，商务印书馆，2015，第224页。

⑤ 参见胡塞尔《文章与书评（1890—1910）》，高松译，商务印书馆，2017，第211页。

尔斯特拉斯引导他关注算术分析并向他介绍了波尔扎诺关于数的研究。① 胡塞尔的《算术哲学》就是用布伦塔诺的描述心理学方法证明魏尔斯特拉斯的数概念的合理性的。② 魏尔斯特拉斯也使他获得了科学追求的伦理思想。胡塞尔博士论文导师柯尼希贝格（L. Königsberger，1837－1921）是魏尔斯特拉斯的学生，测量学的奠基人。

第二节 弗雷格对胡塞尔的影响

国内外哲学界都有弗雷格与胡塞尔的思想关系的探讨，这一度被感受为是胡塞尔具有分析哲学亲缘性的一个例证。在此有必要重新回顾二者的关系，这对于从侧面理解胡塞尔思想的演化路径有重要意义。

如上所述，布伦塔诺在现实生活中是胡塞尔名副其实的老师。他的思想、言行与品格都深深地影响了胡塞尔。这种影响似乎是单向度的。目前尚无史料证据可以表明胡塞尔曾对布伦塔诺的思想产生过影响。然而，弗雷格对胡塞尔的影响显然不同于布伦塔诺对胡塞尔的影

① 参见德尔默·莫兰《现象学：一部历史的和批评的导论》，李幼蒸译，中国人民大学出版社，2017，第 80 页。胡塞尔 1882 年在维也纳大学获数学博士学位。这里有必要简要回顾一下胡塞尔的数学传承谱系。波尔扎诺是数学史上的著名人物，以为人熟知的波尔扎诺－魏尔施特拉斯定理著称。这一定理在数学拓扑学与实分析中用以刻画 R^n 中紧集的基本定理，最早由波尔扎诺证明，但已散佚，后来，魏尔施特拉斯独自发现并证明了该定理，所以以二者名字合称。胡塞尔曾于 1883 年做过魏尔施特拉斯的私人助手并跟随他学习数学，在他那里获得了科学追求的伦理思想。他指导的博士众多，学生都建树卓越，再传弟子及支系也很庞大，是诸多学科的奠基性人物。为人熟知的冯·诺依曼、普朗特、冯·卡门、奥本海默，中国的钱学森、程开甲都属于这一支系。因此，至少可以推断，数学家系统而严格地寻求统一性解释和连续性的努力，对智慧的探索和科学的研究影响是深远的。

② 参见德尔默·莫兰、约瑟夫·科恩《胡塞尔词典》，李幼蒸译，中国人民大学出版社，2015，第 203 页。

响。早年追随蒯因学习逻辑的弗莱斯达尔（D. Føllesdal）在 1958 年出版的《胡塞尔与弗雷格》中，考察了这两位哲学家思想的关联，尤其提到弗雷格对心理主义的批评立场深刻影响了胡塞尔的思想。① 根据已有研究，准确而言，弗雷格与胡塞尔之间是一种相互影响的关系。在习惯性理解中，人们也仍然可以将弗雷格视为在胡塞尔思想转变期产生重要影响的不容忽视的人物，因为这有助于从弗雷格的角度去理解胡塞尔的思想。

一　弗雷格对胡塞尔的批评

1. 表面上的批评

如人们所知，在《算术哲学》中，胡塞尔以布伦塔诺的描述心理学对魏尔斯特拉斯的数概念进行了解释。该著出版后，胡塞尔在其中所表露的这样一种心理主义立场受到了弗雷格的批评。这篇批评性文字发表在 1894 年的《哲学与哲学批判杂志》上。弗雷格批评了胡塞尔对算术问题的心理主义解释。胡塞尔“将概念与表象混为一谈”，通过注意力的转向和对表象的心理行为的反思而获得抽象概念的做法，缺乏真正的合理性。② 胡塞尔也认为，弗雷格对他的批评是他真正唯一要感谢的，他的批评切中了问题分析的要害。③

事实上，仅仅从胡塞尔学术思想转折的时间节点上而言，这样的批评从表面上看，确实体现出胡塞尔的思想受到了弗雷格的巨大影响。在此之后，胡塞尔转而开始对心理主义进行“讨伐”。然而，真正的思考

---

① 参见江怡《当代西方分析哲学与现象学对话的现实性分析》，《厦门大学学报》（哲学社会科学版）2007 年第 5 期，第 6 页。

② 参见胡塞尔《逻辑研究》，倪梁康译，商务印书馆，2015，编者引论第 15 页。

③ 胡塞尔在此谨慎地认为弗雷格的批评仅仅是“切中了要害”，但并非指出了问题的出路，胡塞尔接下来的工作并不是予以回击，而是寻找解决这一问题的突破口。

并非来自对他人观点的移用，而是首先来自对自己内在的原有思维活动的清晰反思，来自伴随在反思之中的重新获得意义的澄清过程。因而，胡塞尔之所以能够对心理主义进行彻底的批判，并且能够恰好切中心理主义的要害，是因为他自己原来对心理主义的分析方式有着娴熟的掌握或切身的体会。只有这样，在批判中才能够更加贴近心理主义的要害。

例如，在《算术哲学》中，胡塞尔试图借助心理上（直观上）的反思，来澄清“乘数”（Vielheit）的概念。当哲学中的本体论方向没有办法继续前进时，本身就蕴含在哲学之内的心理学的独立发展方向，使人们似乎找到了寻求这种古老的认识确定性的另一方向。学者们试图借助心理认识所产生的认识方式和诸多结果，来解决逻辑学、数学等这些学科的合法性问题，或者说为这样一些学科找到稳固的根基的做法，也就成为必然的出路和选择。胡塞尔说：“概念如果在具体直观中没有基础，就无法被思考。因此，当我们表象出一个乘数的一般概念时，我们通常在意识中拥有的是某一个具体的乘数的直观，我们通过这些具体的乘数的直观，对一般概念进行抽象。”① 在这样的表述中，直观与抽象的关系并不清楚，但看不出确凿的心理主义的痕迹，分析的进路仍然留有很大的余地。尽管在一定程度上看起来是和某种立场相关，或者就是某种立场，但术语的使用和选择并不一定意味着真正的立场选择。在意识的发生中，按照传统的认识论，一般概念的确是借助于具体的直觉抽象出来的。但这并非意味着一般概念的基础会存在于直观这一心理活动之中，只能说对于这样一个“乘数”的一般概念的“理解”在某一层级是存在于心理活动中的。如果在这里将“理解”活动和原初的“构造”活动混为一谈，那么自然就导向了对于数学概念的心理学奠基的

① Edmun Husserl, *Philosophie der Arithmetik. Mit ergänzenden Texten, 1890 – 1901*, Husserliana XII, Hrsg. Lothar Eley, The Hague, Netherlands: Martinus Nijhoff, 1970, S. 79.

取向。实质上，胡塞尔此时期对表象行为还没有更为清晰的认识和更为彻底的分析。

因而，弗雷格对于胡塞尔的批评，只能视为对胡塞尔可能存在的心理主义“倾向”的批判，而不是对胡塞尔的心理主义的批评。更为确凿的说法是，弗雷格旨在指出的是胡塞尔对算术之哲学基础的分析中所存在的不纯粹性或不彻底性。

2. 实质上的相互影响

按照弗莱斯达尔的解释及其相关影响，弗雷格使胡塞尔走向了对心理主义的批判。但这一结论并不是从认识自身产生的内在性角度来处理这一问题的，而是以外在的行为代替了问题的内在处理。这只是一种外在地建立在文献比对之上的结论。它的本质是对认识经验的外在发生活动的简化处理。这种结论只能作为引导人们进行进一步认识的契机，而不是具有彻底性意义的认识结论。事实上，这只是添加在胡塞尔已有的认识动力之上的附加的“诱因”。胡塞尔整体上是在哲学和认识论的科学化目标的指引下前进的。

解决问题的取向和预先存在的未截然分清的叙述习惯之间应有所区别。正如前面所论述的，如果思维活动自身没有首先获得清晰性，没有这种彻底性的努力，就无法真正完成后面的思想转变。在 1982 年出版的《胡塞尔与弗雷格》一书中，莫汉蒂（J. N. Mohanty）根据史料认为，胡塞尔在 1891 年之前就已经形成了纯粹逻辑的观念，早在 1892 年弗雷格发表《论涵义与意谓》之前，就指出了表达式的意义和对象的区别。这表明并不是弗雷格影响了胡塞尔，而很大的可能是各自预先就独立形成了相似的看法。对于逻辑而言，胡塞尔的一些思想与弗雷格的思想有许多相似，且胡塞尔在弗雷格发表《概念文字》三年之前就提出了这些思想，两个哲学家思想的形成有其各自的独立性。① 需要留意的证据是，弗雷格在 1891 年 5 月 24 日致胡塞尔的信中，表明自己的思想受到了胡塞尔影响，他与胡塞尔的想法有许多一致之处。②

忽视了哲学家真正的问题，而刻意证明谁影响了谁是没有多少意义的，但可以增进理解。单纯根据弗莱斯达尔的研究和胡塞尔在《博伊斯·吉普松（W. R. Boyce Gibson）1928 年弗莱堡日记选录》的记载［这一日记被《逻辑研究》的编者霍伦斯坦（Elmar Holenstein）写入该书编者导言中后而广泛传播］，无法严格地断定弗雷格对于胡塞尔思想转变的决定性影响。应该本着现象学的态度来还原一个思想家的思想转变过程中所出现的具体形态变化或认识朝向的变化，即着力于在这一转变中寻找问题的根本：思想者本人究竟“看到了些什么”，他的实质目标是什么，才导致了思想的转折与变化。

思想首先真正产生于自身之中，而不是通过外来思想的注入而获得的。如胡塞尔所言：“科学的学习从来都不是一种对精神以外的材料的简单接受，而始终立足于自身的活动，立足于一种内部的再造。”③ 借用卡西尔的说法：“往一个人的灵魂中灌输真理，就像给一个天生的瞎子以视力一样是不可能的。”④ 如果没有内在的领会与思考，没有对哲学家的认识目标的掌握，也就不能真正理解和拥有外在的思想和看法的意义。

---

① J. N. Mohanty, *Husserl and Frege*, Bloomington: Indiana University Press, 1982. p. 4；参见江怡《当代西方分析哲学与现象学对话的现实性分析》，《厦门大学学报》（哲学社会科学版）2007 年第 5 期，第 7 页。

② G. Frege, *Frege an Husserl*, 24. *V.* 1891, Husserliana: Edmund Husserl Dokumente 3/6, Briefwechsel, Edited by Karl Schuhmann, The Hague, Netherlands: Kluwer Academic Publishers, 1994, p. 107. 该信英译文附录于 J. N. Mohanty, *Husserl and Frege*, p. 119。

③ 胡塞尔：《哲学作为严格的科学》，倪梁康译，商务印书馆，2007，第 2 页。

④ 卡西尔：《人论》，甘阳译，上海译文出版社，1986，第 8 页。

这是因为意义首先是在意识中内在地给予的。这与技术的注入截然不同。

与此同时，胡塞尔现象学的意义也并不只是对心理主义的批判和逻辑学意义的奠基这么单一。它不是要克服暂时出现的矛盾，而是要寻求永恒的彻底性的认识，将认识论作为科学来建构，将哲学作为科学来建构。因此，在上述考察的意义上，有必要稍微修正一下“弗雷格对胡塞尔思想产生了重要影响”这一说法，那就是：弗雷格影响了胡塞尔的哲学工作方向。同样，弗雷格与前述哲学家对胡塞尔的影响，是不同层次和不同方面的，在论题和认识动机的形成方面产生的影响各不相同。

二　二者对待心理主义的态度

当建基于人性的认识的确定性遭受到休谟怀疑论的颠覆之后，人们并没有放弃对认识确定性的追寻。休谟的颠覆是从不一定具有绝对必然性的“观念间的联想”出发的，而这一出发点却又成为人们寻找经验认识之确定性的契机和起点，并最终发展成认识论解决途径中的心理主义取向。这仍然是文艺复兴以来神学在自然科学中的威信逐渐丧失以后，人们企图从人性中寻找知识的可靠来源的真实写照和可能历程之一。

胡塞尔和弗雷格同处于这一历程之中。胡塞尔和弗雷格试图以不同方式解决心理主义这一流行的哲学思潮的根本问题。这在根本上都是为了获得更具彻底性的认识。二者对待心理主义的态度既有相同之处也有不同之处。

1. 反对逻辑学基础的心理学解释

弗雷格拒绝从心理学的分析中寻求逻辑学的基础或根源。这一拒绝也意味着对休谟以来的心理主义路径的拒绝。这是因为心理学分析和逻辑构建之间的关系还存在着含混的断裂地带。这一关系是粗略的设想，缺少清晰性的东西。休谟将人类研究的一切对象分为两类，一类是观念间的关系，另一类是实际的事情，其中，包括几何、代数、算术等科学中的一切断言，都属于观念间的关系。[①] 同时，因果性在休谟的意义上显然是被解释为观念间的关系的。几何、代数、算术等作为知识典范，是人们知识范围内的主要部分。休谟的观点虽然遭到了人们的质疑，但仍然有很多人沿着休谟的道路前进，他们力图在经验范围内或心理经验范围内证明知识的有效性或确定性。当心理经验的有效性在经验主义认识论中取得了较高的地位时，人们甚至产生了把知识的合法性基础建立在心理经验之上的想法。这样一来，研究经验主义认识论的心理主义就产生了。在这一意义上，作为心理活动的思维活动显然只能属于心理活动，并遵循心理活动的规则。那么，如此一来，逻辑学中的诸多法则就变成了心理事实，由此，对于心理事实的研究也就意味着可以从中为逻辑学的合法性找到相应的根据。

胡塞尔将自己的第一部著作《算术哲学》题献给布伦塔诺以示其对自己的恩情和教诲。布伦塔诺的经验心理主义立场和描述心理学分析对胡塞尔的影响，致使其在这一著作中或多或少地表现为心理主义的取向。因而遭到了弗雷格的批评。

首先，弗雷格认为心理规律不应简单等同于事实规律。弗雷格规定，逻辑学的任务是发现“真的规律”，而不是把某物看作“真的规律”或思维规律，以此来避免人们对逻辑学和心理学之间的界限的混淆。弗雷格说：“现在，从是真的规律产生‘把某物看做真’，即思维、判断、推理的规定。而且人们大概也谈论思维规律。但是这里显然有一种把不同的东西混淆起来的危险。也许人们会像理解‘自然规律’那样理解‘思维规律’一词，同时认为思维规律是思维这种心理现象中具有普遍性的东西。这种意义上的一条思维规律是一条心理学定律。因此人们可

① 休谟：《人类理解研究》，周晓亮译，中国法制出版社，2011，第20页。

以认为，逻辑探讨思维的心理过程和思维所依据的心理学定律。但是这样就会错误地认识逻辑的任务，因为在这里，真并没有得到它应有的位置。”① 简言之，心理规律不应简单等同于事实规律。我认为，思维服务于特定的目的，因而思维规律是在达到某一目的的过程中意识活动作为参与者所体现出来的东西，尽管人与人之间由于相同的目的需求而会表现出同样的意识活动特征，但这之中的目的与心理学的目的是不一样的，因而，二者的规律也无法被证明是一样的。将意识作为自然客体的心理学得到的是心理的自然规律，而不是思维意义上的心理规律。将思维规律视为心理规律或心理的自然规律是缺乏充分根据的。

其次，弗雷格基于“思想”与“表象”的分离而拒绝了心理主义。另外，在弗雷格看来，不同的表达语句如果表达了同一“思想”（涵义），就可以人为地创造一种只能含有同一种思想（涵义）的表达语句。② 其他那些表达同一思想（涵义）的语句与这一个人为的表达语句完全是同一个东西。也即意味着，同一个思想（涵义）可以有不同的表达语句，但是却可以人为地创立一个与此思想（涵义）对应的唯一表达形式（表达语句）。这正是弗雷格形成他的逻辑表述式的认识基础。

弗雷格说：“写出的语词比说出的语词只是保留得更长久些。人们可以反复观察一个思想过程，不必担心发生变化，并且人们可以十分仔细地检验这个思想过程的准确性。”③ 鉴于弗雷格本人对于“思想与表

---

① 参见弗雷格《思想：一种逻辑研究》，载《弗雷格哲学论著选辑》，王路译，商务印书馆，2006，第129页。

② 丁耘：《胡塞尔与弗雷格同异说——现代西方哲学比较的一个尝试》，《复旦学报》（社会科学版）1996年第6期，第75页。

③ 弗雷格：《论概念文字的科学依据》，载《弗雷格哲学论著选辑》，王路译，商务印书馆，2006，第41页。

达形式”之间的思考，以及对于以书面形式写出的认识形式的效用的理解，可以说，弗雷格的逻辑表述式（概念文字）就是这一理念所主导的产物。这也就意味着“思想”（涵义）与表达语句（表达形式）之间的分离，这种分离所导致的结果，就是“判断行为与理解行为”和“思想”（涵义）之间并没有必然的关系。判断行为和理解行为都属于心理行为，心理行为产生的只是表象。表象是个体意识的内容，并不能成为人们之间所共有的。而“思想”（涵义）的“真值”（意谓）情况是不受心理行为影响的。弗雷格因此把“思想”（涵义）归属于“第三范围”所要探讨的东西。因而我们也可以理解的是，弗雷格对心理主义的拒绝，正是建立在“思想”（涵义）与“表象”的分离之上的。按照胡塞尔现象学的考虑，实际上这一分离指的就是意识体验中的给予性与给予表象之间的区分。

弗雷格本人只是规定了逻辑学的任务在于发现“真的规律”，这种发现并不意味着一种必然的发现过程，也并不意味着需要遵循一定的方法来发现真的规律。如果沿着弗雷格的这一思路，那么，如何确定命题“某一条真的规律就是真的规律”呢？显然，如果不能借助可靠的判断法则，那么，就无法断定命题“某一条真的规律就是真的规律”。这一命题中包含着它的涵义（思想），但并不包含对其真值的判定。判断为真只能视之为与某种预先存在的东西的相符合的心理行为。这种判断行为，最终确定的不是命题的思想或涵义，判断行为中的确定的真值，只是对于命题而言的某种或真或假的“信念”。问题在于，如果无法获得有效的方法去断定命题的涵义或思想，那么，断定句子真值的原委仍然是需要继续探讨的话题。弗雷格以缩小探索范围的办法，将“思想”置入“第三范围”的做法，无疑是不彻底的。而胡塞尔的判断是建立在意识体验中的纯粹给予性中的高阶对象的构造之上的。（可参见第十五章第三节：对象的高阶构造）。

从弗雷格的术语表述来看，逻辑学的任务不是去探讨思维活动的心理过程，不是去探讨思维所依据的心理学定律。在这个意义上，弗雷格对心理主义进行了反驳。弗雷格不满意于对逻辑学进行心理学的解释，并以这种方式缩小了探索范围，简化了问题。

因而，胡塞尔与弗雷格的一致之处在于，二者都不满意于对逻辑法则做出心理学的解释，或者不能将逻辑法则最终还原为心理学法则。对于胡塞尔对心理主义的态度及批判，后续在专门的章节予以论述（详见第六章第一节）。

2. 胡塞尔没有回避判断内容的客观性

胡塞尔与弗雷格的不同之处在于，胡塞尔没有将弗雷格所说的“思想”弃之不顾，而是将其纳入现象学的直观考察中。

如果不对心理主义进行甄别，就不会出现心理之物与判断之间究竟是否具有严格奠基关系的真正洞见，因而也就会不言而喻地将心理之物当作知识的基础。基于不同的认识需求而把握到的不同的心理之物具有不同的特质或功用，不能含混地将心理之物作为知识的基础。在当时流行的心理学思想（心理主义）的影响下，胡塞尔在《算术哲学》中的研究的确可以说存在着含混的心理主义倾向。至少他在此方面缺少鲜明的立场，所以受到犹疑性和不确定性的“折磨”。如果纯粹地将判断与判断内容割裂开来，将逻辑的东西与事实的东西予以割裂，将不同的心理之物予以混淆，那么，逻辑的判断就不能够保证事实内容的合法性或合理性。因而，也就不能够断定事实内容的可靠性。

如果要澄清这二者之间存在的分歧，就需要重新寻找出路。在胡塞尔那里，这显然意味着现象学的孕育和出现。因此，为了获得更为彻底的考察，在对逻辑起源的考察中，不仅要考虑判断行为问题，而且还要解决判断行为与判断内容之间被割裂的问题，对不同类型的心理之物予以澄清。一个或许并不十分贴切的比喻放在这里：围棋中黑白双方的胜负必须是建立在同一盘面上的同一盘棋中。这一比喻或许有助于理解这一问题。

这也就意味着，就研究范围而言，胡塞尔拓宽和细化了弗雷格的研究范围。在研究范围中，纳入了对逻辑学的起源的“东西”的探讨，而不是只考虑可以剥离内容或对象而存在的概念及其相关形式。

这样的研究，既需要考虑判断行为，又需要考虑判断内容，并需要以新的更为彻底的方式解决二者之间的“关联”问题。在《逻辑研究》第一版前言中，胡塞尔说，当对建立在流行的心理学信念之上的全部方法发生了动摇之后，“我便越来越迫切地感到需要对逻辑学的本质，尤其是对认识活动的主观性和认识内容的客观性之间的关系做出普遍批判的反思”。[①] 对应于弗雷格的术语，也就是说胡塞尔不仅要对弗雷格所回避的“诸如理解和判断这样的心理行为”（即胡塞尔所说的“认识活动的主观性”）进行批判和反思，还需要对弗雷格划归到“第三范围”的“思想”（即胡塞尔所说的“认识的客观性”）进行普遍批判的反思。这样，无论是判断行为，还是思想的表达行为及其思想，都是共同需要探讨的不可回避的对象。由此可以看出，胡塞尔有着相对于弗雷格而言在认识的基础上更为彻底的研究目标，更具深度的思想内涵。

不仅如此，胡塞尔力求在方法上获得一种突破，这种方法就是现象学的方法。后来胡塞尔明确地将现象学的方法称为最适合认识批判的方法。“现象学”（Phenomenology），按照字面意思理解，就是关于现象（phenomena）的逻辑学（logos/logy）或科学。它蕴含着对“一以贯之”的东西的思考。然而，逻辑学在胡塞尔那里意味着两个朝向：“一方面是作为关于所有逻辑之物的科学”，另一方面在最高的形态中，“它又

① 胡塞尔：《逻辑研究》，倪梁康译，商务印书馆，2015，前言第5页。

是所有科学的科学”。① 这样的表述，有助于人们理解现象学为什么从《逻辑研究》开始，或者必然要从对逻辑的研究开始；也有助于人们理解在一门关于纯粹逻辑学的探讨中，现象学的产生为什么是必然的。这是因为从逻辑学的初阶形态出发，通过对其根源的追溯和意识发生的考察，可以反向地获得一门高阶的逻辑学的构造过程。这样一门高阶的逻辑学与传统的形而上学具有等同的地位。在这样的意义上，通过一种本质的方法对这样一种逻辑学的研究和察看，自然而然就推进为现象学研究。这样的研究在本质上属于认识论研究。

综上所述，弗雷格和胡塞尔的相同之处在于二者都不满意于那个时代对逻辑学做出的心理学解释，不同之处在于弗雷格以将问题具体化的方式，仅仅在所规定的逻辑学任务中，去思考“判断行为与判断内容”“思维规律与真的规律”之间的问题。将问题和目标首先予以明确化，然后再去处理，也是二者及许多哲学家的共同特征。虽然意向性及相关的意向体验是胡塞尔现象学很重要的部分，但是，胡塞尔现象学一开始就带有严格科学的哲学取向，所以，他的哲学绝不只是为了意识的结构和特征研究。他不是要停留在对于已知世界和已知问题的解释、构造、描述之上，而是要通过一定的探索模式和方法，既获得思考问题的严格性，也要使这样一门新的哲学（现象学哲学）的研究领域能够不断拓宽，使之像已有的那些成熟科学一样，有自己专门的对象、方法和不断可以突破的研究界限。胡塞尔的认识批判及认识论，在其起源处蕴含的这种科学化的旨向和内容，对于思考近代认识论问题以及当今与认识论相关的各种研究，都具有重要意义。

---

① 胡塞尔：《现象学的方法》，倪梁康译，上海译文出版社，2005，第203页。

小结　对彻底性的寻求通向认识批判

从以上论述可以看出胡塞尔思想深受布伦塔诺的影响。在胡塞尔转向心理主义批判的时期，也有哲学家弗雷格的影子。前者将哲学视为科学研究，给胡塞尔埋下了思想的种子；后者使胡塞尔进一步在走向作为严格科学的哲学道路中，明确了讨伐的核心。对荒谬的或不彻底的流行的哲学思潮的批判，始终是哲学家的工作之一。这也有助于新的理论和认识产生广泛影响。胡塞尔的这些批判目的不是别的，而是扫清通向一门严格科学的哲学道路上的障碍，并同时展现现象学认识的彻底性。这也是近代以来寻求认识之彻底性和确定性的继续。

近代以来，当神学威信在文艺复兴后逐渐丧失影响力后，“人学”威信的确立经历了漫长过程。伽利略的实验推理方法将自然科学由定性研究转为定量研究，为理性认识和经验认识获得确定性树立了榜样。他的研究方式已经摆脱了经院哲学的束缚，截然不同于他的前辈。他断定：人必须深入现象中去，并且把现象作为研究的起点。[①] 这样的立场，和胡塞尔现象学无疑是一致的。笛卡尔通过“理性之光”来表明自然科学研究能够拥有认识的可靠性。从笛卡尔 1635 年《谈谈方法》到休谟 1739 年《人性论》发表，近代哲学在这 100 余年的短短历史中，进行了丰富、深入、不懈的探索。这短短 100 年形成了人类认识论史上辉煌的成就。这一时间段内，不断确立“人学”威信的主要途径，都集中于对认识之合法性问题的澄清，即人类理性或人类认识究竟能不能

① 克莱因：《古今数学思想》第 2 册，朱学贤等译，上海科学技术出版社，2012，第 37 页。

获得真正的确定性认识，能不能对世界的变化起到关键性的支撑作用。如果在理解中将笛卡尔的“我思”（ego）视为实在性的，那么，自然而然，对于“个体心灵所产生的认识如何能够与对象具有一致的实在性”这一问题，从笛卡尔的出发点和整体解决模式而言是没有问题的，这在一定程度上可以算是回应了主体认识的不确定性问题。但是，笛卡尔的思想，由于在对其理解中所伴随的含混性和人们对更为细致严格的更高理论的要求，不断受到后来人的质疑和批判。经由洛克和贝克莱的经验主义回应之后，笛卡尔－莱布尼茨“学理化”（普遍科学）的理论方式，并没有被人们完全认可和理解。休谟考虑了认识中理性的确定性问题和内在经验的有效性问题，这在一定程度上终结了理性认识的偏执。但是，他虽然为哲学的进一步发展带来了契机，为批判哲学的到来扫清了障碍，但给大多数人造成的是不可知论的消极影响。直到胡塞尔以前，人们很少留意到休谟哲学的积极向度。近代哲学在知识确定性问题上留下的遗产及其对这一问题的戕害，迫使康德重新以一种更为严密的方式对认识的确定性问题或可能性问题进行了思考。然而康德并没有彻底完成这样的任务。胡塞尔认为，康德对认识的可能性进行彻底追问的精神是陌生的，对哲学之可能性条件的追问是陌生的。①

近代以来的这些哲学家对胡塞尔的思想都产生了不同程度的影响。经由近代心理学发展所引起的进一步改良哲学的契机，在布伦塔诺和弗雷格等哲学家的继续努力和影响之下，出现了近代认识论的终结者胡塞尔。胡塞尔也是将自己的现象学作为认识论或认识批判来看待的。他以现象学方法作为认识批判的方法，对更高理论需求下的认识困境做出了新的考察。作为认识批判，最终目的在于对认识论问题进行更为根本彻

① 参见胡塞尔《欧洲科学的危机与超越论的现象学》，王炳文译，商务印书馆，2009，第531页。

底的澄清，将认识建立在更为彻底的平面之上，将认识论建构为科学的认识论。胡塞尔从作为认识论的广义逻辑学着手研究，展开了他的现象学之旅。

这一努力从《逻辑研究》中就可以看到。胡塞尔在进行逻辑学分析时，不仅将形式逻辑当作形式本体论来看待，也将其作为认识批判或认识论来看待。广义的逻辑学就是包含了认识批判或认识论的学说。后来，在《逻辑学与认识论导论》中，胡塞说："首先，认识批判终结了本质上包含在科学体系的理念中的学科的领域。人们也能够以充分的合法性（Recht）把握如此宽泛的逻辑学概念，它囊括了认识批判，最终阐明理论理性本质的学科，与此同时，在另一方面，甚至狭义的概念也拥有其充分的合法性，我们选出的是：形式逻辑，其同时是形式本体论，实际的本体论，作为逻辑规范理论的意识学（Noetik）和最终的认识批判、认识论或者理性的理论。"①

胡塞尔在与舍斯托夫的谈话中也表明，对已有认识的根本问题做出澄清，获得彻底性的认识，就需要对已有的认识进行批判，写作《逻辑研究》的初衷，就是进行认识批判。胡塞尔说："对逻辑的根本问题我探索得越深，我就越感到我们的科学、我们的知识是在动摇中、是站不住脚了。最后，简直使我感到无法形容的恐怖的是，我深深自信如果当代的哲学关于知识性质的问题已经作出了最后结论，那么，我们就毫无知识可言。有一次我在一个大学里讲课，当时我阐述了我从当代哲学家们接受过来的一些概念，我忽然感到我没有什么可说了，我并且感到我站在学生面前，两手空空，而且灵魂也是空虚的。于是我决定，我自

① Edmund Husserl, *Einleitung in die Logik und Erkenntnistheorie*, *Vorlesungen 1906/07*, Hua XXIV, Hrsg. Ullrich Melle, The Hague, Netherlands: Martinus Nijhoff, 1985, S. 157.

己和我的学生对现有的知识理论要作严格与无情的批判，虽然这么一来却激起了许多人的愤怒。另一方面，我开始在过去无人探索过真理的地方去探索它，因为没有人认为能够在那个地方找到真理。这就是我写那本《逻辑研究》的由来。"①

正是在此意义上，我们说，现象学是在认识批判中产生的。研究胡塞尔的认识批判，也因此就是进入胡塞尔现象学的一条门径。

---

① 舍斯托夫：《纪念伟大的哲学家埃德蒙特·胡塞尔》，谭湘凤译，载方珊编《思辨与启示——舍斯托夫文集》第5卷，上海人民出版社，2005，第352页。该译文曾载于《哲学译丛》1963年第1期。

第二篇
现象学方法与认识批判

引言　现象学方法是认识批判的真正方法

胡塞尔继承了近代哲学的一些哲学理念和精神诉求，但与之前的哲学相比，在方法上做出了明确的阐明。我们可以这样理解：如果没有固定可行的方法，任何批判最终只能变为争吵，因为在理论上要达到一定的目的，就必须意识到目的本身的实现始终需要一种明晰的方法，通过这种方法可以再度获得或校验同样的认识，任何方法上的疏忽，都有可能使要达到的目的前功尽弃，从而无法保证获得的认识会具有一致性。

在关于胡塞尔现象学的研究中，不少论述都涉及了与现象学方法相关的论题。在一些比较研究中，也存在着不同哲学家之间的现象学方法的比较。大致在 1900 年《逻辑研究》出版之后到 1905 年之前的这段时间，胡塞尔在他的讲座中发展出了现象学的方法。在 1906 年冬关于《逻辑学与认识论导论》的专题课程中，以及与该课程紧密相关的《现象学的观念》（1907 年 4 月 26 日至 5 月 2 日）的讲座中，胡塞尔初步提出了现象学方法。

方法的构建与考察，是胡塞尔的作为严格科学的哲学这一诉求必然要完成的步骤之一。基础的科学性和方法的科学性是形成严格科学的认识的必要部分。因此，为了对纯粹逻辑的本质要素进行分析，对真理进行分析，胡塞尔在他思想的形成过程中必然需要对现象学所使用的方法予以考察。胡塞尔现象学处处包含着现象学方法。在对各种不同类型的对象范畴的分析中，在持续的对象化中，在设定了事态的判断和陈述的相即的做法中，在真正的同一化和差异化中，在本真的确定和奠基中，都包含着现象学方法。[①] 从另一出发点而言，严格科学的哲学，不能满足于将精确科学的方法移植到这样一门哲学中来。这是因为这样一门哲学所考虑的是认识的更深层的奠基问题，有着更高的目标要求，考察的对象也是不一样的。因此，借用任何科学的方法，都是不严格的。因此，为了满足建立一门全新的严肃的哲学的需求，不仅需要全新的出发点，也需要全新的方法。因此，在实际的考察中，不能仅仅满足于所谓的矛盾律，而是要在方法上达到一种原则上的新的统一性。矛盾律在根本上所维持的仅仅是设定的统一性，以此防止认识推理中会出现的混淆。胡塞尔也认为，作为一门处在全部认识批判中的首要位置的纯粹哲学，必须抛开“任何自然科学和任何自然方法”。如果从认识批判的角度来理解胡塞尔的现象学，那么，作为“第一哲学”的现象学要完成理性批判的任务也需要借助于一定的方法或手段。[②]

在 1905 年致高姆博茨（Heinrich Gomperz，1873 - 1942）的信中，胡塞尔坚定地认为：现象学方法是认识批判的真正方法。他此生的目标就是通过现象学方法去解决一个又一个的认识批判问题，并为此年复一年地工作。[③]

在此，胡塞尔所说的认识批判和认识论的反思具有相同的含义。它们都是关于认识的现象学。这在以下观点中有所体现。胡塞尔认为，通过认识论的反思，自然的存在科学不是最终的存在科学，而作为最终的存在科学的形而上学，是在对个别科学中的自然认识的批判中逐步形成

---

① Edmund Husserl, *Einleitung in die Logik und Erkenntnistheorie*, *Vorlesungen 1906/07*, Hua XXIV, Hrsg. Ullrich Melle, The Hague, Netherlands: Martinus Nijhoff, 1985, S. 326.

② 胡塞尔：《纯粹现象学通论》，李幼蒸译，中国人民大学出版社，2014，第 118 页。

③ Claire Ortiz Hill, "Translator's Introduction", in Edmund Husserl, *Introduction to Logic and Theory of Knowledge*: *Lectures 1906/1907*, Trans. by Claire Ortiz Hill, Dordrecht: Springer, 2008, p. XIII.

的，它的基础是在一般认识批判中形成的洞见，这一洞见是对于认识本质的洞见、认识的对象性的本质的洞见、认识的对象性的基础形态之间的关系的本质的洞见。如果不去考虑认识批判的形而上学目的，在认识批判中，只是纯粹地去阐明认识和认识对象的本质，就构成了现象学的首要部分和基础部分。这就是“认识和认识对象”的现象学。①

因而，从胡塞尔的理解来看，现象学方法是认识批判的真正方法，认识批判是认识的现象学的首要部分和基础部分。或者说，认识批判就是现象学认识论的一部分。

① 参见胡塞尔《现象学的观念》，倪梁康译，商务印书馆，2017，第33页。

第六章　现象学方法的系统性展现

一　现象学方法脱胎于认识批判

在《现象学的观念》讲座思路中，胡塞尔首先表明的观念是：现象学是关于本质的学说，因而，关于认识本质的科学也应当包含在现象学中，认识批判的方法是现象学方法。胡塞尔认为，在“提供认识的本质和成效的可能性以最终一致的明了的观点”这一意义上，认识批判是形而上学得以可能的条件。[①] 这一观念不仅表明了现象学研究包含着认识论研究，而且表明了现象学方法也在于澄清认识的本质和认识成效的可能性。这一点意味着要以现象学方法进行认识论研究，也表明了认识批判是形而上学（在胡塞尔那里就是将要成形的现象学哲学）的准备。

此外，认识批判的对象包含两个方面：一方面，需要批评“将逻辑规律当作思维规律和心理学规律”这样一种认识论态度，这是生物主义（自然主义的一个类型）的态度；另一方面，也需要批判那些“由于对已有的认识成就的悖谬的体会”而产生的公然的怀疑主义倾向。[②] 这也就意味着：一方面，现象学作为致力于科学性的哲学研究，在彻底性的理论需求中不能将任何现成的未经考察的认识作为自己的起点；另一方面，不能因为已有的有成效的认识和理论遇到了现实性的困境就否认确定性认识的可能性。而对于这些认识可能性问题的科学研究，就是认识论。这样一门关于认识可能性问题的科学是包含在现象学

---

① 参见胡塞尔《现象学的观念》，倪梁康译，商务印书馆，2017，第11～12页。

② 参见胡塞尔《现象学的观念》，倪梁康译，商务印书馆，2017，第11页。

之中的。在第一个方面，当不能将任何现成的认识作为认识的起点时，就意味着要以现象学方法对待这些认识，将其悬搁起来，看看在意识中是如何产生这些认识的。只在更为彻底的认识基础上，才能看清心理主义、自然主义的问题所在。但批判的过程也是现象学方法的体现，因为批判的目的是呈现彻底的认识，现象学方法就是为了达到彻底性的认识。在第二个方面，为了反对公然的怀疑主义、建立认识的可能性，就需要重新澄清事实与本质的关系，将那些不言而喻的对本质的理解予以还原，在纯粹意识中认真查看这些认识的部件是怎么形成的。因而也就需要本质直观的方法。确立了本质，才能使认识得以系统化地构成。为达到认识之彻底性和确定性的这些方法，都是现象学方法。

认识批判的目的在于澄清认识的混乱，达到认识的彻底性，在于提供认识的可能性，为此，它就需要达到这些目的的方法，现象学方法就随之而生了。故而可以说，现象学方法脱胎于认识批判。

二　现象学方法蕴含的四个维度

现象学方法作为认识批判的方法，作为现象学认识论研究的方法，通过对它的运用，体现了现象学认识论和现象学哲学的一些观念，在不同的论题和认识分析中为我们展现出了不同的维度。

首先，心理主义和自然主义的批判，为我们展现了现象学的理念与以往哲学理念的不同之处，展现了现象学的认识论考察所坚持的无前提性、彻底性原则，这也是现象学认识论或现象学哲学的研究目标。在这些批判中，现象学方法为我们展现的主要是彻底性的维度。（见第六章第一节、第二节）其他维度也有着不同程度的展现。

其次，为完成认识之彻底性的考察，现象学的认识论研究或认识批判还需解决主客二元对立的认识论困境，反对公然的怀疑主义，真正提供认识的可能性。传统的将主体认识加之于客体的符合论方式，显然不能说明主体与客体二者之间如何才能达到认识上的一致性，无力应对公然的怀疑主义倾向。结合胡塞尔的论述，我认为，由于传统经验主义认识在设定上的含混性，将事实和本质分离开来，所以造成了解决“认识切中性问题”的虚假的符合论。为解决这一困境，真正提供认识的本质和成效的可能性以最终一致的明了的观点，就需要以现象学方法澄清事实与本质的关系，并澄清现象学研究的本质论理念。在这一考察中，现象学方法的运用为我们展现的是事实的维度和本质的维度。由于事实与本质是不可分的，实际上，事实是由本质规定的，所以这个维度在方法上就是规定性的维度。（见第六章第三节）

再次，为了克服已有认识的局限性，达到现象学认识的明晰性和彻底性，就需要对已有的认识进行悬搁。不仅要排除超越之物，而且要排除不具有明证性的被给予的“附加的实存的一般超越之物”。这就是现象学还原的实施。作为现象学方法的现象学还原，最终需要将超越之物还原到纯粹意识中，以在纯粹的被给予性中考察认识的发生过程。在这里，通过现象学方法的运用展现的是纯粹意识的维度，展现的是意识的明证性领域，展现的是明证性的维度，展现的是绝对被给予性的维度，在方法上是还原的维度。（见第六章第四节）

最后，在纯粹意识中，在相即地被给予中，理解超越的客体、实在的客体如何在意识中被形成、被把握，这就是本质直观过程。在明晰化的把握中，施行本质直观的绝对无疑的同一化、区别、联结等功能，从而才能有步骤地上升为复杂的认识过程。在这里，通过现象学方法的运用，展现了纯粹意识的维度。本质直观作为现象学方法，在客体上展现的是本质的维度，在方法上展现的是构造的维度，也是直观的维度。（见第六章第五节）

这四个过程所蕴含的维度都可以归属在一个总的维度下，就是现象学在产生时所坚持的彻底性维度，这也是目标的维度。此外，明证性的维度和绝对被给予性的维度是原则的维度。事实的维度、本质的维度和纯粹意识的维度构成的是客体的维度。规定性的维度包含在构造的维度中，加上直观的维度、还原的维度，构成的是方法的维度。目标、客体（作为主题而研究的对象）、方法、原则，四者浑然一体。

从胡塞尔的思想历程来看，现象学方法萌芽于《逻辑研究》中对心理主义的批判。胡塞尔在1905年明确地将现象学方法当作真正的认识批判的方法。[①] 虽然在写作《逻辑研究》时胡塞尔还没有发展出明确的现象学方法，但现象学方法作为一种批判方法，在这一时期显然已经被自觉地运用了。也可以说，胡塞尔的现象学方法就是在对心理主义、自然主义的批判中逐渐发展起来的方法。

第一节　胡塞尔对心理主义的批判

一　心理学与心理主义的含义

从冯特（Wilhelm Wundt, 1832－1920）开端的心理学属于自然科学，在研究内容和课题方面，它研究的不是通常的物理现象，而是心理现象及相关物质躯体的规律，在方法上使用的是实验、观察等实证的方法。这样一门心理学与布伦塔诺基于经验立场的科学心理学是有所不同的。后来产生的社会心理学和文化心理学等研究，严格来说已经不属于自然科学，而属于社会科学和人类学。现在，最为主要的心理学是实验心理学。它有着明晰的操作程序，通过观察法、实验法、

① Claire Ortiz Hill, "Translator's Introduction", in Edmund Husserl, *Introduction to Logic and Theory of Knowledge*: *Lectures 1906/1907*, Trans. by Claire Ortiz Hill, Dordrecht: Springer, 2008, p. XIII.

测量法描述心理事实，总结心理规律，然后运用于生活实践。心理学在19世纪取得了辉煌的成果。对心理规律的科学发现使人们相信它是科学的王冠。也因为它更新并发展了人们的全部生活，以至它诞生后，学者们不懂心理学便被视为是一件惭愧的事。古老的心理学在亚里士多德那里是关于灵魂的科学。在19世纪，心理学的研究对象被分解为人的精神、意识、心理活动等，目的就是发现这些对象的普遍规律。

这样一种心理学在胡塞尔那里被认为是一门事实科学，它所获得的规律是在经验上可被论证的规则。这是因为在胡塞尔的理解中，心理学的研究对象就是心理经验。胡塞尔又区分了本质科学和事实科学。本质科学可以不采纳经验科学的任何成果，事实科学就是经验科学，对本质的认识规定着事实的认识。因此，在胡塞尔那里，心理学是事实科学。而胡塞尔自己的“心理学”，含义则是本质心理学或意向心理学，是与先验哲学平行的学科，前者研究的是纯粹心理主体性，后者研究的是纯粹的先验主体性。①

“心理主义”在胡塞尔现象学中是关于某种“哲学立场”的一个论战性的概念，它首先指“心理学的任务在于为其他科学奠定基础”的这样一种哲学立场。② 例如，力求将逻辑学的基础奠基在心理学上的做法，恰好就是心理主义，这是一种认识立场或哲学立场，是胡塞尔所要批判的立场。胡塞尔反对从心理学的认识论出发来论证逻辑学的基础这样一种哲学立场。在胡塞尔的批判中，心理主义主要是指对逻辑基础的心理主义解释。

---

① 参见倪梁康《胡塞尔现象学概念通释》，商务印书馆，2016，第409页。

② 参见倪梁康《胡塞尔现象学概念通释》，商务印书馆，2016，第412页。

二　心理主义的一些基本观点

在胡塞尔时代，包括利普斯（Theodor Lipps，1851－1914）在内的一些哲学家认为，逻辑学根本的理论基础位于心理学中。研究者甚至通过逻辑学家约翰·穆勒的论述，从字面上找到了逻辑学是心理学分支的证据。①

我认为，这些看法带有这样一些含混性：持相同观点的人不是以一种更为彻底的获得认识的直观方式去考察这一说法的合法性，而是通过从已有的文献中寻找相关证据的方式来证明他们所坚持的观点，好像一种理论通过引用以往杰出学者的论述就可以证明它的合法性一样，甚至好像以往的学者的个人魅力可以支撑某一理论的有效性一样。论述方法与论证方法混为一谈，或者说，表达策略和知识的奠基方式混为一谈。这样一种方法上的含混性，其实也就是将学习方法和研究方法混同了起来，或者说将学习方法与获得真理的方法混同了起来。文本作为学习的对象，其自身无法直接告诉我们确真性的认识和见解，确真性认识的获得，首先必须经过内在的明察，才能成为真正为自己所掌握的东西。如胡塞尔基于现象学研究所认为的，真正的学习在于知识的内部再造。② 所以，逻辑观念的合理与否，不是通过以往的哲学家的论证而获得的，而是通过认识的内在考察而获得的。如果没有意识中的直观及其相关的意义给予过程，那么，任何表达都将难以具有切实的意义，文字也就无法表达任何真理性的东西。宽泛地说，没有直观，就不可能有思想，更不可能拥有哲学、逻辑学等。

心理主义者进一步认为，逻辑学中的概念、判断、推理、演绎等，都是心理学，只是根据规范和实践的观点进行了选择和整理而已。无论

---

① 参见胡塞尔《逻辑研究》，倪梁康译，商务印书馆，2015，第57～58页。

② 参见胡塞尔《哲学作为严格的科学》，倪梁康译，商务印书馆，2007，第2页。

对逻辑学进行怎样的限定，都无法将心理学的东西从逻辑学中排除出去，心理学的东西本身就蕴含在逻辑规律的构造之中。同样，知性也属于心理学。逻辑学所显现的思维规律，仅仅是心理学的一个特例，心理学研究的是思维的自然规律。[①] 因此，逻辑学的规律，就变成了自然规律中的一种，并相应地变成了具有自然实在性意义上的实在性及合法性的东西。然而，需要清楚的是，本质的东西与规范的东西之间并不具有必然的联系，因为二者是出于不同的目的而研究产生的。

三 那些对心理主义的不彻底反驳

这样的心理主义立场，在当时也遭到了学者们的反对。心理主义的一些反对者认为，“心理学对于思维的考察在于研究：思维是怎样的；而逻辑学对于思维的考察则在于研究：思维应当怎样”。[②] 这样的观点旨在表明：逻辑学的规律不是必然地从心理学中获得的，前者是关于规范的学问，后者是关于本质的学问。但这样的观念并不能够使心理主义者们信服。

反对者们也从康德哲学中寻找有利于自己的证据，但这些证据并不能起到有力的反驳作用。这些证据主要存在于康德的《逻辑学》和作为康德哲学的继承人的权威人物和作为教育家和哲学家的赫尔巴特（Johann Friedrich Herbart，1776－1841）的《作为科学的心理学》中。但康德对心理主义的批评是不彻底的。这是因为康德和赫尔巴特仍然是将逻辑规律潜在地当作实在的规律去看待，并没有将其与观念规律的关系予以真正的区分。他们关于逻辑规律所具有的实在性的潜在预设，必然导致新康德主义者们将逻辑规律追溯到心理实在之中去研究。胡塞尔

① 参见胡塞尔《逻辑研究》，倪梁康译，商务印书馆，2015，第59～60页。

② 胡塞尔：《逻辑研究》，倪梁康译，商务印书馆，2015，第59页。

认为，康德和赫尔巴特的追随者们在逻辑学标题下所整理和加工的东西，与逻辑学按其原来的设想所必须拥有的东西并不完全相符。① 另外，人们对康德的感性学（先验感性论）和先验逻辑学（先验逻辑）存在误解并将其视为理论的源头。所以，康德和赫尔巴特恰恰是从根本上助推了19世纪的心理主义。

胡塞尔认为这里的反驳没有切中问题的要害。胡塞尔认为，心理主义者的根本问题在于将逻辑规律诉诸心理物理的自然规律，进一步认为必须通过精神本性的作用才能正确地思考事物。② 这无形中还是把规范律与本质律混同了起来。因此，通过对研究对象的划分和援引康德主义的立场来批判心理主义，并没有切中问题的实质，所以是不彻底的。问题也在于精神本性自身的规律性并不能通过其上所产生的逻辑规律来论证，否则就犯了循环论证的错误。从胡塞尔的观点来看，心理主义者关于精神本性的这一规律性东西的获得，不是建立在意识体验自身的彻底给予性之上，而是来自形形色色的经验归纳和无矛盾律之上的预设和推理，实则是将逻辑律等同于心理律。

胡塞尔还认为，在心理主义论战中双方的前提都是含混的。在心理主义与当时的反心理主义者间的论战中，双方并没有将推论的合适理由诉诸真正明证性（明见性）的东西，诉诸可以通过某种双方都可以同时准确把握到的准确的东西。双方都无力用明确的概念对各自的论域进行划界。这也就意味着他们只是在观点或结论上坚持某种相反的东西，但是在各自的证据上都是含混的。因此，悖论就在于，在含混的不清晰的基础之上，如何能够得出清晰的严格的结论。也就是说，心理主义者违背了自己所担心或排斥的这样一条结论：模糊的理论基础之上只能建

① 参见胡塞尔《逻辑研究》，倪梁康译，商务印书馆，2015，第59～60、65页。

② 参见胡塞尔《逻辑研究》，倪梁康译，商务印书馆，2015，第61页。

立模糊的规则。[①] 在另一条件下，在纯粹逻辑的获得中，含混的基础之上仍然可以获得清晰的东西，这是由于意识朝向中给予的东西的不同而得以可能。

同样，如果将心理主义者的前提诉诸某种先天认知的东西，也是不合适的。因为通常所使用的论证和证明，都意味着经验范围内的证明。然而，经验范围内的证明无法去论证先天东西的有效性和合法性，如果这样做，就等于是借助于结果的有效性而返回去再度论证前提的有效性，这种做法的最终结果就是陷入循环论证之中。同样，胡塞尔认为，按照心理主义者的观点，逻辑规律本身必然拥有心理学的内涵，这些规律不仅是对心理之物而言的规律，而且也预设或包含心理之物的实存。可是，逻辑学的规律中并没有包含实际的事情（*matter of fact*）。[②]

因此，双方的论证都建立在某种预先承认的前提之上，这与现象学在进一步的发展中所要坚持的“无前提性原则”恰好相悖，那些反心理主义者也未能真正把握逻辑学的本质，也没有意识到逻辑学的本质应当建立在纯粹意识中的直接被给予性之上。心理主义者只是按照以往的经验有效性和已经承认的命题和结论的有效性，将逻辑学的基础归之于心理学研究，将思维规律误认为单独有效的可以导致理性思维的自然规律。[③]

胡塞尔在此部分的反驳中主要采用的是无矛盾性的原则，即分析判断的最高法则。而要真正实现对心理主义的彻底批判和反驳，必然需要的就是现象学的东西。所以，《逻辑研究》第一卷预示着现象学的必然出现。因而，《逻辑研究》第二卷的引论和第六研究，是心理主义批判

---

① 参见胡塞尔《逻辑研究》，倪梁康译，商务印书馆，2015，第64、68页。

② 参见胡塞尔《逻辑研究》，倪梁康译，商务印书馆，2015，第68~76页。

③ 参见胡塞尔《逻辑研究》，倪梁康译，商务印书馆，2015，第71页。

之后胡塞尔思想的必然发展。这是因为要从根本上推进对心理主义的反驳，必然首先要克服心理主义论战中双方前提的含混性。包括对逻辑判断中的无矛盾性原则也需要彻底澄清，澄清它们的本质。因此，胡塞尔接下来分析了矛盾律，并将之归于经验主义。而要克服含混性，必然要寻找明证性。这也就预示着他后来必然要从纯粹逻辑分析走向现象学的分析。

四　心理主义的实质推导过程

我们首先来总结一下心理主义的实质上的推导过程。矛盾律被人们视为逻辑学的最高法则，也是人们在实际的分析中无法驳倒的法则。在这一意义上，人们将它视为思维活动中可用的必然律。作为一种必然律，它又是思维自身产生的东西，所以，又被视为思维的自然规律。

这一认识过程，实则是这样的。第一步，通过观察法，看到由心理活动所产生的矛盾律的必然性及其在应用中的表现。第二步，先总结出矛盾律是思维活动中的必然律，结合已有的研究和事实再总结出逻辑学的规律位于心理活动中这一命题。接下来论证如果没有心理的必然律，就不会有矛盾律这一必然律，所以，心理的必然律决定矛盾的必然律。因此，通过矛盾律（在这里被视为心理现象）就可以获得对心理规律的认识。并且，由于矛盾律是心理活动产生的，它蕴含在心理活动中，所以，矛盾律就是心理律。接下来，经过演绎，心理的必然律也决定着其他逻辑学中的必然律，其他的逻辑律也必然是心理律。第三步，在此基础上，运用“逻辑学建立在心理学的基础上”这一认识展开相关的研究。

然而，胡塞尔却看到了这样的逻辑律的不必然性，揭示了心理主义的实质缺陷。核心的论点体现在对其结论及其本质的批判这两个方面。除此之外，还包括对其证据的反驳。

五　对心理主义的结论的批评

1. 心理主义的规律是经验定律

胡塞尔批评了心理主义的经验主义结论，揭示了其矛盾律是经验定律的实质。

胡塞尔认为，心理学尚没有提出精确的规律，所具有的规律只是一种对经验的模糊的普遍化，只是大致的合规则性的陈述，所以，当这些规律在经验上得到证实的意义需要恰当地表述出来时，便失去了规律性的特征。由此，心理主义的逻辑学家得出了三个结论。胡塞尔对这三个结论逐个进行了反驳。①

第一个结论

在模糊的理论基础上只能建立起模糊的规则。

胡塞尔的反驳

有些逻辑学准则的确带有经验的模糊性，但逻辑的三段论规律、相等性推理、从 n 到 n+1 的伯努利推理（Bernoulischer Schluß）、或然性推理，恰恰具有绝对精确性，它们不是大致的规则。

第二个结论

在矛盾律这样的误以为精确的思维自然规律基础上，可以建立起精确的心理规律。

胡塞尔的反驳

这种做法无济于事。这是因为通过矛盾律和三段论获得的推测在有限的经验范围扩展中得不到证实。而利用自然科学观察所获得的规律并不意味着就可以获得精确的心理规律。因为观察的不精确性是无法消除的，所以，获得的不是彻底的规律。更别谈借此可以获得精确的心理规

---

① 参见胡塞尔《逻辑研究》，倪梁康译，商务印书馆，2015，第 68～69、75～79 页。

律。“概率无法与真理抗争，推测无法与明察（洞见）相争。”而作为科学方法论之基础的纯粹逻辑学的规律不是通过归纳获得的，而是通过绝然的明证性获得的有效性或真理性本身。因此，这种做法不能获得精确的心理规律，不能以此来解释逻辑规律的基础问题。

第三个结论

假如逻辑规律是对心理事实的规范性转变，那么，逻辑规律本身必定具有心理学的内涵，并且是在双重意义上：这些规律必须是对于心理之物而言的规律，并且同时预设或包含心理之物的实存。

胡塞尔的反驳

逻辑规律不包含实际的事情，不包含现象的存在，逻辑规律不是心理生活的事实性规律，不是心理体验的规律。传统逻辑学提出的那些规律是为了使判断行为规范化的规律，并不包含对心理现象的断言。胡塞尔说：“我们借助于清晰的思维首先从经验的个别性和普遍性中获取的不是那些无法为我们所得的绝对认识，而是一些所谓的绝然的或然性，在这些或然性中包含了所有可获取的事关现实的知识。然后我们将这些或然性还原为某些带有真正规律特征的精确思想，这样我们便能够建立起那些形式完善的说明性理论的体系。但这种体系（例如，理论力学、理论声学、理论光学、理论天文学等）实际上只能被看作是一种带有实在根据的观念可能性，它们并不排除无限多的其他可能性，但却为此而在一定的界限内包含着其他的可能性。”①但这并不是对逻辑基础做出真正解释的任务。胡塞尔的任务在于获得真正的规律，这是在纯粹概念认识领域中发现的纯粹逻辑学规律，包含纯粹数理的规律。

就第二个结论而言，关于其中的矛盾律，胡塞尔做了进一步的批

① 胡塞尔：《逻辑研究》，倪梁康译，商务印书馆，2015，第78页。

判。在《逻辑研究》中，胡塞尔通过援引逻辑学家穆勒关于矛盾律的看法，借此也得出了矛盾律是经验定律的结论。穆勒认为，矛盾原则是“我们最早和最容易理解的经验普遍化之一”，矛盾原则建立在“相信”与“不相信”这两个不同的精神状态之间的相互排斥的基础之上，“信与不信是两个不同的精神状态”。①

这里指出了两个方面：一是矛盾律是一种经验律；二是矛盾律建立在相互排斥的内共存（Inkoexistenzen）的精神状态基础上。在第一个方面，人们无法直接理解为什么经验事实可以与逻辑规律必然地联系在一起，只是知道逻辑规律是被观察现象的普遍真理。

关于第二个方面，胡塞尔认为，穆勒以外在经验的内共存来解释矛盾的做法是令人费解的。胡塞尔指出，当穆勒以“外在经验的内共存”来解释矛盾律时，相反命题“不能同时为真”的判断原则被判断行为的“实在不相容性”（die reale Unverträglichkeit）所取代，并且，穆勒认为，任何矛盾的命题都是不可信的，对这种命题的信仰作为一种心智事实是不可能的，“信仰行为是唯一能在真正意义上用正确和错误来标志的客体”。② 穆勒在这里的看法有三点含义。第一点，以判断行为解释判断原则；第二点，人们不可能相信矛盾命题的存在；第三点，正确与错误是关于信仰行为的，而不是直接关于事实的。

因此，穆勒的解释并没有一个完整的一贯性的考虑。穆勒的这些解释中，判断原则既与心理行为相关，又似乎与心理行为没有规律上的必然性联系，心智事实与经验事实的一般关系也没有得到说明。要言之，穆勒的解释没有达到胡塞尔所要求的明晰性。胡塞尔认为，“穆勒对此

① 参见胡塞尔《逻辑研究》，倪梁康译，商务印书馆，2015，第85页。

② 参见胡塞尔《逻辑研究》，倪梁康译，商务印书馆，2015，第86~87页。

原则的心理学诠释所得出的不是规律，而只是一个完全模糊的和在科学上未经检验的经验定律”。①

胡塞尔进一步认为，穆勒的解释是不彻底的，只是在一定程度上的含混经验的习惯解释：虽然矛盾原则被人们当作精确的、明晰的、毫无例外的规律，但实际上“只是一个粗糙不准确的、不科学的命题样式”，将这类命题“表面上精确的内涵改变成实际上模糊的内涵之后，才能上升到一种令人可信的猜测的地位”。② 在这种前科学经验的粗糙的普遍化做法中，科学的基础不是去寻找绝对可靠的东西，而是靠一种带有“运气”的联想来完成的。实质上，判断行为的实在不相容只是一种经验心理学的普遍性。就像概率论是一种心智现象一样，并不能必然用来真正解释实在世界的情形。正如普里戈金所言：“概率是心智的状态，不是世界的状态。”③

在这里我们简要总结一下。在穆勒那里，矛盾律只是一种通过归纳得到的经验规律，它自身并不能说明自身的绝对有效性。与此相应地，即使站在穆勒对矛盾律解释的角度上，穆勒也没有真正以关于信仰行为的心理学规律解释矛盾律。因此，根据穆勒的解释，也不能获得彻底的证据来证明逻辑学的基础位于心理学中。在穆勒那里，矛盾律也不是心理规律。对于矛盾律的心理主义解释的批评，否定的不是穆勒、斯宾塞（Herbert Spencer，1820 – 1903）等逻辑学家所谈论的逻辑规律的有效性，而是后来人对逻辑规律基础的心理主义误读。当穆勒用“对立的信仰不能共存”这一原则来解释作为判断原则的规律时，他所用的是逻辑规律，是经验定律，而不是关于信仰的思维规律。心理主义者的谬

---

① 胡塞尔：《逻辑研究》，倪梁康译，商务印书馆，2015，第86页。

② 胡塞尔：《逻辑研究》，倪梁康译，商务印书馆，2015，第88页。

③ 伊利亚·普里戈金：《确定性的终结》，湛敏译，上海科技教育出版社，2015，第4页。

误在于没有察觉到逻辑规律与思维规律之间的区分。如胡塞尔认为的，心理主义“将某些普遍判断在经验中的心理学形成与对这些判断的证实混为一谈”。①

2. 心理主义的本质是相对主义

胡塞尔揭示了心理主义的相对主义本质。

胡塞尔认为：“心理主义连同其所有变种和个别扩展形态都无非就是相对主义，都只是一种未被始终认识到的和未被明确承认的相对主义而已。”② 当胡塞尔在反驳相对主义的时候，其实就是在反驳心理主义。

为了便于人们进一步理解胡塞尔的反驳，在这里，首先解释一下胡塞尔所说的相对主义是什么。当把个体的人当作所有真理的尺度时，就构成了最原初的主观主义。经过进一步的演化，任何真理就成为相对于进行判断的个体而言的真理，这就构成了相对主义。因此，与个体相对应的是个体相对主义，与人类这一种类相对应的相对主义就是人类主义（Anthropologismus）。③

在此，我们再度回顾一下心理主义者们获得认识的实质：他们是从个体的经验感受出发推导出关于逻辑规律的认识的那些一般看法的。并进一步通过这些认识的被认同过程而将其当作一般规律。这一过程实质上就是对个体认识的另一种归纳法的运用过程，目的是对个体主观上的认识进行归纳以获得统一的解释。

我们需要特别留意的是：胡塞尔的目的在于站在哲学的一般性上考虑问题，他需要获得的是一种统一性的彻底解释，他的现象学方法的目的在于建立彻底的科学的哲学。因此，如果个体的经验成为普遍经验的

---

① 胡塞尔：《逻辑研究》，倪梁康译，商务印书馆，2015，第91页。

② 胡塞尔：《逻辑研究》，倪梁康译，商务印书馆，2015，第127页。

③ 参见胡塞尔《逻辑研究》，倪梁康译，商务印书馆，2015，第119页。

过程没有得到合理的阐明，那么，就无法将个体的认识当作普遍的认识。相应地，如果我们站在个体相对主义的立场上看待问题，就无法真正建立彻底的统一的认识。由于从个体立场到普遍立场之间存在着认识的断裂，心理主义者甚至放弃了一种普遍立场的存在。当主观主义者坚持这样一种说法时——“我用我的理论陈述我的立场，这个立场对我来说为真，并且不需要对任何其他人也为真”①，也就意味着他已经否认了普遍性的真理或普遍性的认识的存在。对普遍性的否定其实意味着自己对更高的普遍性理论的需求。如此一来，如果他们仍然要在自己的叙述中表述普遍性的认识，就是自相矛盾的。

当然，个体相对主义的荒谬性人们很容易看出来，但种类相对主义（人类相对主义）的荒谬性就不容易被看出来了，因为它已经习惯性地渗透在日常的思维判断之中。一些人也已经习惯于借助习俗和范围广阔的经验来指导人们的认识，约束别人的行为。如果人们缺少更进一步的彻底性的理论需求，那么，就不会意识到这些习俗和习惯中存在的东西的不彻底性和荒谬性。

胡塞尔明确地认为，如果说将一门学说追溯到心理学的规律，追溯到人的心理物理的构造，追溯到“智性本身”（intellectus ipse），那么，无疑就是要将这门学问的基础建立在对“个体的人”与“种类的人”的考察之上。② 然而，把认识建立在个体的人和种类的人的基础上，这样的做法就是相对主义的做法。确切地说，就是人类主义。这是不彻底的、荒谬的。此外，从种类的一般性也不能必然地推出认识中的那些一般性。因而，将逻辑学的认识诉诸人类智性的规律研究，也是不彻底的，是相对主义的做法。

---

① 胡塞尔：《逻辑研究》，倪梁康译，商务印书馆，2015，第120页。

② 参见胡塞尔《逻辑研究》，倪梁康译，商务印书馆，2015，第128页。

胡塞尔认为，在主要观点上，人类主义这样的主张是悖谬的："对于任何一种判断生物来说，真乃是根据这种生物的构造、根据它们的思维规律而能够被视为真的东西。"人类主义这样一种相对主义的荒谬性体现在六个方面。①

a. 认为"矛盾律和排中律所陈述的东西包含在真和假的单纯词义中"，因而，在不同的生物体之间就产生了语词上无休止的争论，陈述也就失去了普遍的合法性。

b. 将真理建立在事实之上，真理的性质与事实的性质是等同的，因而，真理就成为受到时间规定的事实；如因果律，显然就成为一种时间设定中的事实，然而时间这一规定，首先"只能对一个由真理所设定的事实有意义"。

c. 将真理建立在人类这一事实构造之上后，那些人类未产生前就存在的地质学和生物学理论就变成荒谬的了。

d. 既然真理建立在人类这一事实构造之上，那么，人类的毁灭就意味着真理的毁灭。

e. 真理在人类主义中成为相对的，从真理的相对性推导出世界的相对性，世界成为相对于人而言出现的偶然的世界，这显然更是荒谬的。

f. 真理的相对性会推导出世界存在的相对性。

由此，胡塞尔认为，从总体上而言，相对主义者反对时间上的存在的明证性，也反对内感知的明证性。② 但在根本上，他们是利用内感知的明证性反对另一内感知的明证性，但由于他们没有意识到这一点，所以被既定的逻辑法则和含混的日常经验牵着鼻子行走。他们一方面宣称

① 参见胡塞尔《逻辑研究》，倪梁康译，商务印书馆，2015，第121～125页。
② 参见胡塞尔《逻辑研究》，倪梁康译，商务印书馆，2015，第126页。

某些确定的带有普遍性的命题或真理，反过来又否定这种普遍性的东西，因而最终陷入了荒谬。

从这些批判中可以看出，将逻辑学建立在心理学的基础上，无疑就是变相地建立在个体和种类的认识之上，这种做法在本质上是相对主义的做法。因此，心理主义在方法上是一种相对主义。相对主义无法满足彻底性的认识建构，形成的只是人类学，而不是严格的科学。胡塞尔明确地说："心理主义连同其所有变种和个别扩展形态都无非就是相对主义，都只是一种未被始终认识到的和未被明确承认的相对主义而已。"①

六　对心理主义的证据的批评

胡塞尔对心理主义的证据进行了反驳，以证明"心理主义所依据的那些被误认为自明性的东西，事实上是错误的成见"。胡塞尔所反驳的心理主义的成见（被误认为是自明的根据）有三个。

第一个成见

"支配心理之物的那些规定不言自明地是奠基于心理学之中的。据此也就很明显：认识的规范规律必须建基于认识心理学之中。"②

胡塞尔的反驳

这里的根本问题在于没有陈述人们如何进行判断的原则，也没有完全区分用来规范认识活动的规律和陈述这些规律的规则。如用三段论进行规范时，三段论本身并不是规范，随着大小前提的替换，所得到的结论已经不一样了，推论的正确性并不取决于三段论公式。再者，如数学定律也只是理论的规律而不是实际的规则。更不能因为将逻辑原理视为思维规范，而认为心理内部有一些自然定律决定

① 胡塞尔：《逻辑研究》，倪梁康译，商务印书馆，2015，第127页。
② 胡塞尔：《逻辑研究》，倪梁康译，商务印书馆，2015，第157页。

着逻辑定律是明晰的认识。这是因为前者是规范性的。我认为它本质上是形式化的，通过它进行的推测不能必然获得明晰的关于心理规律的认识。而作为科学的认识必须是确定的和明晰的。胡塞尔认为，科学具有两个方面的类型。一方面，任何一门科学都是为了系统地界定和阐述真理领域的工作的总称。这些工作被称为方法。这些方法及其阐述形式都与人的构造有关，这是其他生物所无法使用的。另一方面，科学是根据它的内涵确立的理论联合体。这两个方面可以概括为方法与系统。逻辑规范属于前者。这是因为逻辑规范只是纯粹建基于逻辑范畴中的观念规律的规范运用而已。据此，就形成了两种规范：一种是对确定无疑的认识联系进行规定的规范，它们是在纯粹观念本性的转用中形成的；另一种本质上是建基于人的普遍构造之中的，一部分在心理构造中，另一部分在物理构造中。后一种是纯粹的科学。① 因此，通过逻辑规范而确立心理规律的法则，中间至少缺了一环，所以这个成见的根据是不明晰的，也是不确定的。

第二个成见

逻辑学谈论的都是表象和判断、推理和证明、真理和或然性、必然性和可能性、原因和结果，以及与之密切相关的和切近的概念。这都使人想到了心理现象和心理构成。这些都是心理行为。因此，与心理现象有关的命题和理论不能排除出心理学，没有必要区分纯粹逻辑学的命题和方法论的命题。将纯粹逻辑学或逻辑的基础从心理学中异化出去的企图是根本错误的。②

胡塞尔的反驳

算术中使用了逻辑律，因而具有逻辑学的特征。算术提出的数字的

---

① 参见胡塞尔《逻辑研究》，倪梁康译，商务印书馆，2015，第 157～165 页。

② 参见胡塞尔《逻辑研究》，倪梁康译，商务印书馆，2015，第 169 页。

规律产生于累计和计数这些心理活动中。数字之间的关系产生于关系的活动中，数字之间的联结产生于联结活动中。这些规律包括加、乘、减、除，被当作心理过程，并且需要感性的依据。由此，可以初步认为它们都服从于心理的合规律性。但是，由于数学科学与心理学的异质性，无法从数学研究中越度到心理学中。如果需要越度，就需要产生一门解释数学这些规律的基础的纯粹数学。这是对数学基础进行研究的纯粹数学，而不是心理学。这是因为“计数和算术运算作为事实、作为在时间上流动着的心理行为当然是与心理学相关的”，但“心理学是一门普遍的关于心理事实的经验科学”，而算术的领域中谈不到个体的事实和时间性的规定性。例如，5 作为数字而言有两个方面的体现：一方面它是观念的种类，是一种“抽象”的完成，“它在计数方面、在其客观物方面、在被构造的集合方面具有其具体的个案”，可以不将它理解为实在之物，它不寓居于直观物中；另一方面它是表象行为的可能对象。此外，算术定律不表述计数的实在行为，“具体的数字和数字定律属于那些包含着有关具体统一性的科学领域”，而关于算术的思维过程的定律才属于心理学。因此，纯粹数学不是心理学，而是与纯粹逻辑学并列的科学。逻辑学虽然与心理体验相关，但它的那些基本术语必须作为心理体验与质素构成物的种属名称出现。纯粹逻辑学也不是以心理事实为对象的科学，把由纯粹逻辑学所奠定的逻辑学的规律作为心理学规律的话，就丧失了纯粹逻辑学的奠基性意义。与此相关，需要在“认识的主观”“人类学统一和认识的客观”“观念统一”三者之间做出明确的区分，在“观念科学”和“事实科学”之间做出区分，对“认识体验的联系（使理论得到明确的思索/纯粹科学）”“科学中被探讨且在理论上被认识的实事的联系（与认识的联系不同的联系/事实科学）”“逻辑的联系（理论观念的特殊联系/形式科学）”三者之间做出明确区分。然而，心理主义者们对这些并没有做出明确的区分。① 因此，第二个成见是缺乏明晰根据的。

第三个成见

逻辑学作为明证性的理论。所有真理都处于判断之中，但我们只是在判断被明见（明证）的情况下才将一个判断认知为真。“明证”标志一种特别的心理感受，这种感受为与它相联结的判断的真实性提供保证。因此，“如果逻辑学是一门想在对真理的认识中对我们有所促进的工艺论的话，那么，逻辑学规律不言自明地就是心理学的规律”。这些定律为我们澄清了那些心理学的条件。“明证性感受”是否产生或缺乏就取决于这些心理学条件。与这些定律相联结的“自然”，便是实际的规定，“它们应当在实现那些具有这些突出特征的判断的过程给我们以促进”。人们所谈论的逻辑规律可能指的就是以心理学为基础的思维规则。穆勒、西格瓦特（Christoph Sigwart，1830－1904）、冯特、赫夫勒（Alois Höfler，1853－1922）和迈农（Alexius Meinong，1853－1920）所持观点与此类同。②

胡塞尔的反驳

认识真理并合理地主张真理是以发现真理为前提的，逻辑的工艺论也应当根据“可以发现判断明证性的心理学条件”进行研究。但是，为逻辑奠定基础的纯粹逻辑学，它的命题与明证性的心理学材料的关系，是纯粹观念的和非直接的关系。纯粹逻辑学的命题并不陈述明证性和明证性的条件。这些命题只有通过运用的途径、转用的途径才能获得它们与明证性的关系。“纯粹建立在概念中的规律”都可以被转用于概念所具有的普遍被表象的经验个案中。但关于“转用”过程的

---

① 参见胡塞尔《逻辑研究》，倪梁康译，商务印书馆，2015，第170～179页。

② 参见胡塞尔《逻辑研究》，倪梁康译，商务印书馆，2015，第180～182页。

这一陈述所表明的不是明证性的条件，而是纯粹概念性的东西。因此，纯粹逻辑学不能化解为明证性心理学。心理学的可能性是实在的可能性的一种情况，而明证性的可能性是观念的可能性，二者不属于同质的类型。心理学中不可能的东西可以在观念中讨论，明证性在心理学中是不可能的，在观念上说才是一种可能的心理体验。但是，就作为心理体验的感知而言，感知的可能性不等于实在的可能性。感知的可能性是观念性的一种。因此，虽然可以通过逻辑规律和数学的观念规律获得其心理行为的可能性或不可能性，但这些规律并不因此本身就是心理学的定律。心理学作为对经验状况和实在状况的研究，研究的是心理体验的自然限定状态，这是一个实在的状态，而关于它们的观念，组成的是一个“自为”的王国，它不是由心理行为的种属概念组成，它的“概念”是以它的客观相关项为具体基础的“观念概念”。① 心理主义的第三个成见没有区分明证性的层次、没有区分观念王国和实在王国，所以在根据上是不合适的。我认为，作为纯粹的逻辑学研究和科学的现象学研究，胡塞尔对第三个成见的批评无疑是合理的，但作为认识未知的心理世界的方式，从逻辑规律及其关联者的情形中探讨明证性的心理发生情形并非全无是处，反而是有益的尝试和可能的途径。

此外，胡塞尔还批评了与心理主义十分相近的对逻辑学和认识论的经验主义论证，主要是指“阿芬那留斯所说的费力最小的原则或马赫所说的思维经济学原则”。胡塞尔认为，这是一种对逻辑学和认识论的“生物学论证”，这个学派最终会流入心理主义中去。②

---

① 参见胡塞尔《逻辑研究》，倪梁康译，商务印书馆，2015，第183～192页。

② 参见胡塞尔《逻辑研究》，倪梁康译，商务印书馆，2015，第193页。

七 心理主义批判通向现象学

通过以上对胡塞尔心理主义批判的概述，我们可以发现：胡塞尔的心理主义批判通向的是纯粹逻辑学，而纯粹逻辑学就是现象学；这样一门现象学，既是纯粹逻辑学，也是认识论的现象学，这里的纯粹逻辑学所要达到的就是认识论的彻底考察的任务。

对心理主义的批判不仅蕴含着胡塞尔现象学的起源，也迫切地预设着现象学在方法上将会存在的突破。批判中一再强调的被给予性，它所预示的东西，就是现象学还原后纯粹意识的地盘。其中，构造的方法也以不太被人注意的姿态出现了。这些批评中也包含了胡塞尔对真理性的看法，包含了胡塞尔关于认识的“明证性维度”的确立。它是不依赖于经验事实而确立的。而绝对明证性的维度与被给予性的维度，正是后来的现象学方法在运用中所显现出来的一个最终的原则性维度。它们是认识的彻底性奠基所要遵循的原则性维度。

尽管在胡塞尔之前，心理主义的其他反对者已经指出逻辑学的规律不是必然地从心理学中获得的，但这样的认识由于没有切中心理主义的要害而成为不彻底的。康德对心理主义不彻底的批评反而使心理主义者从字面上发展了康德的观点，使之成为心理主义的根据。彻底性或某种意义上的绝对性是知识探求的努力方向，费希特（Johann Gottlieb Fichte，1762－1814）说过，全部知识学的第一条原理是“绝对无条件的原理”。[①] 可是，人们没有认识到这样一条原理蕴含的认识彻底性努力，没有认识到前提的明晰性诉求。他们也未能真正把握逻辑学作为规范科学的这一本质。由于彻底性的意愿的不坚定，逻辑规律在一定程度上沦为含混性的经验性解释。

---

① 费希特：《全部知识学的基础》，王玖兴译，商务印书馆，2010，第6页。

八　纯粹逻辑学的方法的诉求

在胡塞尔现象学中，批判心理主义的目的是建立一门纯粹逻辑学。它是科学方法论意义上的逻辑学最重要的基础，这样的逻辑学是一门理论的、独立于所有经验和心理学的科学。[①] 也是一门追求理论（认识）的彻底性和“系统性的统一”的科学。在胡塞尔那里，作为一门科学，它的含义仍然与传统是一致的。胡塞尔认为：“科学首先是一种人类学的统一，即思维行为、思维素质连同某些有关的外在活动的统一。”[②] 这种“统一”是客观的或观念的联系赋予思维行为以统一的对象关系及其中的观念有效性的“统一”。客观的联系是观念地贯穿在科学思维中并赋予科学以“统一”的。相应地，科学还必须获得确定性和明晰性，科学本身是源于根据的认识，这是科学在彻底性目标上的要求。

为了获得这种彻底性，纯粹逻辑学的方法不同于以往的科学的方法。胡塞尔认为，以往科学的这些方法可分为两类：一类是论证；另一类是对论证辅助的方法，如准确的符号表达或定义。[③] 但纯粹逻辑学的探讨则要超出论证的范围，因为它面对的是更为根本的认识奠基和逻辑奠基的问题，所以，借用任何已有的经验科学的论证方法和概念操作方法都意味着会陷入认识上的循环。这也就意味着：纯粹逻辑学的方法或后来产生的现象学方法不是一种论证的方法，而是超出已有论证范围的方法。这种方法所要实现的是对逻辑学和认识论真正奠基的任务。因此，在《逻辑研究》对心理主义的批判中，已经蕴含着对一种适合自

① 参见胡塞尔《逻辑研究》，倪梁康译，商务印书馆，2015，第210页。
② 胡塞尔：《逻辑研究》，倪梁康译，商务印书馆，2015，第227页。
③ 参见胡塞尔《逻辑研究》，倪梁康译，商务印书馆，2015，第31、33页。

己的全新方法的需求和潜在发现。

尽管心理主义在产生之初也蕴含着通向彻底性认识的良好愿望，但最终由于它的认识和方法的不彻底而走向了相对主义。心理主义只是一种在以前未被清楚认识到的和未被明确承认的相对主义。对心理主义者而言，逻辑的基础最终被诉诸心理实在，或者说，诉诸实在的东西。它一方面诉诸心理的实在性，另一方面诉诸外在物理世界的实在性。后者就是为逻辑进行奠基的自然主义倾向。由于立足于实在性，心理主义与自然主义的根本出发点是一样的，都着眼于人们在认知活动中使用或发现的规律，都认为这些规律是心理的一种实在规律的体现，甚至就把它视为心理的实在规律，没有对事实科学和观念科学予以明确的区分，没有对不同质性的联系予以细致的区分。

心理主义和自然主义实质上都坚持这样一条原则，且作为流行的哲学思潮和对逻辑学进行奠基的思潮，受到了胡塞尔的批判。为此，下文胡塞尔对自然主义的批判，是心理主义批判的延续。

第二节　胡塞尔对自然主义的批判

如果说心理主义批判是对逻辑基础的心理学化的批判，那么，对自然主义的批判就是对自然主义影响下发展起来的心理学的批判，更多地体现为对实验心理学的批判。心理主义批判是对把心理学作为其他一切学科基础的哲学取向的批判，自然主义批判是对心理学的做法的批判。前者集中体现于对哲学态度的批判，后者集中体现于对方法的批判。

一　为什么要批判自然主义

批判自然主义是胡塞尔从早期现象学转向现象学哲学的重要环节。从现象学立场出发，揭示自然主义的矛盾，揭示其认识根基及方法的不彻底性，对于进一步表明现象学立场和发展现象学方法，具有重要意义。1907 年前后，胡塞尔便涉及了与自然主义相关的一些论题，但对其鲜明地批判则代表性地体现在 1911 年他在《逻各斯》杂志上所发表的长文《哲学作为严格的科学》中。这篇论文是胡塞尔多年思考的总结。① 包含了对自然主义哲学在方法、基础和一些基本态度方面的缺陷的批判。为了消除自然主义哲学遗留的问题，就需要在认识的方法、认识的基础问题方面重新做彻底的思考。这就需要从现象学立场对认识的方法和原则进行严格厘定。这就必然促使一门严格的现象学哲学的出现。因此，自然主义批判是走向现象学哲学的关键环节。

这一批判也是在现象学考察的坚实基础上进行操作的，而且，这一批判本身就是现象学方法及其考察过程的展现。其中也涉及了现象学如何处理自己的研究对象，以及如何建立自己的认识原则的问题。因此，对自然主义的批判也与现象学的对象构造问题紧密相关，可以说，它在根本上促进了对构造问题予以细致化推进的必要性。因此，自然主义批判是现象学方法发展的关键环节。

需要留意的是，自然主义批判不仅是呈现现象学方法的重要途径，也表明了现象学哲学的反思态度。在《现象学的观念》一开始，胡塞尔也指出了自然态度与哲学态度的不同。在 1912 年业已完成的《纯粹

---

① 参见舍斯托夫《凡人皆有一死：论埃德蒙特·胡塞尔的认识论》，张冰译，载方珊编《钥匙的统治——舍斯托夫文集》第 1 卷，上海人民出版社，2004，第 150 页。

现象学与现象学哲学的观念》第二卷手稿①第一部分中，胡塞尔首先反思了“自然”概念，区分了“物质自然”与“精神自然”，并指出了“动物自然”所具有的双重性，它包含“精神化”和“物质化”两部分，由此延伸出了科学基础的问题。可见，自然主义批判与《观念》三卷本严密相关。

就其实质而言，自然主义是自然科学中的观念的哲学化，所以自然主义批判就是对自然主义哲学的批判，具体而言就是对自然主义影响下发展起来的心理学的批判，重点是对实验心理学的批判。由于方法上的局限性，自然主义的成就不具备严格科学的特征，所以，自然主义方法必然无法满足建立一门严格科学的哲学的需求。通过自然主义批判，自然主义蕴含的理论基础的实质被揭示了出来。为了克服自然主义的局限性，获得认识的彻底性，就需要向更深的认识起源追溯。这样，就进入了对认识的现象学研究。因此，自然主义批判是通向现象学哲学的重要途径。为了区别那些非哲学的现象学，胡塞尔也把自己的现象学称为纯粹现象学。

1. 是现象学哲学的准备

胡塞尔认为，自然主义哲学最主要的特征就是将意识自然化，并

---

① 这部手稿主要包含后面出版的《现象学的构成研究》和《现象学和科学基础》这两部分，胡塞尔在接下来的十几年对这一手稿进行了反复修改。这部手稿是三卷本《纯粹现象学与现象学哲学的观念》（简称《观念》）的第二部分。这一系列著作的写作计划大概开始于 1909 年的《知识现象学导论》讲座，因为其中包含了“现象学及其方法观念”，这也是后来出版的《观念》第一卷中的重要内容。结合后来的手稿，胡塞尔于 1912 年完成了三卷本《观念》的前两卷，并将第一卷（简称《观念 I》）发表于《哲学和现象学年鉴》第一卷。原计划的《观念》第三卷没有完成。后来出版的《观念》第三卷《现象学和科学基础》（简称《观念 III》），其实是原来手稿第二卷第二部分，出版的第二卷《现象学的构成研究》（简称《观念 II》）是原来手稿第二卷第一部分。从胡塞尔思想的整体趋向看，《哲学作为严格的科学》这篇论文对自然主义、历史主义与世界观哲学的批判对相应时间段的现象学哲学具有非常重要的意义。

且，将经验意识与纯粹意识混淆了，将纯粹意识予以了“自然化”。①另外，对经验意识中物质性的东西与精神性的东西没有做出区分，经验中的认识就是对自然界的认识，也是人对自然界的认识，人的认识就是自然界的认识，二者之间被默认为是等效的。由于没有做出区分，默认的这种认识只能是一种含混的不彻底的认识。但在这种含混的认识中，也包含着试图对认识予以清晰化的努力。可是，努力的方式不是通过彻底的进一步的认识考察，而是将纯粹意识的东西或精神性的东西当作与以往的经验性认识具有相同类型的东西。也可以说，为了图得认识的便利而将纯粹性的东西作为经验性的东西。因为有时候在二者之中可以找到相同的形式或相同的认识，所以认为它们必然具有相同的形式，继而就将意识的东西与一般经验的东西等同起来了。这也是因为在稍见成效后，这种做法可以省去探索活动所需的许多工夫。

要真正认识到自然主义的含混之处，还必须进一步从现象学的角度阐明与自然主义态度相关的自然究竟意味着什么。

继这篇论文之后，在1912～1928年几度修改的手稿《现象学的构成研究》及相关的题为《自然与精神》的讲座中，胡塞尔认为，具有精神个性的人与具有物质属性的人是不一样的。因此，“人”具有双重的含义，一个是作为自然科学和人类学的研究对象的人，另一个是精神实在界的人。但对于心灵而言，根据胡塞尔的论述，心灵现象是与自然相关联的，所以，心灵也是时空意义上的存在。②

从胡塞尔这些相关论述中可以看到，他对自然主义主要特征的认识及批评与其接下来的现象学的构造研究是紧密关联的。换言之，

① 参见胡塞尔《哲学作为严格的科学》，倪梁康译，商务印书馆，2007，第12、19页。

② 参见胡塞尔《现象学的构成研究》，李幼蒸译，中国人民大学出版社，2013，第118、114页。

只有立足于严格的现象学的构造，才能彻底批判自然主义的含混性和不彻底性。自然主义借用了自然科学的方式，将关于时空性的现实领域的探索所获得的认识与方法作为哲学的基础，这样的做法是不合适的。

为此，胡塞尔需要对自然主义哲学进行批判，使人们认识到现象学考察在认识彻底性方面的重要意义。只有将已有的认识还原到现象学的意识层面后，才能获得认识的彻底性和清晰性。因此，自然主义批判是现象学哲学的准备。

2. 是为了克服二元论哲学

胡塞尔认为，自然主义认识的只是自然科学中的自然，它最主要的特征就是时空性意义上的实在性。因此，自然科学研究的是全部的时空领域，研究的是所有可能存在的经验领域。① 正是在这样一种意义上，自然科学与经验科学的含义是等同的。于此，我们也可以理解为什么心理学的方法是自然科学的方法。一则是因为它自身没有独立的方法；二则是因为它所研究的对象就是实在性的东西。这个对象实则是自然世界中的一部分，所以，它自身认为利用自然科学或经验科学的方法研究心理学的对象就是理所当然的事情。在《逻辑学与科学理论通论》（1917～1918）的讲座中，胡塞尔明确认为："自然主义对于获得科学知识也只是承认一种方法，即经验观察和归纳法。"②

然而，对自然的这一理解在后来却被偏执化地发展了，导致了二元对立的哲学观的出现。由于笛卡尔对数理方法的倡导，以及之前伽利略等人对自然世界的定量研究的广泛影响，自然主义把自然理解为通过数

---

① 参见胡塞尔《现象学的构成研究》，李幼蒸译，中国人民大学出版社，2013，第114页。
② 德尔默·莫兰、约瑟夫·科恩：《胡塞尔词典》，李幼蒸译，中国人民大学出版社，2015，第171页。

学方式可以表达的因果规律所统一的物理世界。相应地，一切心理现象归根结底都是物质现象。所以，一切心理学研究所获得的解释，都被视为客观化的解释。这就导致理论化的东西、价值论的东西、对个人和社会而言的理想性的东西要么被弃之不顾，要么被视为现实的物质表象。后者是可以解释一切的东西。因此，这种做法无形中曲解了自然科学中有价值的、理论化的、实践的理想。意识自然化还导致把形式逻辑当作思维的自然规律，把心理规律当作物理规律。因此，如果没有认识到它们之间的区别，就会当作一回事情；如果认识到了这些理论化的东西与现实的东西之间的断裂，那么，简要的做法就是将其作为源自不同本原的东西。这等于潜在地承认了主观与客观的分离。正是在这样一种情形下，胡塞尔认为，自然主义哲学要么是观念主义哲学，要么是客观主义哲学。①

主客二分的对立无从回答主体的“认识为什么会切中客体”这一问题。尤其在符合论的真理观被颠覆后，这一困境就继续成为悬而未决的问题。

因此，方法上的借用并不能解决自然主义哲学在认识理论上的最终困境。通过批判自然主义，在意识构造中重新去理解主体性的构成和客体性的构成，对于解决上述困境具有重要意义。只有在这个意识层次上，才有希望真正澄清自然主义理论的根本困境。因此，在根本动机上，自然主义批判也是为了克服二元论哲学。

3. 为了通向严格科学的哲学

自然主义并不是一无是处。自然主义之中也渗透着严格科学的寻求，如胡塞尔所言，“自然主义从一开始便极为果断地遵循着对哲学进行严格科学改造的观念，自然主义甚至相信，它已经用其早期的和现代

① 参见胡塞尔《哲学作为严格的科学》，倪梁康译，商务印书馆，2007，第9页。

的形态实现了这个观念"。[①] 但是，自然主义的这个观念，并不是彻底的经过考察的观念，而只是把自然科学的观念视为严格科学的哲学的观念，即把自然科学中有效的方法和原理，视为哲学的认识和原理，在做法上是将已有的有效认识移用到新领域或哲学领域。因此，在整体上，它还是一种实验科学的方法，即已有的理论被放入新的领域，然后再去验证或修正理论。

虽然自然科学在不断发展中已经成为现有认识观念中最好的典范，但由于其认识的来源没有得到彻底的澄清，所以，其不一定是最为根本的或最好的典范。这里存在的根本问题是：虽然自然科学家知晓在这个过程中所需要的验证行为，但一些人在将其扩展到哲学领域时，一则在该领域中无法对相关的认识进行自然科学那样的验证，二则无法找到属于哲学探索活动自身的验证方法（即使逻辑也最终由于陷入悖论而不得不放弃），所以，干脆忽略了对理论的验证行为，继而就直接将这些认识默认为在根基和起源上是合法的。

因此，虽然自然主义也走在将哲学严格科学化的道路上，而且自然科学中的自然主义在科学化的目标上与现象学有一致之处，同时在这种科学化的目标中，至少在态度上包含着对哲学进行严格科学的新论证的取向，但是，由于自然主义在塑造严格科学的哲学时所采取的是与自然科学同样的形式，所以，胡塞尔认为，"这种形式在理论上是错误的，需要进行彻底的批判"。[②]

因此，要澄清自然科学的认识形式不必然是与严格科学的哲学所需要的认识形式相匹配的，就需要回到这些形式的起源。而这些形式是在意识中起源的，对它的考察就自然而然进入了现象学对认识起源的考

① 胡塞尔：《哲学作为严格的科学》，倪梁康译，商务印书馆，2007，第 6 页。
② 胡塞尔：《哲学作为严格的科学》，倪梁康译，商务印书馆，2007，第 7 页。

察。可以说，从《算术哲学》开始，胡塞尔就试图澄清认识的起源。直至《逻辑研究》出版，胡塞尔的纯粹逻辑学才真正掀开了对认识起源或逻辑起源考察的大幕。

胡塞尔要寻求的是一门严格科学的哲学，他要为哲学和科学进行最严格的奠基。因此，这种奠基就不能再建立在那些不言而喻的前提或基础上，而是要建立在一种自明的彻底性的基础上。在胡塞尔思想形成的过程中，他也吸收了自然科学中的一些合理成分，如系统性、统一性、整体性、明晰性等，并将包含这些特征的哲学视为人类文化的最高兴趣。但是，严格科学的哲学是为了满足更高的理论需求，所以，那些基础不明晰的自然科学的哲学结论，不能在彻底性和明晰性方面满足新的需求。因此，由于认识主体对认识活动所提出的进一步的更高要求，使已有的这些方法或理论在新的要求面前失效或失真。由于自然主义对哲学的思考所采取的形式在理论上都是不彻底的，所以，它的方法、它的基础都不能满足建立真正彻底的科学的哲学这一目标。

因此，在将认识彻底化的道路上，需要对自然主义进行批判。心理主义批判更多体现于对逻辑基础的心理学化的批判，自然主义批判不仅体现于对其基础的批判，而且也体现于对其方法的积极批判。胡塞尔认为，对自然主义的结论进行反驳虽有必要但远远不够，“我们还必须对自然主义的基础、它的方法、它的成就进行必要的积极的批判，而且始终是原则性的批判”。[①] 由此才能更为明晰地体现严格科学的哲学的目标取向。

---

① 胡塞尔：《哲学作为严格的科学》，倪梁康译，商务印书馆，2007，第12页。

二　对自然主义基础的批判

自然主义批判的内容主要有两个方面：一是对其基础的批判，自然主义的基础是经验主义；二是对其方法的批判，它的方法是经验科学的方法。其中，自然主义成就的缺陷是由其方法的局限性造成的，所以，胡塞尔通过对其方法的批判而批判了其成就。对其成就的批判就是对方法的批判的延续。

胡塞尔认识到，自然主义哲学家将一切看作自然，自然中的一切东西，要么是隶属于物理自然的统一联系中的物理事物，要么是与物理因素平行伴随的心理因素，在其中，所有的存在者都具有心理物理的自然。也就是说，在这样一种默认的认识前提之下，自然主义者并没有意识到在物理自然（物质自然）与心理自然（精神自然）之间被胡塞尔所看到的那样的区分（参见第十六章第一节），对二者的原则的应用是没有明晰的界限的。因而，在将意识自然化和将观念自然化的做法中，逻辑的原则被解释为所谓的思维规律，被解释为思维的自然规律。[①] 在上述前提之下，这似乎是无可厚非的习惯性做法，也即是利用经验的相关性对逻辑原则与思维规律的关系做出裁决。

然则实质上，逻辑原则是精神用来把握外在事物或客观事物的规范，它不仅包含着量的关系，也包含着关系的规范，把握事物的过程就是对这些规范进行运用的过程，而这种规范并不能直接被视为精神自身的规律，除非将精神和自然当作同质的事情。但在人类的认识历史上，这两种东西并没有被认识为同质的东西，也没有能在自然科学的发展下获得二者之间同质的明晰性证据。二者各自仍然保持被区分出来的本质

① 参见胡塞尔《哲学作为严格的科学》，倪梁康译，商务印书馆，2007，第 8 ~ 9 页。

特征。这种特征是在认识中获得的“本质特征”。因此，逻辑规律作为精神世界的自然规律这样一种看法，首先违背了自己的认识前提，即逻辑规律是用来把握外在事物的规范。在此简要补充一下我的相关认识：在逻辑的四种规范中，质的规范和模态的规范并不是真正逻辑的规范，而是精神自身所运用的另一种规范，所以，它的结果可以相互转化。而前两种逻辑的规范的结果不能相互转化，而只是具有量的转化和位置的转化。

自然主义者不仅将逻辑规律视为思维的自然规律，而且，价值观念性的东西，也被视为心理物理的自然而加以认识。因此，他们想当然地认为可以通过自然科学和自然科学的哲学去认识并大致达到对真、善、美这样的观念性东西的认识。① 这样的做法，实质上是将这些经验认识中的做法搬迁到了对观念性的东西的认识过程中。如果价值被视为自然性的东西，人类社会必将是单调的。

因为他们没有认识到观念性的东西的起源，没有认识到动物自然与精神自然之间的区分，所以，这样的认识套路不是诉诸严格的辨析，而是诉诸经验感受中的有效性。一旦遇到可以重复出现的认识，就被当作有效的认识，并且，一旦得到这样一些有效性后，就不加详细审查地对其进行扩展和使用。由于在经验认识的扩展中没有考虑观念性认识和理性认识的起源和形成过程，所以，他们要么漠视理性的东西，要么对其忽略不计。正如胡塞尔所认为的，自然主义者认为“唯一理性的事情就是否认理性”。② 因为理性在他们那里获得不了明晰的认识。缺少了对纯粹的观念性东西的认识，他们就不会真正去追问什么是理性。这样的认识实质上就是经验主义。

---

① 参见胡塞尔《哲学作为严格的科学》，倪梁康译，商务印书馆，2007，第9页。

② 参见胡塞尔《哲学作为严格的科学》，倪梁康译，商务印书馆，2007，第10页。

对已有的经验认识过于依赖，对观念性的东西缺少反思，就不会去考虑如何获得对认识的纯粹意识活动方面的详察，因而，也就无法真正理解理性之物。因此，在关于自然的认识的建立过程中，就必然出现一些含糊或断裂，因为理性之物总是在认识中跳出来却又无法以经验性的东西获得彻底明晰的解释。这些断裂意味着：在这样的认识过程中，认识所需要的理性成分或观念化过程中的一些要素，没有被严格地注意到，而只是看到了认识中的经验性成分，将所有经验科学的方法都回归到经验之上，并认为一切科学知识的最终证明都在知觉经验中。

正是由于自然主义的认识基础主要来源于自然科学的认识成就，而自然科学的认识成就是建立在其经验主义立场之上的，而经验主义方法无法为其自身的根基做出彻底性的说明，所以，对自然主义基础的批判就是对经验主义的批判。只有阐明了经验主义认识的实质，才能够深刻揭露自然主义哲学蕴含的不彻底性。

需要留意的是，在胡塞尔的认识批判中，经验主义批判也是与心理主义批判结合在一起的。无论自然主义批判，还是心理主义批判，都不同程度地关联着经验主义批判。

正是在经验主义的影响下，形成了近代心理学，继而产生了以经验主义方法为基础的实验心理学。由于这门学科在当时科学化进程中产生了广泛影响，一些欣赏这门学科的哲学研究者，不加严格审查便试图将其做法扩展成为哲学。正是由于未加彻底审查，所以对这种做法的扩展在动因上并不能保证这样一种哲学的彻底性和严格性。正如胡塞尔所认为的：当实验心理学取得严格科学的地位后，心理学就被自然主义哲学家们当作精确科学，他们力图通过对自然科学方法的扩展，将这门学问扩展为哲学。①

---

① 参见胡塞尔《哲学作为严格的科学》，倪梁康译，商务印书馆，2007，第12页。

胡塞尔看到，在这样一门心理科学的影响下，“逻辑学和认识论、美学、伦理学和教育学通过它而终于获得了各自的科学基础，它们甚至已经充分地处在一个将自己改建成为实验科学的进程之中”。① 形成这种认识的实质是：在这样一种认识进程中，没有考虑物理上的自然和精神或心灵的“自然”之间的区分，也没有对其各自的研究对象予以严格辨明。因此，在经验主义方法的迷恋中没有看到自身方法的效用和界限。继而，心理学不言而喻地成为所有精神科学的基础，也成为形而上学的基础。这一认识过程的另一实质是：在哲学思考中遇到困境后，不是通过严格考察而形成方法和认识，而只是借用心理学方法，实质上则是借用了经验主义方法。无形中，自然主义者曲解或夸大了自然科学的认识及其方法成就，夸大了经验主义的效用。

但胡塞尔否定的不是自然科学，也不是心理学，而是对哲学基础的心理学化的做法，即反对哲学基础的经验主义借用。胡塞尔也认识到，就自然科学而言，其目的在于“以客观有效的、严格科学的方式来认识这种自明的被给予性”，这样的方式也适合心理学。② 这种心理学指的是拥有精确科学取向的心理学，而不是拥有彻底的哲学取向的心理学。彻底的哲学取向的“心理学”就是意识的现象学。胡塞尔在这里认可的是自然科学和心理学“以精确科学要求自身”的认识取向，但对于“将这样的基础上的心理学及方法作为哲学的范本及探讨哲学的方法”这样一种认识取向，他是不认可的。

胡塞尔也认识到，对于心理学而言，它的任务在于客观、科学地探究心理因素，发现它们的构成与变化、形成与消失的合规律性。③ 这实

① 胡塞尔：《哲学作为严格的科学》，倪梁康译，商务印书馆，2007，第 13 页。
② 参见胡塞尔《哲学作为严格的科学》，倪梁康译，商务印书馆，2007，第 13 页。
③ 参见胡塞尔《哲学作为严格的科学》，倪梁康译，商务印书馆，2007，第 14 页。

质上是以素朴的观察法寻找经验要素之间的相互连接模式，并将可以反复寻找到的要素之间的连接模式作为固定的可信赖的认识，但这个过程中忽视了认识的起源和观念的发生过程。这恰恰是经验主义的基本做法。所以，心理学通过对心理因素之间关系的把握所获得的规律，由于没有考虑操作过程中所借用的观念的发生过程，所以，至少不能直接当作先其发生的意识体验与意识设定的规律。也就是说，通过意识行为参与的活动所把握到的心理物理的关系或规律，不能再一次反过来被想当然地当作意识活动自身的规律。按照通常的不严格的说法，这样的做法是“子为父因”。它实质上就是将认识活动获得的物质自然的规律或心理物理学的规律，作为精神科学的规律。虽然精神在本原上完全有理由作为物质自然进行研究，但其中的诸多断裂尚不能成为人们直接把物质自然的研究结果作为精神自然的研究结果的理由，二者之间严格明晰的关联过程尚且无法获得，获得的只是一些朦胧的有待深入研究的“诱因”。

换言之，虽然精神或心灵在认识到物质自然的实在性之后，又看到了动物自然和人之自然的实在性，这一实在性反过来又支撑了精神自然或心灵自然的实在性，但仅仅认识到心灵自然的实在性，并不能充分解释对客观事物的认识，也不能满足更高的理论需求。而且，心灵自然自身的构成特性也没有获得解释或认识。如其主动性的方面、被动性的方面、差异的获得过程、意识对其自身的直接性的把握及设定过程、对客观事物或对象予以同一化的过程等，都没有获得明晰的把握及解释。这些也都不是在已有的自然科学成就和自然主义成就中能够看到的。这也就从根本上决定了认识活动自身的规律性不能与对物质自然的认识中获得的规律直接等同。

除客观物的存在外，作为客观认识活动得以进行的重要部分，它自身不必然包含客观物的构造，而仅凭借自身就能够获得一些认识。这些凭借自身而产生认识的过程，在与客观物相对立的情况下，就是精神自然的发生过程。而精神是以意识活动的方式进行认识的。所以，对意识活动的分析和考察就成为根本性的任务。

但在认识活动中，就目前所能达到的研究深度而言，意识在自身的根本把握方式上是直观的。虽然直观的含义在明晰化的把握之后因更精细的要求已变得含糊，但我们仍在此以它来表示那种直接的明证性，表示那种认识的直接把握方式，表示对观念构成物的直接把握或凝视。意识把握的根基性在于一种直观的明证性，或意识的绝对被给予性。所以，对意识活动的把握方式的研究，就只能从意识自身出发，通过对意识自身的内在直观而获得对精神自然的部分认识，获得对认识的形成过程的本质性认识。在意识活动这个目前可以达到的层次的认识，也不应被直接作为精神本性的根本性认识。就像物理科学目前在微观世界的深度认识不能作为物质本性的根本性认识一样。对这二者的认识，是随着理论需求的增加而不断增高的。

因此，在这一认识过程中，心理因素构成的世界虽然受到身体的物理事物的束缚①，但心理因素自身并不能直接从物理事物的考察中获得对它的认识。如果人们在认识活动中觉察到了物质自然的束缚，那么，简要地看，实际过程是这样的：人们在意识中意识到了这一“束缚”的存在；对“束缚”的体验或意识使人们认识到了这种物理事物的存在；然后才会进一步认识到“束缚的预先存在导致了人们对这一‘束缚’的意识”。这实际上包含着对预先实存的设定及再度满足、再度确认的过程。在这个过程中，“束缚”这一观念的产生是意识自身的事情，它不必然地与某一具体的物理对象相关联，否则，不同的物理对象会产生不同的“束缚”。这些不同的“束缚”含义是各不相同的，但在

① 参见胡塞尔《哲学作为严格的科学》，倪梁康译，商务印书馆，2007，第14页。

意识活动中却只有一个“束缚”（一个被同一化了的“束缚”）。这个同一化了的“束缚”可以在不同的情形下被满足。因此，它的含义包含两个基本类：一类是被同一化了的含义，另一类是“可以被不同的 X（如物理对象）所满足”这个含义类。也因此它可以被用之于其他的物理对象，用来表述其他物理对象的束缚。在这个过程中，“束缚”在经验认识中的含义被悬搁（暂且排除）了，然后又通过意识活动的重新把握过程得以构造出来。

对于现象学而言，任何实存性的设定都是需要暂且排除的，包括时间、空间、因果关系等理论实存在内都必须始终在考察中予以排除，并时刻保持“将认识建立在意识体验中的绝对自身被给予性的基础之上”的警觉。也就是说，需要在纯粹意识的考察中再度以明晰的彻底的方式确认曾经的意识活动的发生过程。这一把握过程也是对内在的似乎是流动的意识节点的固定化过程。

上述考察中，我们简要分析了自然主义基础批判的核心内容，我目前按照胡塞尔的分析进路完全赞同他的观点：心理学这样一门学科对哲学的影响所造成的流行的自然主义观念是不彻底的，它不应该成为哲学的方法和基础。胡塞尔直接指出：心理学是事实科学，是一门经验科学。[①] 由于经验的东西不能为纯粹的东西提供基础，又由于精神自然与物质自然有着不同的分野，所以，对物质自然的经验主义认识所获得的观念不能为意识体验中的纯粹给予性提供直接明晰的基础。正如胡塞尔所认为的，由于心理学作为事实科学不能为那些规范化的纯粹原则提供基础，因而也就不能为纯粹逻辑学、纯粹价值论和实践理论的原则相关的哲学学科提供基础。[②] 因此，通过经验主义建立起来的心理学，其根

① 胡塞尔：《逻辑研究》，倪梁康译，商务印书馆，2015，第 67 页。

② 参见胡塞尔《哲学作为严格的科学》，倪梁康译，商务印书馆，2007，第 13 页。

本的有效性和一些基础的内容尚未得到彻底澄清，因而也不能够实现为其他科学奠定基础的目标，相应的哲学观点，也不能成为一种让人充分满意的哲学观点。在人们将心理学视为其他科学的基础时①，这种观念只是一种认识的憧憬。片面地将心理学的认识客观化是不合适的，但放弃这种憧憬而固守一隅，对于严肃彻底的理论工作者而言，也是不合适的。

三　对自然主义方法的批判

方法在认识过程中起初是作为认识的副产品出现的，而后又作为认识的主要成果被独立出来。“起初”二字蕴含的是认识的目的作为某一认识过程中出现的东西先于其他要素，这一目的虽有着不同的起源，但一经产生便成为某一过程中在先的东西，所以，“副产品”这一含义是与“起初”对应并以此修饰自身的。而后，对认识过程及其决定性要素的反思形成了方法。由于方法作为主观性的构造使其拥有了可以尝试将自身用之于其他认识过程的权利，所以，方法自身不仅包含着目标的维度，也包含着认识对象或客体的维度，还有原则的维度，方法自身作为可独立者的自身维度。最后一个维度就是通常人们所说的方法的含义，是公然的维度。这在先前伟大的哲人那里透露过，但至今没有得到系统化的和彻底的说明。

由于方法自身公然地和隐秘地具有多重维度，在对自然主义基础的批判中已蕴含了对它的方法的批判。

作为一种哲学，自然主义不仅借鉴了自然科学的方法以形成新的方法，而且力图将这些方法扩展到心理学研究中，并将心理学建造为一门

---

① 参见布伦塔诺《从经验立场出发的心理学》，郝亿春译，商务印书馆，2017，第9~10页。

为其他学科提供基础的学问。对此，胡塞尔认为，自然主义者力图将哲学建立在严格科学的基础之上，将哲学作为严格的科学构建起来，由于它只承认经验科学的有效性，所以，它的方法所要达到的目的本身就是不可信的。[①] 换言之，自然主义由于移用了自然科学中的有效方法而导致这一构想无法真正实现。

自然主义的典型方法体现在实验心理学中，所以，胡塞尔通过批判实验心理学的方法而批判了自然主义的方法。

实验心理学的方法来源是这样的：它曾经对几何学和物理学方法予以效仿，后来又以物理学－化学的方法为样板。胡塞尔认为，他们追随的不是对实事本性的探究，而是已有成效的那些自然科学的方法。[②] 这也就意味着这些方法是从自然科学的方法中人为地扩展出来的。

然而，方法的发现首先包含着一种主观的取舍。方法的移用中本身也包含着一种取舍。方法不仅是针对客观事物而言的，也在主观上有其内容，它本身也折射着主观上的目的。即使在平常的知识经验中，我们也可以看到：不同地域的人采取不同的方法达到同一目的；就自然科学而言，其针对具体目的而形成的方法也不一定完全一样；对于不同的研究，人们所效仿的方法也不相同。由于特定的目的和特定的对象，方法的运用必然包含着主体方面的东西和客体方面的东西。自然科学研究常有这样的说法："通过自己反复的琢磨、观察和尝试获得新的方法和认识。"这句平常的表述不仅强调了方法的主观性方面，也体现了获得方法和运用方法的过程即是对方法的发现和理解过程。这些过程至少都需要借助主观的东西而完成。

然而，胡塞尔早已认识到了笔者所认为的这些观点，而且思考得更

---

① 参见胡塞尔《哲学作为严格的科学》，倪梁康译，商务印书馆，2007，第10页。

② 参见胡塞尔《哲学作为严格的科学》，倪梁康译，商务印书馆，2007，第28页。

为深远。他认为，在认识活动中，客观事物及其属性都是包含在主体中的东西，自然科学的工作也是如此。胡塞尔认为，在实质上，“自然科学的工作是在素朴-感性现象中将那些客观事物连同其精确的客观属性从事物的含糊主体性中提取出来”。① 胡塞尔这一认识，有三个包含在其中的要素值得注意：客观事物、客观属性、含混的主体性。在这三个要素中，前两者隶属于后者。由于没有意识到与后者之间的明晰的关系，所以后者是含混的。自然科学所拥有的是一个含混的主体性，而现象学所需要的是对主体性中的东西予以清晰的把握。现象学的把握过程，就是在意识平面内把握到客观对象的构造，把握到纯粹主观物的构造，然后在同一个意识平面内将二者之间的关系相即地给予出来。方法实则也是在这个过程中被给予出来的。

然而，自然科学没有考虑意识中的构造问题，也没有考虑这些构造的对象与相应的方法之间的关系。因此，对象与方法之间的彻底关系没有得到辨明。因此，他们采用实验法和试错法以验证其认识构想的有效性。而心理学正是利用自然科学中的这些方法及其相关的有成效的方法，对其含混之处进行了客观的规定。但对于客观性如何得到规定的问题，并没有清晰阐明。或者说，客观性是被生搬硬套地设定的。

心理学中的实验心理学的方法，就是这种自然主义方法的代表性移用。这种方法的大致过程是：观察现象—总结规律—检验和运用规律。这与自然科学的经验主义方法如出一辙。它在根本形态上就是归纳法，就是建立在归纳法之上的“预设-验证”的方法。由于缺少对主观发生过程的清晰性和彻底性的认识，所以它必然不能为逻辑进行奠基，更不能作为纯粹的理论科学或观念科学的方法而运用。这是因为观念科学

---

① 参见胡塞尔《哲学作为严格的科学》，倪梁康译，商务印书馆，2007，第28页。

与作为事实科学的自然科学之间有着根本的差异。

对经验主义方法及其归纳法的批判必然会给人们带来疑虑。如果这个方法是不彻底的，甚至是不能用的，那么，我们用什么方法来进行认识活动呢？

实验心理学的方法虽然在科学研究中有着具体例子可以借鉴和遵循，但在整体面貌上其实是一种含混的方法。它是借助一般观察的惯性结果而予以运用并反复尝试发展的，在实现特定的目的时拥有精确性。这种精确性主要体现为合目的性，但在实现的过程中包含着很多有前提的但不能完全充分确定的要素或前提，仅仅相对于特定目的实现而言这些要素促成了一种精确的结果的实现，所以，它的任何一种扩展面对的都是“不可能性”（可能性）。胡塞尔认识到，在实验心理学中，它贯彻的不是明晰的分析方法，它对心理学上相对重要的事实是一种间接的确定，即从一些珍贵的事实中“发现珍贵的规则”，因而它所发现的就只是间接的规则。[①] 这些珍贵的规则，就是在反复尝试的过程中不断发展出来的，它针对的是特定的研究目的，需要特定的实现条件，当用其将哲学实现为严格科学的目的时，也就面临着“不可能性”（可能性），而不是方法上必然的有效性。

上述问题的含混性在于没有区分认识的对象在不同的认识过程中和认识目的下的不同，没有考虑不同的理论需求可能会蕴含着的不同的方法需求。借用已有的方法尝试新的目的，必然面临着“不可能性”（可能性）。

因此，心理学由于坚持自然主义的观点，效仿自然科学并将实验进程看作主要任务，忽视了对意识研究所需的彻底性方法的探索，所以，以实验心理学为代表的意识研究所使用的自然主义方法，只能是经验主

① 参见胡塞尔《哲学作为严格的科学》，倪梁康译，商务印书馆，2007，第19页。

义方法。它以经验的归纳和整理为基础，通过经验的归纳和整理而建立因果律，并在进一步研究中予以贯彻。这样一种建立在经验归纳之上的因果律，其实就是被“发现出来”的因果律，是一些“珍贵”的规律。

这时，一些人的疑问可能是这样的：这种方法不是已经取得了一些可靠的认识结果并为人们的生活带来了许多新的好处吗？

这个问题与上述问题在实质上是一样的。在自然主义影响下发展起来的相关学科及其研究，强调的也是某种发现。然而，由于它们的方法是不彻底的，所以，其中的很多认识便不可能得到清晰的界定和彻底的澄清。在这之中，实验心理学作为在自然主义影响下发展起来的具有严格科学特征的学科，就是在经验科学方法之下形成的。在实验心理学中，通过实验性地确定，对其中所涉及的主观感性现象的描述和标识，是以对“客观”现象的描述和标识方式进行的。因此，实验心理学中通过实验性的方法而确定的东西，实则再度蕴含着主观性的成分。但实验心理学并没有注意到这些所谓的客观性在主观方面并不全是必然的，所以，他们对主观感性的认识是不彻底的。这种认识实则是用主观上产生的客观性，反过来界定了主观性的东西。胡塞尔认为，在这一过程中，他们并没有涉及本真意识领域之中的概念及其澄清过程，并且认为那些大致得到的本真心理因素的类型是无需通过深入的意识分析就可以充分呈现的。[①] 这些无需深入的东西，就是实验心理学中一些不言而喻的前提，这些前提并没有得到追问，而彻底性的认识需求所考虑的要素是多方面的。如果一定要把这样一些经验性实践中的有效方法及相关原则发展成一门哲学，那么，最终便会陷入荒谬。

显然，实验心理学中即使包含了关于意识现象的研究方法，必然也不是关于意识研究和观念形成过程的严格方法。所以，根本性的问

① 参见胡塞尔《哲学作为严格的科学》，倪梁康译，商务印书馆，2007，第20页。

题在于，为了满足更高的理论需求和不同的研究对象，不能只通过嫁接已有的方法来实现。我们可以说，新问题需要新方法，全新的问题需要全新的方法，彻底的问题需要彻底的方法，问题同时蕴含着对方法的渴望。

在此，胡塞尔通过批判自然主义的方法，也批判了自然主义的成就。对自然主义成就的批判，原则上也是对方法批判的延续。由于自然主义的方法是经验科学的方法，所以，实验心理学上的那些成就在一些环节上是不明晰的。这里主要是指对概念的内在意识方面的澄清与辨析是不彻底的，甚至是被忽略的。因此，作为自然主义成就的“精确的”心理学，实则是不精确的。

胡塞尔认识到，心理学家实质上将他们所有的心理学认识都归功于经验，归功于素朴的回忆或回忆中的同感。[①] 这意味着，心理学建立在这样的经验之上，即意味着是建立在一些“公允”的经验之上的，也即是以共同认可的东西作为认识的前提。如果双方没有统一的认识前提，相关认识要么无法有效交流，要么就不被作为认识的前提。由此也导致了认识的紊乱状态。但是，心理学家却违背了这样的事实，他们没有明显地意识到这些分析都是借助概念完成的。这些概念都是在认识活动中被主动给予的。如果忽视了概念的给予或发生情形，那么，概念在操作中所蕴含的意识给予问题就没有被涉及，因而也就无法彻底地完成相关分析。

胡塞尔认为，这样的没有对“那些规定着心理学客体的概念进行科学的确定和方法的加工”的心理学，就不能被称为“精确的”心理

---

① 参见胡塞尔《哲学作为严格的科学》，倪梁康译，商务印书馆，2007，第 24 页。同感（Einfülung），即同样的体会、移情。

学。[①] 胡塞尔实质上是否认了这样一门心理学将自身视为“精确的心理学”的定位。

在自然主义立场之下，自然主义的集中体现是将心理学的研究结论当作哲学的结论来看待，并将心理学视为其他科学的基础。由于其在主观上存在这种含混性，在经验科学的方法借用中形成的这样的心理学成就，其实是不彻底的。它的基础、方法和成就不能满足于对一门严格科学的哲学进行奠基的任务。

四　从自然主义批判通向现象学

1. 通向现象学的几条道路

胡塞尔对进入现象学的道路在不同的时期有不同的说法，但大都是成组出现的。在此按时间先后部分罗列如下。

a. 对世间经验批判的道路；现象学还原的道路。(1923 年)

b. 笛卡尔式的道路；心理学家的道路。(1923 年)

c. 笛卡尔式的道路；普遍的现象学心理学道路。(1923 年)

d. 笛卡尔式的道路；由人的精神生活出发，由自然与精神的对立、自然的决定与精神的自由之间的对立出发，特别是由心理学和一般精神科学出发的道路。(1923 年)

e. 通过实证的存在论和实证的第一哲学进入绝对的和普遍的存在论的道路。这条道路实则包含两条道路：被给予 - 本质学 - 主观性 - 先验的主观性 - 构成世界或构造的客观性；笛卡尔式的道路或纯粹主观性之静态的本质类型学道路。(1923 年)

f. 从认识与伦理兼顾的“良知”出发的道路，这些良知可以在批判那些缺乏充分合理性的科学的情况下产生；从神话的 - 实践的世界观

---

① 参见胡塞尔《哲学作为严格的科学》，倪梁康译，商务印书馆，2007，第 25 页。

与理论兴趣的世界观的对比开始的道路。(1925 年)

g. 笛卡尔式的道路;批判实证科学的道路。[①] (1930 年? 不早于 1924 年)

h. 从生活世界出发进行回溯的道路;从心理学出发的道路。[②] (1935 年)

不再赘述原委,这些道路可以总结为两条:一条是认识批判的道路;另一条是现象学心理学的(或笛卡尔式的)道路,它是对认识之主观性的考察。其中,需要认识到的是,生活世界可以被阐明为隐匿的主观现象的领域,所以"从生活世界出发进行回溯的道路"属于第二条道路。对康德及近代哲学的批判属于第一条道路,"康德式的道路"属于第二条道路。这两条道路最终都需进入纯粹意识中研究观念的发生问题和对象的把握问题。

自然主义批判是进入现象学的道路。在胡塞尔那里,现象学也被标示为纯粹现象学,它的另一标示先验现象学在本质上和它是一样的。针对不同的论述主题和批判对象,胡塞尔还有不同的称呼。胡塞尔认为,自然主义之所以不彻底,在于将经验认识与纯粹认识等同了起来,也将关于自然的研究与关于精神的研究混同了起来,因此,最根本的问题在于其中的"自然"概念是含混的。为此,胡塞尔在现象学研究中澄清了"自然"概念:自然对象并不是自然客体,自然概念也不等于经验概念,自然是纯实事的领域,自然是经验的意向性相关项(可参见第十六章第一节)。

对自然主义含混的根基的彻底澄清就会导向现象学的研究。首先,

---

① a-g 参见胡塞尔《第一哲学》下卷,王炳文译,商务印书馆,2017,第 88、134、188、361、633、296、332~333、342 页。

② 参见胡塞尔《欧洲科学的危机与超越论的现象学》,王炳文译,商务印书馆,2009,第 131、240 页。

对心理学所忽视的概念起源的彻底澄清，就会导向意识现象学的研究。其次，对事物本身如何存在的彻底阐明，只有通过意识中的考察才能真正获得。再次，为阐明科学经验之有效性的根基，对意识的分析必须先行。

2. 澄清心理学概念导向意识现象学

批判问题的思路与解决问题的思路并不是一定显现为一致的。对认识的批判总是显现为"外在"的批判。鉴于表述必然需要周遭语境，这种批判已无可奈何地采用了已有的"说理策略"，所以，它必然有外在的成分，也就是必然需要借助已有的他人的认识体验或说法进行相关的表述。

但对于认识活动的研究而言，从胡塞尔现象学的考察或彻底纯粹性的考察来看，只能是内在的。方法总是以外在的方式显现的，所以必然需要人们能够以外在的方式看到它。但这种外在的东西，必然有着内在性的起源，即在意识中的起源。无论自然客体是以何种方式呈现的，方法一定是首先以内在的方式呈现的。这是因为方法是被"看"到的方法，而不像一个自然客体那样直接摆在人的面前。

相应地，由于方法的内在性起源这一特质，必然需要将认识对象也置于同样的内在性平面上，才可能达到相互之间的严格融合与关联。所以，方法与对象是伴随出现的，不存在没有对象的方法，也不存在没有方法的对象。当你追问你是如何"看到"这一对象时，就已经蕴含着对方法的追问。

方法上的操作与"对象"的明晰给予在内在意识平面必然是相关联的，缺少其中任何一者，再度的把握过程都可能引起紊乱，稳固化了的把握结果也会失效。"对象"无法被真正明晰地把握和确定，是导致方法含混和失效的主要原因。客体的清晰把握，才能获得客体类的认识，进一步才能将方法从一个客体移用到另一个客体后，仍然产生有效的认识。所以，方法与对象的考察，理所当然是现象学所要完成的重要任务，也只有在内在意识平面才能完成这样的考察。

从胡塞尔《逻辑研究》第一卷中对心理主义的批判来看，要达到真正彻底的批判，实现纯粹逻辑学的认识任务，必然要在方法和对象的把握上予以严格推进。为达到其彻底性，达到对心理学所忽视的概念的考察及澄清，必然需要进入对意识的分析。否则，就会落入以往的认识批判的窠臼。从而，也就不能从根本上摆脱怀疑主义的那种纠缠——只能质疑问题却不能彻底地解决问题，所以，该书第二卷中理所当然地出现了两部分关于现象学的论述。

3. 阐明事物的存在导向纯粹意识研究

胡塞尔认为，自然科学的出发点是素朴的，事物不言自明地"存在着"，对象性地"存在着"，如果需要在认识上表明自身是如此存在着，那么，必须纯粹从意识本身出发才能使这一说法成为明证的和完全明晰的，因此，需要研究整个意识。因为意识是关于某物的意识，所以，对意识的本质研究就相应地包含着"对意识之意指和意识之对象本身的本质研究"。①

因此，在对这些自然科学所研究的对象之存在方式的探讨中，就必然需要探讨"对象"的被给予方式，并在此过程中把握其全部的本质内涵。这一切都最终是在纯粹意识的领域内操作的。从而，对意识之相关问题的这样的分析，就成为与自然科学不同的意识现象学。

胡塞尔认为，所有那些关于心理学的研究，在起初被用来进行自身阐述和客观描述的表述，都是流动的和多义的，对于这些表述的澄清，只有回到实事本身，才能真正彻底地获得。同样，其中涉及的这些概念

① 参见胡塞尔《哲学作为严格的科学》，倪梁康译，商务印书馆，2007，第13、17页。

的价值，不可能从经验确定中逻辑地获取，只有从现象学的本质分析中获取。例如，“感知”“回忆”“想象”“表象”“陈述”等这样一些用来充实描述行为的术语，都指示着在丰富的内在意识体验中构成的东西。人们无法从所描述的东西中直接地真正地找到这些术语的构成部分。因而，它们在通常的运用和理解中是含混的，这就无法让使用这些术语的心理学成为彻底明晰的心理学，因而其也就无法被称为“精确的”科学。①

因此，实验心理学所使用的相关概念素材，不能通过经验中的有效性得到界定。心理学要使认识达到彻底的明晰性，就必须对意识问题进行彻底研究，这就需要进入现象学研究。

4. 阐明科学经验之根基，意识分析必须先行

通过对自然科学的考察，要真正奠定自然科学认识的彻底基础，就需要进入对意识的分析过程中。

胡塞尔认为，自然科学意义上自然的、混乱的那些经验如何能够成为科学研究中的经验，“客观有效的经验判断如何能够得到确定”，这关系到任何一门经验科学方法的根本有效性。②

实质上，经验科学中的发现所蕴含的某些有效经验，它们的意义就是这一类经验在将来所具有的意义，或能够产生的意义。已经存在的有效经验，它的基础是什么，意义是什么，这些都没有得到明确的回答，而只是被含混地处理了。简言之，这些已经发现的有效经验的基础并没有得到奠基。

因而，对经验科学和自然科学的简单模仿并不能保证必然的有效

① 参见胡塞尔《哲学作为严格的科学》，倪梁康译，商务印书馆，2007，第22～25页。

② 参见胡塞尔《哲学作为严格的科学》，倪梁康译，商务印书馆，2007，第25～26页。

性。仅仅就物理学历程而言，从素朴的经验到科学的经验，从含混的日常概念到完全明晰的科学概念，这一关键性的转变，是通过伽利略得以完成的。[①] 然而，人们并没有意识到伽利略的做法中所包含的直接被给予的东西，而是偏执地发展了其他部分，将伽利略的方法偏执地或含混地普遍化了。

在物理科学的发展中，伽利略的经验对科学起到了巨大的推进作用。但方法的单纯推广并不意味着对其意义的深刻领会和洞悉，所以，将这些经验推广至心理学中，推广至实验心理学中时，并不见得会有很好的效力了。

由于心理学关系着意识的研究，所以无法断然使用自然科学的方法来探索意识的规律。因为这些方法在其形成的开端上就是在意识活动的参与下完成的，所以，没有充足的理由来证明其反过来对意识进行的研究会获得合法性和有效性。

在认识的奠基次序中，用母体所产生的“子项”的有效性来说明其“母项”中存在的有效性，并进一步用“母项”的有效性来说明建立在其上的子项的有效性，这种做法显然是一种循环论证。同时，用“子项”的有效性说明“母项”的有效性虽然是一种断定，但始终不是严格的断定，只是在解释失效或认识所处的无力边界内即兴的、暂且的处理方法，不是严格意义上的追溯。

此外，胡塞尔认识到：在物理科学仅有的研究范围内，它的方法以及相关概念的给予是直接有效的。但是伽利略的方法中并不必然蕴含着可以有效地推广至心理学中的必然性。如果没有意识到意识的给予问题与意向性问题，那么，伽利略的方法就并不必然包含达到一门彻底的心理学所需要的那些给予性。伽利略毕竟是将物理学科奠基于一种明证的

① 参见胡塞尔《哲学作为严格的科学》，倪梁康译，商务印书馆，2007，第26页。

给予性身上，他的定量与定性相结合的方法，不应被盲目扩展到心理学科中，也不应被盲目扩展为一种哲学。应该通过对此之中的给予性的领会，在意识中把握到其纯粹给予的东西，才能真正地从这一方法中看到其思想的原初样态，才能依此开展出真正的现象学或现象学哲学。胡塞尔所批评的，不是伽利略的方法，而是人们对伽利略的方法的偏执应用。他批判的是偏执的理性主义。这种倾向是造成欧洲科学危机的根源，而不是说伽利略造成了欧洲科学的危机。实质上，胡塞尔也不是批判自然科学，而是批评一些人对自然科学的不充分态度和偏执化的理解。

举例而言，对于空间内的物体的经验性把握，首先是在意识中得以把握的。然而，经验中的个体，被不同的主体首先经验为同一个个体，并被描述为交互主体（共主观性）的“同一自身”（Selbiges）。[①] 从而，这一“同一的事物性（事物、过程等等）”，才能被所有人根据它们的时间上得以统一的“自然特性”来加以规定。[②]

因而，对于经验科学中所使用的这些基础东西的澄清，仅仅靠物理学科的有限的直接被给予性还不够，而必然需要对意识自身的内在考察。换言之，对经验的加工整理必然涉及意识行为。即使在经验意义上，意识活动也是先在于经验把握的。因此，即使站在经验把握的立场上，要真正阐明经验科学的基础问题，也必然需要对意识进行考察。

所以，对意识本身的分析必须先行于对认识结果的有效性分析，甚至先行于实验心理学所做的意识种类的分析。

胡塞尔认识到，意识分析的特性是“意识分析必须先行”，这样，素朴的经验，无论是内在经验，还是外在经验，才能在考察的最开始获

① 参见胡塞尔《哲学作为严格的科学》，倪梁康译，商务印书馆，2007，第29页。
② 参见胡塞尔《哲学作为严格的科学》，倪梁康译，商务印书馆，2007，第29页。

得科学的考察，成为科学意义上考察的经验。虽然自然科学坚持认为要排除“第二性的质”，排除认识过程中的主体因素，只保留“第一性的质”，然而，自然科学的研究中并没有真正排除“第二性的质”。在很多地方，它仍然使用“第二性的质”，特别是在实验心理学中。①

实质上，这些“第二性的质”也没有得到真正的澄清。因而，自然科学如果需要弥补自身发展中所存在的这一问题，必须对“主体性”进行研究。因而，这一研究就必然成为对意识的被给予性问题的研究。即使对经验主义中蕴含的方法的有效性的进一步奠基，也不能通过经验结果的有效性反过来解释经验性东西的被给予性的有效性。只能通过对经验性东西的预先的东西进行澄清，并追溯到绝对自明的东西后，才能完成。从这一点而言，康德的感性论和先验分析论已经是现象学平面内的工作了。

因此，对自然主义及其相关科学中使用的概念的彻底澄清，对其所面对的对象如何存在的阐明，对经验科学的根基的阐明，需要进入现象学才能够完成。

澄清自然主义中存在的相关问题，对于进入现象学具有重要意义。自然科学研究包含的是科学研究自身的态度和目标，而自然主义则企图通过对前者中所包含的经验认识的有效性分析而扩展出一门哲学。或者利用其中的一些理论，将其变形为哲学观点。或者，通过对自然科学发展形态的归纳，获得关于自然科学的哲学，并继而将这种哲学扩展为一种具有普遍效力的哲学。而它们的根基都是经验主义哲学，因而是含混的。其自身无法满足认识之彻底的确定性，在认识的进一步发展中必然产生矛盾或导致荒谬。

① 参见胡塞尔《哲学作为严格的科学》，倪梁康译，商务印书馆，2007，第23、30页。

在自然主义哲学中，当把思维规律视为自然规律时，就成了主观主义哲学。当把自然规律等同于思维规律，或者当其使思维规律符合于自然规律时，就成了客观主义哲学。在经验主义影响下建立起来的心理学不能满足为其他科学奠定基础这一目标。它自身是通过对事实的整理而得到一些规则，方法是归纳法。这种方法在整体上是一种笼统、含混的方法。

总之，要彻底澄清心理学所忽视的概念，要对事物本身的如何存在进行彻底阐明，要阐明科学经验之有效性的根基，只有通过意识中的考察才能真正实现。因而，对意识的分析必须先行，这样，“素朴的经验才能够成为科学意义上的经验”。①

5. 自然主义批判与现象学方法

通过以上论述我们认识到：对自然主义的批判是对心理主义批判的延续。心理主义者将逻辑规律诉诸心理物理的自然规律，因而未能真正把握逻辑学的本质。由于经验的东西不能为纯粹的东西提供基础，所以，心理学不能为相关于纯粹逻辑学、纯粹价值论和实践理论原则的哲学学科提供基础。自然主义哲学对世界实存性的设定，必然也使其不能成为彻底的哲学，也不能成为严格科学的哲学。实存性的前提无法获得彻底明晰性的东西，因而，没有对实存性的设定予以悬搁，那么，必然不会带来严格意义上的科学的哲学。这是因为它立足于一个含混的基础，在将来的推理中必然会产生悖谬。因而，现象学研究诉诸彻底性和纯粹性时，它必然要求排斥自然主义观点，需要在每一步的考察中，将一切超越的东西还原到自身被给予中。

自然主义批判也是对心理学的批判，它集中于对实验心理学的批判。前者集中体现为对哲学态度的批判，后者集中体现为对方法的批

① 胡塞尔：《哲学作为严格的科学》，倪梁康译，商务印书馆，2007，第23～24页。

判，并进一步开出了意识现象学的维度。对心理主义批判和自然主义批判完成后，在获得明晰的认识的过程中所给予的方法性的东西，就是现象学方法。这里的现象学方法伴随的是一个彻底性的维度。

仅仅在这两个批判中，人们无法直接看到成型的现象学方法，人们似乎看到的是出于理性认识的目的而施行的理性批判的方法。但是，仔细的思考和进一步对问题的拓展和解决，必然呼唤明晰化的方法。从1906年冬《逻辑学与认识论导论》讲座，到1907年夏《现象学的观念》讲座，是现象学方法的大致形成阶段。这一方法在《纯粹现象学通论》中得到较为成熟的体现。从文本时间来看，直到1917年《弗莱堡就职演讲》时，现象学方法才以清晰简练的方式得到了表述和展现。

第三节　事实与本质的简要关系

在自然认识中，关于事实的某些形式被不言而喻地当作本质。本质并非在本质直观或自身直接被给予的意义上得到的本质认识，而是将关于事实的某些形式当作本质的东西。这一本质的东西反过来又支撑着自然认识中事实性认识的有效性或合法性。在现象学考察中，本质与事实是不可分割的，通过现象学还原和本质直观，本质就是在本质直观中呈现出来的本质，是自身直接被给予的本质。

一　自然认识中事实与本质是含混的

胡塞尔认为，自然认识的重要成就是自然科学，自然科学就是对物质自然进行认识的科学，包括生理学、心理学等；在自然认识中真实的存在一般被当作世界中的存在，人们也往往将二者等同。[①] 在自然认识

① 参见胡塞尔《现象学的方法》，倪梁康译，上海译文出版社，2016，第88~89页。

活动中，人们也不会意识到需要对自然的本质进行悬搁或排除的必要性。科学认识领域中获得的是自然经验，这些经验通常被认为是在感知的基础上获得的。人们通常也会认为自然经验中的认识就是可以被间接地看到的东西。在其中，人们含混地把自然经验中的那些认识当作自然本身的性质。换句话说，就是把经验中所把握到的事实（Factum/Tatsache）不言而喻地等同于自然事物的本质，并将以如此的方式获得的本质的来源抽取掉后，又反过来赋予它对事实所具有的绝对的奠基作用。

此外，人类认识活动作为不断扩展的过程，随着经验的增多，对世界或周遭之物的理解也在发生变化。人们对已有看法的质疑是由各自特定的认识动力所导致的。这些动力是由不同来源的主动或被动需求所导致的。除了理性的构想之外，对世界的理解主要借助已有的经验认识而完成。这些经验认识中包含着一些明证性的认识，但其并没有得到彻底的把握和澄清。然而，立足于这样一种尚未清晰的彻底的明证性，对世界的理解不断发生着变化。这些理解随着认识目的的推进和改变而变化着。当人们需要在更为彻底的认识诉求中获得对世界的理解时，自然需要更为细致地考虑相关问题。

认识中所获得的本质，毕竟是在认识中获得的本质。这貌似“废话”，但蕴含着最基本的原则或真理：本质在人的主观性中必然有其产生的过程和相应发生的情形，因为认识活动必然是一种主观性的活动。这些认识活动一方面包含着通常所说的“对象”，另一方面必然包含着如何对“对象”进行把握的过程，“世界”作为认识的对象，必然也摆脱不了对它的把握过程，所以，“世界”就是在把握中获得的世界。其实就是我们通常将“对世界的把握”表述为“对世界的理解”的缘由。我们也正是在这个意义上谈论“世界”的，谈论“已被认识过”的世界和立足于已有认识在预期中还可能被认识的东西（“世界”）。

通过对认识的回溯获得的明晰认识使我们对“世界”重新拥有了自己的看法。在胡塞尔那里，世界是可能的经验和可能的经验认识在现实的经验基础上以正确的理论思维可认识的对象的总称。① 这一看法中，蕴含的对象是作为现象而被把握的对象，是可以显现的对象。然而在另一方面，“显现中的对象”意味着“未显现的对象”是可能存在的。所以，可认识的对象并不只是已被把握到的对象，还包括那些在认识扩展中会出现的对象。它可能以不同的类型出现，并在不同的认识需求中被“当作”对象。在不同的把握过程中，同一对象也可能成为“不同一”的对象。不同一的对象也可能会成为同一对象。正是这一根本上的分离与同一，各种原本针对不同对象的论断可以相互关联起来，并形成一种特有的“文化”或阐释。我们可以认为，巫术与科学或非科学与科学的东西，在认识源头上有着本质上的亲缘性和关联性。

在一定程度上，就可显现中的对象作为认识的对象而言，现象学的认识探讨的是在可认识范围内可显现的对象的认识。因此，如果将世界中作为对象的外在事物的意识中的显现也置于被给予的范围之内，那么，现象学的领域就是被给予性的领域，所以，它不去对那些无法探讨的、无法直接被给予的“现象”予以过多的断定。在将“现象”作为认识的对象领域后，现象学就厘定了自己的认识对象（可参见第十四章）。

通向严格科学的第一步就是研究对象的确定。对象的“被确定”关联着认识范围的界定。在这一意义上，界定范围是通向严格科学的第一步，现象学对于世界（范围）的界定，就是为通向一门科学的道路而做的必要准备。只有将认识对象予以清晰地界定和考察之后，才能进一步澄清与其关联的事实与本质之间的关系。在自然认识中，并

① 参见胡塞尔《现象学的方法》，倪梁康译，上海译文出版社，2016，第89页。

没有进行这种考察。在自然客体与意识现象之间，没有对必然招致认识基础问题上的那些混乱的考察，因而也就必然招致事实与本质之间的混乱。基于上述认识，任何一门科学与它研究范围内的对象都是相对应的。

就认识中的“显现”而言，在现象学研究范围内，对象是自身被给予的，或至少有一部分是自身被给予的。换言之，对象是可以被以某种方式看到或接触到（把握到）的东西。因此，胡塞尔在现象学中也一再强调本原地给予的东西。为此，就需要与那些非本原地给予的东西区分开来。相比而言，“同感”不是真实的给予行为，是通过他人真实的外在面目而获得的关于他人可能拥有的体验，因而不是一种本原的给予行为。[①] 所以，在这种非本原地给予行为中建立起来的本质认识，只能是经验性认识。它最终依赖于“人类的统一性”（人的种类上表现出来的统一性）。因而其具有基础和方法上的相对性。这恰恰就是自然认识中本质的形成过程。

因此，在自然认识中，本原地给予的实在之物，就意味着是素朴直观地把握到的实在之物。胡塞尔认为，这仅仅停留在通过外感官可以获得的物理事物的本原经验上，在回忆或期待中获得的不再是这种本原经验。[②]

这也就意味着在自然认识中，本质也是在素朴的把握中设定的。同一主体在不同阶段，或不同主体在相同或不同阶段，一致地通过对某一部分事实之形式的确信，设定了一个绝对的本质，并且努力使后来的经验认识与这一预先设定的本质相吻合。但是，由于经验的冲突导致了对本质认识的存疑和变更。预先设定的本质与其说是绝对的本质之物，还

---

① 参见胡塞尔《现象学的方法》，倪梁康译，上海译文出版社，2016，第89页。

② 参见胡塞尔《现象学的方法》，倪梁康译，上海译文出版社，2016，第88页。

不如说是通过归纳方法而获得的本质之物。所以，这之中的本质其实是缺乏认识根基的，它关联着事实，但并没有彻底地把握到其与事实之间的固然关系。胡塞尔现象学也是要在这里获得突破。在胡塞尔看来，本质的东西是观念构成的东西，就是意识体验中的“ειδος”（埃多斯/“本质”），它无法证明其就是自然事物本身的那种绝对本质，只能被给予为本质。

从现象学角度而言，在自然认识所默许的意义上，“本质”这样的先验之物（超越之物）并没有得到还原。事实与本质被含混地对待。看似有所区分，实则混为一谈。它们之间缺少的是严格的、明证性的区分，事实被模糊地设定了本质。也即是说，并没有意识到对本质的直接被给予性问题进行更为根本的探讨的必要性，而只是不言而喻地将某些事实之形式以归纳的方式当作本质。这样的事实之形式作为本质后，又反过来支撑着对事实的有效性解释，并潜在地支撑着对自然事物或其他自然事物的进一步推理和认识。因而，其所设定的“绝对本质”（如牛顿的“绝对空间”）的存在，必然无法在经验认识中被充实。

二　现象学中事实与本质的澄清

澄清现象学的事实与本质的关系，需要通过对经验中的事实与本质的还原来实现。

胡塞尔认为，经验科学是关于事实的科学。胡塞尔通过回溯经验认识中的认识奠基行为，阐明了其中的事实与本质的认识发生情形。胡塞尔说，经验的基础认识行为单个地设定“实在之物”（Reales），它被设定为时空中的“此在之物”（Daseiendes），设定为某一时间点上的某种东西，这些东西具有它的持存和实在内容，在任意时间点同样可以拥有它的本质；它们被设定为在这一地点具有这一物理形态的东西（或者说是与这一形态的真切之物一致地被给予的），它的固有本质在任意地点以任意形态可以是同样的，自身同样可以变化，但它事实上无变化，或者，自身以另外的方式变化，比如在事实上改变。这就是说，经验科学中的事实变化并不能影响其所认定的本质的变化，因而，个体的东西的存在，个体的东西的种种存在，相对于本质而言，属于偶然的存在。①

通过经验认识的彻底回溯可以获得对本质的认识。当任何事实或一定意义上的偶然之物具有一个本质时，它同时也就具有了一个可以纯粹把握的本质（Eidos）。在不同的普遍化阶段中，都有这样的本质。并且，可以通过较高层级的本质，来厘定具体的事物，对具体的事物进行规定。② 但自然的认识行为并不考虑这些，相对于事实的本质，是在直观中设定的，或者说是在观念化的行为中被设定的。而在胡塞尔现象学考察中，本质在意识的不同给予行为中被同一化，而不是在经验认识中被不言而喻地当作本质。本质首先是在意识中被纯粹给予的东西，事实则相对于本质而言体现为事物的偶然性存在结果，但和事实相应的个体直观与作为观念直观的本质直观则是互为前提的，它们的区别则是在不同层次的理论需求中产生的。

胡塞尔现象学考察中获得的这一“本质”，已经是脱离了经验含混性的本质，是直观中给予的本质。它是关于本质的学问。因而，也是关于意识体验中的纯粹给予性的学问。

相比而言，自然认识及经验认识中的事实与本质之间的关系并没有得到明确的澄清。通过现象学方法的实施，或者准确地说通过现象学还原及本质直观的方法的实施，自然认识中的事实概念得以被重新开显。

① 参见胡塞尔《现象学的方法》，倪梁康译，上海译文出版社，2016，第90页。

② 参见胡塞尔《现象学的方法》，倪梁康译，上海译文出版社，2016，第91页。

从而，自然认识中的“事实”（Factum）具有了与现象学研究中的“事实”（Tatsache）同样的含义。并且，这一含义是在意识中被直接给予的，而不是不言而喻的或预设的。

据此，自然认识中的本质也不是在被给予性意义上获得的本质。有时，自然认识中的事实被含混地作为本质来对待，并产生了“本质先于事实”或“事实先于本质”这样的看法。由于这种认识在认识奠基行为中的含混性，二者之间的含混区分以及孰先孰后的问题就成为假问题。从逻辑表现而言，这些认识仅仅建立在矛盾律之上，或建立在经验归纳的基础之上，其并没有在认识之起源中探讨事实与本质的关系，而只是从既定的前提出发，通过无矛盾性原则来对待二者之间的相互关系。由于它尚未探讨认识的真正起源，所以必然无法从根本上应对怀疑论者的攻击。而胡塞尔的考察表明，事实与本质的区别一致于个体直观与观念直观的区别，一致于此在与实质的区别，通过个体之物的本质而获得的纯粹本质，是本质直观的被给予之物，虽然个体直观都可以变为本质直观，但后者却不以个体的理解为基础，它是以个体的一个显现为基础的，相应地，对本质的设定并不蕴含对个体此在的设定，纯粹本质真理并不包含关于事实的断言，即从本质中推导不出事实真理。①

三　事实科学与本质科学的关系

本质科学是关于“埃多斯”（Eidos/“本质”）的科学，经验科学是关于事实的科学，通常所说的事实科学就是经验科学。

由于自然认识中事实与本质的含混性区分，事实科学被默认为是关

① 参见胡塞尔《现象学的方法》，倪梁康译，上海译文出版社，2016，第 94～95 页。

于本质的科学，或者说，关于事实的研究不言而喻地蕴含着与本质研究等同的东西。然而在胡塞尔这里，本质与事实虽然是不可分割的，但本质是在直接被给予性中呈现的本质。事实也相应地演变为直接被给予性的东西，演变为“事实性”的东西，它不是通常意义上的事实。本质与事实的不可分割是在纯粹意识的直观中被把握到的。

在现象学中，事实科学有别于本质科学，本质科学原则上不能采纳任何经验科学的认识结果。但在认识奠基的次序上，事实科学依赖于本质科学。这是因为，在事实科学中，对判断进行任何间接的论证都必须根据形式原则，然而，形式原则是形式逻辑探讨的对象，形式逻辑探讨的是对象的一般本质所包含的规律，所以，事实科学依赖于本质科学。本质科学中的实事状态具有本质的有效性，这些本质有效性既可以成为本原的被给予性，又可以从那种公理性质的实事状态中推导出来。无论如何，它的本质是在洞见中可以把握到的，与之相关的论证的每一个步骤都是确定无疑地和本质必然地发生的。①

综上所述，现象学中的本质是与本质直观紧密结合在一起的被给予的本质，被给予性决定着构造或推理的严格性。这在一定程度上防范了含混的发生。事实是与本质相对立的东西，本质就是关于事实的本质但并不必然地推导出事实。相比而言，自然认识中的事实与本质在一定程度上虽然也可以达到认识的有效性，却并不是严格的有效性，仅仅是经验检验中的有效性。在事实与本质的考察中，现象学方法也得到了明显的运用。现象学的内在的直观方法，被给予性行为对本质的构造方法，都得到了明显的体现。通过本质的把握，对事实进行了规定。事实在本质的规定中成为明晰的事实，重新以清晰的方式获得自然认识中的含义。这是现象学方法的规定性维度。

---

① 参见胡塞尔《现象学的方法》，倪梁康译，上海译文出版社，2005，第100页。

第四节　纯粹意识与现象学还原

自然主义批判与心理主义批判的最终目的是表明现象学在认识论研究中的彻底性要求。这一彻底性要求意味着不能借用任何已有的认识成果。但认识的动机毕竟是从已有的认识中产生的，而人们也不可能在不受到任何知识的触动的情况下就能产生彻底的认识需求和理论需求，但由于这些认识成果不能未经考察予以相信，这就需要对其进行悬搁。悬搁并不意味着直接抛弃，然后完全绝对地进行独立发现，而是要对这些认识成果进行还原，寻找其产生的线索。顺着线索，考察其产生的相关要素，看到它的清晰构成，这就需要进入认识的主观性探求中。在主观性的探求中，需要对意识活动进行考察，因为认识是意识活动的结果。于是，对自然主义和心理主义的批判，对自然认识中的事实与本质的批判和最终澄清，都意味着要对这些认识进行现象学还原，经过还原（悬搁）后，进入意识之中，把握那些可以不掺杂任何经验认识就能够产生认识相关物的纯粹意识。

因此，现象学还原最终要还原到纯粹意识之中，它需要排除任何超越之物和既定的实存的东西。这样，才能从意识体验的最为直接的自身给予性中获得真正的彻底的考察和认识。

一　对现象学还原的误解

需要强调的是，现象学还原与通常所谈论的那些还原方法是不同的，这些还原大概包括以下几种。①

① 参见格拉切《形而上学及其任务》，陶秀璈等译，山东人民出版社，2008，第175页。

a. 将物理学的对象还原为现象，将物理学对象的陈述转换为精神现象的陈述。

b. 把“心”还原为物理或把物体还原为“心”。

c. 把逻辑原则还原为心理规则。

d. 把道德准则还原为社会习俗。

e. 把质还原为量。

f. 把理论上的存在体还原为可观察的存在体。

这几种还原更接近物理还原主义中的还原，与现象学还原有很大不同。而一些人看到“现象学还原”这几个字眼后，便把其当作物理还原来理解，这导致了很多虚假的问题和悖谬。前者尽可能地希望切近的是一般意义上的描述和考察，大都属于经验主义的描述和考察。当它朝基础的方向不断前进时，由于缺少对认识产生之主观性的清晰把握和彻底阐明，所以，在根本上会导致认识的晦暗及荒谬。而现象学还原的目的是需要切中本质意义上的描述和考察，这种描述是关于意识体验中纯粹被给予性的描述和进一步的构造过程。

二　现象学还原的对象

对自然的排除是将目光朝向纯粹意识的手段。究竟哪种科学是现象学所需要的，并且不会有损于现象学科学的意义？哪种科学可以直接加以利用，且作为预先给予的东西加以利用？哪种科学却不能利用，只能置入括号？这些都是现象学考察需要注意的问题。有些排除不仅与自然领域有关，也与纯粹意识有关。如果将纯粹意识和自然领域的东西同时排除了，那么，现象学的考察就无法进行下去。这就等于宣布了一种绝对的纯粹的不可知性。这是一种极端的物理还原主义，而不是现象学的还原。

方法必然有其操纵的对象，所以现象学还原必然有自己的范围，它不是无目标、无明晰对象的极端的物理还原，把精神性的认识构成还原为原子、分子、粒子层次的力的作用关系，在目前是没有必要的，因为从后者尚无法构建对前者的明晰认识，这与极端怀疑主义和神学的悬设在本质上是一个思路。就胡塞尔现象学而言，对于自然世界的认识，实践领域、价值领域的东西，还有其他的知识组成，都需要排除，包括笛卡尔的“自我”（ego）都需要排除。彻底的认识不能建立在这之中的任何一者之上。这之中，首先是对自然界的排除。由于排除了自然界，所以，与价值和实践相关的东西、各种各样的文化构成物、技术作品、艺术作品、科学作品、审美价值、实践价值都应该排除，国家、习俗、法律、宗教这样的现实对象，还有一切自然科学和精神科学及其知识组成，都要加以排除。①

三　对超越之物的现象学还原

胡塞尔认为，客观科学、自然科学、精神科学以及数学科学，它们的认识都是超越的。② 这些知识都是超出一般经验性直观的知识，因而，无法直接在经验性的直观中被看到。如果在没有经过自己的直观把握的情况下，将这些认识作为实存的知识继承下来，就没有达到彻底明晰的认识。在现象学的原则上，一切认识最终都必须在自身被给予性的意义上获得，在现象学的特殊的和根本的直观中被获得，不能在起始阶段就带有任何超越性的成分。因而，为了达到真正的认识的彻底明晰性，必须对超越之物进行现象学的还原。

就客观科学而言，现象学还原意味着对所有超越之物都必须予以无

① 参见胡塞尔《纯粹现象学通论》，李幼蒸译，中国人民大学出版社，2015，第103页。

② 参见胡塞尔《现象学的观念》，倪梁康译，商务印书馆，2017，第13页。

效的标志，关于这些超越之物的有效性、它们的实存，不能作为真正的自身给予的有效性和自身给予的实存，只能作为有效性的现象来对待。① 与此相关，世界具有怎样的性质、对象具有怎样的性质的假设，都应该被排除在可以直接利用的范围。在直接直观地把握的基础上，为了获得彻底性的认识，不能使用任何已经成型的认识结论作为自己的前提或基础，没有任何既定的东西可以作为考察之初可以使用的真理体系，而必须自身获得这些前提或基础，以及相应的方法。

实施悬搁后，超越之物并不是说就不存在了，所面临的问题是需要在现象学的考察中将超越之物还原为何种东西，或者说超越之物究竟是由何种东西构成的。

四　对纯粹自我的现象学还原

在所要排除的上述范围内，一切自然的存在都得到了排除。换句话说，也只有将自然物排除，才能够进入纯粹意识研究的领域。但这时，又出现了纯粹自我（reinen Ich/ego）。笛卡尔是将“ego”（自我）作为绝对无疑的认识的起点的。这一认识影响了很多人，直到今天人们也认为是确凿无疑的。

但是，在体验流中根本就看不到纯粹自我。纯粹自我如果作为体验的一部分，不能被独立地看到，而是追随我思（cogito）一同出现或消失。纯粹自我是后面追加的东西，起初被含混地理解为一种可能独立存在的意识。② 因而，纯粹自我并不是纯粹意识中可以被直观到的。

在对通常所谓的纯粹自我进行排除以后，如果没有在内在性意义上赋予这一“自我”以真正的自身给予性意义，那么，现象学还原只能

---

① 参见胡塞尔《现象学的观念》，倪梁康译，商务印书馆，2017，第16页。

② 参见胡塞尔《纯粹现象学通论》，李幼蒸译，中国人民大学出版社，2014，第104页。

显现彻底的破坏性，而不具有积极的建设性。因此，在对纯粹自我进行现象学还原后，需要在内在性中重新赋予其真正可以把握到的意义。这样的纯粹自我是在每一意识体验之后的反思中被添加上去的自我。它是在最为原初的意向构成中形成的，在从一者朝向另一者的最基本、最简单的意向关系的作用下所形成的。在某一向度的朝向中，如果朝向了一个空乏的“看”不到的东西，那么，这个东西仅仅对于朝向本身具有意义，它无法在朝向的对象方面被充实，无法具有实存的意义。在此过程中，可以被把握到的仅仅是自身直接给予的意向活动本身。在此情况下，在直观明晰的意义上，从这一不能被充实的朝向对象的行为，反身朝向“我思”活动的发出者。但实际上，它不包含实显的东西，人们看不到这一发出者究竟是什么。在这里，仅仅存在的是“纯粹被给予自身”。“我思”活动的发出者，仅仅是在纯粹意识的自身反思中伴随着我思而出现的东西，并且在每一“我思”活动中都由于这样的“朝向活动”的存在而将这个空乏的意向对象当作同一个东西，从而，它就成为一种一般的东西。如果它反过来又被含混地视为“我思”的本质性的东西，在起源上就会产生认识的混乱。

这种超越性的东西在意识体验的自身被给予性中重新给予后，就重新成为一个严格的可以有效使用的东西，不能再被排除掉。否则，就无法构造出认识的一般结构和特征或形成某一特定系统的认识。它包含着最基本的意向结构及其成就。但它绝不是认识之确定性和彻底性得以获得的最根本的理由。笛卡尔正是含混了这一点，在现象学的门槛前止步了。因此，胡塞尔认为，通过对笛卡尔的沉思的改造，就可以形成现象学方法。

对超越性的排除更多的是由认识批判导致的，但现象学还原不是要否定人们获得的认识。在积极的向度上，它需要在严格的自身被给予的意义上重新赋予超越之物的意义。这样，才能真正构造出一个一般的认识过程甚至认识体系。纯粹自我是现象学还原实施排除作用的剩余物。这一剩余物需要在内在的意识直观中重新获得其意义，把握其发生过程。这就意味着现象学方法也包含着直观的方法。在胡塞尔那里，直观是一切方法的方法，是一切原则的原则。因为他的学说要达到明晰性，所以，直观必然是最根本的东西。在内在直观中，纯粹自我在“我思”行为中起着本质的作用，因为它在根本上规定着每一个“我思”是自身而不是别的东西，所以，这个作用不能被排除。这个纯粹自我在这里不是构成的，而是以自身独特的方式超越出来形成的，所以，它具有内在性中的超越性。现象学也只是承认这样一种意义上的纯粹自我。除此之外，任何关于纯粹自我的其他论断，都应被排除。

五　对超越性的上帝实施悬搁

胡塞尔认为，上帝作为“超越者”（Transzendenz）不是意识领域中的研究对象。上帝这一超越者不是直接在纯粹自我与还原了的意识之中由纯粹自我给予的东西，而是间接得以认识到的。[①] 人们在自己的意识中并不能看到上帝的存在，而且，在其本义上其也不是被“看”到的。

上帝作为超越者超出了经验认识的范围。从其作用的范围来看，其是作为精神文化的构形而存在的。因此，必然与自然世界的构形有着本质的不同。自然世界是这样构造的：从自然世界向意识绝对的还原，以确凿的规则秩序产生了某种天生的意识体验的事实关联体。在此之中，作为意向的连接，一个在经验性的直观领域中的形态学上的有秩序的世界构造了出来。这是这样一个世界，可以为其提供分类的与描述的科学

① 参见胡塞尔《纯粹现象学通论》，李幼蒸译，中国人民大学出版社，2014，第105页。

的世界。① 这样一个世界是意识中构造出来的物理世界，在这个世界中，呈现的是适合于物理自然的自然法则。

但是，按照自然法则所构造起来的自然科学，并不能处理精神文化构成中的东西，因为它所包含的认识对象的整体永远是世界的一部分。而精神文化所要追问的是价值可能性和价值的实现性，它有可能包含广阔的需求，随着时间的推移和地域的扩展而不断变更甚至提高着自己的需求。这些价值层面上追寻的精神文化并不能用那些有限的因果性认识去解决。无疑，人们试图以一种无限的东西来回答背后的原因。

然而，上帝作为超越经验层面的东西，不同于在纯粹意识中的那种超越，而是对立于意识“绝对”的另外一种“绝对”。这也就意味着，上帝这样的超越者不是直接在纯粹意识领域中给予的，也不会是在意识绝对中给予的。因而，在现象学的考察中是需要排除的。现象学中可以考察的是与上帝这一观念有关的现象。

六　悬搁普遍数理的纯粹逻辑

胡塞尔认为，现象学实际上是一门纯粹描述性的科学，是通过纯粹直观对先验的纯粹意识领域进行研究的学科。② 作为描述的学科而言，不是对所看到的现象的习惯性描述，而是在纯粹意识的直接自身给予中描述把握到的现象，相即地给予出来。这也就意味着，对于以往的那些形式的科学，如代数、数论、集合论等学科，都要予以排除。因为如果直接使用这些学科中的概念或有效的推理形式，来证明现象学所要解决的问题的合法性或有效性，就意味着现象学的严格考察所需的演绎系统是有缺失的。从而，诸如数学等学科中的那些一般的演绎系统形式的学

① 参见胡塞尔《纯粹现象学通论》，李幼蒸译，中国人民大学出版社，2014，第105页。
② 参见胡塞尔《纯粹现象学通论》，李幼蒸译，中国人民大学出版社，2014，第107页。

说，都不能担当起现象学考察的工具的任务。

现象学对于作为普遍数理的纯粹逻辑的排除，是因为需要排除掉在纯粹意识中不会被真实给予或发现的东西。这种排除的真正目的仍然是坚持在纯粹内在的明证性中把握实事。因而，在这样一种原则下，现象学考察就成为所有自然科学必然要坚持的方法基础。

七　悬搁以质料为本质的科学

现象学不能无限制地排除一切超越之物（Transzendenzen），先验纯化（transzendentale Reinigung）并不意味着对所有超越性的东西的排除。在意识本身的本质领域中，在按照事实科学的方式研究纯粹意识时，不可能消除意识活动中的“先在”的东西。然而，胡塞尔现象学的目的是要为先验纯化的本质理论奠定基础，即通过彻底明晰的考察获得先验之物，并为这样一门本质科学奠基。因此，任何超越性的本质，如物、空间形态、运动、物体颜色、人、人的感觉、心灵、心灵体验、个人、个性等，都应该被排除在外。也即意味着，任何超越性的本质之物都要被排除在外。这是因为这些本质都不是在纯粹意识中直接被给予的，现象学也没有在绝对的内在性中设定这类本质的存在。当这些本质的有效性和无效性没有被澄清时，就不能将其作为认识的前提或基础，或用作确凿的认识构成的部件。相应地，关于研究这些超越性的本质的自然科学，也是需要排除的，如运动学、几何学也需要被排除，因为它们的本质和质料之间没有得到明确的区分。同样，正如排除了超越性的上帝一样，关于人之存在的精神科学，都需要排除掉。在这个意义上，现象学独立于研究一切质料之本质的科学及一切其他科学。①

① 参见胡塞尔《纯粹现象学通论》，李幼蒸译，中国人民大学出版社，2014，第109页。

现象学还原由于在最大限度内排除自然认识和经验认识中的本质之物，因而也需要排除关于自然认识的本质科学。那么，相应地，所有与此相关的本质科学都需要排除。进一步，与此相应地，现象学还原中所遇到的那种自然认识中所意味的本质之物都要被排除。那么，如此一来，面临的矛盾就是：现象学能否建立关于本质的科学。这可以从两个方面予以回答。

首先，现象学所要还原的是已有的那些未在自身绝对被给予性中给予的本质，构造的是在现象学所意味的本质直观的意义上获得的本质认识。

其次，为了构成一门本质科学，必须给每一存在领域附加某种本质领域，不是直接作为研究领域，而是作为本质认识的场，相关研究者在任何时候都必须深入其中的领域，无论在哪里，在这些领域的本质特性中，正在关联着的理论化动机促使他这样去做。[①] 为此，这种理论触动促使人们由于科学化的需要而去主动形成一门关于本质的科学。它不是被动地将某种被认识接受为本质的东西，而是主动去建立关于本质的学科。

任何研究都是关于某个对象的研究，而且也关心形式上有效的东西。就现象学而言，同样是将每一纯粹的体验都当作最一般意义上的“对象”来看待。因此，一般的形式逻辑是可以排除的，但是不能排除关于意识活动研究的意识学（Noetik）。因为这样一门意识学论述的是关于一般的判断思维合理与否的本质洞见。

八　现象学还原的方法论意义

现象学还原的系统理论是现象学方法的重要方面。针对不同的还原

---

① 参见胡塞尔《纯粹现象学通论》，李幼蒸译，中国人民大学出版社，2014，第107页。

对象，叫法不尽相同，但都是悬搁的方法。其中，“加括号”或“排除”的做法具有一种明确的方法操作性的特征和需求。每一概念的形成在意识中都有严格的相应的东西，如果忽视了概念在意识中的起源，那么，概念的意义在使用过程中就会发生偏转，从而产生混乱。为了避免这些概念的偏转所引起的混乱，必须将这些会产生混淆的前提（概念）置入括号之中，从而，保证概念的严格性和彻底性。

加括号在方法上的意义，在于将那些不是直接地以明显的方式呈现的东西只是作为思考的素材。例如，关于颜色的概念是通过对拥有颜色的事物的直观而获得的，如果没有意识到这一点，将颜色概念的建立确定为某种心理上形成的东西，那么，关于颜色的本质就成为心理形成物，这一方面损害了正常的心理学研究，另一方面也损害了现象学的研究。① 因此，现象学还原在此意义上首先要将实事本身和观念直观区分清楚，如此才有利于从根源上在意识体验的自身被给予性中把握本质的东西。

现象学考察中有两个基本步骤：第一步是对本质事物的独立合法性的确立，这一确立就是要避免将本质事物心理化的做法；第二步是考察内在本质与超越性的本质之间的关系。现象学还原要将超越性的东西还原到纯粹意识之中，以摆脱将本质和本质事态心理化的倾向。从这一考察中可以看到内在本质与超越性本质之间的区别与联系。一方面看到的是意识本身中的诸构成物的本质；另一方面是超越于意识的个体事件的本质，这是“被意识构成的东西”的本质。② 现象学还原包含两种还原：对超越之物的还原和对不具有明证地给予性的附加的实存的超越之物的还原。

现象学还原与认识批判有着最为直接的关系。认识批判所要面对的

① 参见胡塞尔《纯粹现象学通论》，李幼蒸译，中国人民大学出版社，2014，第110页。

② 参见胡塞尔《纯粹现象学通论》，李幼蒸译，中国人民大学出版社，2014，第109页。

是认识的彻底性问题，现象学还原是达到这一目的的通道或手段。

首先，胡塞尔现象学需要将认识建立在纯粹意识的自身直接被给予中，这是位于认识最为底层的地方。达到这一点，现象学还原才能真正达到认识批判所要求那种彻底性。

其次，在现象学还原中，通过对纯粹意识中被给予的方法性的东西的考察，以及形式的东西的直接被给予，使认识过程中概念与范畴的给予始终建立在一种严格的意义给予行为中。这样，在经受不断还原、检查之后，仍然能够获得严格的东西，从而避免了认识的含混性，也才能够真正在直观性的相即给予中避免概念、范畴或其他超越物的混淆。

最后，通过对内在本质与超越性本质的考察，逻辑范畴对象和给予意识的有关理论结合了起来，逻辑的东西在意识中的起源得到了考察，也进一步突出了不同的意识态度具有不同的对象相关物这样一种基本关系。只有这样，才能在概念的给予、范畴的给予、逻辑命题的给予中获得各自严格对应的意义。这也意味着现象学还原可以给予严格彻底的认识所需的真正直接给予的东西，能够真正获得清晰性，获得在严格界定中的认识的明证性。

第五节　现象学本质直观的方法

胡塞尔的本质概念不同于以往的本质概念。以往的本质概念是与经验论和唯理论相关的，这种本质概念或者将本质当作事物性质、发展状态的最初决定要素，或者将本质当作理性意义上的真理的依托。胡塞尔的本质概念是直观意义上的，是与意识中的显现紧密结合在一起的，是通过现象学还原后，在直观中重新赋予可以直观地把握到的意义的本质概念。

在 1917 年的论述中，胡塞尔明确地将内在的本质直观作为现象学的方法。不仅如此，纯粹现象学不是源于现象学的经验而建立起来的本质科学，而是源于现象学的“纯粹直观”的科学而建立起来的。胡塞尔说，纯粹现象学是源自“本质直观”的科学而建立起来的，是先天地直观地运作的科学。[①]

一　本质直观的意义

胡塞尔认为，本质首先意味着位于“作为是什么的某一个体”自身固有的存在中的发现。[②] 也就是说，本质是使“某一个体成为某一个体”并使其区别于其他个体的东西。同时，使“某一个体成为某一个体”的本质也位于这一个体自身固有的存在中。而且，每一个这样的本质在这里也意味着都是“在观念中设定的”。这一方面沿用了经验主义关于本质的看法，另一方面又在现象学考察中赋予了本质以自身给予的意义，即本质首先是一种观念性的存在。与这一认识相关，胡塞尔也认为，没有个体直观，本质直观是不可能的，没有观念直观，个体直观也是不可能的。

我们可以通过区分本质直观与经验直观之间的关系，理解本质直观的意义。

本质直观与经验直观都属于直观。经验直观是对个别对象的意识，它作为一种直观意识，使认识对象成为给予物；它作为知觉，使认识对象成为原初给予物，成为直观者自身在自己的身体自身性中原初地把握对象的意识。本质直观同样是朝向对象的意识，但这个对象是在直观中意识自身给予的对象，而不是自然客体那样的对象。它可以成为表述中或明或暗的主词。[③] 当经验中的直观，或者个体中的直观，在某种观念

① 参见胡塞尔《现象学与心理学》，载《文章与讲演（1911—1921年）》，倪梁康译，人民出版社，2009，第86页。

② 参见胡塞尔《纯粹现象学通论》，李幼蒸译，中国人民大学出版社，2014，第11页。

③ 参见胡塞尔《纯粹现象学通论》，李幼蒸译，中国人民大学出版社，2014，第12～13页。

化实行的可能性中转变为本质直观的时候，并且在这一转变被意识到的时候，本质直观在认识中就与经验直观相区别开来，从而成为在本质意义上得以可能的本质直观。为了进行区分，在本质直观中相应地被直观到的东西就被称为“纯粹本质”或“埃多斯”（Eidos）。

相即的构造行为使原初直观到的东西与本质的东西之间产生了固然的对应关系，并且使这样的本质具有了原初的直观所产生的相即的意义或严格相对应的意义，且具有了明晰的给予性。因而，在胡塞尔这里，本质与直观是紧密结合在一起的。本质是一种自身纯粹给予的东西，而不是事实对象自身所必然伴随的性质。获得事物的本质，是认识事物的过程中或明或暗的系统化努力所强制需要的。

然而，通常所说的本质就是指一种被直观到的经验构成物。由于事物总是在某个侧面或某几个侧面被直观到，无法确定事物会将全部的侧面给予我们，因而通常所说的事物的本质，其实就是与事物的某一个被看到的侧面或某几个被看到的侧面相对应的本质，而不是某一事物的所有侧面对应的本质。因而，也没有充分的理由使之成为区别于所有其他事物的绝对唯一的本质。

然而，与经验直观有所不同，现象学的本质直观的意义，在于获得一种自身明晰地被把握到的意识自身所给予的东西。

如果把本质直观自身当作客体化的存在之物，显然无法被人们理解，只能产生诸多含混性。换言之，一种纯粹的直观作为存在物是不可能的，也是无法被人们理解的。在这样的理解中，其实是把直观给予为某种心智能力了。这样的理解无法澄清这样一种心智能力的自身基础和认识上的彻底性的基础。直观作为能力，并不是现象学所需要的应有含义。直观一定是对于某种现象（对象）的直观。这种现象要么是纯粹的意识自身的现象，要么是意识中呈现的其他客体。直观与现象的显现是同时存在的。现象被给予我们，也可以说，现象是在直观中被给予我们。如果脱离了现象的显现，什么是直观就无从谈起。设定一种完全独立于任何事物而存在的直观是没有意义的，直观作为方法，只是可以理解为“暂且可以不依赖于对象而存在”。作为一种根本的直观，本质也是在直观中获得的。本质直观就是本质的被给予。

直观并非胡塞尔独创的术语，而是许多哲学家广泛使用的术语。这一术语在日常生活中也较为普遍。将直观作为意识活动来谈论时，它自身已经包含着自身的被给予性特征在内了。如果没有意识到这一点，虽然也会切中对直观的理解，但终究会由于盲目的客体化而产生偏执的理解。

因而，直观是无法定义的，这实则意味着它不能按照传统的方式被定义。只能在现象的显现与显现的反思中，真正领会到直观自身的存在。在这种领会中，“直观”自身在意识构形的标识中是后来出现的，且伴随现象的给予而与现象的显现同时出现。

需要补充的是，在这样的思考中人们发现，认识活动似乎并不需要直观这一概念，通过“现象之显现”就能够意识到直观这一情形的存在。在主客二分的认识立场上，或者在强调人的认识能力的那种认识论立场上，这一术语在其原初的使用意义上是与主体相关的，突出了“与人相关”的东西。“主客二分”的认识论立场无法最终回答“主体如何切中客体”这一问题，所以，在克服这一认识模式的困境并沿用其所使用的术语时，就需要在新的立场选择中对这些术语进行解释。这样才能一方面区别于以往的认识，并且通过语义相关性而使新立场上使用的术语得以被理解；另一方面在表达上有效地利用已有的表述素材以达到新的表述目的。为了一套新的认识系统或阐明新的认识立场，去制造新的术语是没有必要的，除非是为了全新的发现。尽管这样的做法可以存在，但在实际操作中，有效地利用旧词往往比纯粹制造新词在表达交流上效果更好。因为语言毕竟是公共性的，而不只是个人独立使用的，意识中的传诉需要尽可能地通过容易被理解的东西传诉出来，心灵中的语言和传诉的语言是有区别的。

二　本质直观的对象

无论个体直观属于什么类型，都可以转变为本质直观。在个体直观或经验直观中，给予的是个体对象。而本质直观具有给予性行为的特征，本质直观的被给予之物是一个纯粹的本质，它不包含任何个体的东西。[①] 严格地说，如果可以绝对地去除个体对象的存在，那么，它自身就可以使自身得以可能。确切地说，本质直观与个体直观的对象虽然不同，却是个体直观中的一部分。因而，在这样的意义上，个体直观才可能会转变为本质直观。

结合感性直观的例子，来分析本质直观的对象。感性直观是关于某一个体对象的意识，它使某一个对象被给予。感性直观作为感知，使意识能够原初地真实把握个体对象。与此相对应，本质直观的对象是这样一个“对象”，它是在本质直观中被看到并且“自身被给予”的某物。[②] 因而，本质直观以自身所看到的东西为对象，这一“对象”有别于个体直观或经验直观中的对象。个体直观是关于“实存”与事实（Tatsache）的直观，而本质直观是关于“本质”与“埃多斯”的直观。这样的本质不是事物自身的单纯显现，而是在对于事物的区分中，通过有意向地或者说有所取向地把握而得到的对于个体的东西的某种区别性的把握。因而，它理所当然不同于感性直观，而应该属于一般意义上的观念的东西，即通常所说的“埃多斯”的东西，却是对应于感性直观

---

① 参见胡塞尔《现象学的方法》，倪梁康译，上海译文出版社，2005，第 90 页。

② 参见胡塞尔《现象学的方法》，倪梁康译，上海译文出版社，2005，第 91 页。

的东西。或者说，如果不借助于感性直观，就无法谈论本质直观。感性直观中可以意味着事物的给予，而本质直观中则是本质直观自身的直接给予，当谈论它所要对应的东西时，才会与具体的事物或个体对象结合起来。

因而，本质直观的对象不是通常的经验直观中的对象，也不是感性直观中的个体对象。本质直观的对象是本质直观自身给予的某物，是纯粹本质的东西。它与本质直观伴随出现，或者它的出现就意味着本质直观的出现。如果说经验直观的给予物是一种个别对象，那么，本质直观的给予物就是一种纯粹本质。① 如果离开了直观意识，个体对象是可以被表述为实存的，那么，离开了本质直观，本质直观的对象是无法实存的。本质直观的对象就是观念的东西。

对于本质直观的理解是建立在经验直观的基础之上的，因而，与经验直观一样，本质直观不仅有不同于经验直观的对象，也有自己相应的范围。由于纯粹的本质可以直观地在经验被给予中示范性地表现出来，因而，也会在感知、回忆和想象中示范性地表现出来。② 与经验直观不同的是，经验直观借助于现实世界中的实存的对象，而本质直观却不一定如此。只要意识中产生的东西相对于本质直观自身被把握到，并且自身可以确定地确定这个本质直观自身，那么，本质直观就可以进行。或者说，在这一范围内，本质就是直观到的本质。因而，在这样的意义上，本质直观不是关于事物实存的设定，而是仅仅关于本质直观自身的设定。继而，本质的真理就变为仅仅是“看到”的真理，无法从看到的真理中直接地推论出关于事实的真理。前者是关于本质的科学，而后者是关于事实的科学。

---

① 参见胡塞尔《纯粹现象学通论》，李幼蒸译，中国人民大学出版社，2014，第 12 页。

② 参见胡塞尔《现象学的方法》，倪梁康译，上海译文出版社，2005，第 94 页。

三　本质直观的步骤

本质直观有别于感性直观，它看到的不是普通的个体对象，而是具有一般性意义的本质，唯有具备了一定的方法，它才能够实施。否则，本质直观就成了神秘的不可操作的。如果这样，就违背了胡塞尔现象学所要求的明晰性和彻底性的原则。自然而然，对于本质的把握就会成为心理基质所支撑的活动，从而流变为心理学的分析。本质直观不是纯粹神秘的东西，而是具有一定的可操作方法的本质直观。

在1925年《现象学心理学》讲座和1939年以系统论述的方式出版的《经验与判断》中，胡塞尔以内涵大致相同而表述有所不同的方式，从六个方面阐述了本质直观的方法。

（1）《现象学心理学》

a. 变异法作为通过幻想脱离事实性的决定性步骤——作为不变项的埃多斯。

b. 变异法和改变。

c. 观念化的要素：从例子（范型）出发；显示变体之一种开放无限性（变体形成过程的任意性）；一种综合统一体中变体形成的重叠的相符性；作为埃多斯的一致项之把握。

d. 经验一般化和观念化的区分。

e. 等级结构属的产生和通过观念变异法获得最高属——不从经验出发的观念看（Ideenschan）。

f. 关于本质看的综合说明。①

（2）《经验与判断》中，关于本质直观方法的论述与表述有所不同

a. 作为本质直观基础的自由变更。

---

① 参见胡塞尔《现象学心理学》，李幼蒸译，中国人民大学出版社，2015，第55~67页。

b. 变体形成过程的随意性形态。

c. 把整个变更多样性作为本质直观的基础保持在手。

d. 本质直观与个体经验的关系，抽象论的错误。

e. 在对变更多样性的交叠性吻合中的全等和差异。

f. 变更与变化。①

通过对胡塞尔在这两部著作中的详细论述的理解，我们可以概括为：本质直观是在自由想象的基础上完成的。在经验性的说法中，是通过变异法而完成的，亦即通过现象学意义上的不同的意向朝向的给予性完成的。具体步骤主要包括两个方面：首先是自由变更，其次是同一化过程。

现将其基础和步骤予以简要叙述。

在本质的把握中，再现和自由想象优先于知觉，本质研究的自由性必然是以想象的操作的。几何学家在想象中运用图形和模型进行思考远比在知觉中运用得要多。因为在想象中他有无限多的自由去任意修改虚构的图形及其连续的变样，可以产生无限的新结构。这样就形成了达到本质可能性的广阔区域。同样，现象学的本质构成也是无限多样的，但由于它只能使用原初给予的手段，所以，它不能掌握一切可能的特殊构成物。因而，丰富的想象，从历史事件和艺术等事例中汲取想象的素材，在原初的直观中尽可能地丰富观察，才能使想象更加富有成效，这也是一切其他本质学科的生命元素，是真正的认识所要汲取滋养的源泉。

因而，本质直观总的方法是建立在自由想象的基础上的，其步骤主要如下。

首先，使用变异法，以事实模型引导我们系统地形成纯粹的想象。于是，就产生了与事实模型相似的诸多想象的形象，这是通过想象以脱

① 参见胡塞尔《经验与判断》，邓晓芒、张廷国译，三联书店，1999，第394~403页。

离事实性的决定性步骤。在这一过程中，由于对这些相似的想象形象的直观，把握到了相似性的基础的本质，它是伴随着这些想象形象而被意识到的某种统一性，这是相似性的基础。[①] 无论这里的描述会产生何种程度的歧义，但是就“确实在诸多想象形象中把握到这种统一性”这一意识行为的给予过程而言，这的确让我们在目前可把握的意识层次中，把握到了相似性意识是如何发生并具有何种样态的。因而，这也就意味着把握到了相似性的基础的本质。含混地讲，相似性是建立在统一性基础之上的。严格地讲，相似性是另一种统一性，可以被把握为低层次的统一性，而统一性是被把握到的更高层次的相似性。这里的统一性，是在意识中把握并被设定的“某种统一性”。如果从意识对象的构造方面而言，就是意识中的构造的统一性。

其次，在相似的想象形象中，将被持续把握的、被认为是相同的东西保留下来，如果在反复的把握中仍然能够得以保留，那么，这个持续出现的被反复把握为“同一”的形象，就可以被当作一般本质来对待。与此相应，对应的“对象”不同，就产生了“具体物”的本质，“属”的本质，“范畴”的本质等。

总之，在纯粹的精神活动中，本质（埃多斯）在“纯粹的看”或“纯粹直观”中得以形成。作为属的“红”这样一个普遍之物和“作为纯粹普遍之物的超越经验性的东西”的高阶的种——“颜色”，就克服了实存的事实性。从而，关于“红”和“颜色”的事实性成分就被排除了。因而，在本质直观中，不应当有任何假定的或预设的东西的干扰，或者，不能接受未经“看到”就承认的东西。

在这个意义上，本质直观就具有了方法上的可操作性。实际上，从现象学态度和方法来看，在关于“本质”的内涵上，胡塞尔已经将以

① 胡塞尔：《现象学心理学》，李幼蒸译，中国人民大学出版社，2015，第55页。

往的关于本质的含义悬搁了，并且赋予了本质以新的可以严格回溯的意义。在这一本质中，本质一定是可以被“看到”的本质，是纯粹观念意义上的本质。同时，也要区分本质直观自身的构造过程和对对象之物的本质的把握过程两个方面。只有客体化行为进行之后，才会产生自身与非自身的区别。如果将本质直观自身予以客体化地处理，那么，前者朝向将自身作为客体的对象，后者朝向的是“非自身作为客体”的对象。需要补充说明的是，含混性不是客体自身的含混性特征或含混性这一属性的存在，而是意识活动所给予之物之间的混淆。简言之，认识中的含混性不是对象自身的含混性，而是认识中的含混性，从一般意义上讲，是意义之把握过程中给予行为之不能重复（或复原）所导致的含混性。

第七章 认识批判作为认识的现象学

认识批判的三个步骤

当现象学的认识批判只坚持阐明认识和认识对象之本质这一任务而不需要去考虑认识批判的形而上学目的时，围绕这一任务所进行的工作就是认识的现象学研究。胡塞尔对认识论的现象学研究沿着三个步骤展开。

第一阶段是认识论的反思，为了获得更为彻底的考察，就不能承认任何超越之物，所以，就需要以现象学方法予以排除。①

第二阶段是在现象学还原之后，继续排除那些"仅仅是附加的实存的一般超越之物"，即排除"那些不是在真正意义上的明见的被给予性，不是纯粹直观的绝对被给予性的东西"，进入自身被给予性的领域，这是一个纯粹明证性的领域。②

第三阶段是认识活动中任何一种对象的重新构造。这一构造是在纯粹意识领域内或绝对被给予性领域内完成的。在这个阶段，真正理解超越的、实在的客体如何在认识行为中被切中，自然客体如何被认识，经验客体如何连续地构造自身。认识现象和认识客体之间的相互关系也在这个阶段得以展现。③

---

① 参见胡塞尔《现象学的观念》，倪梁康译，商务印书馆，2017，第15页。

② 参见胡塞尔《现象学的观念》，倪梁康译，商务印书馆，2017，第19页。

③ 参见胡塞尔《现象学的观念》，倪梁康译，商务印书馆，2017，第22～24页。

这三个阶段是利用现象学方法完成的，包括两次还原和意识的构造。而构造过程就是意识中认识的形成过程。

如果对那些已有的科学认知结果抱有乐观的信心，那么，随时都有陷入悖谬的危险，因为这些认识的前提是不彻底的，是没有经过严格审查的，它们仅仅代表的是一定经验范围内的有效性。因此，现象学的认识批判首先需要批判心理主义和自然主义，它们并不能成为获得彻底性认识的方法，且由于前提的不彻底和方法的不纯粹而陷于荒谬。现象学方法使认识论的科学成为可能，所要建立的是一门关于本质的科学，而不是经验认识中的事实科学，因而，在对心理主义的批判之后，必然要澄清的是事实与本质的问题，这需要在纯粹意识中进行澄清，最后，在本质直观中考察直接的被给予性，考察认识的构造过程。

这部分论述与上部分“现象学方法的系统性展现”在主旨上相近，但主题化方式有所不同。上部分突出了现象学方法在认识需求中产生和演变的内在历史。这部分突出的是对认识进行现象学研究的思路。这两个思路在主要环节上具有一致性，但相关问题的处理和论述有很大不同。

第一节　认识批判的任务

认识批判的双重任务是面对自然主义态度的局限性而产生的，是哲学的思维态度驱使下所要完成的任务。胡塞尔现象学的认识批判具有消极和积极两方面的任务。

一　批判自然的思维态度

胡塞尔在《现象学的观念》中，首先区分了两种思维态度，哲学的思维态度与自然的思维态度。这两种思维态度的区分，可以说是前期关于心理主义及自然主义批判之后，走向越来越具有现象学特色的认识批判的成熟阶段的标志之一。通过前面的论述可以得知，心理主义在将逻辑学的基础心理学化以后，并没有在根源上彻底回答它所使用的概念及其有关素材的合法性问题。这些东西都是被当作不言而喻的东西来对待的。一旦要在认识中追问这些概念的来源，那么，心理主义的矛盾就暴露出来了。与之相关的是，在自然主义及经验主义批判中，自然主义者和经验主义者仍然没有回答他们所使用的方法的有效性根源或合法来源，即没有回答或追问他们所使用的方法和素材的最终有效性和明证性的根据，而是将其当作既定的经验事实接受了下来，没有在认识中追问这些经验事实得以有效的真正前提。

因而，心理主义与自然主义都是不彻底的，他们并没有在真正意义上探索认识何以可能的问题。因而也就不去真正关心认识批判的问题，从而也就不去关心一般理性的批判问题，也没有对其中所面临的困难进行彻底的清算。

由于没有追问认识的彻底性，自然的思维态度不关心观念性的东西的给予情形。当人们对具体的事物之间的关系进行判断和描述时，对事物进行个别描述和一般描述时，可以被把握到的不仅有具体的事物，而且也包含着观念性的东西。可是，在自然的思维态度中，这些观念性的东西并没有得到充分彻底的考察，或者说，根本就没有被进行过真正明晰的考察。

自然的思维态度中所谓的认识的明晰性是成问题的。它的明晰性是这样确定的：人们根据经验动机从直接的被经验之物中推演出未被经验之物，根据一般的概括或归纳的习惯性方法，得到一种一般的认识，然后再自然而然地将其运用到个别情况的描述和判定之中，经验事实的有效性判定与逻辑关系相互伴随出现，并相互进行证明，彼此在信念中强化各自的有效性。①

为此，既然它是通过内在的信念的增强以不断强化事实关系的有效性和逻辑关系的有效性，那么，当信念中的有效性受到新的强烈的事实有效性的信念的冲击之后，就会出现矛盾。对于某一事物的看法，新产生的信念的确定性与旧的信念的确定性之间就会产生争执，最终由较强的理由战胜较弱的理由，并不断地被拥有更强的信念强度的有效性所取代。② 当新的经验理由无法战胜旧的经验理由的时候，就出现了新的困境。这种困境最终演变为“逻辑规律与自然规律是否会产生一致性”的问题。

自然的思维态度也是“主客二分”的认识论背景下的思维态度。主客二分的哲学思维方式不完全是笛卡尔所引起的，更明显地是在进化论观点流行之后所发展起来的思考方式。当进化论观念在人们心中扎根以后，人们认识到生物的低等级阶段没有这些逻辑规律的出现。在这个前提下，逻辑规律就成为随着物种以及智力的发展而逐渐产生的东西。如此一来，逻辑规律就成为偶然发展起来的东西。按照其产生的原初情形，它也可能成为另外的样子。逻辑规律因而也就不是必然是这样的，而是依附于人的智力形成的东西。因而，仅仅从这个角度来看，逻辑规律就变为由人所主导的规律，从而带有主观性。

于是，在主体与客体二分的情况下，如果要回答主观的认识如何能够切中认识对象的问题，根据我的思考，就演变出五种模式。

第一种，主体的逻辑规律“就是”认识对象的规律。这是心理主义所坚持的立场。

第二种，主体的逻辑规律在一定程度上可以反映认识对象的规律。

① 参见胡塞尔《现象学的观念》，倪梁康译，商务印书馆，2017，第27页。
② 参见胡塞尔《现象学的观念》，倪梁康译，商务印书馆，2017，第28页。

这是相对主义、实证主义的立场。

第三种，主体的逻辑规律不可能抵达认识对象的规律。这是主客二元论产生的矛盾所导致的极端怀疑主义、不可知论的立场。

第四种，对象的规律决定主体认识的规律。这是客观反映论、机械唯物论的立场。

第五种，认识的规律决定对象的规律。这是唯灵论、偏执的唯心主义、极端的主观反映论立场。

这五种模式是关于主体的认识与认识的客体的不同程度的切合性的体现，其实都是自然认识中的经验性态度的反映，它们是建立在各自的经验性信念之上的自然的思维态度。这是按照各自所秉持的信念立场，对认识的可能性做出了五种不同的立场选择。因此，它们是在认识之可能性的范围内做出的回答，其可能性的情形是被预先设定的，并没有意识到认识之可能性问题的“起源”（“可能性”的起源）。但胡塞尔所意识到的，是关于意识体验、含义和对象之间的相互关系的问题的“起源”，即“关于认识可能性问题”的“起源”。①

简言之，以往的认识论只关注了认识的可能性问题，没有关注这一问题的“起源”。

要回答这一问题的起源，只依靠经验认识的习惯性方法是不够的，必须考虑在经验性描述中寻找观念性东西的起源，才能解决这一问题。因而，所面对的进一步的问题就是，客观对象如何成为主观体验中的东西。

只有对这一问题进行彻底澄清，在更为严格的意义上彻底回答这些相关问题，避免经验认识中不可克服的矛盾所带来的怀疑主义倾向，才能摆脱犹疑不定和含混性、不清晰性的束缚，才能真正完成认识论所要

① 参见胡塞尔《现象学的观念》，倪梁康译，商务印书馆，2017，第30页。

求的明晰性的任务。这就是胡塞尔现象学认为哲学的思维态度所要达到的目的。

二　阐明哲学的思维态度

因此，与自然的思维态度相对立的是哲学的思维态度。关于认识可能性的自然反思带来的是认识论的混乱，导致了对认识本质的错误看法。因此，哲学的彻底的思维态度要求对认识的可能性问题进行彻底澄清，根除那些所谓的不言而喻的神秘预设。同时，所有的认识都是在人的体验中的认识，“认识是自然的一个事实”，是任何一个进行认识活动的有机生物的体验，所以，“它是一个心理事实”①，因而，关于认识的问题的彻底澄清，就需要考察认识的所有要素在意识中的运用和发生的根本情形。

而这些根本的情形最终要求的是认识的明证性，绝对的明证性。它在内知觉中被形成，被给出。因此，认识的任务就成为要在绝对被给予性中获得认识的真正本质、认识的对象及其各种基本形态的本质。② 这不仅包括经验研究中的对象的给予问题，也包括在意识中的观念的给予问题。然而，观念是主体自身主动或被动形成的。这样，为了解决经验性认识所带来的困境，在绝对被给予性的考察中，就进入了认识的现象学和认识对象的现象学研究之中。

在哲学的思维态度中，不仅要求对认识进行彻底澄清，而且，达成这一目标的这样一门哲学它自身还担负着为其他科学奠基的任务，因而，它就不能使用任何已有的自然科学认识中的成果，不能将其当作前提性的东西，而只能通过自身的发展，自身为自身获得奠基，然后为其

① 胡塞尔：《现象学的观念》，倪梁康译，商务印书馆，2017，第29页。

② 胡塞尔：《现象学的观念》，倪梁康译，商务印书馆，2017，第33页。

他自然科学奠基。

在胡塞尔这里，这样一门哲学，就被称为现象学。它需要全新的出发点和全新的方法，它与任何已有的自然科学有着原则上的区别。从认识论角度而言，这一原则即体现为：为了达到认识的彻底性和明证性，就不能借用任何已有的认识成果，所以，“无前提性”是它必须坚持的原则，即不能承认任何未经考察的实存性的东西。为此，胡塞尔说：“任何自然科学和任何自然方法都不再是一种可运用的财富。”① 对此，我们也可以这样理解：因为自然认识的所有方法和精确论证是不彻底的，所以，在哲学的认识中不能把任何自然认识中的方法和原则看作楷模。因而，在哲学的思维态度中，必然要求一种从根本上而言的新方法，这种方法是与自然的方法相对立的。②

三　认识批判的双重任务

认识批判的消极任务在于揭示认识的悖谬，这是与胡塞尔批判自然的思维态度相关的。它的积极任务在于认识的彻底重建，这是胡塞尔所阐明的哲学的思维态度最终要达到的目的。

1. 消极任务：揭示认识的悖谬

揭示认识的悖谬，会产生消极的影响，因为它在一定程度上会瓦解人们对过去的知识的信念，可能会造成极端怀疑主义和不可知论。但揭示认识的悖谬，批判过去那些不彻底的认识，是形成彻底性认识的必要的准备工作。没有过去的认识，必然也不会产生更高的理论需求。从认识的历史承接形态而言，重建认识与消除悖谬相辅相成，缺一不可。

就过去的认识而言，在自然科学发展的影响下所形成的各种不同形

① 胡塞尔：《现象学的观念》，倪梁康译，商务印书馆，2017，第35页。

② 参见胡塞尔《现象学的观念》，倪梁康译，商务印书馆，2017，第36页。

态的经验主义（自然主义、怀疑主义等）的认识，充满着各种矛盾的理论。通过对认识主体与认识客体之间的关系的自然反思，已经无法完成这样的任务。为了澄清这些问题，必须进行认识批判，提示其悖谬。对已有的认识理论的荒谬之处进行揭示的这一任务，就是认识批判的消极任务。

自然反思中恰恰就存在悖谬，所以需要对其进行批判。胡塞尔认为："认识论或理论理性批判必须严厉谴责对认识、认识意义和认识客体之间关系的自然反思几乎不可避免要陷入的那种谬误。"① 自然反思对这三者的关系所形成的认识之所以会形成谬误，是因为认识意义的获得、认识活动自身的操作过程、客体的认识这三者之间的关系没有得到彻底的澄清。认识的产物作为一种观念物，虽然离不开客体的存在，但它毕竟有自己特定的可以相对独立的操作过程。如对象的界定，概念的产生，判断部件的形成，都是在意识活动中操作完成的。这些实质上都涉及认识意义的形成过程，而只有彻底阐明彼此之间的关系和意识自身中的意义发生情形，才能真正切中客体，防止认识可能会形成的盲目的误用。所以，胡塞尔要证明的是自然反思中的那些理论的荒谬性，并以此来反驳关于认识本质的或明或暗的怀疑主义立场。

对各种已有的认识矛盾的本质揭示，仅仅是为了让人们认识到这些理论在根源上的荒谬性。但揭示荒谬性只是现象学的认识批判的一部分，如果只是进行批判而不进行重建，也就无法完成对认识的奠基任务。这些荒谬性在表面上体现为认识的冲突和解释的乏力，而在根本上则体现在两个方面：一方面是意义的含混或不确定，另一方面是方法的不彻底。针对前者的问题，就需要确定认识中的本质的东西，阐明本质之物，只有澄清了本质，才能祛除含混并获得确定性。针对后者，需要

① 胡塞尔：《现象学的观念》，倪梁康译，商务印书馆，2017，第32页。

重新考察认识中的方法问题。因此，进一步去重新考察认识的本质、认识对象的本质、认识的方法，这是现象学认识批判的积极任务所要解决的问题。

2. 积极任务：认识的彻底重建

认识批判的积极任务依赖于它的消极任务。具体而言，认识批判的积极任务是指“通过对认识本质的研究来解决有关认识、认识意义、认识客体的相互关系问题”，包括可认识的对象的本质意义，或者说一般对象的本质意义。[①] 这一任务旨在通过对个别自然科学中的自然认识的批判，形成对认识的本质、认识对象的本质和认识对象的基本形态的本质的洞见。[②] 由此，认识才能够得到彻底重建。概括而言，就是对认识中的意义的澄清和本质的澄清，是意义的构建和本质的构建。

然而，澄清和构建的过程必然伴随着相应的方法，它溶解着过去的方法并凝华出自己的方法。经过认识批判之后，现象学认识论的对象既不是一般意义上所理解的自然客体，也不是具有心理物理特质的人，而是意识或意识中的现象。（同见第十四章）它在方法上也不能借鉴心理学或实验心理学中的方法。因为它们所使用的经验主义归纳法不是一种彻底的方法，是仍然存在前提和预设的不彻底的方法。这些方法无法满足理论建设的更高需求。（见第六章第二节）它需要使用的是自身为自身提供保证的“无前提性”的彻底方法。简言之，就是现象学的方法，包含现象学的还原与本质直观等方法。（见第六章第四、第五节）这一方法针对不同的批判对象和认识目的时，称法有所不同，但核心是还原与直观。

---

① 参见胡塞尔《现象学的观念》，倪梁康译，商务印书馆，2017，第 32 页。

② 参见胡塞尔《现象学的观念》，倪梁康译，商务印书馆，2017，第 33 页。

3. 认识批判蕴含静态现象学与发生现象学

胡塞尔认为，只有完成了认识批判的这两个任务，认识论才有能力进行批判，才有能力对自然科学中的自然认识进行批判。在这样一种情况下，它才能够使人们以正确的和彻底的方式解释自然科学关于存在之物的成果。[①] 在完成认识批判的积极任务的过程中，也蕴含着胡塞尔现象学的两个主要部分：一部分是认识的现象学本质，另一部分是紧接着第一部分的研究而探究“已有的体验类型或统觉类型”的产生过程。

按照一份源自 1921 年的手稿，胡塞尔将先验现象学的完整形态规定为三个方面：关于普遍的意识结构的普遍现象学、构造现象学、发生现象学。“普遍的意识结构的普遍现象学”主要是描述先验的意识生活的普遍结构。“构造现象学”主要是描述具体的体验类型并进行相关项的描述性分析，它描述的是现成的体验类型和构造类型，所以，胡塞尔将关于意识结构的普遍现象学和构造现象学统称为静态现象学或描述现象学。而发生现象学主要在于进一步探究“现成的体验类型或统觉系统”的生成情形，探究其产生的意识历史，胡塞尔也将其称为“解释性的现象学”。[②] 在这一意义上，“构造现象学”就是“描述的现象学”，“发生现象学”就是“解释性的现象学”。对近代认识论的批判部分在很大程度上包含着解释性的现象学或解释学。

认识之本质的现象学研究本身就是对普遍的意识结构的分析，并包含着对认识对象的本质分析，因而，属于静态现象学。对于“已有的自然科学关于存在之物的成果”的解释，实际上就是将已有的科学成果视为“体验类型或统觉类型”后的解释性研究，因为在现象学还原

① 参见胡塞尔《现象学的观念》，倪梁康译，商务印书馆，2017，第 32 页。
② 参见李云飞《从纯粹自我到习性自我——胡塞尔发生现象学的引导动机》，《安徽大学学报》（哲学社会科学版）2010 年第 5 期，第 34 页。

中，所有的科学成果被悬搁后自然就进入了意识中的探究，所以，这一研究就自然而然属于“解释性的现象学”或“发生现象学”。

就这个意义而言，胡塞尔的认识批判中本身就蕴含着静态现象学和发生现象学两个部分。

第二节 认识批判的展开

认识批判以现象学还原展开，在批判中为了获得真正彻底的东西，就需要获得只能以自己为前提的第一性的认识，这就是现象学中的绝对被给予之物。接下来，在绝对被给予性的基础上，重新获得超越之物的意义。重新获得超越之物的过程及其中被给予的先验认识的可能性，在进一步处理为方法及其相关物时，就构成了认识论还原的法则。

一 对所有知识的悬搁

在认识批判的开端，需要对所有的知识予以悬搁。这种做法是现象学的“无前提性”原则的体现。胡塞尔说：“在认识批判的开端，整个世界、物理的和心理的自然、最后还有人自身的自我以及所有与上述这些对象有关的科学都必须被打上可疑性的标记。”① 自然的思维态度不关心认识批判的问题，而哲学的思维态度必须关心认识批判的问题。前者更多侧重于认识的有效性，后者则不仅如此，还侧重于认识的彻底性，并坚持对认识的彻底奠基。于是，所有的关于自然的已经形成的认识不能用来作为现象学哲学考察中的参照楷模。因此，就必然需要对所有的知识进行悬搁，对与自然有关的科学都必须打上可疑性的标记。这

① 胡塞尔：《现象学的观念》，倪梁康译，商务印书馆，2017，第 39 页。

些知识虽然是存在的，但它们的有效性始终是需要被悬搁的。我们在此可以说，在真正的现象学家那里，未经自己切身思考的东西或认识是不会相信的。

在胡塞尔那里，悬搁（“现象学的悬搁”的简称）与现象学还原首先是同义的，它意味着在意识活动中对对象的实存设定予以排除，同时也将对象的实存特征予以排除。这样，在阻隔了所有对象之总和及相关认识中的超越性之后，就可以将对认识的考察限定在纯粹意识的领域之中。在这里，称之为现象学悬搁或现象学还原的方法，本身就是现象学方法重要的一个步骤或重要部分。在认识批判的开端，对已有知识的悬搁就是现象学还原的实施。

二　绝对被给予性的获得

然而，“无前提性”的现象学有着现象学意义上的前提。胡塞尔说：“没有被给予的认识的开端，也就没有认识的进展。”① 在现象学考察中，实施悬搁后就不能使用任何已有科学的成果，因此，现象学考察便面临着如何能够确立自己的问题。为此，它自身必须确立某种东西，才能够将认识批判进行下去。由于它不能借助任何预先给予的东西，所以只能自身确立自身。对此，胡塞尔解释道：“既然它不能把任何东西预设为在先被给予的，那么它就必须提出某种认识，这种认识不是它不加考察地从别处取来的，而是它自己给予的，它自己把这种认识设定为第一性的认识。”② 换言之，由于现象学的认识批判所面临的问题是澄清已有的各种流行的哲学认识中的不彻底的东西，解决那些含混的和犹疑不定的东西，因而，它自身就不能包含任何含混的和模糊的东西，也

① 胡塞尔：《现象学的观念》，倪梁康译，商务印书馆，2017，第43页。
② 胡塞尔：《现象学的观念》，倪梁康译，商务印书馆，2017，第39页。

不能包含任何值得怀疑的东西。并且，通过自身确立的这样一种绝对的、清晰的东西，可以使任何现成认识中的含混性问题都迎刃而解。

这样一来，它就要求自身获得一种绝对的被给予性。

1. 对笛卡尔怀疑论的改造

绝对被给予性的获得实际上是执行了与笛卡尔怀疑论相似的方法或改造了笛卡尔怀疑论的方法。悬搁之后，绝对被给予性的获得面临着这样的困难："由于考虑到错误和假象的多种可能性"，没有任何东西是可靠的，一切都是可疑的。[①] 然而，当在做出"一切都是可疑的"这个论断时，"这一判断本身的存在"是无可怀疑的，否则就会导致悖谬。这其实就是笛卡尔怀疑论的思路。

通常，人们把这一把握的确立或认识的获得归结为矛盾律，然而，这首先不是来自运用矛盾律进行分析后确立的结果，而是在意识中首先获得了直接的给予。实质上，矛盾律是在这一直接的给予之后进行归纳总结形成的，如果反过来把这一归纳的结果当作这一绝对被给予性之所以成立的原则，那么，就是用"后生"的东西赋予"在先"的东西以合法性。这在很大程度上显然是不合适的。

通过笛卡尔式的怀疑，在任何思维过程中，如在感知、想象、判断、推理过程中，无论这些行为是否可靠，但感知的确是存在的，是可以被直接给予的，这一点是绝对明晰的和肯定的。[②] 这可以说是通过对笛卡尔怀疑论的改造而获得的。胡塞尔在这一点上所采取的分析和确认的方式，与笛卡尔怀疑论有着极大的相似性，但又有所不同，不同之处在于胡塞尔以内在的直观确立了感知的存在，而笛卡尔是以思维自身的活动的运行推出并确立了思维及其密不可分的主体的存在。但通过对后

---

① 参见胡塞尔《现象学的观念》，倪梁康译，商务印书馆，2017，第40页。

② 参见胡塞尔《现象学的观念》，倪梁康译，商务印书馆，2017，第40页。

者的改造，可以获得的是现象学中的直观性地确立被给予物的方法。所以，在胡塞尔那里，笛卡尔式的道路，也是通往先验现象学的道路之一。

由此可见，在胡塞尔那里，感知的存在意味着一种绝对被给予性的获得。同样，模糊的感知现象虽然是模糊的，但这一模糊的现象本身却可以在这一感知中绝对地被给予。现实的感知在想象或回忆中再次呈现时，感知作为一个现实的或想象的被给予性的东西呈现出来。同理，推广至任何一种智性体验和一般体验，感知本身这样一类对象可以被当作一种纯粹的把握的对象，是绝对的被给予性，这样的东西只要延续着，就始终是一个绝对的被给予之物。[①] 由此我们也可以认识到：当谈论认识的时候，认识作为一个杂多的存在领域是可以绝对被给予我们的，而且是先在地被给予的。否则，关于认识的谈论就无法展开。

在进一步地进行内在的直观时，我们发现：这样一种感知行为，甚至体验行为，不是自身独立存在的，而是在进行这样一种具体的感知和体验时"仿佛"是伴随着的、被把握到的东西。因而，它意味着一种纯粹的被给予性的存在。认识的本质首先是一种直接的自身被给予性，是在纯粹的直观中把握到的东西，认识活动通过被给予性的东西而建立各种各样的关系，那些先验的构成物也恰恰是认识活动中被给予的东西。这样一种内在的直观，作为纯粹的直观，与对外物的直观有很大不同，但它自身可以建立与自身的关系，也可以与外在直观建立关系，以至我们笼统地把它们都称为直观。胡塞尔认为，当直观到这样一种感知时，同时就直观到了它的本质、它的构造、它的内在特征。[②] 在这样一种情形下，当加以语词表达或标记后，该语词就具有清晰性的意义，即

---

① 参见胡塞尔《现象学的观念》，倪梁康译，商务印书馆，2017，第41页。

② 参见胡塞尔《现象学的观念》，倪梁康译，商务印书馆，2017，第42页。

在语词与意义之间建立了清晰的关系。

2. 对怀疑论的克服

在认识的开端，不能接受任何既定的认识，所以，认识批判首先必须自己给自己以认识。这些认识不能是通过论证或逻辑推导而获得的认识，而只能是直接被给予的认识。由此，通过笛卡尔式的怀疑，获得了绝对被给予性，“它绝对明晰无疑地排除任何对其可能性的怀疑，并且绝对不包含任何导致一切怀疑主义混乱的难解之谜”。① 这同时也克服了怀疑论最终所导致的不可知论。借助这一出发点，它能够摆脱经验认识中最终所无法避免的那些神秘性的东西，这些神秘性的东西，最终将经验性的认识导向虚无的怀疑主义和不可知论。

绝对被给予性是内在的明证性，这种内在的明证性，使现象学得以驳斥基于怀疑论的不可知论。胡塞尔也认为，克服怀疑的办法，就是在内在的明证性中指出怀疑的对象是不存在的，当怀疑的对象不存在的时候，怀疑自然就消失了。② 这就是彻底克服怀疑论的根本办法。

三 “超越”的双重意义

胡塞尔在认识批判中虽然将经验主义的怀疑论所导致的神秘的东西排除了，但并非完全弃之不顾。那些导致神秘性的东西，就是认识中的“超越”（Transzendenz）。

为方便理解，在此我们对“Transzendenz”这一术语做相关说明。“transzendental”是中世纪经院哲学家创造的概念，他们将拉丁词“transzendere”（渡过、越过）的现在分词“transzendent”加上后缀“al”构成这个词。在中世纪哲学语汇中它与“transzendent”没有意

---

① 胡塞尔：《现象学的观念》，倪梁康译，商务印书馆，2017，第 44 页。

② 参见胡塞尔《现象学的观念》，倪梁康译，商务印书馆，2017，第 44 页。

义上的区别。所有超出类概念和范畴之外的存在的基本规定性都称为“transzendental”。这些基本规定又都是必然的，是直接地从本质中导出并一直与本质联系在一起的。他们将六种存在概括在“transzendentalien”（超越物）概念之下：“res”（物），“ens”（存在），“verum”（有），“bonum”（善），“aliguid”（东西），“unum”（一）。六种超越物之间的内在关系是：“存在本身就是物，如不将其加以分割，存在就是一，与其他存在相区别就是东西，相对认识它就是真，相对于意愿就是好，忽略了意识，它就是完善。”① 在胡塞尔的术语中，“transzendental”与“transzendent”都与“超越”有关。前者通常译为“先验”（先验的）或“超越论的”，后者译为“超越的”。在胡塞尔哲学中，后者涉及意识的超越活动及超越状态，前者是需要还原的对象；后者是自然的、直向性的，前者则是哲学的。② 康德在著作中，将先天地与经验对象发生关系的知识，称为先验的。③ 为行文方便，同时为了与康德及康德以前的哲学史思想在理解的历史脉络构成中接轨，对于“先验的”与“超越论的”这两种译名，在涉及胡塞尔的直接引文与译著名称时多保留译文原貌，间接引文中一律替换为“先验”（先验的）。与此相关的“Transzendenz（transcendence）”，在论述中对应于“超越”“超越性”“超越物（超越之物）”“超越者”。

胡塞尔认为，自然的认识、前科学的认识和科学的认识，都是超越的认识。④ 这些认识将客体设定为既定存在着的。因而，认识也就相应

---

① 参见靳希平《海德格尔对胡塞尔现象学还原方法的批判》，《北京大学学报》（哲学社会科学版）1986 年第 1 期，第 91 页。

② 参见倪梁康《Transzendental：含义与中译》，《南京大学学报》（哲学·人文科学·社会科学版）2004 年第 3 期，第 76 页。

③ 参见康德《纯粹理性批判》，邓晓芒译，杨祖陶校，人民出版社，2004，第 55 页。

④ 参见胡塞尔《现象学的观念》，倪梁康译，商务印书馆，2017，第 45 页。

地需要去切中这些客体的实事状态，从而引发“认识如何切中客体”的问题。但这种实事状态并不是真正意义上被给予的东西，也不是在内在的意识考察中得到的东西，而是对实项内容的超越和对内在领域的超越。因而，超越包含双重意义，一方面是对实项内容的超越，另一方面是对明证性地被给予性领域的超越。

1. 对实项内容的超越

认识对象在认识行为中是非实项地含有的。认识对象是作为真正意义上被给予的东西或者内在地被给予的东西而被予以理解的，这一给予是内在的而不是外在的，简言之，就是在意识中拥有的。相比而言，在含混的认识中，认识对象并不是被当作在意识体验中内在地含有的东西，因而也不是内在地被给予的东西，而是当作实项地含有的东西。它往往含混地被理解为存在于事物自身中，而不是存在于意识体验之中。

然而，意识只能在自身范围内进行操作，它无法直接地使用那些外在的东西，不能使用那些外在的对象甚或自在之物。所以，它所包含的意识体验都是内在地被给予的东西，只能是意识体验中的东西。这时候，意识拥有的是关于认识对象的被给予之物，而不是认识对象本身。胡塞尔认为，在感知一类的行为中，所有的事物只能作为体验而被发现。① 因而，当事物作为意识中被给予的东西，在认识体验中也就实项地内在于体验，这样，也就排斥了超越的设定，可以停留在意识内在之中对被给予的认识对象进行现象学的考察。

由此可见，超越的第一个意义是指将非实项的东西超越为意识中实项地内在的东西。

---

① 参见胡塞尔《现象学的观念》，倪梁康译，商务印书馆，2017，第45页。

2. 对明证的被给予性领域的超越

被意指的对象被直观地把握为绝对的、明晰的被给予性，把握为绝对意义上的自身被给予性。在这一过程中，这一把握也获得了明证性这一确切概念所指的东西。这是在明证性地被给予的过程中产生的对明证性的理解，它是对把握的确定性的标识和再把握，是内在的或外在的直观自身所拥有的确定性的体现，否则，认识就会无穷倒退以致失去确立的根基。它一方面是直接的认识，另一方面是直观的认识。然而，如果只是有这些或那些直接的认识，就不能形成复杂的、满足人的更高认识需求的认识。因此，认识需求中需要对直接的明证性的认识予以超越。与此相关，所有非直接明证性的认识，非自身直观的认识，虽然指向对象或设定对象，但都是第二种意义上的超越。第二种超越是超越了明证的被给予性领域而形成的，“超越了真实意义上的被给予之物，超越了可直接直观和把握的东西”。[①] 如果在一般的经验性用词中，就可以将这些非直接明证的认识称为间接的认识。

然而，我们所面临的问题是认识如何能够超越明证的被给予性而得到超越的东西？这就涉及对超越的认识之可能性的探讨。

四　超越的认识之可能

对超越的获得，是我们在意识中首先把握到这样一种给予物时，或把握到绝对的自身被给予性时，继而，就可以说它是可能的。此外，我们需要清楚的是：对具体的给予物的探讨首先意味着给予行为发生之后才能探讨。因而，探讨活动或反思活动的进行，本身就已经蕴含了预先的给予行为的存在。如果有人试图通过论证或推理质疑它是如何可能的，或获得它是如何可能的，都是不合适的，都是徒劳无功的做法。因

---

① 胡塞尔：《现象学的观念》，倪梁康译，商务印书馆，2017，第46页。

为彻底的认识论中作为前提的东西的获得不是通过推论产生的，而是通过直接的明证性而获得的。

通过上面的论述我们知道，超越的东西在意识中不是实项地含有的，而是非实项地含有的。意识之认识对象的非实项含有，也指超越明证性的东西的非实项含有。超越的这两种含义，在理解中必须予以区别对待，由此，我们才能对超越之物进行恰如其分的还原和分析。在第一层含义中，我们可以明白认识对象为何能够牵渡为意识中的东西且有理由被认识和处理为某种认识，使外在之物及认识对象得以在意识平面进行统一化的处理。在第二层含义中，我们得以明白认识如何由初阶的确定的认识一步步上升到高阶的认识，并进而形成先验的认识。但我们并不能由此直接断定超越的认识的可能性，而是要予以意识中的再度探查，使其从一种尚未澄清的明证性过渡到一种清晰化了的绝对的明证性。然而，对于超越的东西何以可能的问题的回答，首先需要明白“什么是如何可能的”。正如胡塞尔所说：“如果不理解认识切中其超越之物是如何可能的，那么我也不知道，这是否可能。”① 但是，这个“如何可能的”虽然是可疑的，但“这是可能的”是绝对肯定的。也就是说，“如何可能的”包含着的是对世界中的某种存在的推断，而“这是可能的”包含着对世界中的某种被给予的东西的描述（“可能”与高阶对象的构造有关）。因而，超越的东西如何可能的问题，就不存在了，而且，那种通过论证或推理而获得的确定性是不纯粹的，也是不彻底的，因为超越的获得，是我们在意识中首先把握到了这样一种给予性，然后，就可以说它是可能的。

另外，如果没有意识到认识论问题要建立在彻底的纯粹的被给予性之上，那么，提出“超越是如何可能的”这一问题本身就是有问题的。

① 胡塞尔：《现象学的观念》，倪梁康译，商务印书馆，2017，第47页。

因为“可能性”已经不是一种纯粹的被给予之物，而是一种高阶的构造。用一种非明晰的需要悬搁的东西提出一个认识上的基础问题，显然是一种悖谬。这是用机械式的逻辑搭配的方式来提问的，而不是以探究认识之发生的方式来提问的，因此，一些这样的问题并不具有真实的意义。因为如果要最终确认什么是可能的，必须首先知道一种被称为“可能”的东西，或者，把握到这样一种东西。

因此，“可能性”的奠基顺序应该是：人们首先获得的是超越的东西，这是在意识中被给予的，然后才会领会到这一获得是可能的，从而进一步将这一可能性行为进行逻辑化处理。因而，在实际的被给予物的获得中，一方面分离出来的是被给予的超越的东西的可能性，另一方面分离出来的是与此相一致的逻辑关系的可能性。问题就在于，后者的这一分离出来的逻辑关系的可能性是由前者的可能性所带来的。它自身并不能成为绝对有效的东西，也不能因此而被直接实在化。在这一分离中，已经完成的意识行为就是前者向后者的超越过程。所以，这一过程中形成的超越的有效性，显然是建立在前者的有效性的基础之上的。如果抽掉了这一基础，它本来作为绝对被给予的东西就不能够成为绝对被给予的东西，含混性也会在这一步骤中产生。

因此，当人们提出超越的认识如何可能的时候，他并不知道“可能性”究竟是怎么一回事情，当有人追问“超越之物的切中”的时候，他不明白可能性与超越之物的关系是怎样的，并且把认识与认识对象截然分离开来。① 这样，就会产生二者如何能够达到一致的问题，这就是悖谬的产生。

此处的问题还在于：人们一方面丢掉了逻辑分析在纯粹的被给予性中的给予情形，将其茫然地当作绝对地获得必然性的东西加以使

① 参见胡塞尔《现象学的观念》，倪梁康译，商务印书馆，2017，第47页。

用；另一方面，人们没有去重新把握意识范围内逻辑分析的自身被给予过程之中蕴含的更为丰富的东西，只是仅仅将其简单化。这样，必然会导致含混与荒谬。胡塞尔也指出："企图通过对一种非感知知识的逻辑推理来阐明可能性（而且是直接的可能性），这显然是一种背谬。"①

按照胡塞尔的思路，认识对象在意识中是作为给予之物而存在的。这样，认识如何切中对象的问题，就变成了意识中对被给予行为中所蕴含的关系的把握过程，而不是主体切中客体的问题了。从而，"关系"在纯粹意识的考察中就可以被把握到，或者说被直观到。因而，企图通过推理和论证来彻底解决主体与客体之间在认识的最终质疑中所存在的矛盾，显然是无法做到的。因而，人们就会认为客体是不可能被认识的，这便陷入了其实自己也不自知的彻底的怀疑主义中。

五　认识论还原的法则

在关于认识之可能性的认识论问题的现象学考察中，现象学还原就是认识论的还原。

通过对超越的认识的可能性这一问题的考察，我们需要明白的是：要彻底解决这一问题，必须进行认识论的还原。也就是说，将所有相关的超越都贴上需要排除的标记，这一标记表明其在认识论上的无效性。在认识论批判中，或者进一步说在认识论还原中，只存在超越者（超越）如何被给予的问题，不存在超越者是不是实存的问题。认识在形成的过程中，通过超越，逐渐构建起了复杂的、高阶的认识，但超越的认识本身一开始并不是超越的，而是建立在外物的

① 胡塞尔：《现象学的观念》，倪梁康译，商务印书馆，2017，第49页。

被给予性和直接的明证性基础之上的。要追问认识的起源，就必须对超越的东西进行还原，到达其基础层级。

因而，重新获得超越物的过程及其中被给予的超越的认识的可能性，在进一步处理为方法及其相关物时，就构成了认识论还原的法则。这一原则要求在认识的彻底性追问中，对认识中的超越之物进行还原，进入纯粹现象中，以直观的方式获得纯粹的被给予性的确定性，由此构成认识的首要的前提，并致力于本质的分析和研究。在其中，纯粹的被给予性指不包含超越的意义的给予性，当其在自身作为认识之第一性的前提的意义上，就可以被视为绝对被给予性。纯粹的被给予性与绝对被给予性在表述中各自拥有着不同的侧重点，虽也可给予相同之处，但不可混为一谈。

第三节　认识论还原的施行

认识论还原的实施是认识批判的重要部分，只有在认识论的还原中，认识批判才能够通过对超越的认识的还原而获得认识的真正意义及彻底性，才能够真正澄清经验主义及其相关的认识论所带来的难解之谜。因而，一是需要将一切超越之物予以排除，二是进入纯粹现象领域中，三是获得关于认识之起源的本质认识。

一　排除一切超越之物

胡塞尔说："事物的超越使我们对事物产生怀疑。"① 按照胡塞尔现象学的分析，超越是一个在主－客认识中和通常的经验认识中无法摆脱的谜。作为谜，就带有那种很难做出断定的怀疑。而事物的超越之所以

① 胡塞尔：《现象学的观念》，倪梁康译，商务印书馆，2017，第60页。

使我们对事物产生怀疑，是因为在这样的认识中，将未有获得直接明晰性的把握的东西当作实存的东西，从而引起了对认识之彻底性寻求的混乱。这种“谜”，就是混乱的本体，是认识的彻底性追问之中必须逐步解决的东西。解决这一问题，不能通过逻辑推理和论证的方式，因为认识论问题不能奠基于任何已有的自然科学及相关认识的基础之上，不能奠基于在根基上尚不明晰的东西，而必须奠基于纯粹的自身被给予性之上。因此，必须将这些超越的东西予以悬搁，才能彻底解决这一问题。

既然自然科学的认识、前科学的认识都是超越的认识，且这些认识使我们对事物产生怀疑，无法满足认识之彻底性和确定性建构的需求，因此，为了获得彻底的第一性的认识，在认识论的还原中，首先需要排除一切超越之物，即排除自然科学、前科学及科学的认识，不能将之用于认识的奠基过程。但这并非意味着要将所有的认识及与认识有关的东西都予以排除，因为认识现象本身的存在是无可置疑的，它是在内在意识领域中可以被给予的，它也不属于超越性之谜所包含的范围。我们通过对它的把握，可以解决超越性之谜的问题。如果将认识现象的存在也排除了，就陷入了纯粹的荒谬。

二　纯粹现象作为研究的对象

“排除”的意义就是还原，也被称作现象学还原。在胡塞尔意义上，通过还原，才能获得一种绝对的、不提供任何超越性的被给予性。在还原之后，可以获得的是这样一种绝对的被给予性，即它不仅体现为意识到了被给予之物的存在，也体现为意识到了“对被给予之物的意识”的存在。这里所出现的对意识的意识、对感知的感知，被胡塞尔称作“纯粹现象”。如果将这个纯粹现象设定为经验意义上的“自我”，就可以说，“我具有这种现象，它是我的现象”。在纯粹现象这一范围中，尽管我们无法断定我们在感知的同时能否观察感知行为或某一具体的感知行为，但我们仍然可以在意识中获得对感知行为的体验，对感知行为进行那种像是观察的观察。如果我们含混地将此理解为对内在的意识行为的直观方式，我们可以说，我们可以在感知的同时直观地观察感知，观察它本身的存在，胡塞尔认为，这种被直观地把握的感知就是一种绝对摆脱了任何超越性的感知，它因而也作为现象学意义上的纯粹现象而被给予。[①] 这一纯粹现象的内在本质就是绝对的被给予性。因而我们可以说，感知就是被给予。

这种纯粹现象，这种内在的直接的绝对被给予性，就是现象学的研究对象。因而，在现象学的意识考察领域内，当谈论纯粹现象和绝对被给予性时，甚至在谈论纯粹直观时，它们意味着同样的所指或意义。它可以研究其中的给予方式，被给予物之间的关系类型等。并且，这一切都建立在纯粹的绝对被给予之上，并且是可以反复被把握到的。因而，现象学的对象不是自然科学中那样起初被设定的实存者，而是绝对被给予者。纯粹现象也首先是对绝对被给予性的描述。认识行为中的任何关系首先也是以被给予的方式拥有的，并且在给予之前不会存在任何判断。胡塞尔认为，其中的判断，首先不能谈论的是它是否拥有客观的有效性，而只是拥有“主观上的”真实性。[②] 即它的确在意识中可以看到，可以被直观到，被纯粹地直观到。

相应地，关于此纯粹现象学的研究的“学问”，就是纯粹现象学或胡塞尔意义上的现象学。它的目的和任务是对认识进行奠基，解决主客二分的认识论的困境。当这一纯粹现象学具有一种真正的纯粹的任务形式并对其予以系统发展的动机时，就成了先验现象学。胡塞尔认为，这

---

① 参见胡塞尔《现象学的观念》，倪梁康译，商务印书馆，2017，第54~55页。

② 参见胡塞尔《现象学的观念》，倪梁康译，商务印书馆，2017，第58页。

是一种被最终奠定的普遍哲学的动机的体现，它通过认识者反思自身将一切有效的科学上的构成作为已经获得的东西保存下来，以便现在和将来都可以自由使用。[①] 由此我们也可以认为，科学上的认识构成唯有通过人的反思和理解才能真正保存下来并加以有效地利用，而作为系统化的知识构成的科学，也需要先验的认识。

通过认识批判的逐步展开，现象学得以真正建立起来了。它拥有了自己的研究对象，也拥有了自己的研究方法，即纯粹直观（本质直观）等方法。它还拥有它的研究目的或理论需求，拥有相应的认识原则。因而，现象学也就可以朝向一门科学而存在了。于此，现象学也就与一般意义上作为客观化的科学研究的心理学区别开来。

在这一系列考察中可以获得的认识是：纯粹现象不仅是现象学研究的专门对象，也是认识批判之所以可能的基础。

三　现象学在于获得本质认识

经过认识论还原之后，存留下来的纯粹现象的领域成为现象学研究的领域。因而，与此相关的现象学的认识，就是在纯粹直观的考察范围内、在绝对被给予性的考察范围内，进行本质分析和本质研究获得的。胡塞尔认识到，不仅是个别性，就连一般性、一般对象和一般实事状态，都可以达到绝对的自身被给予性。[②] 胡塞尔曾反复强调：绝对自身被给予性的领域有多远，现象学的领域就有多远。而也正是自身被给予性的广度和普遍性，使现象学成为第一哲学，因为哲学作为一种认识成就，必然要立足于意识中的自身被给予性。因此，建立在现象学研究中

---

① 参见胡塞尔《欧洲科学的危机与超越论的现象学》，王炳文译，商务印书馆，2009，第126页。

② 参见胡塞尔《现象学的观念》，倪梁康译，商务印书馆，2017，第62页。

的认识论，就是第一哲学。

与从逻辑研究发端的现象学有所不同，从认识批判开始发展起来的现象学，作为一门科学和一种方法，目的就是阐明认识的可能性、评价的可能性的起源，并且是根据它们的自身被给予性来阐明它们的可能性的起源。阐明认识的可能性，就是为了获得认识的确定性，阐明可能性的起源，就是为了获得认识的彻底性。而彻底的确定性，必然是认识中所寻求的本质，它是克服怀疑和犹疑不定的状态的根本之物，关于它的研究，必然是本质研究。由此，我们就可以理解胡塞尔这样的立场：针对普遍怀疑的可能性所提出的质疑，现象学的研究就是普遍的本质研究。① 由此，在现象学研究中，不仅需要自身确定被给予性领域的存在，也需要克服普遍的怀疑所带来的缺乏真正根据的认识之确定性的丧失，从根源上建立真正的认识的可能性，从而为其他科学奠基。

这样的本质研究由于致力于从根源上建立认识的可能性，所以，它所要获得的其实就是传统认识论中的“先天认识”。由此，我们可以从现象学角度去清晰地理解传统认识论中的“先天认识”究竟意味着什么。也正如胡塞尔所认为的，从纯粹本质、一般实质中汲取的有效性的认识，就是先天的认识，先天的认识在此意义上才能成为真正被把握到的先天概念。② 如果将“先天”这一概念理解为一种规律性和原则性的东西，其实就意味着在含混地将“先天”这一概念所拥有的内容简化后，并进行迁变，从而形成“先天”概念。它不是现象学的纯粹的被给予性中被把握的“先天”概念，而是所要排除的东西。

① 参见胡塞尔《现象学的观念》，倪梁康译，商务印书馆，2017，第62页。

② 参见胡塞尔《现象学的观念》，倪梁康译，商务印书馆，2017，第62页。

第四节 对认识的本质分析

在认识论还原之后所要进行的工作就是对认识进行本质分析，并借助这一分析获得认识的明证性。我们尚且清楚的是：认识的现象学研究涉及的是通过直接直观而获得的认识的本质。然而，我们更要清楚的是：这一本质始终处于现象学的自身被给予的范围内，处于现象学还原的范围内，并同时需要对传统意义上的“认识”这一名称所包含的东西予以分析和区别。① 这样的认识其前提和每一环节都是清晰严格的，在其构成方式上也是明晰的，不仅认识的对象是清晰构成的，就连其诸谓词，也是清晰地构成的。在认识的彻底性方面，认识的对象作为客体呈现在意识中，意识活动意向地朝向它，这种朝向不仅使对客体的把握成为该客体的同一化，也使诸多被动或主动被给予的东西与客体发生关联，形成了对客体的“认识”。在这些主动或被动地给予的东西中，最为主要的就是一般性的东西，包括同一化、统一性等，因为认识的目的就在于获得同一的或统一的东西，这是认识活动的本质特征。这些被给予的东西，在意识中直接地获得，因而也具有认识的最根本的要求：明证性。本质分析的这三个向度蕴含的是现象学考察的原则性维度。

一 意向性与对象显现

意向（intentio）属于认识体验的本质，意味着以这种方式或那种方式与对象发生关系。然而，认识对象既不是实项地存在于认识现象之中，也不是作为思维（cogitatio）而存在于体验之中，而是作为意识中

① 参见胡塞尔《现象学的观念》，倪梁康译，商务印书馆，2017，第67页。

的被给予之物存在于意识体验中或认识现象中。[①] 因而，要澄清认识的本质并且使认识中的本质联系成为自身被给予性的东西，就需要研究两个方面：一是意识意向的问题，它以某种方式与对象发生关系；二是对象显现的问题。

当一般之物作为与个体相对应的东西时，它就是一般之物，当一般之物作为与另一类东西的根本区别或自身确定性时，它就是本质。这样一来，本质研究也是对“一般”的研究。因为意向性和对象的显现在意识体验中都是作为“一般之物”而出现的。这里的“一般”是指反复在意识体验中可以被给予的东西，作为研究对象，它就是现象学中构造的客体。现象学作为科学性的研究活动，所探讨和追求的正是一般化的东西和可一般化的东西。相应地，意识流中的单个现象并不是现象学的客体，现象学的客体是认识的涌现，在于一般地可观察到的涌现，所在意的也是一般的绝对被给予性，继而，按照这些一般的绝对被给予性，就可以去衡量那些混乱的思维中所体现出来的所有意义和公理。[②]

二　一般之物的被给予性

绝对现象之所以成为绝对的被给予性的东西，是因为它在现象学还原后仍然作为自身被给予性的东西在纯粹直观中可以同样呈现出来，同样，一般性也是在纯粹直观中可以同样呈现出来的绝对被给予性的东西。从起源上来看，这种一般性不是通常的经验性理解中所理解的那种包含个别性的一般性，而是直接被给予的一般性。

从胡塞尔的观点看，这个“一般性”是通过观察的个别性而构造

---

① 参见胡塞尔《现象学的观念》，倪梁康译，商务印书馆，2017，第67页。
② 参见胡塞尔《现象学的观念》，倪梁康译，商务印书馆，2017，第68页。

出来的一般性。例如，一般的红色是在特殊的红色的观察中，以观念的方式被把握到的红色，是在这些观察中直接被给予的东西。这里所呈现的一般性就是纯粹内在的被给予性。在对于“一般性”的阐明中，现象学的操作方式是直观阐明的方法。通过直观中的考察，胡塞尔认为，一切客观化科学的基本概念和基本定理都可以得到最终的阐明，客观化的科学便可以重新在这一阐明之上开始。①

在现象学中，执行本质分析任务的方法，就是现象学的方法。通过现象学还原，在这一直观的方式中阐明了最终的东西，或者说，通过直观的和观念化的方式，使得那些含混的、不明晰的问题得以消解。所以，这种操作方式本质上包含在认识批判的方法中。因而，也包含在所有的理性批判中。除此之外，这种操作方式还可以对认识进行重构，对认识中的一般性进行重构，因而，它仍然会涉及自然的形而上学和精神生活的形而上学。②

三　明证性作为自身被给予性

明证性实际上就是直观的意识的品质，直接和相即地自身把握的意识。因而，也就是指相即的自身被给予性。经验主义者与极端的理性主义者将明证性的判断与不明证性的判断的区分诉诸某种感受，然而这种感受是什么却没有得到阐明，所以是含混的。它虽然目的在于标明认识中判断的有效性，却远离认识的真正起源，因而包含着认识的起源之谜。而胡塞尔意义上的明证性不包含这样的谜团。他认为：“明见性实际上就是这个直观的、直接和相即地自身把握的意识，它无非意味着相即的自身被给予性。”③ 因为它是自身被给予性意义上的明证性（明见

① 参见胡塞尔《现象学的观念》，倪梁康译，商务印书馆，2017，第68、70页。
② 参见胡塞尔《现象学的观念》，倪梁康译，商务印书馆，2017，第71页。
③ 胡塞尔：《现象学的观念》，倪梁康译，商务印书馆，2017，第73页。

性），是相即地自身被给予的明证性，是我们可以支配的确定无疑的东西。通过现象学的本质直观或意识体验中的直接的被给予性，一般的对象性和实事的状态对我们而言，也是明证的，是自身被给予的。自身被给予的就是直接的，直接的必然也是明证的，直接的也是相即的。作为性质而言，我们说自身被给予性；作为原则而言，我们用明证性；作为给出的方式而言，我们用直接的和相即的。

四　自身被给予性的范围

在彻底性的认识探查中，现象学还原之后要获得的是纯粹的明证性的东西，因而，纯粹明证性的领域就是现象学还原的含义的领域。现象学还原的含义并不仅仅是指限制在实项的内在领域，而是指限制在纯粹自身被给予性的领域之内，指限制在那些完全在其被意指的意义上的被给予之物和在最严格意义上的自身被给予之物的领域内，以至于被意指之物中没有什么东西不是被给予的。[①] 这也就是意味着没有自身被给予性也就没有现象学还原。因为认识最终是建立在自身被给予性之上的，而认识必然都是包含着超越的认识，对超越之物进行还原，最终要获得的是自身被给予性。也正是自身被给予性使现象学还原成为有意义的还原，不至于成为那种没有目标和基础的恶性的还原。恶性还原最终导向的是怀疑论和不可知论。

因而，所有的自身被给予性的范围都是现象学还原的含义的范围。简单地说，被给予就能被还原，有多少被给予，就有多少现象学还原。从而也可以再次解释胡塞尔为什么在《现象学的观念》讲座稿的讲座中说：自身被给予性的范围伸展得有多远，现象学的范围就有多广。

就此而言，现象学的本质分析就是在自身被给予性范围内的本质分

① 参见胡塞尔《现象学的观念》，倪梁康译，商务印书馆，2017，第73页。

析。作为认识论研究，现象学的认识论所要完成的主要就是本质分析的任务。这一任务朝向的是对认识彻底性的努力。在这样的研究中我们认识到：通过意向性的作用，认识体验从对象显现的被给予性中，在纯粹直观中，涌现出了一般关系的被给予性，二者都是作为绝对的自身被给予性在纯粹直观中可以重复地呈现出来的东西。也可以说，就是可以在下一次被“看到”的东西。认识的确定性和彻底性在这样的思考中，被明晰地确立了起来。

小结　现象学方法使认识论成为科学

认识批判就是认识的现象学研究，当现象学只坚持阐明认识和认识对象的本质这一任务时，围绕这一任务所进行的工作就是认识的现象学研究，或称为现象学认识论。

与此相关，这就把哲学的现象学和非哲学的现象学区分开来了。哲学的现象学作为一种科学的现象学，寻求的是认识的统一性和理论的系统性。它作为一项通往系统性的研究工作，寻求的是认识的彻底性。胡塞尔区分了哲学与智慧。前者是系统化的理论建构，而后者是一些零散的东西，是靠经验和运气而产生的东西。同样，科学与沉思也是对应的东西。前者在于系统性的建构，而后者可能“只会”获得智慧之物。所以，在胡塞尔那里，“科学”与“哲学”维持着德语词“Wissenschaft”同样的含义，哲学是作为科学甚至是严格的科学而存在的。当“哲学”的含义被明确化为“科学”时，在系统性的方向就有了建构的准则。在不明确的含义中，哲学就是对智慧的追求。即使我们在苏格拉底的思想中，也知道哲学不是智慧，而是对“智慧的追求”（对智慧的爱或爱智慧）。苏格拉底对智慧的追求是以辩证法推进的，这是他的重要方法之一。而人们对于苏格拉底的哲学的含义的理解，有可能只是停留在“智慧”二字，而非“追求”。作为一种“追求”，不是盲目的，无方法地靠近它，而是要循着可行的方法来实现。由此，“爱智慧”与“智慧”就在“动作上”出现了根本的区别。没有行动和可行的行动方法的“爱”难以获得爱，没有行动和可行的行动方法的“爱智慧”可能也难以获得智慧。而选择什么样的方法和行动，决定着目标的最终实现程度。而现象学哲学，或现象学的认识论，它不是形而上学，更不是传统的形而上学，它是依赖于现象学方法而达到对哲学的科学化建构这一目的的。

作为哲学，现象学就是胡塞尔所要建构的哲学。不仅如此，胡塞尔还认为，认识论就是第一哲学，现象学是彻底的认识论。这表明了胡塞尔的一个基本观点：现象学就是第一哲学。认识批判就是现象学认识论，现象学认识论也是现象学哲学。现象学，认识论，第一哲学，这三者在胡塞尔这里是等义的，它们的目标都是要成为严格科学的哲学，而不是获得一般意义上的智慧。他要获得的是不一样的“智慧”。

胡塞尔哲学是按一定的方法操作的，不是漫无目的地去爱智慧。他的学说不是智慧和沉思，而是哲学或科学。

方法的构建与考察，是胡塞尔严格科学的哲学诉求必然要完成的步骤之一，也是认识批判的重要部分。在不同类型的对象范畴的分析中，在持续的对象化中，在真正的统一化和差异化中，在本真的确定和奠基中，都包含着现象学方法。胡塞尔认为自己的现象学最重要的东西，是现象学方法。这一方法不仅使得观念上的认识论的科学成为可能，也使形而上学成为可能。这一方法不是悬空的方法，而是在具体的认识过程中逐一体现的。

在彻底性的维度上，这个方法已包含在认识批判的开端。在认识批判的开端，对已有的知识进行悬搁，标志着现象学还原的实施。认识批判的双重任务是面对自然主义态度的局限性而产生的，对已有的认识理论的荒谬之处进行揭示是现象学的认识批判的消极任务；积极任务是指通过对认识本质的研究来解决与认识相关的问题。认识批判正是通过现象学方法得以展开，它表明认识的最终目的是获得认识的彻底性。

现象学的认识批判所面临的问题是澄清已有各种流行的哲学认识中的不彻底的东西，而它自身也不能包含任何含混的东西。因此，它只有通过自身来确立这样一种绝对的、清晰的东西。这是现象学方法的原则性维度所要求的。这样一来，它就要求自身获得一种绝对的自身被给予性。立足于现有思维条件，只有在认识论的还原中，才能够真正澄清经验主义及其相关的认识所带来的难解之谜。还原之后，不仅意识到的是被给予之物的存在，也意识到了对被给予之物的意识的存在。它不仅需要自身确定被给予性领域的存在，也需要克服普遍的怀疑所带来的缺乏真正根据的认识之确定性的丧失，从根源上建立真正的认识的可能性，从而为其他科学奠基。

要澄清认识的本质并且使认识中的本质联系成为自身被给予性的东西，需要进行本质分析，一方面是意识意向的问题，一方面是对象显现的问题。在认识的被给予层面，就是对一般之物的获得。本质、一般性，是通过现象学方法所要认识的对象，它们构成现象学方法的客体维度。一般性也是在纯粹直观中可以同样呈现出来的绝对被给予性。从起源上来看，它不是通常的经验性理解中所理解的那种包含个别性的一般性，而是直接被给予的一般性。给予之后才能谈论是否“包含”的问题。这些直接被给予的东西，就是明证性的东西。明证性也体现了现象学方法的原则性维度。

在认识批判中，通过认识批判的展开、认识论还原的实施、本质分析与本质直观，澄清了彻底性认识的基本维度。这些维度就是现象学方法所要实现的维度。胡塞尔现象学在接下来的步骤中，需要进行的就是认识对象的构造性工作。以上过程中所运用的方法，包括构造的方法，使认识论成为科学。

对象的构造也是胡塞尔现象学中最重要的部分，他在手稿中进行了诸多具体的分析。后者涉及的议题众多，对象的构造分析这一部分，在第十五章进行较为详细的讨论。

第三篇
胡塞尔对近代认识论的批判

引言　现象学是近代哲学隐秘的憧憬

对近代认识论的批判是胡塞尔认识批判的进一步展开。如果要真正达到认识的彻底性，现象学就是近代认识论发展的必然归宿。胡塞尔说："现象学可以说是一切近代哲学之隐秘的憧憬。具有令人惊异之深刻性的笛卡尔的基本性思考已经迫近现象学；然而它又出现在洛克学派的心理主义中；休谟几乎踏上了它的领域，但失之于盲目性。而第一位正确地瞥见它的人是康德，他的最伟大的直观，只有当我们通过艰苦努力对现象学领域的特殊性获得其清晰认识以后才能充分理解。于是我们明白了，康德的精神目光是停留在这个领域上的，虽然他仍未能掌握它或认识到它是一个属于严格本质科学的研究领域。这样，例如在《纯粹理性批判》第一版中的先验演绎，实际上已经是在现象学领域内的工作了；但康德错误地把它解释为心理学领域，从而又将其放弃。"①

胡塞尔对近代认识论的批判，沿着两条路线展开：一条是对经验主义的批判，另一条就是对理性主义的批判。胡塞尔认为，"笛卡尔是理性主义和经验主义两条发展路线的起点"，理性主义路线经过斯宾诺莎、马勒伯朗士、莱布尼茨、沃尔夫学派到康德这个转折点；经验主义路线经过霍布斯、洛克、贝克莱到休谟，在这一条路线中，蕴含着能意

① 胡塞尔：《纯粹现象学通论》，李幼蒸译，中国人民大学出版社，2014，第112页。

识到自己真正意义的先验的东西。[①]

经验主义哲学家的思想成熟期较早，理性主义哲学家的成熟期一般较晚。胡塞尔对近代认识论的批判，涉及了理性主义和经验主义的主要哲学家。但胡塞尔更多的是对经验主义这一条路线的批判。他认为在这一条路线中，蕴含着能意识到自己真正意义的先验的东西。对理性主义进行批判的重点是康德的认识论。对近代认识论的批判，不仅有助于澄清认识论的真正问题，也是通向现象学、先验哲学的途径之一。

① 参见胡塞尔《欧洲科学的危机和超越论的现象学》，王炳文译，商务印书馆，2009，第109页。

第八章　对笛卡尔怀疑论的批判

胡塞尔认为，笛卡尔开创了一种全新的哲学，他改变了哲学的整个风格，使哲学从素朴的客观主义转向了先验的主观主义。笛卡尔哲学也是“向哲学化的自我、向纯粹思维活动的自我（ego）的回溯”。① 胡塞尔在看到笛卡尔哲学的巨大价值的同时，也注意到了笛卡尔哲学的不足。

笛卡尔怀疑论与古代怀疑论在本质上都属于认识的主体性问题，但在问题取向上有所不同。后者并不包含明显地克服怀疑性结论的动机，而前者力图在认识的主观性中克服怀疑性的结论，获得主体认识的确定性和合法性根基。但二者对理解现象学的任务和方法，都具有积极的意义。现象学可以从中提取它所需要的合理内核。

第一节　怀疑论的实质

怀疑论根本的认识态度属于主观主义，并且必然是以否定的姿态出现。对此，我们可以通过这样的思考获得理解。除去实践的需求，“怀疑”标志的是认识的诉求，而认识是主体的活动，所以怀疑是主体的需求，它必然是主观上的东西。简言之，怀疑是主观上的需求。针对实践的需求，怀疑意味着的可能是拒绝；针对认识的需求，怀疑意味着的是对已有认识成果的拒绝。这种拒绝的起因是这些认识无法

① 参见胡塞尔《笛卡尔式的沉思》，张廷国译，中国城市出版社，2002，第5~7页。

满足更深层次的认识需求。

这样一种特殊的主观主义的持续存在却是与客观主义科学的发展紧密相关的。因为客观论断的相互否定恰好可以用作怀疑论的有力证据，客观主义的科学环境恰恰是怀疑论得以寄生的条件。客观主义由于起源上的含混，在认识的结果上必然导致相反命题的存在，这一点要么被视为悖论而存在，要么以否定的循环所解释。对于否定的循环，一些人也误以为这就是辩证法。

因此，只要客观科学没有真正克服其在起源中所蕴含的矛盾，只要客观性认识或其他企图得到客观形式的学问的起源没有得到彻底澄清，怀疑论就不会消亡。在后面的分析中我们会看到：怀疑论正是在认识的主观性起源中暗自吸取力量，从而持续存在的。因此，彻底地批判怀疑论，必然要回到认识的主观性中进行考察，对怀疑论的澄清与批判也是通向先验现象学的途径。

一　自然认识中主观性的出现

主观性是在对自然的认识过程中被反思到的。自古以来，逻辑学作为真正的自然科学方法论有着不可替代的作用。然而，自然科学远远不是人类生活的全部，此外还存在对人与人之间的关系进行处理与思考的伦理学及关于道德的学问。在伦理学的追问中，人的行为是否合理或合乎规范，不是自然科学的相关原则及其逻辑所能够解释的。如果说自然科学自始至终是关于客观性的学问，那么，在一定程度上，伦理学则是关于人的意志选择或人的行为规范等方面的学问，人们在其主观性方面寻找这些选择或规范的根据。在古希腊哲学中，与这些探索相关的是灵魂学说。虽然人们为了通过论证获得一些必要的原则而不得不诉诸某些客观化的理论，但这些论证最终由于其经验主义基础而遭到质疑。如此一来，一种普遍的伦理学说的追问，就会面临被人们放弃的境况。但无论如何，伦理学的兴趣在一定程度上将哲学中的探讨拉向了主观性。[1]无论是亚里士多德的《尼各马可伦理学》，还是休谟的具有伦理向度的著作《人性论》，都或多或少涉及对认识活动的探讨。这些都与主观性相关。

正是在主观性的探求中，人们向更高的理论目标前进。而这一目标实则也蕴含着怀疑论的起源。因为怀疑论并不致力于在客观科学或客观认识中寻找缺陷以延续和发展自己，而是致力于在主观性中获得一种隐蔽的确定性后，利用这样的确定性去质疑已有的客观性认识的有效性和实践方面的可能性。这些隐蔽的确定性，怀疑论者并没有去深入挖掘。

二　客观科学的方法缺陷是怀疑论的土壤

如果说主观性中的隐蔽的确定性是怀疑论得以产生的种子，那么，客观科学的方法缺陷则是怀疑论得以成长的土壤。

在素朴的表达中，理性与非理性的名称都在一定程度上被用来指称人的心灵能力。在自然科学中的有效研究范式的影响下，当人们逐渐尝试利用自然科学的方法将这种心灵能力当作一种客观性的东西来研究时，产生的是关于“心灵”研究的心理学。然而，无论是自然科学意义上的心理学研究，如实验心理学研究，还是关于一般的心理活动规律与特征的其他度量与研究，都是通过对已有的客观性科学的成果和方法的改造而得以进行的。人们在没有其他有效方法可以借鉴的情况下，不得不采取这些表现出来的已经存在的拥有一定程度的有效性的方法。如果他们的“学徒”没有体会到这种方法选择的起初情形，那么，就不言而喻地会将其当作合理的方法加以使用，以期尽快获得某种研究的胜利。

① 参见胡塞尔《第一哲学》上卷，王炳文译，商务印书馆，2017，第 87 页。

然而，科学方法自身中可以裹挟的这种功利性的期望虽然并没有被人们明确地说出来，却始终藏在心里。这种期望在代代相传中也会被遗忘掉，从而有人也会认为科学方法是不带有功利性动机的方法。科学方法可以实现崇高的追求，但并不是不可以裹挟功利性的需求，因为价值是可以在另一种情绪行为中被给予的。其中，理论的价值一定包含着实践方面的诉求。除此之外，它还包含着其他东西。如在认识活动中对客观对象的形式化，定性与定量等。如果遗忘了这些源头的东西，不仅会使科学最终导向困境，而且也会使人类文化在发展中陷入危机。如果仅仅停留于寻求便利的方法以尽快达到目的而慵懒于对认识源头的真正回溯和追问，如果对已有理论的修补无法达到预期的效果，也不去重新拷问形式化手段的源头以获得新的解决问题的契机，那么，当种种矛盾相互交织而无法解决时，便会陷入极端的怀疑主义和不可知论。

作为客观科学新宠儿和在客观科学思想和方法指导下诞生并成长起来的心理学也难逃这样的命运。心理学所借鉴的科学研究方法中蕴含的根基上的荒谬与矛盾，必然会使这些研究也产生荒谬与矛盾。哪里有矛盾和荒谬，哪里就有怀疑论生存的土壤。因而，客观科学的方法缺陷所导致的这些矛盾，使怀疑论得以持续存在。甚至不需要现象学的彻底明察，这些研究中所含有的矛盾通过其自身的表现就可以被人们感受到。正如休谟所说："用不着渊博的知识，就可以发现现在各种科学的缺陷情况，即使门外的群众根据他们所听到的吵闹的声音，也可以断定科学门内并非一切顺利。"① 而这种"感受性的东西"，恰恰不是客观性的东西，而是主观性的东西，但它可以捕捉到认识中荒谬情形的存在。

因此，如果对其中所做的修修补补的工作无法使人们满意，那么，理论者本人最终即使不坚持独断论，也会走向怀疑论。甚至可以说，在

---

① 休谟：《人性论》，关文运译，商务印书馆，2016，第2页。

认识论的主观性问题没有得到阐明之前的研究中，怀疑论自身就有着古老的传统。因而，正是这种根本的缺陷，心理学无法在描述和说明方面成为一种不断进步的科学的稳定形态。①

三　怀疑论的否定力量的真正来源

无论是在哲学的发展中，还是在心理学的发展中，二者都没有彻底摆脱怀疑论对它们的质疑与否定。哲学在发展中虽然通过不懈的努力消除了怀疑论者所提供的那些具体论据，但一段时间之后，怀疑论者又重新找到了证据，获得了胜利。胡塞尔说："怀疑论作为一种不可战胜的否定精神伴随着古代科学的繁荣发展，在这种发展中，每一种新的哲学形态，总是有一种新的反哲学形态与之相对立。"②

也可以说，在哲学史上，哲学家不断与怀疑论斗争，且或多或少地吸取着怀疑论中的合理成分，并结合已有的实际观察和认识体验对形而上学和认识论问题进行了重新梳理与解决。因为这些怀疑中蕴含着新的或更高的理论或认识诉求。或者说，他们在哲学思考中通过对怀疑论的一些观点的调和，修补或重构已有的认识缺陷，怀疑论促使他们不断改变认识的范围和认识的方式。近代哲学的历次转向其实都是怀疑论在背后起着推动力量。黑格尔调和了怀疑论的否定精神，将否定的力量纳入自己哲学的要素中。因此，人们虽然将哲学上许多有价值的洞见归功于怀疑论的质疑，并且为了认识的确定性而不断地与怀疑论进行斗争，但人们并没有从根本上击中怀疑论的要害。因为怀疑论者一直在更为原初的认识源头（纯粹意识领域）汲取隐秘的力量。③ 尽管这一点怀疑论者

① 参见胡塞尔《第一哲学》上卷，王炳文译，商务印书馆，2017，第90页。

② 胡塞尔：《第一哲学》上卷，王炳文译，商务印书馆，2017，第94页。

③ 胡塞尔：《第一哲学》上卷，王炳文译，商务印书馆，2017，第94页。

或许没有明确意识到，也没有将其发展为一门彻底的哲学或认识论，但他们的确在这里不断地重新获取隐秘的力量。

站在胡塞尔现象学的分析角度，怀疑论的真正力量来源就在于其在认识中隐秘贯彻的对认识的彻底自明性的要求和渴望。也就是那些隐蔽的尚且晦暗的确定性。这些隐蔽的确定性，要么是意识中被给予的更高的统一性诉求，要么是直观到的其他具有明证性的观念物。但对于这些，怀疑论者并没有留意，也没有很好地保存下来。由于这一渴望是在意识领域中给予的东西，所以满足这一愿望必须回到认识之起源的意识领域中。而以往的哲学并没有真正彻底地进行这一领域的研究，它们只是探讨了认识的可能性问题，却没有探讨认识可能性问题的起源。实验心理学的研究只是这一研究的先河。由于它所借鉴的是自然科学的方法，所以，最终必然不能对认识的起源问题予以彻底澄清。

四　怀疑论的主要观点及其实质

怀疑论最早以两位重要的哲学家普罗泰戈拉和高尔吉亚为代表。前者的怀疑论建立在对事物显现的领会或发现之上，后者的怀疑论则悬搁了客体的存在。由于人们未曾明白其中的合理内核，也将他们称为诡辩学者。

1. 普罗泰戈拉的对象显现说

据《泰阿泰德》记载，普罗泰戈拉（Protagoras）认为，“事物对于我就是它向我呈现的样子，对于你就是它向你呈现的样子。”① 这一代

① 《柏拉图全集》第2卷，王晓朝译，人民出版社，2012，第664页（152a）。在其他译本中也将此处的“呈现”译为“显现”“显得”等，句式上稍有不同。“每个东西对我显得（φα ίνεται）怎样，那么它对我而言就是(’έστιν)怎样，对你显得怎样，那么对你而言就是怎样。”在希腊语里，“事物对我显得怎样”和“我感觉到事物怎样”是可以互换的说法，前者是更常用的表达方式。（参见柏拉图《泰阿泰德》，詹文杰译，商务印书馆，2015，第24～25页及脚注）

表性的表述，在胡塞尔看来，所表达的是这样的意思："一切客观的东西只是由于认识者经验到它才对认识者原初地存在。"[①] 也就是说，客观的东西必须以这样或那样的方式对他显现出来，从而才意味着在使他能够经验到的情形下，这种客观的东西才是存在的。

因而，当他们在这里断定是否"存在"的时候，就已经是"主观上的存在"了，因为"能够经验到"这样的说法就已经是主观性的东西了。而其所怀疑的观点中，"客观性的东西的存在"中的"存在"显然没有被进行这样的限定或区分，甚至说，至多是一种囊括了"主观性的存在"的"存在"，或者说，其在表述中没有区分这样的"存在"的主观方面与客观方面。诡辩论者正是抓住了这一疏忽，并暗自坚信了认识中的"断言"的根本特征是主观性的东西。正是由于对这种主观性的发现和肯定，客观性的实在论无法成立。因此，有研究者也将古希腊的怀疑主义称为"反实在论倾向"，认为怀疑论揭示了理性的限度及确立根本真理的无奈。[②]

实质上，客观性的东西被经验的过程，就是一种显现的过程。在这一显现过程中，怀疑论者不仅看到了客观之物的实存和客观性东西的存在，而且也"看到"（直观）了"存在"在主观性中的显现，即在意识中直观到了"存在"（姑且称作概念）的纯粹的被给予性。在这里，判断表述中所使用的"存在"这一概念在意识中是作为可以直接直观到的纯粹的被给予性的东西而出现的。可以说，胡塞尔并不只是停留于对普罗泰戈拉的对象显现说所描述的结果的批判，而是挖掘了形成这种认识的合理性与不合理性的根源。可以说，解决矛盾的根本方法就在于寻找矛盾的源头。

---

① 胡塞尔：《第一哲学》上卷，王炳文译，商务印书馆，2017，第94页。

② Leo Groarke, *Greek Scepticism: Anti-Realist Trends in Ancient Thought* , Montreal & Kingston · London · Buffalo: McGill-Queen's University Press, 1990, p. 4.

2. 高尔吉亚的客体否定论

古希腊怀疑论者高尔吉亚（Gorgias，生卒不详）提出了三个原则："第一，无物存在；第二，如果有某物存在，人也无法认识它；第三，即便可以认识它，也无法把它告诉别人。"① 从中可以看出，"无物存在"是一种更为极端的怀疑主义的体现。他一开始否定了所有的东西的实存。这种"不存在"，只有在认识中被限定为"不存在"时，才是可以理解的，或能够自圆其说的。如果做出让步，不坚持这样的观点，在认识中承认某种东西存在的话，也就是假定了其实存的可能性。但认识的可能性又被他取消了。这是对"主体能否认识客体"的质疑或否认。因此主体与客体之间的确存在不明晰的认识断裂。如果继续做出让步，承认可以认识它，那么，又遇到了新的困难；这种认识在主体之间也是没有办法交流的。这意味着主体之间的认识的断裂。按高尔吉亚的解释，语言是异于实际存在的东西。

实质上也可以说，高尔吉亚论点中的矛盾是：a. 人们如何知道一种不存在的东西不存在？b. 不仅在"主－客认识"中否定了客观性的存在，也对主观性认识的可能性提出了质疑。c. 即使有主观性的认识的存在，也无法解决主体间的认识传递问题。

胡塞尔现象学恰好就是要解决这样三个根本问题。

第一个问题的解决是将客体还原到纯粹意识之中，就是将超越性的东西还原到纯粹的主观性中。"不存在"这一说法，只能是意识中的给予，而不是某种实存在意识中的显现。这也可以通过对笛卡尔怀疑论的改造而完成。

第二个问题的解决是在纯粹意识中通过本质直观的方式，描述并构

---

① 北京大学哲学系外国哲学史教研室编译《西方哲学原著选读》上卷，商务印书馆，1981，第56页。

造出相应的概念范畴等。这也可以通过对康德认识论的改造而完成。

第三个问题的解决是进行主体间的构造，即共主观性的现象学的探索。

我认为，高尔吉亚的客体否定论是从不承认事物存在开始的，一步一步通过再否定的方式，指出或推出了认识的困境或不可能性，其根本上是不可知论，故而是怀疑主义的。当然，这个否定论还可以继续推行下去：即使能够告诉别人，别人也是不能理解的；即使能够理解，理解也是不准确的；即使理解是准确的，也是难以代代相传的；即使……

五　怀疑论蕴含的方法

当怀疑论者以主观性中确定的东西（如把事物当作对不同的个体的显现）来反驳客观性的观点和结论时，并没有充分意识到这种直接的被给予性的东西的重要意义，而是更多地关注于结论或相关结果的感受。他们将这些认识感性化，又将这些感性化了的认识作为进一步认识的前提。而实质上，这些感性化了的认识结果却是自身理性推导的产物，只不过其过程并没有被清晰地揭示出来。怀疑论者的这些结论是通过对他所获得的客观性东西的否定而形成的。怀疑论者在获得主观上直接被给予性的东西后，又倒向了客观“化”。人们不屈从于诸神的法则，也会习惯性地屈从于自然性的法则，或者去试图寻找那些客观性的法则，或直接将某些难以理解却有效的法则直接视为客观性的法则，这就会习惯性地导致将主观性的法则随时准备客观化的倾向。由于这一原因的存在，摆脱这种习惯性的心理趋向，获得认识的彻底科学化的建构，还需要漫长的路要走。

同样，在高尔吉亚的论述中，包含着对客观事物的悬搁，即对超越的东西的悬搁。然而，这种悬搁不是以方法的姿态出现的，而是以客观性认识的姿态出现的。即是说，在一些怀疑论的哲学家那里，甚至在其他古代哲学家那里，即使在认识中偶然拥有或操作过某种方法，获得过某种认识，但在这种认识获得后，就立即将其客观化，作为客观化的结论来对待，并没有在这一认识过程中领会到（或内在地直观到）“这一认识”在意识中的起源问题。因而，也就不能真正地发现和认识到其中所包含的真正的东西，更没有将其发展为一种方法和一种哲学。

可以说，在此之中，在自然主义认识态度中，无时无刻不存在着将任何一种有效的认识结果予以客观化的冲动。或者说，人们不遗余力地去发现社会生活各个角落里可以被客观化的认识并将其客观化，从而，总是与真正的认识起源问题擦肩而过。

通过以上分析我们认识到：怀疑主义在根基上蕴含了古代与当代认识论的核心问题。如学者所言，怀疑论不只是消极的哲学，而且也提供了积极的哲学。① 站在怀疑论的积极立场上，可以说，怀疑论是近代认识论和胡塞尔现象学的“助产士”。

第二节 笛卡尔怀疑论的缺失

以“笛卡尔怀疑论”为题进行这里的探讨，完全是为了详细阐明问题而需要这样的叙述策略，而不是因为笛卡尔就是以上所论述的那种怀疑论者。相反，笛卡尔正是那种怀疑论的对立面，尽管他在哲学思考中也使用了相关的怀疑方式。但根本的不同之处在于，他以一种全新的精神继续了对怀疑论的斗争，因为以往的斗争都失败了，他试图寻找更

① Leo Groarke, *Greek Scepticism: Anti-Realist Trends in Ancient Thought*, Montreal & Kingston · London · Buffalo: McGill-Queen's University Press, 1990, p. 5.

为根本的基点来彻底克服怀疑论。① 以怀疑克服怀疑虽不是最根本的方法，但在没有更好的方法时仍然是一种不错的选择。虽然这种选择中的主观性之谜并没有被人们意识到，但并不是说不起作用，只是以一种未澄清的状态发挥着作用。

一　笛卡尔怀疑论的主要内容

笛卡尔思想包含很多东西，怀疑论只是其中的一部分，当在这里称之为笛卡尔怀疑论时，主要是指笛卡尔通过怀疑以及与怀疑相关的方式来确定思维认识的明确性和可能性等这一方面的思想。这一思想更多地集中在他的《第一哲学沉思集》中。

1. 自然理由的必要性

笛卡尔说，对于信教的人来说，只凭信仰就可以使他们相信上帝与灵魂的存在，而对于不信教的人而言，“如果不首先用自然的理由来证明这两个东西，我们就肯定说服不了他们”。② 在笛卡尔的这一表述中，意味着的是主体性的认识对于其他的认识具有基础性或前提性的作用。这是在变相地提高人的自然理性的地位。自然理性，就是相对于神学理性的“人学”理性。笛卡尔对其进行了拔高。无疑，认识行为首先是一种主观性行为，如果主观性的认识是混乱的，没有规律的，即使存在客观性的认识，人们也无法以合适的方式正确地理解它或表述它。

2. 心灵认识的自足性

《罗马书》中说：“关于上帝的认识，都明明白白地存在在他们的心里。”笛卡尔由此推敲出来的理解是：凡是可以用来知道上帝的那些理由，“只要从我们的内心里去找就够了，不必从别处去找，我们的精

① 胡塞尔：《第一哲学》上卷，王炳文译，商务印书馆，2017，第 98 页。
② 笛卡尔：《第一哲学沉思集》，庞景仁译，商务印书馆，2012，第 1 页。

神就能够把这些理由提供给我们”。[①] 这里，肯定了心灵认识的自足性，也即意味着在人的意识领域中进行的探讨活动，自身可以为自身获得合法性。心灵认识的自足性承接着自然理性的合法性。这样的推理过程，进一步为主体性认识的合法性提供论证。继而，主体所进行的怀疑与沉思才会有合法性。

3. 六个沉思提要

第一沉思：如果我们在已有的科学中找不到新的根据，那么，这些已有的根据就都仍然是值得怀疑的，特别是物质性的东西。[②]

这就是笛卡尔普遍怀疑的方法。如果仔细理解，是对已有东西普遍怀疑的方法。但并不意味着对未来的所有东西都进行怀疑。因为这一怀疑的根本目的在于寻找不再使人怀疑的东西，而不是要永远颠覆对整个世界的所有认识。这实际上就是现象学悬搁方法的体现。再说，“悬搁”本来就是古代怀疑论中的术语。

第二沉思：精神自身虽然由于一丝的可怀疑性而怀疑事物的存在，但不能怀疑精神自身的存在，认识灵魂之前，至少要有对灵魂的清楚、明白的概念；不能以肉体生灭的经验来考量灵魂或精神的生灭。[③] 这里强调了认识活动中对要认识的东西的预先概念性把握的重要性，意味着对世界或认识对象的预先的形式谋划决定着认识的诸种样态并影响着认识的诸可能性，经验认识也不能够用来说明精神自身或认识活动自身的性质。对于“我”而言，“我”就是一个在思维的东西，“一个在怀疑，

① 笛卡尔：《第一哲学沉思集》，庞景仁译，商务印书馆，2012，第2页。庞景仁译为《达罗马人书》。经文见和合本《罗马书》1：19，“神的事情、人所能知道的、原显明在人心里。因为神已经给他们显明”。

② 笛卡尔：《第一哲学沉思集》，庞景仁译，商务印书馆，2012，第11页。

③ 笛卡尔：《第一哲学沉思集》，庞景仁译，商务印书馆，2012，第11、13页。

在领会，在肯定，在否定，在意愿，在不意愿，也在想象，在感觉的东西"。[①] 即是说，一个正在进行怀疑的"我"是不能被否定掉的。这已经不是物质性意义上的"我"，而是精神性意义上的"我"，也是首先在思维中被直接意识到并被确立的东西。

第三沉思：从完满的实体观念推断出上帝的存在。"单从我存在和我的心里有一个至上完满的存在体（也就是说上帝）的观念这个事实，就非常明显地证明了上帝的存在。"[②]

第四沉思：凡是被我们清楚领会的东西，就是真的。人的内心里有一种判断能力，错误是与判断能力相关的东西，是经验告诉我错误的存在。错误由与完满观念相对应的否定观念作用而形成，因此，错误仅仅是一种缺陷，但错误并不是单纯的否定，而是蕴含着我应该需要怎样的认识这样一种期许。错误是由内心的认识能力和选择能力造成的。当意志把理智扩展到它所无法认识的东西上去的时候，就容易弄错。"如果我把我的注意力充分地放在凡是我领会得完满的事物上，如果我把这些事物从其余的、我所理解得糊里糊涂的事物中分别出来，我当然就会认识真理。"[③]

第五沉思：物质性东西的本质就是广延。广延是精神与物质性东西的区分标志。长、宽、高、数目、形状和运动等观念中的东西具有实在性；几何学论证本身的正确性取决于对上帝的认识。[④]

第六沉思：一切物体都是可分的，精神或人的灵魂是不可分的；理智活动和想象活动是有区别的；想象需要特别地集中精力，而领会不需

① 笛卡尔：《第一哲学沉思集》，庞景仁译，商务印书馆，2012，第29页。

② 笛卡尔：《第一哲学沉思集》，庞景仁译，商务印书馆，2012，第56页。

③ 参见笛卡尔《第一哲学沉思集》，庞景仁译，商务印书馆，2012，第68、59、60、62、64、69页。

④ 参见笛卡尔《第一哲学沉思集》，庞景仁译，商务印书馆，2012，第71、14页。

要特别地集中精力，想象是对物体性的东西的想象，领会一个“千边形”时，只是模模糊糊地表现出它的形状，想象不是取决于精神，而是取决于与精神不同的别的东西；因而在想象时，想象活动转向的是物体，“并且在物体上考虑某种符合精神本身形成的或通过感官得来的观念”，而在领会时，精神是以某种方式转向其自身，考虑的是其自身里的某一个观念。[①] 笛卡尔关于想象和领会的区分，实际上就是通常所讨论的想象与理解的区分。

另外，笛卡尔认为，观念只能单独地被理智所领会，“它或者本身是我的理智的一种活动，在这个意义上，不能说观念比我完满；它或者可以客观地被当作这种活动所代表的东西，这个东西，虽然不能假定它存在于我的理智之外，可是由于它的本质的原故，它却可以比我完满”。[②] 这里的“我”已不是思维意义上的“我”，而是含混性的“我”，是需要被悬搁的“我”。在笛卡尔的行文中，在不同的语境下，“我”的意义或所指是不一样的。

二　对极端怀疑论的颠覆

六个沉思的核心是确立理智认识或心灵认识的确定性。它所面对的不仅是克服神学对认识所拥有的权威性，也要克服怀疑论的质疑。胡塞尔认为，从笛卡尔开始的近代哲学，需要对那些否认客观认识和客观科学可能性的轻率的主观主义予以克服。因而，也就要求发展出一种严肃的主观主义，一种在更高的意义上实行怀疑论传统的彻底的主观主义，一种能够以最彻底最认真的理论态度证明自身绝对正当性的主观主义。

① 参见笛卡尔《第一哲学沉思集》，庞景仁译，商务印书馆，2012，第 93、14、80、81 页。

② 参见笛卡尔《第一哲学沉思集》，庞景仁译，商务印书馆，2012，第 147 ~ 148 页。

这一动机在笛卡尔的沉思中很好地体现了出来。虽然“我思”（cogito）的无可怀疑性并非笛卡尔的首创，在奥古斯丁那里就已经言明了，但笛卡尔有效地利用了这一命题，以此确定了思维自身所拥有的无可怀疑性。这些东西按照现象学的术语来说，就是绝对给予性的东西。正是思维中的这一确定无疑性的获得，这一明证的被给予性，颠覆了一种极端的怀疑论的绝对否定态度。①

三　极端怀疑论的发生

这样一种极端怀疑论正是以这样的方式进行的。在认识的主观性方面，由于其认识到了认识现象在不同的主体之间存在着不同的把握或不一致性，因而，也将主体之间会产生一致性的那些东西否定掉了。从而也否定了认识的主观可能性。也可以说，它太过于要求认识主体所具有的全知全能的完美性，故而，由于看到了主体间不同的把握，从而在整体上否定掉了主体的认识的可能性。这种整体上对主体的认识可能性的否定行为，是潜在地把“整体上的主体”当作客观性的东西来对待，而不是当作主观性的东西来对待。

因而，它实际上所否定掉的不是认识的可能性，而是否定掉了主体认识的完美性。在这里，如果说主体认识是具有一种在整体上的可包含其部分的东西，假设它包含A和B两部分，那么，从矛盾律的相关角度出发，也不能形成真正的否定。其中需要考虑的是，如果这两部分之间不是矛盾律所要求的关系，那么，对A部分的否定，既不能构成否认B的前提，也不能构成肯定B的前提。因为矛盾律是在同一事物的两种截然相反的判断中使用的，它是在意识给予中实现的。并且永远也不能超越这一界限而与其他的判断建立矛盾的关系。因而，对A部分

① 参见胡塞尔《第一哲学》上卷，王炳文译，商务印书馆，2017，第99页。

的否定，所否定的并不是认识这一整体的不可能性，而是认识这一整体的可能性的完美性。在这一否定过程中，从对 A 部分的否定到对整体的否定，实则是将这一否定予以客观化或一般化。而这种客观化或一般化过程却是不严密的。因而，对认识整体的不可能性的断言也是无效的。可以说，无论是古代怀疑论中所涉及的认识可能性问题，还是近代哲学包括德国古典哲学在内所涉及的认识如何可能的问题，都是认识的客观性问题，或者说，都是认识是否具有客观上的可能性的问题，它们在根基上属于经验主义影响下的哲学态度。

同时，由于这种怀疑论意识到了主体认识和客观对象之间的关系的合法性或正当性是无法解释的，所以，直接将客观真理也否定掉了。这是高尔吉亚“即使是存在的，也是无法认识的”这一断言产生的心理基础。

胡塞尔说：“哪里有不清晰性，哪里就有荒谬性。”① 那种极端的怀疑论态度实际上是以含混的姿态否定了任何一种客观真理，也否定了任何一种主观真理，因而是荒谬的。这也意味着人们只是否定了理论本身，却永远无法否认世界本身，并且是在这样一种否定中不断地推进理论。否定就是对认识的否定，而不是对世界自身及实事自身的否定。然而，怀疑论者没有认识到否定是作为意识体验中的给予性行为而存在的，所以出现了含混性。他们的否定是含混的。

四　笛卡尔怀疑论的根本缺陷

笛卡尔通过“我思故我在”的沉思方式，为思维认识的实在性存在确立了有效性，并且以此方式反对了那种极端的怀疑论所带来的认识的不可能性态度。而“态度”其实就是对一种被当作客观性的认识的习惯性遵从，体现着对认识进行客观化的努力。然而，笛卡尔怀疑论的

---

① 胡塞尔：《第一哲学》上卷，王炳文译，商务印书馆，2017，第 108 页。

根本缺陷在于：只是以一种客观性反对了另一种客观性，并没有意识到这两种客观性认识背后的东西及其相应的形成过程，仍然没有意识到这两种客观性在认识中真正的起源问题。如胡塞尔所比喻的：“笛卡尔的情形与哥伦布相似，后者发现了新大陆，但对此毫无所知，而仅仅以为发现了一条通向古老印度的新海路。”①

直言之，笛卡尔对这种极端怀疑论的反驳不是最彻底的，他给对方留下了余地。对方只不过是再去寻找另外一种客观性来反驳笛卡尔罢了。因而胡塞尔认为笛卡尔也没有反驳掉那种否认“哲学的可能性”的怀疑论。②

第三节 胡塞尔对笛卡尔怀疑论的改造

胡塞尔一方面肯定了笛卡尔怀疑论中可以被现象学方法所借鉴的东西，另一方面又对怀疑论进行了彻底批判。通往先验现象学有多条道路，但最为根本的道路有两条：一条是对已有的认识进行批判的道路，另一条是现象学心理学的道路。对以往的科学观念和哲学进行批判的道路，包括对自然主义、心理主义、历史主义和经验主义的批判，以及对这些观念的最终结局极端怀疑主义的批判，属于前一条道路。（见第六章第二节）对笛卡尔哲学的批判，属于通向现象学的第一条道路。笛卡尔式的沉思，属于通向现象学的第二条道路。

一 方法的改造

笛卡尔哲学对胡塞尔的影响很大。胡塞尔首先肯定了笛卡尔哲学，

① 胡塞尔：《第一哲学》上卷，王炳文译，商务印书馆，2017，第101页。
② 参见胡塞尔《第一哲学》上卷，王炳文译，商务印书馆，2017，第100页。

认为笛卡尔哲学以全新的精神力图从根源上克服怀疑论，并将认识的确定性纳入主观性领域进行研究。[①] 胡塞尔也认为，笛卡尔的这些沉思“标志着任何一个从头开始的哲学家所必须的沉思的典范，只有从这些沉思中，哲学才可能本源地成长起来”。[②] 然而，笛卡尔的这一做法并不能真正地抑制怀疑论的抬头，因为笛卡尔在考察之后仍然未有根除人类“一旦发现新的认识就将其努力客观化”的这一习惯，笛卡尔也忽视了对彻底性方法的考察。

胡塞尔在笛卡尔的沉思方法中，发现了通向现象学的一条道路。胡塞尔认为，对笛卡尔的方法“稍加修改”并加以纯化和坚定地施行，排除笛卡尔哲学的“歧向”，就产生了现象学还原。[③] 胡塞尔在自己的现象学中一再强调方法的重要性。因为一种认识或结论的有效性是与其相应的方法相互依存的。忽视了方法，就等于忽视了结论的形成过程，从而，接下来的模仿或借鉴必然在一定的发展阶段会使认识结果走样。

于此，笛卡尔哲学与胡塞尔现象学也就具有了亲缘性。这不仅因为他们的思想具有近似的地方，而且也因为胡塞尔本身就是在近代认识论谱系上的哲学家。胡塞尔说：“人们几乎可以把现象学称之为一种新笛卡尔主义，尽管现象学恰好由于笛卡尔动机的彻底展开而不得不摈弃笛卡尔哲学中几乎所有那些众所周知的教义。”[④]

这一陈述一方面指出了胡塞尔与笛卡尔的相同之处，另一方面也指出了二者的根本不同。笛卡尔在沉思的开始已经将所有客观性的东西予以悬搁。但这里的悬搁仍然是以怀疑的方式出现的，是以否定的方式出

---

① 参见胡塞尔《第一哲学》上卷，王炳文译，商务印书馆，2017，第99页。

② 胡塞尔：《笛卡尔式的沉思》，张廷国译，中国城市出版社，2002，第5页。

③ 参见胡塞尔《纯粹现象学及其研究领域和方法》，载《文章与讲演（1911—1921年）》，倪梁康译，人民出版社，2009，第80页。

④ 胡塞尔：《笛卡尔式的沉思》，张廷国译，中国城市出版社，2002，第3页。

现的，或者说更多地显现为怀疑的特征。而胡塞尔在施行同样的方法时，“否定”是作为现象学意义上的悬搁而考虑的，这样的“否定”，拥有的是新的明确的含义。这一悬搁中，不仅包含的是对已有的认识和超越的东西的排除，而且也蕴含着对客观化的东西的还原，所以在这一开端上就已经和笛卡尔有所不同，尽管在外在形式上二者并无多大区别。因而可以说，在胡塞尔的悬搁中，一切存在设定以及一切暗含着的存在意谓都必须予以“中止”，以让这个世界保持“悬而未决”。

二　“自我”的改造

胡塞尔不仅要改造笛卡尔的方法以指明通向现象学的道路，也改造他的“自我”（ego）以帮助阐明纯粹意识中的给予行为。

胡塞尔认为，尽管笛卡尔的哲学拥有新的处方，但“哲学并没有以一种完全令人满意的方式做到这一点”，在笛卡尔的出发点中，“就已经带有引起严重后果的不清晰性”；在“我思，我在”（Ego cogito, ergo sum）的背后，“事实上显露出一些极其广大的但却是昏暗的深度”。笛卡尔没有意识到在主观性中蕴含的先验认识的真正根据和科学根据的真正意义，也没有以正确的方法从怀疑论那里学习。①

胡塞尔的这些看法所要表明的是：笛卡尔哲学在根基上是不彻底的，在起点上看似清晰的地方实则蕴含着不清晰的东西，“自我”的明证性并没有得到彻底清晰的阐明。在笛卡尔那里，“自我”的明证性实则是一种主观的意识事件。这样的明证性并不能直接予以客观化，充其量只能将其作为超越的东西而予以肯定。而客观性的认识，都是在主观化的努力中形成的。只有认识到这样，才能够在这一警觉下将一切客观性认识都还原到主观的意识活动中进行重新考察。

---

① 参见胡塞尔《第一哲学》上卷，王炳文译，商务印书馆，2017，第101～102页。

笛卡尔尽管是从对怀疑论的斗争开始的，但在最终目的上服务于思维认识所发现的客观性事实的有效性。因而，他的目的是为自然科学和形式科学的认识服务，而不是为哲学的认识服务，所以，他没有走进现象学。所以胡塞尔说："笛卡尔在由他打开的先验哲学，惟一真正彻底的哲学之门前，停步不前，他没有踏上进入这个从未进入过的，但是非常需要进入的'母亲之邦'的路程。"① 纯粹意识是认识的"祖国"。

胡塞尔对笛卡尔的怀疑论中的"自我"进行了改造，从而探究了客观性的东西在主观性中的构成问题，探究了主观性中的意识给予对于客观性领域的认识所具有的主导意义和绝对意义。如兰德格雷伯（Ludwig Landgrebe, 1902－1991）所言："事实上，当胡塞尔将笛卡尔的'我在'的'确然的'明见性以及所有那些被包含于其中的内容都理解为一种绝对经验，也就是理解为整个的经验领域时，他就已经从根本上放弃了笛卡尔的奠基途径。从这个起点出发，笛卡尔只有通过天赋观念的学说及其借助上帝存在所保证的说服力，才能成功地达到进一步的、以同样的方式得到保障的结果——这是一条为胡塞尔所排除的道路，因为在这条道路上，要回答天赋观念的起源就只能通过一种形而上学的论证，而不是通过回溯到绝对经验而被给予。"②

需要注意的是，虽然兰德格雷伯的评价在结论上与胡塞尔的取向一致，也符合对于认识问题的彻底解决需要回溯到纯粹给予性中的现象学的观点，但是，笛卡尔在《第一哲学沉思集》中关于上帝的讨论及其位置安放的做法，是那个时代的产物，并不能真正体现笛卡尔的意图。新生的思想力量在那个时代伪装在主导思想之下，才能够在不被迅速扼

① 胡塞尔：《第一哲学》上卷，王炳文译，商务印书馆，2017，第112页。
② 路德维希·兰德格雷伯：《胡塞尔告别笛卡尔主义》，张廷国译，载《重建经验世界：胡塞尔晚期思想研究》，华中科技大学出版社，2003，第249～250页。

杀的情况下不断传播。这一行为也不能被单纯地解释为“明哲保身”，而是智慧之择取的诸多考虑的体现。

第四节　批判笛卡尔是通向现象学的路径

笛卡尔哲学蕴含着现象学的方向，批判笛卡尔哲学是通向现象学的路径之一。笛卡尔以全新的目的推进了怀疑论，也推动了现象学。

笛卡尔怀疑论在一定程度上是古代怀疑论的延续，但与之有不同之处。怀疑论作为一种认识立场，蕴含着认识论的核心问题，它不仅是消极的哲学，也提供了积极的哲学。在积极的立场上，怀疑论是现象学的“助产士”，因为怀疑论潜在地蕴含着对认识的彻底性和明证性的渴望，满足这一愿望，必须回到认识起源的探讨中。

笛卡尔怀疑论与古代怀疑论有着实质上的不同，如前所述，它与现象学有着亲缘性。笛卡尔是古代怀疑论的对立面，虽然他在哲学思考中也使用了相关的怀疑方式，却是以全新的目的进行的，他以一种全新的精神对怀疑论进行斗争。笛卡尔进一步确立了人的自然认识相对于神学认识的合法性。这一思想在一定程度上可以视为启蒙运动的要素。心灵认识具有自足性的断言，在某种程度上也是对主体认识所应该具有的确真的意义的洞见。在这一方面，笛卡尔哲学是胡塞尔现象学的先驱。

笛卡尔虽然将认识的确定性建立在主观的绝然自明性中，然而，由于客观化的冲动，他只是以一种立即被客观化了的“客观性”反对了另一种客观性。他并没有意识到这两种客观性认识背后的东西及其相应的形成过程。因此，也就没有考虑认识的起源问题。因而，笛卡尔对极端的怀疑论的反驳不是最彻底的。正是由于笛卡尔怀疑论的缺陷，胡塞尔一方面肯定了笛卡尔怀疑论中可以被现象学方法所借鉴的东西，另一方面又对怀疑论进行了批判。在 1917 年“弗莱堡就职演讲”中，胡塞尔表明，通过改造笛卡尔的方法就形成了现象学还原的方法。

笛卡尔怀疑论对胡塞尔有着积极的影响。胡塞尔在《笛卡尔式的沉思》引论中认为，《第一哲学沉思集》对已在形成中的现象学向先验哲学的一种新的形式的转变形成了重要影响。这是因为胡塞尔和笛卡尔都面对着对认识进行最终的彻底性奠基的问题，胡塞尔通过笛卡尔的怀疑，看到了先验的东西的合法性及其在意识中可被绝对无疑地予以构成的问题，这也是笛卡尔哲学凌驾于时代的意义之所在。粗略看来，笛卡尔的怀疑方法表现出了与胡塞尔现象学还原类似的特征。① 胡塞尔一方面揭示了“笛卡尔沉思在向我思回溯时的极端主义的深刻意义”，另一方面揭示了“由此萌发出来的永恒价值”。② 通过笛卡尔沉思，并朝向认识奠基的更为纯粹的和具有彻底性的基础的考察时，就进入了现象学。笛卡尔沉思所促成的现象学的“先验转向”，也使得胡塞尔现象学与康德哲学及德国古典哲学在思想接上了轨。

自然主义、经验主义与心理主义由于自身的不彻底性，必然会导向怀疑主义。所以，胡塞尔在对自然主义、心理主义和经验主义进行批判之后，唯有彻底批判和克服怀疑论，才能进一步推进和加深人们对现象学的认识。因为极端的怀疑论颠覆了人类确定性的梦想。一旦确定性的梦想被颠覆，那么，一种相对统一的伦理秩序必然要遭到颠覆。这是社会危机的根源所在。怀疑论是暗地里利用主观性的东西对经验主义和自然主义的认识进行否定，由于它没有意识到自身的起源，所以没有发展成为一种严格的方法，没有解决它自身起初所蕴含的但后来被忽略了的问题。

---

① 参见施特洛克《〈笛卡尔式的沉思〉编者导言》，张廷国译，载胡塞尔《笛卡尔式的沉思》，中国城市出版社，2002，编者导言第15页。

② 胡塞尔：《笛卡尔式的沉思》，张廷国译，中国城市出版社，2002，第9页。

第九章　对洛克经验主义的批判

洛克在近代哲学史上具有不可替代的作用。他的《人类理解论》，使近代哲学转向了认识论研究。在《人类理解论》绪论中，洛克定下一条原则，在进行任何形而上学的思考前，都必须考察人类的认识能力和认识能力可达到的范围。洛克说："我们应当搜寻出意见和知识的界限来，并且考察我们应当借着什么准则对于我们尚不确知的事物，来规定我们的同意，来缓和我们的信仰。"[①] 洛克的这一任务在哲学史上具有里程碑式的意义。他的思考使人们转向三个问题：知识问题，宗教问题，道德问题，每个问题在哲学史中都引起了引人注目的发展。[②] 文德尔班（Wilhelm Windelband，1848－1915）说："自此以后，认识论问题便成为哲学领域最使人感兴趣的课题，同时经验心理学被认为是对认识论有权威的、决定性的裁判所。"[③] 梯利（Frank Thilly，1865－1934）认为，这部著作"开创了那个产生贝克莱和休谟而在康德那里达到登峰造极地步的运动"。[④]

洛克的这一著作在当时代就已产生了巨大影响。《人类理解论》初

---

① 洛克：《人类理解论》，关文运译，商务印书馆，2011，第2页。国内目前流通的是关文运译本。与胡塞尔研究相关译本正文中多译为《人类理智论》。译名变化首先来自德语译本中相关问题研究，但主要是以"后起"的区分重新考量了前人用词。这对于特定群体和读者是非常好的选择。站在心理学科的当代视角上，采用理智一词进行翻译是没有错的。在本书中统一为现有中译本名称《人类理解论》。

② 参见索利《英国哲学史》，段德智译，陈修斋校，山东人民出版社，2007，第133页。

③ 文德尔班：《哲学史教程》（下），罗达仁译，商务印书馆，2010，第622页。

④ 梯利：《西方哲学史》，伍德增补，葛力译，商务印书馆，2013，第365页。

版于1690年，之后就风靡英国及欧洲大陆。1700年贝克莱在剑桥三一学院求学时，洛克的该著作与牛顿（Sir Isaac Newton，1642－1727）的《自然哲学之数学原理》是作为教科书而出现的。由此可见这部著作在当时欧洲教育中的重要地位。[①] 他浅显明了的语言使堂奥莫测的哲学思想抵达了更多人的心灵。洛克力图摆脱传统经院哲学的术语，从日常的表达中梳理出重要的与认识论相关的术语。他的很多研究和术语一直延续到现在，成为人们研究的主题和用语。

休谟怀疑论是经验主义的极端发展，这种发展最终导向的是因果关系这样一种对自然科学而言的重要的理论基石的坍塌。而他之前的洛克完全可以称得上是经验论的重要奠基性人物。在人类认识的心理主义取向中，洛克有力地奠定并推进了经验主义认识论。洛克结合自然科学尤其是心理学的研究成果，将这种认识论推进到心理意识层面。但胡塞尔认为它的根基是荒谬的，因而这一认识论在进一步发展中出现了困境。

第一节　洛克认识论的心理主义特质

胡塞尔认为，洛克的《人类理解论》“是一部建立在经验基础上的近代感觉主义心理学的基本著作，同时也是认识论方面的心理学主义的基本著作”。[②] 这是胡塞尔站在现象学的历史来源角度对洛克这部著作的定位。洛克所处的时代，哲学面临着新的任务。从当时科学的发展和一份关于洛克哲学的简要研究著作来看，洛克的时代，经过伽利略、笛卡尔和培根（Francis Bacon，1561－1626）对经验的自然科学的推动之后，建立在实验和观察基础上的新兴的科学欣欣向荣。他的两位著名朋

① 参见傅有德《巴克莱哲学研究》，人民出版社，1999，第24、69页。
② 胡塞尔：《第一哲学》上卷，王炳文译，商务印书馆，2017，第114页。

友，牛顿和波义耳（Robert Boyle，1627－1691），都是新兴科学的极力推动者。这两个人都是科学史上里程碑式的人物。经过他们的推动，自然界的解释已经演变为一种可以数学化的解释，并广泛地被人们接受。中世纪的宇宙观和亚里士多德的权威在自然科学中已经彻底退位。[①] 正是在这样一种背景下，古代的形而上学思考显然已经无法完成这一任务。洛克所面对的是需要为这些新兴的科学提供一个系统的基础性解释，特别是其在认识的根据方面的解释。科学研究的那些明显的成就和方法，深刻地拷问洛克。因而，在洛克的这部著作中，古代那种彻底的哲学的和形而上学的探究方式已不再明显，更多的是将认识作为科学探索的工具或手段而进行研究，且需要以全新的方式重新思考认识活动的基础问题或发生过程。

按照洛克的表述，他的这一研究的目的是这样的："我的目的既然在探讨人类知识的起源、确度（certainty）和范围，以及信仰、意见的和同意的各种根据和程度，因此，我现在不愿从物理方面来研究心理，不愿费力来研究人心的本质由何成立；不愿研究我们所以借感官得到感觉，而且理解力所以有了观念，是凭借元精的某些运动，或身体的某些变化；亦不愿研究那些观念在形成时是否部分或全体地依靠于物质。"[②]

这是洛克对理解活动的研究目的和基本出发点的说明。从此可以看出，他力图抛弃对观念认识的客观化研究，暂且抛弃从自然属性方面对认识进行的研究。美国当代著名学者格瑞特·汤姆森（Garrett Thomson）认为："他关心认识的性质和范围，在某种程度上，是为了阐明当时新的机械科学的前景，并劝阻那些对超出我们能力之外的事物的不必要的玄想。玄想助长了怀疑主义。洛克试图避免两个极端——形而上学的玄

---

① 参见格瑞特·汤姆森《洛克》，袁银传、蔡红艳译，中华书局，2014，第18～19页。

② 洛克：《人类理解论》，关文运译，商务印书馆，2011，第1～2页。

想和不合实际的怀疑主义。”[①] 汤姆森的这一评判是非常中肯的。洛克力图获得的是明晰化的认识，而不是悬设与怀疑。因而，他所需要研究的是人们的辨别能力作用于对象时所产生的作用，以及理解活动借助哪些方式才可以得到关于事物的观念。[②] 在这个意义上讲，洛克的研究已经力图摆脱自然主义和客观主义的束缚，向意识领域的研究迈进了。

在胡塞尔看来，洛克的认识论虽然看到了意识领域的研究对认识活动的重要性，然而，由于他使用了经验主义的归纳方法，所以有着根本的缺陷。[③] 因此，洛克未能对认识问题进行彻底的澄清，也未能走上一种真正的意识心理学的研究道路，也未能走上先验的纯粹自我的发现之路。洛克与同时代哲学家具有的相同之处是，他的心理学与笛卡尔本人及其同时代的霍布斯一样，是以模仿自然科学中的纯粹归纳的科学而建立起来的，他还是潜在地把心灵之物当作自然科学那样的对象而研究的。

洛克说，理性和知识方面的一切材料，如果用一句话回答：“它们都是从‘经验’来的，我们的一切知识都是建立在经验上的，而且最后是导源于经验的。”[④] 洛克在这里着重强调了经验，但不能把这种经验简单地理解为关于外物的经验。如果这样，洛克就成了素朴的白板论者。洛克也注意到了内在经验对观念起源所应有的作用。在这之中，洛克认为观念有两个来源，一个是感觉的对象，另一个是心理活动。洛克说：“外界的物象使理解得到各种可感性质的观念，这些观念就是那些物象在我们心中所产生的各种不同的知觉。至于心灵则供给理解以自己活动的观念。”[⑤] 洛克的这一认识，也是胡塞尔的纯粹逻辑学研究所坚

---

① 参见格瑞特·汤姆森《洛克》，袁银传、蔡红艳译，中华书局，2014，第 17 页。
② 参见洛克《人类理解论》，关文运译，商务印书馆，2011，第 2 页。
③ 参见胡塞尔《第一哲学》上卷，王炳文译，商务印书馆，2017，第 128 页。
④ 洛克：《人类理解论》，关文运译，商务印书馆，2011，第 74 页。
⑤ 洛克：《人类理解论》，关文运译，商务印书馆，2011，第 75 页。

持的基本的区分，与康德的一些观点也有相同之处。

尽管在这样的分析中，在洛克所限定的分析范围内，观念的确起源于经验或经验性的东西。但是，洛克是借助于已有的经验性体验予以论述的，那些预先的经验使我们感到观念是以这样的方式获得的，于是我们便认为观念就是以这样一种方式获得的。因此，当以经验法则来解释心灵法则时，最终会陷入循环解释。只有进一步回答经验法则的起源问题，才能有助于真正彻底地回答心灵法则的起源问题。但洛克似乎并没有这样去做，或许是因为他认为这样做就已经满足他的理论需求了。

洛克对观念起源问题的分析，尽管在他所希望达到的理解范围内是没有问题的，但洛克的认识论分析并不能应对更为彻底的知识起源的追问。在以良好的有利的方式解决问题的过程中，如果在一定阶段出现了比较令人信服的认识，就马上将这些认识予以客观化，那么，这种以经验法则解决心灵中认识问题的起源的做法，恰恰是近代自然科学发展起来以后心理学所采取的。因而，洛克关于观念起源的学说，整体上是按照心理主义的解决思路进行的。因而在其特定的发展取向上，胡塞尔认识到“这种心理主义按照其类型，就已经必然是怀疑论，因此由于荒谬而失败了”。①

第二节　对洛克自然主义实质的批判

一　对天赋观念论的反驳是不彻底的

从洛克对自然主义的认识研究的反驳来看，洛克自然而然会反驳天赋观念论。这是洛克从获取知识的方式出发而必然要进行的反驳。例

① 胡塞尔：《第一哲学》上卷，王炳文译，商务印书馆，2017，第197页。

如，洛克鲜明地指出，如果天赋中有颜色的观念，那么就不需要视觉能力来获得与此相关的观念，同样，人与人之间所产生的统一的看法，并不能证明观念就是天赋的，如儿童和白痴就没有这些一致的看法。[①] 可以说，洛克所面对的问题是：天赋观念论者以一种经验中得来的有效性的认识为根据，在对这些认识的进一步的根据进行追溯的过程中，不是通过严密的周全的考察而获得根据，而是赋予其先天存在的有效性。或者赋予理性考察自身所应该拥有的先天的有效性，从而，以这样一种简便的方式完成了对认识的根本合法性的证明。

然而，洛克的反驳只是针对了这种结论的荒谬性，却并没有揭示出这些论证的根本的荒谬之处。洛克并没有反对在这些根基性的结论之上的认识的有效性，而是反对他们对这些认识赋予的根基性的东西的认识是不严密的。天赋观念论代表着人类认识论史上的一个典型的环节，一方面它体现为认识的不彻底性，另一方面体现了某一历史阶段人类对认识的基础性追问的急于求成，它恰恰是怀疑论的相反形态，但本质上都是不可知论，它们永远不可能是科学的认识论。

同时，从洛克的研究目的来看，洛克也没有打算对那些根基性的东西（如天赋观念论）进行彻底的反驳。因为他在接下来的导论中反复强调的是观念的获得方式的问题，以及与之相关的认识的范围与起源的问题。如果单纯从这些引论的内容来看，洛克已经在意图上走向了现象学所要探讨的领域。但是，通过洛克在正文中的论述可以看到，他所使用的是经验认识中的一些法则。这些法则是在经验认识或自然科学认识中得到承认的或有效的法则。这导致的问题是，由意识活动所产生的关于经验科学的认识，如果再次由经验科学自身的一些有效性的东西去奠基对意识活动的认识的话，这在一定程度上显然是循环论证。

---

① 参见洛克《人类理解论》，关文运译，商务印书馆，2011，第8页。

因而，胡塞尔认为，洛克的研究虽然将认识活动追溯到了纯粹主观性领域，但是，“他完全是按照自然主义观点这样做的”。[①] 因此，洛克对天赋观念论的反驳，实则是以自然主义的方式进行的。他只是以一种确凿的经验性认识结果，反对另一种缺乏经验支撑的认识的悬设。

二　洛克的一般观念是对经验的析取

洛克的白板说带有直观经验主义的特征，即在意识平面上所获得的经验，是直观到的，也包括外物被直觉后获得的经验。经验、直观与感知在洛克的意义上是等同的。洛克鲜明地认为，思维的对象就是观念。[②] 在洛克的意义上，除了心灵所提供给理解活动的自身活动（反思或反省）外，外物是以观念的方式出现的。洛克的讨论主要集中于后者而不是前者。因此，洛克的一般观念是关于外物的一般观念，而不是在心理活动中被给予的一般观念。后者是胡塞尔现象学中所讨论的一般观念。

洛克的一般观念是通过对单个事物的抽象得来的，是精神将一种特殊的观念抽取出来当作典型使用的，所以，洛克的一般观念在根本上只是一种特殊的个别观念，当这个个别观念被当作典型使用的时候，就成了一般观念。胡塞尔对洛克一般观念的批判，并不是因为区分这种一般观念的做法毫无是处，而是因为这种一般观念的产生方式是有问题的，或不明晰的。洛克并没有详细考察意识活动中个别观念是如何典型化为一般观念的，个别观念向一般观念的典型化过程，在经验认识中是可以获得解释的。洛克认为，所有的观念都是从经验中来的。洛克认为，我们的一切观念“都是从‘经验’中来的，我们的一切知识都是建立在

---

① 胡塞尔：《第一哲学》上卷，王炳文译，商务印书馆，2017，第115页。

② 参见洛克《人类理解论》，关文运译，商务印书馆，2011，第73页。

经验上的，而且最后是导源于经验的”。[①] 由于个别观念和一般观念都是从经验中来的，又由于它们的区分在经验认识中的运用是有效的，所以，关于这一区分的构想是合法的。在这一认识原则下，虽然洛克承认纯粹逻辑、纯粹数学和纯粹道德的观念，但这些纯粹的观念不是胡塞尔所考虑的那些纯粹观念。胡塞尔的纯粹观念是意识自身给予的，而洛克的纯粹观念是从经验中发端的。

洛克立足于经验认识的有效性来阐释一般观念。我们也承认，一般观念的确在这样一种意义上是来自个别事物间的共相的东西，与个别对象在关联上有着本质的亲缘性，但并非来自经验。从现象学看，其本身首先是意识在自身中把握到的。胡塞尔所谈论的正是意识中一般观念如何被给予的问题。胡塞尔在其思想的早期阶段认为一般观念是逐级产生的特有的对象性。[②] 在胡塞尔意义上，观念始终是关于对象的观念。而洛克的一般观念却没有明确地意识到这样一种意向性意义上的对象性的东西，洛克也没有区分与观念相关的意义表象和含义表象，前者是被直接给予的，而后者是被有所意指地给予的。[③] 在此之中，洛克并没有详细考察观念与对象之间如何产生关联的意识发生过程。毋宁说，这一关联的预先发生决定了对这一关联的认识和运用的合法性和有效性。

洛克只是认为观念的另一来源是心理活动。洛克的“活动”，不仅包括了人心对自已观念所起的一切动作，而且也包括由观念所起的情感。[④] 这表明，洛克早已认识到了心理行为在观念发生中的重要作用。但他对心理行为的考察主要是借助对外在的经验推理而施行的，所以，洛克的一般观念不是意识中被把握到的自身被给予性的东西，而是对认识中的某种共识

---

① 洛克：《人类理解论》，关文运译，商务印书馆，2011，第 74 页。

② 参见胡塞尔《第一哲学》上卷，王炳文译，商务印书馆，2017，第 178 页。

③ 参见胡塞尔《逻辑研究》，倪梁康译，商务印书馆，2015，第 441 页。

④ 参见洛克《人类理解论》，关文运译，商务印书馆，2011，第 75 页。

的一种标识，是借助经验而获得的。在胡塞尔的理解中，这样的一般观念，也应该是一种具有统一性的东西，是在意识中被积极综合出来的统一性，它具有自己专门的对象，是在意识把握中自身被给予的对象。① 例如，三角形这一一般观念，不是被动形成的，而是积极综合出来的。②

与之相关的，洛克认为，共相和总相只是理解的产物。洛克说："总相和共相不属于事物的实在存在，而只是理解所做的一些发明和产物，而且它所以造它们亦只是为了自己的用途，只把它们作为一些标记用，——不论是字眼或观念。"③ 这表明，洛克承认心理行为通过制造概念的方式把握事物。但他没有对心理行为独立的概念发生过程予以考察，因为在他那里，考察到这一步就已经够用了。从胡塞尔角度而言，洛克的这一认识，既没有物质物体所产生的表象上的根据，也没有心理表象上的根据，这是一种悬在空中的没有任何依托的东西，好像只是为了服务于符号性的存在似的。洛克关于本质与抽象观念的分析，路径与此相同：从已经在经验中确认的认识结果出发，分析其关联特征和合法性。洛克的这些分析，详见《人类理解论》第三章。

因此，洛克对一般观念的分析，不是立足于纯粹意识领域的考察，而是从经验认识中析取出来的。这一分析方法与客观科学的理论析取方法是一样的。洛克的认识论最终建立在不言而喻的客观科学的研究基础上，这样的认识论无法满足更为彻底的理论需求，洛克假定了这些经验认识的有效性，并将其当作理论认识的前提，所以，属于客观主义的独断论。胡塞尔说："在洛克的作法当中，正如在一切自然主义的（人类学主义的，心理学主义的）理性理论的作法当中一样，有一种荒谬的

① 参见胡塞尔《第一哲学》上卷，王炳文译，商务印书馆，2017，第181页。

② 参见胡塞尔《逻辑研究》，倪梁康译，商务印书馆，2015，第439页。

③ 参见洛克《人类理解论》，关文运译，商务印书馆，2011，第426页。

前提。这种作法将自然，自然科学作为有效的而设定为前提，然而同时又询问它的有效性之可能性。”①

第三节 对洛克认识论的方法批判

一 洛克客观主义素朴的独断论

虽然洛克排斥从物理意义上研究认识活动的方式，然而，这仅仅说明他排斥以这种方式对认识活动进行的研究，排斥对人心的物理本质的研究，洛克并没有对他的研究方式中所使用的根本方法和原则进行彻底清算。因此在胡塞尔看来，虽然洛克希望通过纯粹内在的经验的描述，以对单纯的心灵活动中认识的内在历史起源的考察来研究纯粹的心灵，然而，他的这种对心灵进行“历史的”描述的方法，并不能在方法上获得客观主义的认识。②

如果洛克需要将自己对于认识活动或理解活动的认识推进到更为彻底的层面，那么，他就需要进一步对这些客观主义的方法进行彻底的考察，以保证其充分意义上的有效性。然而洛克并没有这样做，而是凭借着经验感受中对客观主义方法的有效性的一种感受信念，凭借着某些方法在新兴自然科学发展中所表现出来的魅力，并将其当作既定的或不言而喻的东西加以运用。如果洛克意识到了对这些客观性方法的考察的必要性，拥有了更高的理论需求，那么，他自然而然就会推进到主观领域的研究中。

这些客观性方法作为认识方法，必然在意识活动中有自身的起源。

---

① 胡塞尔：《第一哲学》上卷，王炳文译，商务印书馆，2017，第139页。

② 参见胡塞尔《第一哲学》上卷，王炳文译，商务印书馆，2017，第115～116页。

抛开了对意识活动的考察，这些客观性的东西不能自身直接证明自身的有效性。然而，通过方法的效果证明方法的有效性是不充分的。在这种证明中，无法真正领悟到这种方法运用于某些认识对象是有效的，而运用于其他类的认识对象却是无效的根本原因。客观性方法及其运用中的有效性，作为一种蕴含着认识手段及其确定性信念的认识结果，首先有着一种观念性的起源，或者必然离不了观念性的起源。而观念性的起源首先存在于意识自身中，它通过对于任何客观性的东西的借鉴以完成自己的证明，都将产生方法的越界，证明过程必将是不充分也不彻底的，所以，如果洛克需要彻底地考察他所使用的客观性的东西，那么，必须回到主观性中去考察才能真正完成这一任务。胡塞尔认为，“洛克没有看到，真正的客观性，就是某种只有在意识中才能获得意义和原初实现的表现的东西”。①

由此，洛克也无法彻底摆脱怀疑论的质疑。怀疑论中蕴含着对认识的彻底自明性的隐秘的渴望，正是这样一种潜在目的的存在，才使得怀疑论不断得以存活，而这一目的的来源，不是来自客观科学中认识的不彻底性，而是真正来源于意识之中。在纯粹意识给予中对一种内在性东西的强烈的被给予要求，使得认识要求一种彻底性和清晰性，这是怀疑论的否定力量的真正来源。因而，要根除怀疑论，免除形而上学发展中的种种无休止的关于认识的争吵，必然要回溯到认识的自明性的彻底给予之中。

尽管洛克试图结束形而上学无休止的争论，阐明一切科学的基本概念和方法的最终来源，但在初始动机和阐述方式上都是不彻底的。胡塞尔认为，他一方面抛弃了笛卡尔式的力求获得绝对奠基的认识起点的开端，或者说，洛克在一开始根本就没有打算获得这样一种开端，所以，他没有从对一切科学和经验世界本身的怀疑开始；另一方面他假定并借

① 胡塞尔：《第一哲学》上卷，王炳文译，商务印书馆，2017，第 116 页。

鉴了一些新产生的客观科学的有效性，因而，在其学说中，包含着循环论证。[①] 因此，洛克由于借用了客观主义的方法，必然导致对意识活动的研究成果的不彻底性。这就必然导致其认识论分析无法彻底摆脱独断论。

二 洛克经验主义方法的荒谬性

洛克试图为认识活动提供一种真正说明的动机，这是没有问题的，关键问题在于其对经验主义方法的使用。

在洛克的时代，自然科学的发展使人们逐渐迷恋于它所产生的效力。自然科学的巨大成功在很大程度上影响了人们的生活，这些新的成果及其方法与以往的方法相比具有无与伦比的优势。因此，人们按照信念中会选择最优化的方法的习惯，会自然而然地在心理强度上增加对这种方法的认同。这种信念选择和自然科学的实际效应结合起来，使其迅速地扩展开来。经验认识中的人们，会优先选择这些已经产生良好效力的方法。由此，人们对自然科学的方法的崇拜逐渐增强，在没有更好的方法可选择的情况下，人们总是希望从这些方法中寻找到解决新问题的路径。霍布斯就是秉持这一做法的哲学家中的先驱人物，他把自然科学当作哲学上最终可能的科学的原型，以自然世界的客观性说明人类行为的客观性，这种做法似乎在当时便于获得人们的认可，因此，他不仅赋予物质自然以绝对的存在，也将经验着的心灵存在还原为自然，在这一意义上，霍布斯就被想当然地当作唯物主义心理学的创始人。[②]

对于洛克而言，他虽然在《人类理解论》的开始之处力图避免这种将心灵世界的活动自然化的研究倾向，但他理解的自然仍然是具有固

① 参见胡塞尔《第一哲学》上卷，王炳文译，商务印书馆，2017，第117～118页。
② 参见胡塞尔《第一哲学》上卷，王炳文译，商务印书馆，2017，第136页。

定的物理特征的自然。然而，自然世界所拥有的这些固定的物理特征，并不是自然本身给人们提供的，而是人们通过一定的认识方式把握到的。在这一点上，洛克并没有犯糊涂。可以说，洛克承认了这样的划分，他将前者划分为物质性的自然，将后者划分为与人的认识活动相关的心灵。他认为，前者在一定意义上是客观的，后者在一定意义上是主观的。

基于上述认识区分，洛克在《人类理解论》第八章区分了“第一性的质”（主性）和“第二性的质”（副性）。物质特性（具有客观性的物质特性）被洛克当作“第一性的质”，是任何物体都具有的性质。它们表现为空间或时间关系，表现为可以通过空时关系描述出来的物理量。与主观性相关的这样一种特殊的感性的质，就是“第二性的质”。在相关分析中，洛克把能力称为第三性的质。对此，胡塞尔是这样理解的：对于感受到的声音信号，是具有一定规则形式的空气振动，并通过这种振动在因果关系上可以说明；感觉到的颜色是由物体发散出来的；这里，声音与颜色的产生源自客观的物质物体，这样的物质物体不仅是“第一性的质”的基底，也是力的基底；如此一来，质和能力都统一于这样的基底之中。① 洛克所说的这样一种“基底”，实际上就是被预设的自在之物，它在本质上仍然是晦暗的。这是因为洛克寻求的是对已有经验认识的解释的有效性，这些解释不仅建立在心灵活动的“历史的”描述方法之上，也建立在经验主义的归纳方法之上，通过对这些有效的分析结果的进一步运用，以产生更多的认识，所以，洛克并没有意识到在主观性的意识活动中对这些东西进行分析的必要性。

自然科学在发展中努力寻找自然事件产生的前提，一定的前提与相应的关系决定着一定的结果。因此，自然科学家也始终按着这一思路进

---

① 参见胡塞尔《第一哲学》上卷，王炳文译，商务印书馆，2017，第137页。

行科学理论的发现和探索。不仅在已有的自然科学中如此，也影响了新的科学探索。因而，这样一种解释，就是将“第二性的质”这样的感觉中把握的东西，当作某种由基底所决定的东西。因此，胡塞尔认为，心灵活动和状态在洛克的意义上也是由人们不可能知道的某种基础的东西所决定的。[①] 而自然科学的因果性认识，实则是通过归纳的方式获得的。

在以经验主义为特征的自然科学的认识中，人们对认识前提的追问或考察，如果需要寻求其客观性的支撑，必然最终前进到人们无法认识的前提之上。这一认识过程的实质包括两个方面。一方面，前提是被设定为有效的或可靠的，它的可靠性其实是将已有的在经验认识中得到的可靠性信念迁移到了它的身上，当追问经验性的认识的有效性时，又将其归因于前提的可靠性。这实则是一种循环论证。另一方面，将这样的前提予以神秘化，当作不言而喻的有效性的东西。这实则已经从归纳法过渡到了神秘律。这样，经验主义的认识论如果不是由其创造者和秉持者所予以各种坚定的信念所维护，那么，其自身就自然而然导致了极端怀疑主义，进而导致了不可知论。甚至，如果有谁对这样的理论的前提提出怀疑，那么，他可能会被以种种形式的“渎神般的罪名”而荒谬地处理。简言之，对他们而言，种种新生思想的苗头由于它的颠覆性动机都需要被扼杀，才能保证这种不言而喻的东西的合法性。谁如果试图颠覆这些“神秘的稻草”（这是伦理秩序的最高准绳），谁就被视为公敌。因而可以说，在这种情形下，经验主义在后来的演变中需要的是被娇宠和呵护，而不是对认识的彻底性和自明性的探寻。

总体上，洛克立足于已有自然科学的成果展开分析，通过因果律，以及一般意义上的联系律，再以对心理事实的描述方法，归纳总结出了

① 参见胡塞尔《第一哲学》上卷，王炳文译，商务印书馆，2017，第137页。

认识活动的一些规律和原则。只要这些认识成果之间获得前后一贯的解释，便成为有效的认识信条被继承了下来。我们并不是说，洛克以这样的方式形成的认识全然是无意义的、不合适的，而是说这些认识及其方法无法满足更高的理论需求，因而，当以这样的经验主义方法寻求奠基性的认识的时候，产生的必然是荒谬的结果，如此形成的认识，要么是循环解释的，要么是独断的，要么是含混的。

第四节　现象学是洛克认识论的出路

300 多年来，伟大的哲学家洛克以其清晰明了的语言影响着哲学、心理学、政治学、经济学。至今，很多人的思考、生活还笼罩在洛克巨大而深远的筹划中。

洛克对认识活动的研究影响深远。胡塞尔对此也有中肯的描述："自洛克以来直至今日，有两种信念被混为一谈，一种是从经验意识发展史中获得的信念（它也是经验心理学的预先设定），即每一个概念表象都'产生于'以往的经验之中；另一种信念是指，每一个概念都是从诸如描述性的判断中获取在其可能使用方面的合法根据；而这一点在这里便意味着：只是在对现实的感知或回忆所提供的东西的观看中，才能找到经验意识之有效性的合法根据，找到它的有本质性或无本质性的合法根据，以及进一步找到它在现有的个别情况中的有效可用性的合法根据。"① 在胡塞尔的这些表述中，洛克显然是前一种意义上被胡塞尔批判的对象。洛克发现了事物自身的特征与感官把握的差异性，并把二者区分为"第一性的质"和"第二性的质"。然而，如果没有"第二性

① 胡塞尔：《哲学作为严格的科学》，倪梁康译，商务印书馆，2007，第 24～25 页。

的质”，“第一性的质”是不可想象的。[①] 这也是贝克莱与胡塞尔批评洛克的一致之处。[②] “第二性的质”是观念层次的把握，也就是在意识活动中的把握，是主观上的把握。断定“第一性的质”的存在，实际上是对符合论的真理观的新的演进。

在哲学史上，洛克将认识论推进到心理意识层面，他的研究力图摆脱自然主义和客观主义的束缚，从而在某种程度上也意味着向意识领域的迈进。同时，洛克也明确地把观念当作思维的对象。[③] 现象学所考察的对象就是意识体验，就这一出发点而言，洛克的这一做法无疑与现象学有一致之处。但在胡塞尔看来，洛克虽然看到了意识领域的重要性，却由于其经验主义的归纳方法自身所带来的缺陷，不能彻底澄清认识论问题，也未能走上真正的意识心理学研究和先验自我的发现之旅。

洛克关于观念起源的学说，以心理主义的思路进行，因而，洛克对天赋观念论的反驳，并没有揭示出这些论证的根本的荒谬之处。因为他使用的是经验认识中的法则，因而在认识起源的说明上最终会陷入循环论证。洛克排斥从物理意义上研究认识活动的方式，力图为认识活动提供一种真正说明的动机。这样的动机是没有问题的，问题在于其经验主义方法的使用。

洛克的“白板说”，在当时和今天盖过了亚里士多德关于灵魂的研究。人们已经忘记了亚里士多德《灵魂论》中的“白板说”这一比喻：心识（心灵、理智）是一块空白的石板，说它上面写着有字，这只是潜在为有字而已，现实地讲，一个字也没有。[④] 洛克的“白板说”，由于其新鲜的气息及独特的精神特质和说理方式，轰动一时。《人类理解

---

① 参见胡塞尔《第一哲学》上卷，王炳文译，商务印书馆，2017，第160页。

② 参见贝克莱《人类知识原理》，关文运译，商务印书馆，2010，第26~27页。

③ 参见洛克《人类理解论》，关文运译，商务印书馆，2011，第73页。

④ 参见亚里士多德《灵魂论及其他》，吴寿彭译，商务印书馆，2011，第156页。

论》在相当长的时间内，影响了哲学的总体面貌，甚至对今天的心理学研究仍然存在着影响。在一定程度上，心理学作为一门专门的科学而出现与洛克的学说有着很大的关系，特别是实验心理学的出现更是如此。洛克对于科学的赞扬和论证，以及其认识之起源的心理学探索，必然会使一些人将自然科学的方法带入心理学中。所以，这一学说不仅带有心理主义的特质，也是经验主义的习惯性产物。然而，经验主义最终的导向是怀疑论，所以，在洛克关于认识活动的这样一种学说中，隐藏的仍然是怀疑论。[①] 洛克的白板说被胡塞尔视为感觉论的心理主义。这种感觉论的心理主义是有问题的。胡塞尔说："感觉论的心理学主义则是无法医治的。它关于心理东西本身所提出的东西，从一开始就不是真正的发现，不是由意识生活本身的特有本质得来的发现。"[②]

胡塞尔认为，洛克将超越的世界的存在以及自然科学中对于主观性质与客观性质的相关解释，作为预先给定的东西继承了下来。[③] 然后，又在遵循通常的逻辑法则的情况下对这些东西进行了编织与梳理，形成了具有严格意义的心理学色彩的认识理论。

洛克将直观主义的方法运用于对心灵活动或精神活动中的认识素材的分析，分析了知性活动中一些基本的概念、范畴及相关的逻辑法则。这些分析对后来的哲学产生了重要影响。这不仅仅体现为近代认识论的转向和心理学的独立发展，而且也体现在康德哲学中。康德在《纯粹理性批判》中先验逻辑分析的大部分内容，都离不开洛克的奠基性工作。只不过康德由于意识到了这些分析的根基的不可靠（这些分析的可靠根基已经被休谟的怀疑论颠覆了），通过"先验"分析重新赋予了

---

① 参见胡塞尔《第一哲学》上卷，王炳文译，商务印书馆，2017，第185页。
② 胡塞尔：《第一哲学》上卷，王炳文译，商务印书馆，2017，第175页。
③ 参见胡塞尔《第一哲学》上卷，王炳文译，商务印书馆，2017，第201页。

相关分析的根基。然而，就《纯粹理性批判》中占很大篇幅的康德认为最为重要的和自己花功夫最多的“纯粹知性概念的演绎”这一部分内容而言，完全就是对洛克的相关研究予以重新梳理与大力改造的结果。该章节第二小节的 A、B 两个版本之间的变化鲜明地体现了这一点。可见洛克认识论的影响之深远。

胡塞尔在一定程度上肯定了洛克的学说。认为洛克的学说对现象学而言具有十分特殊的历史重要性，因为它毕竟在意图上开启了对意识活动的探讨。胡塞尔认为，洛克的这种探讨更多的是以经验主义的方式，而不是以现象学的方式，但无论洛克的哲学中蕴含着多少荒谬性的东西和带有怀疑论结论的东西，他的哲学仍然是一种具有方法并实际上按照其方法行事的认识论和心理学。[①] 胡塞尔说：“洛克的哲学不仅按照它原初的型式，而且按照它以后继续发展成内在哲学的型式，都仍然是在通向真正方法的艰难道路上的一个重要阶段。”[②] 这一说法蕴含着洛克的直观主义方法对近代哲学的独特贡献，以及洛克认识论在意识平面上的一系列操作活动。然而，如果要达到更为彻底的认识探究，就要走向现象学，这才是洛克认识论的出路。

---

① 参见胡塞尔《第一哲学》上卷，王炳文译，商务印书馆，2017，第 199 页。

② 胡塞尔：《第一哲学》上卷，王炳文译，商务印书馆，2017，第 195 页。

第十章　对贝克莱内在经验主义的批判

贝克莱熟悉数学家和自然哲学家们的著作，但他的哲学思想主要是在洛克的影响下形成的。① 贝克莱对洛克认识论中心灵活动或精神活动的相关认识既有继承，也有批判，并在一定程度上予以了推进。贝克莱关于哲学的主要构想和认识体现在其四部代表作中：《视觉新论》(1710)，《人类知识原理》(1710)，《海拉斯和斐洛诺斯的对话三篇》(1713)，《西利斯》(1744)。最后一部著作起初轰动，后来被忽视，但蕴含着他对哲学的统一思考。书名“siris”(西利斯)这个希腊单词的引申义是线索、链条、系列。贝克莱以此不仅要表明世界万物是一个链条式的完整系统，从感觉到人的理性认识，也是借助一系列中间环节实现的，而且，书名也在于表明思想是一个完整的系统。

第一节　贝克莱对洛克的继承与批判

洛克同时代及其之后的近代哲学家是摆脱不了洛克的影响的。在贝克莱的《人类知识原理》中，很多地方都出现了洛克的观点。有些是对洛克观点的相似的表达，有些是对洛克的相关观点的反驳。这些内容也是胡塞尔在认识论批判中所关注的部分。

然而，思想的继承并不像财产的继承那样直接明显，所以，研究者们关于洛克对贝克莱的影响也各执一词。有人认为，洛克对贝克莱哲学

---

① 索利：《英国哲学史》，段德智译，陈修斋校，山东人民出版社，2007，第137页。

中的突出要素几乎没有产生什么作用，他的《人类理解论》虽然教导了贝克莱，但成熟的贝克莱思想不是由它造就的。然而，我们所知道的是，贝克莱在三一学院求学期间，洛克的该著作是课堂中的教材。[①] 这显然不能说没有影响，即使贝克莱没有沿袭洛克的观点和套路，他却重新思考或推进了洛克认识论的问题。我们需要明白的是，思想的影响并不能以影响的“量”的多少来衡定，也不能以观点中有多少“类同”或以观点“是否类同”来判定。这都不应该成为真正合适的评价标准，因为这些评价蕴含的东西是各不相同的。思想与思想之间的“触动性存在”不能以简单的“对错”来判定。尤其哲学家对哲学家的影响更是体现为在一些“关键点”上的触动。触动之后，哲学家需要自己走上思想或认识的发现之旅。证据不足并不能构成不产生影响的结论。如果忽视了动机的给予而形成这样一种评比，显然是不合适的。

一　对洛克“观念作为认识对象”的认同

洛克认为，观念是思维的对象，观念有两个来源，一个源于感觉的对象，另一个源于心理活动，前一个相当于我们所理解的外感知，后一个相当于我们所理解的内感知。洛克的这一认识与现象学的进路是一致的，是对认识活动进行细致分析和彻底化推进的产物。相应地，洛克认为，一切观念都是通过感觉或反省得来的。与洛克相同，贝克莱同样认为认识的对象是观念。这里所说的“认识”，实则与洛克所说的“思维”的含义是相通的。贝克莱将观念分为三种类型：“一种是由实在印入感官的，一种是心灵的各种情感和作用产生的，一种是在记忆和想象的帮助下形成的（这里想象可以分、合或只表象由上述途径所感知的

① 参见傅有德《巴克莱哲学研究》，人民出版社，1999，第69页。

那些观念）。”[①] 贝克莱的这一区分实际上是继承了洛克关于两种观念的划分，并将洛克的反省观念分为由情感和作用产生的观念和通过想象所产生出来的那些观念。

从现象学观点来看，贝克莱在此所区分出来的三种观念，都是在内在的意识活动中被给予的或“看到”的，排除了任何经验中预设的实存的东西。通过感觉所获得的观念就是表象的一种形式，情感形成的就是情感表象或“爱恨”类的现象，在记忆和想象作用下形成的实际上就是判断的概念或范畴。由此，贝克莱的这一区分也就与布伦塔诺的心理学中对心理现象的划分具有了一致之处。只是在贝克莱那里并没有作为一种内在的意识考察而形成专门的关于意识的科学。胡塞尔在某种程度上也承认这样的划分，只是在处理的深度和方法的纯粹性方面不一样。贝克莱被胡塞尔尊崇为近代经验主义认识论和近代心理学的最伟大的先驱者。[②] 在这个观念领域中，贝克莱仍然遗留了将意识自然化的取向。但仅仅就观念的自身给予性这一认识而言，就内在经验的自身给予性而言，贝克莱已经推进了已有的观念研究，因而可以看作通向纯粹现象学的重要的一环。

二　对洛克直观方法的继承及其局限性

实际上，经验主义中一直蕴含着直观主义的方法，只是在洛克之前，这种方法在客观化的过程中并没有被特别强调，也没有获得较好的发展，没有经过考察而严密地发展为关于方法的学说。洛克在方法上的重要贡献在于对直观主义方法的应用。洛克通过直观主义的方法，将关于哲学的讨论引入了认识论，并进一步引入了心理学。任何经验意义上的法则在源头

---

① 贝克莱：《人类知识原理》，关文运译，商务印书馆，2010，第22页。

② 参见胡塞尔《第一哲学》上卷，王炳文译，商务印书馆，2017，第203页。

上都是由直观得到的，洛克的这一做法潜在地影响了贝克莱。

在对认识对象进行区分的学说中，观念作为认识（思维）对象不全是由某种经验性的原理推演出来的，而是以内在直观的方式获得的。即是说，作为认识对象的感觉到的观念和对心理行为进行感受的观念，都是在对心灵活动进行直观（知觉）时获得的。洛克认为，如果存在天赋的观念，那么，就是心灵所能够意识到的，在心灵中，不存在不为心灵所察觉（知觉）的东西。[①] 这里，断定心灵中是否存在这些东西，使用的方法不是别的，只能是直观的方法。只不过，洛克这里的直观，已经不单单是对外物进行观察的那种直观，而是对心灵活动予以把握的内直观或内知觉。

洛克说："人心在自身所直接观察到的任何东西，或知觉、思想、理解等等的任何直接对象，我叫它们做观念。""知觉是最初的，简单的反省观念——知觉是人心运用观念的第一种能力，因此，知觉这个观念是我们反省之后所得到的最初而最简单的一种观念。"[②] 从洛克这样的论述可以看到，知觉这一简单观念就是直接直观的（反省的或内知觉的）产物，是直观的对象。贝克莱实则也是以这种内在直观的或内知觉的方式把握最初的观念的。

就"真理"而言，贝克莱认为其也是以"看"的方式获得的。只不过这种"看"的对象与对自然界的那种观察（看）的对象不一样，但"看"的方式是同一类的。贝克莱说："有一些真理对于人心是最贴近、最明显的，人只要一张开自己的眼睛，就可以看到它们。我想下面这个重要的真理就是属于这一类的；就是说天上的星辰，地上的山川景物，宇宙中所含的一切物体，在人心灵以外都无独立的存在；它们的存

① 参见梯利《西方哲学史》，伍德增补，葛力译，商务印书馆，2013，第 345 页。
② 洛克：《人类理解论》，关文运译，商务印书馆，2011，第 107、116～117 页。

在就在于其为人心灵所感知、所认识。"① 这至少是在表明，有一部分真理是被直观到的，如抛却心灵就什么也看不到。这些真理不是被推演出来的，而只能以内在的方式被"看"到。

从洛克对观念的区分和贝克莱对直观的论述中可以看到，他们的认识论中都蕴含着同样的直观主义的方法。这种直观，已然不是那种对外在的自然客体的直观，而是被发展了的"直观"。在现象学意义上，这种直观就是内在的直观。胡塞尔肯定地说："洛克著作的新颖之处和重要意义，就本身而言，并且对于该时代而言，就在于这种直观主义。"②

直观主义方法在洛克的认识论中出现，将认识回溯到直观的起源，回溯到自明性的起源，这与胡塞尔现象学方法具有一致之处。其实，经验主义并非一无是处，它在理论价值方面的持久意义，在于其中所蕴含的直观主义的方法。包括现代的自然科学方法在内，都蕴含着直观主义的方法。因为没有直观，我们就无法建立与外在对象的认识关系，也无法建立与内在对象的关系。然而，他们也没有意识到这样一种方法对构建一门严格科学的哲学所具有的重要意义。

从现象学的考察来看，当认识活动力求在直观上获得清晰的考察时，本身就蕴含着经验主义的一部分正当性在内。只是这种正当性及其方法在通往更高的理论需求时需要被进一步严格考察和运用。

胡塞尔评价道："在贝克莱对洛克朝向内在直观主义的诸种含糊不清的开端之纯化中，就有了一种新式的意识科学之最初的萌芽，这种意识科学作为有关纯粹意识的科学必须与作为客观世界的科学和全部传统心理学分开，无论每一种心理学怎样必须与意识的体验打交道。然而贝克莱本人并没有对这种纯粹意识科学进行系统研究。甚至根本没有将它

① 贝克莱：《人类知识原理》，关文运译，商务印书馆，2010，第24～25页。

② 胡塞尔：《第一哲学》上卷，王炳文译，商务印书馆，2017，第202页。

的理念作为一切认识和科学的基础标出来。”①

需要补充的是，胡塞尔对二者的直观主义的批判，看似是赋予这种经验的直观主义以真正的合法的权利，如胡塞尔说“仿佛是面对它自己而捍卫经验主义，仿佛是给予它的真正的自我和它的主导理论以说话的余地，或者从假的经验主义中将真实的和真正的经验主义解剖出来”②，而实际上，这一批判以及与之相关的认识论批判，是克服以往认识论的局限性而通向先验现象学的途径之一。

三 对洛克“抽象观念”的反驳

在《人类知识原理》中，贝克莱反驳了洛克的抽象观念。他并不否认普遍观念的存在，但否定了抽象的普遍观念的存在。贝克莱认为，抽象观念是不可能的，抽象的普遍观念（一般观念）的存在是由于它能够无差别地标记各种个别的东西，普遍性之所以存在，是因为“它和它所表象的那许多个别事物所有的关系”。③ 对此，我们可以理解为：个别的东西由于它具有可以表示其他的同种个别东西的观念，就成为普遍的了。我们是从标记功能来理解的，但这显然不是贝克莱所要充分表达的含义。贝克莱在此所要突出的是观念的内在性，观念首先是内在的，表达的是其可以不依赖于外在对象而自身存在的含义。

洛克在区分第一性的质和第二性的质的过程中，预设了物质性实体的存在。贝克莱认为，这一实体并不是洛克意义上的认识对象，因为洛克的认识对象是观念，所以，相应地，洛克的认识对象就演变为与此相关的两种观念。通过前文论述我们知道，贝克莱将其扩展为三种观念，

① 胡塞尔：《第一哲学》上卷，王炳文译，商务印书馆，2017，第209页。

② 胡塞尔：《第一哲学》上卷，王炳文译，商务印书馆，2017，第202页。

③ 参见贝克莱《人类知识原理》，关文运译，商务印书馆，2010，第18、11、13页。

但实际上是对洛克的综合观念的发展。

与洛克不同的是，贝克莱否认了物质实体的存在，将其回溯到主观的观念性构成之中。贝克莱认为，心灵、精神、灵魂和自我是同一个东西，思想、情感和想象所构成的观念，不能脱离心灵而单独存在，“存在”就是通过直觉而知道，当我们在说“没有思想的事物存在”时，这里的“存在”（esse）就是被感知（percepi），因而，世俗看法中关于房屋、河流等东西的存在，只是因为人们信仰“那种存在是和被理解所感知的存在不同的”这样一个原则。但是，只要在内心中去审查这个原则，马上就会发现其在认识起源上是矛盾的。贝克莱继而认为，之所以会出现这一矛盾是因为“它是依靠于抽象观念的学说的”，因为对象和感觉本来是一种东西，“是不能相互抽象而彼此分离的”。[①] 贝克莱的这一认识，实则已经是将外在事物作为内在于意识中的表象而处理的。在这里，表象就是对象的表象，感觉后形成的东西也是对象的表象，所以，感觉和对象在认识中本来就是一种东西。这已经是从与康德的感性论相似的立场来看待问题了。这与布伦塔诺和胡塞尔从心理现象的立场来处理感觉与对象、表象的关系的方式是相似的，所以，从现象学立场看，贝克莱与之前的哲学家相比，已经推进了对内在意识现象的研究。

贝克莱在《人类知识原理》绪论和第一部分第 1 ~ 33 段所涉及的大部分内容，都是对洛克《人类理解论》的主要观点的批判。然而，洛克在《人类理解论》开篇谈论的是认识问题，而贝克莱在《人类知识原理》开篇谈论的是哲学问题。在绪论中，贝克莱说：“哲学之为物，既然只是研究智慧和真理的，因此，我们正可以期望，人们如果在哲学方面曾经花费过很多的时间和辛苦，则他们比起别人来，心理应该

① 参见贝克莱《人类知识原理》，关文运译，商务印书馆，2010，第 23 ~ 24 页。

更为安详沉静，知识应该更为明白确凿，而且他们也应该少受怀疑和困难的干扰。”① 这应该看作贝克莱认识论与洛克认识论产生分野的真正缘由。

第二节 贝克莱世界构成问题的局限

胡塞尔认为，贝克莱将外在事物的世界纳入内在的意识世界中来考量，并尝试在内在世界中构成作为自然客体的世界。这也就意味着，贝克莱的认识论首先体现出了鲜明的内在特征，但由于其方法上的缺陷，这一伟大的直观性发现最终走向了自然主义。

一 贝克莱认识论的内在性特质

胡塞尔将贝克莱称为“近代最彻底的、最具有独创性的哲学家”，但胡塞尔又认为，“近代并没有能理解他思想中最好的东西”。② 即是说，贝克莱对洛克自然主义的认识论重新进行了考察，这一考察中蕴含着内在性的一些分析，但其中蕴含的这一优秀的东西并没有被人们所认识到。

当洛克将认识的探讨集中于观念对象而不是外在对象时，实际上就是对内在意识对象的观察，因而这也表明，“在洛克著作本身中，有一种志在纯粹内在哲学的意图”。③ 因此，在现象学动机中，将洛克的直观主义纯化后，在排除了超越性的预设之后，对认识的考察就已经进入了内在的意识领域。

---

① 贝克莱：《人类知识原理》，关文运译，商务印书馆，2010，第3页。
② 胡塞尔：《第一哲学》上卷，王炳文译，商务印书馆，2017，第203页。
③ 胡塞尔：《第一哲学》上卷，王炳文译，商务印书馆，2017，第202页。

贝克莱正是在这一基础上开始的，只是他并没有明确地意识到这一考察的奠基性意义，没有意识到沿着这一考察路径继续深挖还可以走向更为彻底的理论建构。当他将外物的存在理解为感知时，就不知不觉地进入了对认识起源的内在考察。虽然无需多深的知识准备，人们都可以理解或体察到“存在即感知”，但能在这一认识或体察之上形成对世界的统一理解却鲜有人为之，而贝克莱正是那些少数人之一。贝克莱批判洛克“第一性的质”与“第二性的质”的区分时，认为如果没有“第二性的质”，“第一性的质”是不可想象的，“所谓广延、形象和运动，离开一切别的可感知的性质，都是不可想象的”。[①] 这意味着贝克莱将主观性中的观念的把握提高到了第一性的地位。在这里，外在的物质性实体是以观念的方式在认识活动中被操作的。毋宁说，贝克莱就是把超越（先验）之物作为意识中被给予的东西来考察。与现象学相比，贝克莱只是在术语表述上有所不同。如果另有不同的话，那就是贝克莱并没有意识到内在直观的重要的方法性意义，没有意识到内在给予的意识中的明证性（自明性）对于认识起源和观念起源的考察所具有的重要意义。

如前面所述，在贝克莱对洛克自然主义的观念学说的批判中，当他排除了外在的物质实体并将其作为观念中的给予物而考察时，正是在进行对意识活动的内在给予方式的考察。因此，胡塞尔认为，贝克莱在对洛克自然主义的批判中，创立了有关物质世界的第一个内在的理论。胡塞尔说：“这是第一次系统地尝试使在进行认识的主观性中构成实在的世界（物理的世界以及动物的－人的世界）成为理论上可理解的。甚至连这个问题其实也是由贝克莱首先发现的，尽管是以一种只不过是最

① 贝克莱：《人类知识原理》，关文运译，商务印书馆，2010，第27页。

初的开端形态发现的。”[①] 因而，也可以说，关于世界的外部经验，在贝克莱那里是首先当作纯粹内在的意识自我的体验而呈现出来的。

然而，贝克莱并没有在此基础上“将直接的意识领域本身纳入系统的工作之中”，从而“询问这个直接的意识领域本身”，并“从这个领域本身探究这个外部世界的意义”。[②] 也即是说，贝克莱没有意识到对超越之物进行严格考察的真正方式的必要性及这一方式对认识的奠基性意义。

二 贝克莱哲学的自然主义特质

虽然在通向纯粹内在意识的考察道路上贝克莱推进了洛克的研究方式，使世界的构成以一种较为一致的方式在意识中被给予，但贝克莱仍然没有完全摆脱自然主义的影响。可以说，在对认识开端进行探寻的这些认识论哲学家的研究中，仍然处处存在着将认识结果实存化或将其客观化的特质。这就是说，贝克莱认识论仍然具有自然主义的特质。

胡塞尔说：“贝克莱仍然囿于白板说的自然主义，他以感觉论方式将具有其被知觉状态之自明性的当下被知觉事物与感觉事实的构成的，由视觉的、触觉的、听觉的以及其他事实构成的当下的复合体混淆起来，而没有注意到，被以知觉活动之连续的方式自明地给予的同一的事物，正是作为自明地同一的事物，而决不可能是感觉事实的经常的变动。”[③]

胡塞尔的这段批评包含两点：一是贝克莱把知觉中的明证性之物与感觉呈现的客体混淆了；二是贝克莱没有注意到认识的主观性可以将客

---

① 胡塞尔：《第一哲学》上卷，王炳文译，商务印书馆，2017，第203页。
② 参见胡塞尔《第一哲学》上卷，王炳文译，商务印书馆，2017，第204页。
③ 胡塞尔：《第一哲学》上卷，王炳文译，商务印书馆，2017，第204页。

体一次性地把握为同一客体，而不会因为多次感觉的呈现而把握为多个客体。因此，贝克莱对内在对象与外物的把握还缺少更彻底的分析。他实质上以感觉呈现的多样性裁决了知觉内容的多样性。因此，意识自身的特征就变成了由感觉事物所决定的东西。因此，贝克莱仍然是局限于“白板说”，对认识活动的分析在根本上仍然是自然主义的方式。

这也意味着，在以下面的方式考虑问题时，必将在一定的认识阶段产生含混或悖谬。

如果直观到的结果和直观的方式是紧密地结合在一起的，或者说知觉的有效性伴随着知觉方式的有效性，二者是相互伴随且密不可分的，同时如果忽视了直观方式或者被给予的方式，那么，结论的有效性或超越的被给予之物，必然会失去其真正的保证其有效性的方式。从而在进一步的考察中只是被当作实存的东西继承下去。久而久之，对原初的这些给予方式及其被给予内容的遗忘，必将导致一定的认识阶段中出现含混和悖谬。简言之，当要求这种客观化认识方式满足更高的理论需求时，必将会带来认识的荒谬性。

在胡塞尔看来，认识在起源上来自意识中明证的被给予之物。仅从对客观之物的把握过程来看，这包含两个方面：一方面是外在事物作为显现者在意识中的给予，另一方面是意识自身的给予行为所带来的东西。后者是纯粹意识自身被绝对给予的东西。在这一给予行为中，可以构造的有时间意识、客体（对象）、范畴等低阶的和高阶的构造物。如果将这些被给予物作为感觉的事实继承下来，那么，无疑是将经验世界当作感觉的复合物，从而，真正地将整个外在世界绝然地抛弃了。如果胡塞尔这样做了，那么，他就与贝克莱的哲学没有太大区别。而事实上，胡塞尔并没有将物质世界完全抛弃掉。在对于外在世界的考察中，他只是改变了考察的方式，并在认识论的考察范围内将现象学限定在内在世界的被给予性之中。

在被给予性中，事物的显现或被给予方式与意识中把握到的“统一性”不是一回事。因而，在直观中获得的经验事物的被透视出来的多样性，并不能等于意识把握中的统一性。后者是在意识中构成的超越的东西，前者只是不同的显现。然而，胡塞尔认为，贝克莱以经验事物显现的多样性置换了意识中的统一性意识，没有看到意识综合对连续的经验活动的综合过程。① 而统一性恰恰是意识以特有的方式综合出来的统一性，它是意识在高阶对象的构造活动中给予的统一性，而不是事物显现出来的统一性。由于这种构造活动的存在，人们在认识中才能根据不同的意向行为综合出不同的统一性，以不同的统一性形成不同的理论需求或认识需求。实则这一统一性既具有同样的含义，在用之于不同客体时又有着不同的含义。

胡塞尔对贝克莱关于事物构成的论述进行了批评。我们可以在贝克莱的《人类知识原理》中找到这些论述。贝克莱说：“借着视觉，我就有了各种光和色以及它们的各种程度、各种变化的观念。借着触觉我就感觉到硬、软、热、冷、运动、阻力，以及这些情况的各种程度和数量。嗅觉给我以气味；味觉给我以滋味；听觉把调子不同、组织参差的各种声音，传到我的心灵中。心灵有时看到这些观念有几个是互相联合着的，因此，它就以一个名称来标记它们，认它们为一个东西。例如，它如果看见某种颜色、滋味、气味、形象和硬度常在一块儿，则它便会把这些性质当做一个独立的事物，而以苹果一名来表示它。别的一些观念的集合又可以构成一块石、一棵树、一本书和其他相似的可感觉的东西。”②

针对贝克莱的论述，胡塞尔得出这样的结论：在贝克莱那里，“事

---

① 参见胡塞尔《第一哲学》上卷，王炳文译，商务印书馆，2017，第205页。

② 贝克莱：《人类知识原理》，关文运译，商务印书馆，2010，第22页。

物不外就是结合的复合体，这些复合体按照习惯相互指明，在感性经验中以共存与相继的方式按照经验规则出现”。[①] 胡塞尔在这里所要指出的是贝克莱的内在经验主义的实质。这些作为“习惯”的东西，就是内在的认知经验。它是这样的内在经验：由于某些观念经常一起出现，所以习惯性地将其作为一个事物来看待。这的确是一种统一化的行为，但它是一种含混的统一化行为，因而不能获得清晰化了的统一性。贝克莱就是由这些内在的经验出发，获得对世界的一致解释的。

在这一经验规则中，贝克莱其实已经是将因果律作为感性经验的连接而理解了。即使不能称之为因果律，也可以称之为一种习惯性的联想或联结。根据贝克莱的这一经验规则，推理的过程，也就变成从一个内在经验材料到另一个内在经验材料之间的联结。外物的存在已经不具有了应有的意义，客体的同一性和统一性也被消解了，所有的材料都是这种感觉观念所改造的东西。这种改造的东西，与世界自身并没有明显的区分，或者根本就没有进行区分，所以，存在即被感知。在这样的感觉论中，意识的出现意味着推理的出现，意识的消失就意味着客观事物及法则的消失。胡塞尔认为，如果遵循贝克莱的逻辑，就没有了真正的因果性，只有合乎规则的以归纳方式所预见的“先来者”和“后来者”。[②] 一切事物似乎都可以不存在似的。这显然不是胡塞尔所期望的结果，也不是客观世界的应有样态。

总体而言，贝克莱的感觉论是自然主义的感觉论，由于将观念拉入内在意识中考察，并将事物的构成视为内在观念组合的习惯上的构成，所以，他的哲学是内在经验主义的。

---

① 胡塞尔：《第一哲学》上卷，王炳文译，商务印书馆，2017，第205页。

② 参见胡塞尔《第一哲学》上卷，王炳文译，商务印书馆，2017，第206页。

第三节　贝克莱单子论的萌芽及局限

在贝克莱的学说中，认识的对象或观念是不能独立存在的，它必须依赖于某种东西而存在，也就是依赖于实体而存在。贝克莱的实体指的就是精神。

在贝克莱的理解中，这个“精神”也就是“心灵”，与灵魂、自我的含义是等同的，都是指能够具有感知能力的能动的主体。贝克莱说：“这个能感知的能动的主体，我们把它叫做心灵，精神或灵魂，或自我。这些名词并不表示我的任何挂念，只表示完全和观念不同的另一种东西。这些观念是在那种东西中存在的，或者说，是为它所感知的；因为一个观念的存在，正在于其被感知。”① 因此，通常所说的心灵、精神、灵魂、自我，都是贝克莱意义上的实体，指的都是具有能动性的主体。我们可以总结为：精神、灵魂、心灵、自我、主体，这五者都是指同一“主体”，也都具有相通的含义。我们可以从对其中一者的理解，变通到对其他四者的理解。借助贝克莱的这一说明，我们可以在不同的思想体系中贯通对这五个概念的理解，找到主观性哲学或精神哲学的一个较为统一的历史发展脉络。这是系统地理解不同的主观性哲学的重要线索。找到了这种相同的含义，才有助于我们理解他们在不同的哲学体系和思想中的不同的含义及认识目的。

贝克莱的精神实体有这样几个特征：精神实体是独立不依的、真实的、超验的和永生不灭的存在，是一切观念的原因，它是能思想的实体，但不是知识的直接对象，人们所拥有的是关于实体的念头

---

① 贝克莱：《人类知识原理》，关文运译，商务印书馆，2010，第23页。

(notion)。① 因而在这里我们也可以说，真正现实性的东西都被贝克莱还原为精神实体。同样，贝克莱还做了这样的说明：“‘我’之一词所表示的，正同灵魂的意义或精神的实体的一样。”② 因此，“我”的意义就是精神实体的意义，是能进行推论的。

然而，当意识到“自我”存在的时候，必须凭借对立的或外在的东西才能意识到这种“自我”，否则，人在意识中便无法意识到这样一种与外物相对立的自我或与客体相对立的主体。因而，在外界必然存在着其他的客体性的东西。如果说“自我”是一个精神实体，那么其他的“我”作为观念呈现的时候，就不能被称为实体了。因而在我之外，也就不存在其他的“我”和其他人了。问题是，其他的“我”有没有“自我”？其他的“我”如果没有“自我”，便不能思想，因而，也就无法交流了。如果有“自我”，但由于它是与“我”对立的外物或客体，因而，它就不是实体。所以，这个它中的“自我”既是实体，又不是实体。这显然是矛盾的，除非对其进行升格。

对此，贝克莱的解决方法是，由于我的意识领域中的某些事物与我意识到的“我的身体”具有相似性，因而，“它”也能够拥有那些并不属于我的精神性的东西。胡塞尔认为，这是从类似的东西推论类似的东西。③ 或者说，相似的事物会有相似的心灵生活。在这一意义上，即意味着设定了一个个独立的精神实体，一个个独立的自我。因此，根据自己主观行为中发现的相似性，使其他人的主观行为得以存在。反过来说，其他人的主观行为也确定了我的主观行为的存在。

贝克莱还认为，外在事物在直观的透视中显现出来的不同形象是通

---

① 参见傅有得《巴克莱哲学研究》，人民出版社，1999，第 209 ~ 211 页。
② 贝克莱：《人类知识原理》，关文运译，商务印书馆，2010，第 95 页。
③ 参见胡塞尔《第一哲学》上卷，王炳文译，商务印书馆，2017，第 207 页。

过归纳的方式获得统一性的，外在事物是这样一种感觉的复合体或复合物：每一个人的这样的感觉复合物，都可以在相同的秩序作用下整理为同一个东西，因而可以构成相同的自然。但此处遇到的问题是：为什么在不同的人之间会出现相同的归纳秩序。这最后只能被归结为某种神秘的东西，或者是将其设定为“就是这样”。这样的认识显然是不彻底的。

贝克莱在认识的考察中出现了单子论的萌芽。他力求把外在事物纳入内在观念的把握中来考察，这具有重要意义。胡塞尔认为，这样一种单子论是“第一个以内在性为根据而建立的有关超越性的理论，是从内在地进行的体验本身得出的必然的理论要求出发，而且纯粹从这种要求本身出发，从科学上规定被经验世界之意义的第一个尝试”。[①] 但是，其交互主体的构成是存在矛盾的，因而是不彻底的尝试。

第四节　贝克莱内在经验主义的出路

贝克莱的内在经验主义构成论蕴含着矛盾，但他自有其解决的办法。贝克莱认为，自然世界中的东西，都是我亲自知道的东西，“我若不是借感官知觉它们，我便不知道它们；而感官知觉到的东西，都是直接所知觉到的；而直接所知觉到的东西，都是观念；而观念又不能在心外存在；因为它们的存在，就是在于被知觉；因此，它们在现实地被知觉到时，它们的存在便无疑义”。[②] 这些可感物，有时不存在于我的心里，但会存在于别人的心里，在我出生之前和死亡之后，都将存在，所

① 胡塞尔：《第一哲学》上卷，王炳文译，商务印书馆，2017，第208页。

② 贝克莱：《海拉斯与斐洛诺斯对话三篇》，关文运译，商务印书馆，2017，第81页。

以，必然有一个更大的心灵，囊括着我们所有的存在，可以知道一切事物。而这个大心灵，就是上帝。[①] 因此，从贝克莱自己的思想推演来看，这种内在经验主义的出路是神学的。但从胡塞尔对贝克莱的批判来看，这种内在的经验主义的出路就是现象学。

通过贝克莱著作中的论述可以看出，贝克莱的思想是在洛克的影响下形成的，其成名作《人类知识原理》涉及了洛克的很多哲学观点。尤其是在该书绪论中多次谈论洛克。他的内在经验主义是对洛克的相关思想的进一步克服。通过胡塞尔对贝克莱认识论的批判，我们认识到了贝克莱哲学蕴含着通向现象学的重要契机。贝克莱将作为认识对象的观念分为三种类型的做法，实际上是继承了洛克感觉观念和反省观念的二分法，并将反省观念又划分为两个层次：一个是情感的层次；另一个是高级的认识层次，即概念的被给予层次。这个高层次的观念已经是一种知性行为的结果。贝克莱这一新的划分是对洛克认识论的推进，因而也将认识论推进到了主观性的深层研究之中。这三种观念都是在内在的意识活动中的被给予行为中构造的东西。就内在经验的自身给予性而言，不得不将其看作通向纯粹现象学的重要的一环。

贝克莱认识论中，蕴含着与洛克同样的直观主义方法。胡塞尔对二者的直观主义方法的批判，表面上是赋予这种经验的直观主义以合法的权利，实际上是要借此导向现象学的研究。或者说，通过对哲学史的回溯，借以表明现象学的要旨和方向。胡塞尔并不深熟于哲学史，但他的哲学思考却能够紧扣着哲学史发展中的真正问题，这是值得深思的。当贝克莱将认识的探讨集中于“观念”这一对象而不是外在客体时，这

① 参见贝克莱《海拉斯与斐洛诺斯对话三篇》，关文运译，商务印书馆，2017，第82～85页。

实际就是对内在意识对象的观察或内知觉。当他将外物的存在还原为感知时，就进入了认识起源的内在考察。然而，贝克莱虽然进行的是一种内在经验主义的考察，但这仍然是一种经验主义，所以他没有完全摆脱自然主义的影响。贝克莱的交互主体的构成中存在矛盾："自我"既是实体，又不是实体。因而，这是不彻底的尝试。

贝克莱也不是一个纯粹的经验主义者，在他的思考中也蕴含着理性主义。如贝克莱认为："用理智的观点看问题，那些从前似乎是构成存在的全体的东西，现在则被证明不过是飞速流逝的幻象而已。""感官给记忆提供影像。这些影像接着就成为想象力发挥其作用的材料。理性考察想象中出现的心理意象，并对之作出判断。这些理性的活动就变成了悟性的新的对象。"① 因此，贝克莱既属于培根—霍布斯—洛克—贝克莱—休谟这一经验主义线路，又带有笛卡尔—斯宾诺莎—莱布尼茨—康德这一理性主义传统的色彩。科学研究中的实证主义正是吸收了这两种传统的有效成分而进一步形成的。

贝克莱哲学正是因为蕴含着的这些矛盾及其经验主义、自然主义特质，必然无法真正完成对认识的奠基。这种哲学更无法在主观认识中完成对世界的彻底构造。要完成这一任务，必然要走向更为彻底的现象学考察。

需要提及的是，胡塞尔在《逻辑研究》第二研究中批评了贝克莱的代现论（Repräsentation）。但是，这一早期的批评在第二版中并没有经过多大修改，也没有在通往纯粹现象学和通往先验现象学的意图上对贝克莱进行批判，这一批评更多的是建立在含义与意义之上的概念区分，属于胡塞尔所说的含义现象学的范围。我们也可以将之视为一种辩理方式或论述方式。在这部分内容中，胡塞尔将贝克莱的观点客观化以

---

① 贝克莱：《西利斯》，高新民、曹曼译，商务印书馆，2008，第177、183页。

后进行了批评，并没有完全立足于澄清认识之起源的目的而进行批评。例如，胡塞尔并没有在意识体验的给予性意义中去解释“普遍性”概念，而只是认为普遍性存在于代现之中。①

① 参见胡塞尔《逻辑研究》，倪梁康译，商务印书馆，2015，第493~502页。

第十一章　对休谟经验主义的批判

经验主义最终所蕴含的怀疑论实质是通过休谟而被人们认识到的。如胡塞尔所言："如果我们抛开休谟这个孤立的重要的非凡人物，那么经验论并不想成为否定主义，甚至不想成为怀疑论。"① 这句话旨在表明：休谟将经验主义极端化之后，人们才看到了经验主义所蕴含的怀疑论实质。对休谟经验主义的批判，就是对休谟怀疑论的批判。这是胡塞尔与哲学史中的经验主义及其蕴含的怀疑论进行斗争的一个重要环节。

休谟认为，对超越之物的认识是不可能的。胡塞尔认为，休谟的这一认识是一种先入之见，休谟通过观念的给予性来解决自己预先设定的这种先入之见。② 胡塞尔的这一批评指出了休谟这一思考的两个步骤：首先，休谟通过一些不彻底的考察看到了因果认识的不可能性；其次，又通过自己对意识的给予行为的考察所获得的"不可能性"这一观念，来证明这种不可能性的成立。

在这里，我们可以认清这一问题更进一步的实质：休谟首先是在经验主义的基础上获得了"认识之不可能"这样一种结论，然后又在观念意义上证明了这样一种结论。这一证明是不严密的。这一问题的关键也在于：他试图以绝对被给予的东西去证明并非绝对被给予的超越性的东西，这也等于是在对认识起源的考察中借用了已有的经验性认识成果。所以，休谟关于超越之物的认识可能性问题的考察是不彻底的。

---

① 胡塞尔：《第一哲学》上卷，王炳文译，商务印书馆，2017，第198页。

② 参见胡塞尔《现象学的观念》，倪梁康译，商务印书馆，2017，第48页。

由于休谟哲学存在的不彻底性，也由于胡塞尔致力于对认识的彻底性奠基，且有着更高的理论需求，所以，尽管休谟在很多地方促进了胡塞尔思想的发展，但仍然是胡塞尔批判的对象。

第一节 休谟对贝克莱的继承与超越

一 对贝克莱内在经验主义的继承

尽管贝克莱将物质世界还原为心理构成，完成了通向内在主义科学研究的第一步，然而，他并没有意识到这样一门关于意识研究的科学的可能性及其必要性。休谟不仅继承了贝克莱的内在经验主义传统，而且，他尝试将这样一门关于意识研究的科学予以推进。或者套用胡塞尔的话，休谟对贝克莱有着依赖性。① 从胡塞尔的观点来看，贝克莱虽然将认识的起源追溯到了内在的心理体验，但由于他仍然没有摆脱自然主义哲学的影响，没有认识到自然主义中所裹挟的不彻底的东西，所以，他的哲学最终仍然没有彻底解决认识起源的问题。简言之，贝克莱没有意识到将这样的意识研究作为一门科学的研究来对待的必要性。② 这样一门科学，是要通过对其中的内在给予性的考察，来完成认识的内在起源的研究。

休谟继承了贝克莱的内在经验主义传统，然而，休谟在内在的自然主义研究方面超越了贝克莱。胡塞尔认为，休谟在贝克莱的理论和批判中看到了一种新型的心理学，并意识到这样一门心理学是一切可能的一

---

① 参见胡塞尔《逻辑研究》，倪梁康译，商务印书馆，2015，第 501 页。

② 参见胡塞尔《第一哲学》上卷，王炳文译，商务印书馆，2017，第 209 页。

般科学的基础科学。[①] 或者说，这样一门心理学对其他科学具有认识方面的奠基作用。

哲学家罗素也认为，在一些主要观点上，休谟与贝克莱是一致的。[②] 休谟从贝克莱那里继承的一些思想很难详细梳理清楚，在此仅列举较为明显的重要的一个内容。这是关于抽象观念的。

休谟在关于抽象观念的论述中首先肯定了贝克莱对于洛克的批判。休谟说："关于抽象观念或一般观念，已经有人提出了一个十分重要的问题，即当心灵想到这些观念时，这些观念是一般的呢，还是特殊的呢？在这一方面，一位大哲学家已经辩驳过在这个问题上的传统见解，并且断言，一切一般观念都只是一些附在某一名词上的特殊观念，这个名词给予那些特殊观念以一种比较广泛的意义，使它们在需要时唤起那些和它们相似的其他各个观念来。"[③]

休谟不仅对这一断言大加赞赏，而且力求通过一些论证加以证实。这些论证集中于《人性论》第一章第七节。休谟的证明有以下两个要点。

首先，一般观念或抽象观念在抽去数量和性质上的特殊程度时，其所包含的对象并不会因为性质方面的概念而不再属于这个抽象观念。与这一点并行的有两个证明。一是如果对数量或质量的程度没有形成一个明确的概念，就无法设想数量或质量。二是心灵只有形成了关于数量或质量的概念，才能达到交流的目的。[④] 对于第二点，休谟还有这样的说明："当我们发现我们常见的各个对象之间有一种类似关系时，我们就把同一名称应用于这些对象的全体，不论我们在它们的数量和质量的程度上看到什么差异，也不论其他什么样的差异可能在它们中间出现。当

---

① 参见胡塞尔《第一哲学》上卷，王炳文译，商务印书馆，2017，第210页。

② 参见罗素《西方哲学史》下卷，马元德译，商务印书馆，2003，第193页。

③ 休谟：《人性论》，关文运译，商务印书馆，2016，第25页。

④ 参见休谟《人性论》，关文运译，商务印书馆，2016，第25~26页。

我们养成了这种习惯之后，一听到那个名称，就会唤起这些对象之一的观念，并使想象想起它以及它的一切特殊的细节和比例。”①

其次，“心灵决不会想到要区别一个形象和赋有形象的物体，因为两者在实际上既是不可区别，又是不相差异、不能分离的；心灵所以要作这种区别，乃是因为它发现，即使在这种简单状态中也可能包含许多不同的类似关系和其他一些关系”。② 关于这一点，休谟举了白色大理石球的例子。在我们的观念中，其形式和颜色是不分离的。

总体上，休谟以“习惯”解释了一般观念或抽象观念与具体对象产生关系的必然性意味着什么。以上两点证明，休谟是通过列举经验认识中的例子予以说明其必然性的。如“线”的概念、“三角形”的概念、“数”的相关概念、“颜色”和“形式”等。这些实则都是用来说明心理行为中的认识习惯的，而且，这些论述都注重对人的认识过程所产生的内在经验的描述和相关推理。

这不仅意味着贝克莱对休谟思想的重要影响，也意味着休谟在方法上也延续了经验主义的做法。

二　对贝克莱内在经验主义的超越

1. 人性研究是一切科学的基础

《人性论》引论中，休谟明确地将“人性”提高到了可以充当一切科学研究之基础的高度。在近代认识论的现象学憧憬历程中，这相对于贝克莱仅仅将世界构成问题引回到内在意识中的做法而言，是非常重要的推进。

休谟说：“显然，一切科学对于人性总是或多或少地有些关系，任

---

① 参见休谟《人性论》，关文运译，商务印书馆，2016，第 33 ~ 34 页。

② 休谟：《人性论》，关文运译，商务印书馆，2016，第 25 页。

何学科不论似乎与人性离得多远，它们总是会通过这样那样的途径回到人性。即使数学，自然哲学和自然宗教，也都是在某种程度上依靠于人的科学；因为这些科学是在人类的认识范围之内，并且是根据他的能力和官能而被判断的。”① 也就是说，对诸自然科学的基础问题的研究，可以通过人性的研究而得到奠基或找到线索。因为它们最终都与人性有关或依赖于人性而存在。

这实则是古希腊哲学关于“灵魂”研究及认识论研究的新形式或新说法。根据布伦塔诺的研究，在古希腊哲学中，灵魂作为行为的本体，对它的研究关系的不仅是心理学，还有关于人的行为实践的其他研究，如政治学、伦理学等。

与此类似，休谟不仅阐明数学、自然哲学、自然宗教是依赖于人的认识，而且认为逻辑学、道德学、批评学、政治学也是依赖于人的认识。休谟说：“逻辑的惟一目的在于说明人类推理能力的原理和作用，以及人类观念的性质；道德学和批评学研究人类的鉴别力和情绪；政治学研究结合在社会里的并且互相依存的人类。”② 休谟此处对于逻辑的理解，与胡塞尔是有一致之处的。

由此，根据前面贝克莱的解释，我们又增加了一个对灵魂理解的维度，那就是人性。故而，我们可以在灵魂、精神、心灵、自我、人性五个概念之间获得贯通性的理解。此外，近代以来的哲学始终涉及的“意识”和“认识”这两个高频次概念，也应该和前五个概念结合起来，获得贯通性的理解。甚至，关于古老而又新鲜的“意志”、“存在”（Sein）这两个概念，也可以与前七者结合起来，获得贯通性的理解。这九个概念（甚至还有知性、理性、情感）本身所涉及的研究，无论

① 休谟：《人性论》，关文运译，商务印书馆，2016，第2页。

② 休谟：《人性论》，关文运译，商务印书馆，2016，第3页。

对于什么学说而言，都是奠基性的。此不赘述。

无论从休谟对人性研究所怀抱的奠基性意义而言，还是从哲学史上关于灵魂及其相关问题的研究而言，都可以看到，人性成了各种科学的首都或心脏。如休谟所言，一旦掌握了关于人性的真正知识后，在科学的研究中就可以轻易地获得胜利。[①] 例如，自然科学中使用的因果关系，被休谟回溯为观念间的关系。同样，包含在观念间的关系的学科有数学、物理学等其他学科。这些都是人类认识中的观念，都是依赖于人的知识，所以，人性研究是这些认识的基础。

在现象学的内在自明性的意义上，这样的回溯无疑是合适的，它们的确都是在人之意识中构成的。但是，建立在这里的认识并没有认识到其中蕴含的意识给予性的特征和意义，而是最终将其当作本质的虚构来对待，所以仍存在不彻底之处。甚至，客观世界的范畴形式，也被证明是在知觉领域中虚构的。这有其合理性，但在更高的理论需求面前是不彻底的。这虽然不完全是现象学，但已经相当于一种现象学方向上的研究了。

然而，休谟虽然意识到了对人性的研究对于其他科学的奠基作用，这也是他相对于贝克莱认识论的超越之处，但是，他并没有意识到如何通过一种严密的考察而获得关于人性研究的严格的清晰的方法。他所理解的研究人性的方法就是经验的和观察的方法。如前述那些论述，就是基于对经验事实和心理经验事实的描述的方法。在描述之上，所需要的就是归纳的方法。为此休谟也明确认为："关于人的科学是其他科学的惟一牢固的基础，而我们对这个科学本身所能给予的惟一牢固的基础，又必须建立在经验和观察之上。"[②] 对此胡塞尔认为，休谟"奠定了一

---

① 参见休谟《人性论》，关文运译，商务印书馆，2016，第3页。
② 休谟：《人性论》，关文运译，商务印书馆，2016，第4页。

种本质上新型的彻底的心理主义，这种心理主义将一切科学建立在心理学之上”，而且是建立在纯粹感觉论的心理学之上。①

因而，从休谟意识到人性的研究对于科学具有奠基作用这一观点来看，休谟超越了贝克莱仅仅要获得对认识的哲学考察这一意图，但在经验主义的直观主义方法的运用方面，二者并没有多大区别。

2. 休谟瓦解掉了贝克莱的“自我”

贝克莱将外在世界解释为内在的虚构者，这在一定程度上使认识回到了对内在意识中被给予情形的探讨。然而，贝克莱没有意识到在这些内在的被给予情形中伴随的被给予性和绝对的自身被给予性。这样一来，贝克莱只是在解释外部世界的存在情形时才是一个感觉论者，在其余方面仍然没有摆脱自然科学的强烈影响。这一点在《人类知识原理》这部著作之后的晚年之作《西利斯》中有着很好的体现。

贝克莱认为，“感觉和经验帮助我们熟悉显现物或自然结果的进程与类似性，思想、理性和理智引导我们进入到关于它们原因的知识里”；这同时还意味着，首先占据心灵的可感的显现物对认识具有阻碍作用，可感和实在是一回事，“只有理智和理性才是达到真理的可靠的向导”。② 贝克莱还认为，由于精神能够感知观念，所以又被称为知性，由于可以产生观念，或在观念方面有别的作用，又可以称之为意志。精神，有时候也被称为实体、心灵或自我，虽然不是认识的对象，但它给认识活动提供了一种统一的原则。不仅如此，贝克莱还肯定了日常生活中的那些“先入之见”的必要作用，并进一步将之归结为主宰精神的善意和智慧的体现。③

---

① 参见胡塞尔《第一哲学》上卷，王炳文译，商务印书馆，2017，第210页。

② 参见贝克莱《西利斯》，高新民、曹曼译，商务印书馆，2008，第157~158页。

③ 参见贝克莱《人类知识原理》，关文运译，商务印书馆，2010，第35~37页。

对此，胡塞尔认为，在贝克莱的认识中，精神或自我不仅作为那些心理体验的载体，而且一切精神活动或自我活动在这一实体中都有一种统一的原则。[①] 可以说，在贝克莱的这些论述中，心灵或精神只是这些原则的合法来源或保证而已，并没有具体地探讨规则或原则是如何在意识把握中逐渐生成的。休谟恰好也否定了贝克莱这些不完善的想法。

休谟将贝克莱的自我也否定掉了。休谟认为，"产生每一个实在观念的，必然是某一个印象"，但自我并不是一个印象，而是"我们假设若干印象和观念所与之有联系的一种东西。如果有任何印象产生了自我观念，那么那个印象在我们一生全部过程中必然继续同一不变；因为自我被假设为是那种方式存在的"；意识中无法感觉到一种持续不变的永恒的印象，痛苦、快乐、悲伤、喜悦等是相续进行的，无法感受到它们是同时存在的，从这些印象中也无法得到自我的观念，因而，也就没有自我这个观念。[②] 实质上，印象的持续性，在现象学认识论的对象的初阶构造中，是意识体验中的纯粹的被给予者。

胡塞尔认为，在休谟这里感觉论才得到完全有意识的和全面的阐明。休谟推进了贝克莱在此方面的努力，他将自然科学的一些基本原理的阐明，将数学学科及相关学科的基础归之于这种感觉中的内在的生成，也就是以观念间的关系作为诸学科的基础。因而，"自我"（ego）在休谟这里也不会成为那些原则的提供者，因为在我的意识中根本看不到这样一种被称为"自我"的东西，当在思考我自身时，浮现的是关于我的身体感受方面的东西和情感感受方面的东西，在"印象"中找不到"自我"。[③]

从上面的论述来看，在贝克莱那里存在的精神实体或自我实体，也

---

① 参见胡塞尔《第一哲学》上卷，王炳文译，商务印书馆，2017，第213页。

② 参见休谟《人性论》，关文运译，商务印书馆，2016，第277~278页。

③ 参见胡塞尔《第一哲学》上卷，王炳文译，商务印书馆，2017，第213页。

被休谟瓦解掉了。对世界进行解释的感觉论就以这样一种方式获得了新的推进，即将实体性的东西作为观念的东西而予以处理。

因而，胡塞尔说："全部的存在，物体的存在和精神的存在，都被还原为心理的事实，还原为许多没有自我的感知。"① 如果按照这种方式进行下去，那么，许多推理的原则和法则也会被还原为感知之间的构成物。意识中的法则也就相应地变为意识原子之间的关联，并通过外部法则将内部法则描述出来。然而，即使我们承认这样一种意识原子的构想，我们也难以以这些意识原子为基础计算出人类精神的进程。这样的内在构成的法则仍然不是纯粹给予的，它是有前提的东西。它其实是将外部法则改装为内部法则。显然，这种做法仍然没有摆脱自然主义的影响。

第二节　休谟怀疑论的自然主义实质

虽然胡塞尔在一定意义上肯定了休谟关于认识中的观念与印象的划分，认为这一划分是对意识体验进行本质直观的结果，但胡塞尔也注意到，这一划分并不是彻底的，蕴含着虚假的清晰性。其中，在观念进一步构成的新观念中，所对应的是原初的观念，这些原初的观念又对应着原初的印象，然而，在何种程度上它们之间是符合的这一问题并没有得到澄清。对于这种虚假的清晰性，胡塞尔解释道："印象是原初逼真而鲜明的感知，在它们消逝之后，它们的微弱的余象、映象通过复制而再现，这些东西被休谟称为观念。当这些印象被混合起来，在所谓的思想中被结合为新的观念时，就产生一些被作为映象而感觉到的观念、思想，它们作为构成物，本身并不是原初印象来的，并不与也许后来可证明的真正印象相关联。远离事物的思想的一切错误、一切颠倒的根源，

① 胡塞尔：《第一哲学》上卷，王炳文译，商务印书馆，2017，第 214 页。

就在于此。”①

对此，胡塞尔进一步认为，因为休谟对观念与印象是作为实事性的东西而区分的，而不是在纯粹实事性领域中作为心理意识中的观念给予而予以区分的。胡塞尔说：“在印象中没有区分开在每一个思想结构以前所呈现的个别直观的东西，和具有这种结构的直观的东西。是自然主义的偏见使人们看不到一切根本本质的东西以及在心理学方面和认识论方面具有决定意义的东西，使人们看不到使作为意识的存在以及作为在意识中被意识到的东西的存在，变成与在自然的客观的世界观中作为实在事物而呈现的东西相比有天壤之别的另一种东西的那种东西。”②

胡塞尔的这段对休谟印象论的澄清包含着两个批评要点：一是实事性的东西在休谟对观念的理解中始终是存在的，印象的事实并不能真正解释心理实事；二是由于没有区分意识中的存在和客观事物的存在，所以，休谟的这些分析实际上是自然主义的分析。

从现象学来看，观念的特征不是一种事实性的特征，事实性特征也并不能充分解释心理事实和观念的实质。我们并不能因为观念与印象是在意识中显现的，就混同了二者之间的区分，也不能将二者视为没有区别的实存。不能认为它们在各自本身的意识存在类型中是没有差别的。它们只有在纯粹实事的领域中才可以获得这样的区分。在这样一个纯粹实事的领域中的考察，需要摆脱已有的经验性认识的成见，不能将其作为论证的证据，包括那些已有的理论也需要摆脱。这些成见和理论都不是真正的事实。真正的事实就是纯粹的事实，而纯粹的事实就是胡塞尔所说的“实事”（Sache）。

---

① 胡塞尔：《第一哲学》上卷，王炳文译，商务印书馆，2017，第216页。

② 胡塞尔：《第一哲学》上卷，王炳文译，商务印书馆，2017，第218页。

休谟对观念和印象的考察，并没有建立在这样一个平台之上，所以，尽管他以天才般的直观瞄见了观念领域中的一些东西，发现了观念是主观上联结的，但是没有对这些观念的产生进行深入严格的详察，只是以自然化的方式将其作为客观性认识。通过这样的客观性认识，发现已有的经验认识和体验之间存在着断裂。这种断裂的存在，致使已有因果联系等观念间的关系的必然性成了无充分根据的认识，借此，也就颠覆了那种素朴的自然主义认识。休谟只是看到了认识中的断裂，并没有去构想、建造和重构一种严密的认识，所以，他的认识论具有的积极意义不明显。这一颠覆将那种素朴的自然主义认识的信心给瓦解了。

在这个意义上，休谟的认识论本质上是经验主义的，方式上是自然主义的，形态上是怀疑论的，结果上是不可知论的。

从现象学立场而言，由于休谟没有注意到纯粹实事领域所应有的专门化探索的重要意义，而只是以内在领域中给予的观念间的关系这一认识瓦解了已有的经验性的认识，却没有通过实事领域的重新考察以获得认识，没有去重新获得认识的奠基性，所以，他的经验主义具有消极的影响。

例如，休谟消解了认识中的“同一性”的存在。这与胡塞尔的做法是不同的。休谟说：“心灵是一个舞台；各种知觉在这个舞台上接续不断地相继出现；这些知觉来回穿过，悠然逝去，混杂于无数种的状态和情况之中。恰当地说，在同一时间内，心灵是没有单纯性的，而在不同时间内，它也没有同一性，不论我有喜爱想象的那种单纯性和同一性的多大的自然倾向。我们决不可因为拿舞台来比拟心灵，以致产生错误的想法。这里只有接续出现的知觉构成心灵；对于表演这些场景的那个地方，或对于构成这个地方的种种材料，我们连一点概念都没有。”①

① 休谟：《人性论》，关文运译，商务印书馆，2016，第 279 页。

在休谟的这段表述中，心灵好似是流逝变化的，所以，不会具有同一性。没有了同一性，也就不会出现必然性认识。这样，认识的必然性就被瓦解了，因此，世界是不可知的。

这里，认识中出现的同一性之所以不能获得稳固的根基，因为他的认识的方式是自然主义的。休谟将心理事实视为自然事实，通过对这一事实的描述，归纳出了心灵中不存在同一性。存在的是“对象的接续”或多样性。休谟认为，它与“同一性”是完全有别的，甚至是相反的。由于对这种描述的方法和归纳的方法没有进行真正的反思，所以，他的认识方式是自然主义的。休谟这里的矛盾在于，如果心灵中没有“同一性”，那么，如何认识到心灵不具有“同一性”?

对于这一矛盾，休谟通过心灵的“屈服”重新进行了解释，以经验事实中的类似关系置换了同一性。休谟说：“对象间的那种关系促使心灵由一个对象方便地推移到另一个对象，并且使这种过程顺利无阻，就像心灵在思维一个继续存在着的对象时那样。这种类似关系是混乱和错误的原因，并且使我们以同一性概念代替相关对象的概念。不论我们在一个刹那中如何把相关的接续现象认为是可变的或间断的，而在下一刹那仍然一定会赋予那种关系以完全的同一性，而认为它是不变化的、不间断的。上述那种类似关系，使我们发生了那样大的错误倾向，以致我们在还没有觉察之前，就陷入了这种错误之中。我们虽然借着反省不断地校正自己，并且返回到一种较为精确的思维方法，可是我们不能长期坚持我们的哲学，或是消除想象中的这种偏向。我们的最后办法就是向这种偏向屈服，并且大胆地肯定说，这些不同的相关对象实际上是同一的，不论它们是如何间断而有变化的。”①

在这里，休谟所说的反省并不是理论上的彻底反省，而是在遇到错

① 休谟：《人性论》，关文运译，商务印书馆，2016，第280页。

误时对自然事实进行回视和重新观察，以此校正自己的错误。这必然也蕴含着我们无法获得哲学中的普遍性认识，也无法消除这种我们心灵所赋予的“同一性”偏向。但此处其实蕴含着休谟对内意识中“同一性”的给予行为的发现：这种完全的同一性是我们“赋予”它的（ascribe to it）。但休谟并没有留意到“we are sure to ascribe to it …”中包含的意识的给予行为的纯粹性，而只是在意其经验的向度。

无论如何，休谟也是在内在意识领域中细心观察的哲学家，但他的另一半思维却是以自然事实或经验事实回答内意识领域的考察中遇到的问题的，所以，他以自然事实中对象的相关性回答了认识中存在的同一性。胡塞尔则通过意识把握中的同一化行为构造出了对象的同一性，这在现象学认识论中属于对象的高阶构造。

休谟进一步认为，对同一性的误解来源于我们在认识过程中的虚构，并举出经验中的例子予以了说明。[①] 这更可以说明休谟的关于“同一性”的这些看法是经验主义的。由于没有回溯和反思认识活动的意识发生情形，所以，在认识方式上是自然主义的。胡塞尔认为休谟的自然主义不仅在于“他将意识实体化，仿佛意识是某种与自然相同的东西，而且在于，他在内在意识的基础上让一种坏的经验主义处于支配地位，这种经验主义在这里意味着，在这里惟一能做的事情就是用经验概念将内在经验事实表达出来，然后以归纳方法提出经验法则”。[②] 换言之，在这一认识基础上，休谟只是“看”到了“我们看不到同一性”这样一种情形，却没有想到我们的意识会提供或给予这样一种“同一性”，因而没有走向现象学。

这种自然主义的认识，如果要进一步追问其产生的根基，按照经验

---

① 参见休谟《人性论》，关文运译，商务印书馆，2016，第282~284页。

② 胡塞尔：《第一哲学》上卷，王炳文译，商务印书馆，2017，第228页。

主义的方法必然无法得到彻底的回答。最终，只能继续陷入认识论中的怀疑主义的困境之中。在这种认识中，世界或自然界首先被预设为可知的，当遇到认识的困境时，便又掉回头来认为世界或自然界是不可知的。这就是休谟所说的对认识的“校准”所意谓的实际情形。这其实是自然主义在认识的根本态度上的典型模式。

此外，休谟关于在想象力作用下的观念间的关系的解释，也是自然主义的。如休谟认为：“各个简单观念之间如无某种结合的线索、某种能联结的性质，使一个观念自然地引起另一个观念，那么这些简单观念便不会有规律地联结成复合观念（而事实却通常是如此的）。”在接下来的论述中，休谟认为，观念之间推移的三种性质（类似、时空接近、因果关系）“在观念之间产生一种联结，并在一个观念出现时自然地引起另一个观念”，这是无需证明的。休谟还说：“由于感官在变更它们的对象时必须作有规律的变更，根据对象的互相接近的次序加以接受，所以想象也必然因长期习惯之力获得同样的思想方法，并在想它的对象时依次经过空间和时间的各个部分。”① 这些鲜明的表述，使我们不得不认为休谟认识论具有自然主义特质。如“自然地引起”这样的字眼，分明是在以此说明“想象”这一心理事实的客观性，感官“根据对象的互相接近的次序加以接受”这样的说法，也在表明休谟以所观察到的外在的物理空间的形状特征来替代内在的想象的特征。

尽管休谟哲学中仍然蕴含着不尽如人意之处，但就其将客观范畴还原到意识中使之成为自明的东西这一做法而言，他已经执行了一种在纯粹意识中进行考察的方式，这被胡塞尔称为一种纯粹“自我学”的尝试。胡塞尔认为，休谟从心理学的角度对诸法则进行说明的做法，是对有关认识的基本疑难问题所做的“第一个系统的全面的构想”，是“第

---

① 参见休谟《人性论》，关文运译，商务印书馆，2016，第 18 ~ 19 页。

一个具体的和纯粹内在的认识论”。在这一意义上，胡塞尔将休谟的《人性论》视为具有纯粹感觉论的和纯粹经验论的现象学之形态的第一个纯粹现象学构想。[①]

第三节　休谟经验主义的缺陷

一　不言而喻的前提

休谟认为：“关于人的科学是其他科学的惟一牢固的基础，而我们对这个科学本身所能给予的惟一牢固的基础，又必须建立在经验和观察之上。”[②] 这之中虽然蕴含着经验直观主义的方法，但对于人性研究为其他科学提供基础这一命题，并没有得到真正澄清，而只是作为一种不言而喻的前提继承了下来。实质上，建立在这些经验和观察之上的，就是休谟的心理学或对人类理解（理智）的研究。休谟以这样的心理学解释了世界和一切构成物。

对此，胡塞尔认为，在休谟那里，“全部的存在，物体的存在和精神的存在，都被还原为心理的事实，还原为许多没有自我的感知”，继而，心理法则成为一切存在的根本法则，“由于这些内在的心理法则，所有一切存在，连同一切所属的以及被认为独立的法则性，都被还原为感知和感知的构成物”，接下来，休谟以经验方式确定的一切内在心理生成的法则，如联想法则、回忆法则等，解释了一切熟知的客观形式，如时间、空间、因果性、事物、国家、个人等，并且最终的解释是“整个世界连同一切客观性东西，不外就是由假象构成物，由虚构构成

① 参见胡塞尔《第一哲学》上卷，王炳文译，商务印书馆，2017，第212页。

② 休谟：《人性论》，关文运译，商务印书馆，2016，第4页。

的系统，这些假象的构成物和虚构，是在主观性中按照内在心理学法则必然地生成的”。[①]

就胡塞尔的批评而言，真正的问题在于：休谟确立的这些法则，自身并不能解释自身。这些法则是建立在心理事实的描述和归纳之上的，并且是与经验事实的观察和归纳结合在一起的，所以，休谟建立的不是能够充分证明自身合法性的普遍的科学，也没有对这种认识方法的合法性予以考察。因此，休谟对世界在认识上的彻底建构是不彻底的。而作为对其他认识能够予以奠基的科学，需要自己充分证明自身的正当性，不能求助于在它之上的那些科学的认识成果，否则，就犯了循环论证的错误。循环论证正在本质上就是独断论。将那些循环说明的认识予以自然化和客观化的做法，只是一种无法进行更彻底的追问时的无奈选择，根本不是对更深层的认识起源和发生进行研究的方法。

因此，休谟虽然坚持认为“人性研究”这一科学对其他认识具有奠基性意义，但因为其中蕴含的经验主义方法并不能够促使他对这一命题进行彻底的澄清，所以，休谟的那些理论在前提上只是素朴地承认的信念，这一信念本身没有获得澄清。而对于这一素朴的原则的澄清，只有下降到最为原初的开端，即上升到更高的理论需求，才能满足一种彻底的认识论的理论需求。相应地，包括休谟建立的那些人性中的心理法则，也缺乏彻底性的前提。如前文所述，印象与观念之间并没有获得彻底的阐明，这些认识是不言而喻的未经彻底考察的东西。

二　经验主义方法的缺陷

胡塞尔认为，《人性论》中基本概念的获得是通过用经验概念将内在经验事实表述出来的方式而做到的，并进一步通过归纳方法提出经验

① 参见胡塞尔《第一哲学》上卷，王炳文译，商务印书馆，2017，第214~215页。

法则，因而“他的自然主义不仅在于他将意识实体化”，而且在于“他在内在意识的基础上让一种坏的经验主义处于支配地位”。[①]

对于胡塞尔的批评，我们也可以在休谟的原文中找到一些根据。例如，对于观念间的结合原则，休谟曾明确表示这是他归纳出来的。休谟说：“观念间的结合原则，我曾经归纳为三个一般原则，并且说过，任何对象的观念或印象自然而然地引起与它类似、接近或相关的其他任何对象的观念。我承认，这些原则既不是观念间的结合的必然的原因，也不是仅有的原因。”[②] 这段表述后，休谟还对“必然”和“仅有”做了专门的解释。对于这里的“必然”的解释，休谟认为是因为人可以固定地注意一个对象而不去注意别的对象这样的事实；对于“仅有”的解释，休谟认为人的思想“可以在它的各个对象之间极不规则地任意流动”。由于认识对象之间的流动变化，所以这些原则不是唯一的原则，因为通过归纳已有的经验事实并不能充分断定未来仍在变化的经验事实。这一证据足以表明，关于类似关系、接近关系和因果关系这样的原则，是休谟以归纳的方式获得的。在归纳之后，又通过经验中的信念感受赋予它们本质特征：既不是必然的，也不是仅有的。

因而，这里所面对的问题有两个。第一个是归纳法如何获得认识的有效性和必然性？第二个问题是与第一个问题相接的：如果归纳法获得的认识不具有必然性，那就等于承认了因果关系这种认识具有“不必然性”的这样一种必然性。那么，不必然性是不是一种必然性？

对于第一个问题，在前文的论述中其实已经潜在地给出了答案，甚至在之前对其他哲学家的批判中也已经点明了答案，但在此还是需要说明一下，因为前文的证据不是专门针对休谟的这一论述的。

---

① 胡塞尔：《第一哲学》上卷，王炳文译，商务印书馆，2017，第228页。

② 休谟：《人性论》，关文运译，商务印书馆，2016，第106页。

与观念间的结合原则相对应的心理能力就是想象，想象作为观念的联想力，就是推理的基础。休谟认为："一切推理都只是比较和发现两个或较多的对象彼此之间的那些恒常的或不恒常的关系。"① 这之中蕴含的方法就是归纳法。由此，在休谟的意义上，一切归纳推论都是建立在联想之上的。

如果我们秉持原理的必然性才能保证推论的必然性这一认识，那么，只有当联想的这些原理本身是必然性的东西时，归纳推论的有效性才有必然性，但是，联想的这些原理本身并不是通过严密的考察和审慎的推理获得的，它仍然是通过对经验感受中的有效性的归纳而获得的，如因果关系的获得就是这样的。借用休谟的话说："我们所有的因果概念只是向来永远结合在一起并在过去一切例子中都发现为不可分离的那些对象的概念，此外再无其他的因果概念。我们不能洞察到这种结合的理由。我们只能观察到这件事情自身，并且总是发现对象由于恒常结合就在想象中得到一种结合。"② 在这样的表述中，至少有一半是合理的，这就是休谟所说的观察，这是直观主义的方法，而另一半则是不彻底的，即休谟所说的"总是发现"，这是归纳的方法在休谟思想中的鲜明体现。

为了进一步理解休谟的这句话，我们还需要一些必要的补充。

首先，补充的是休谟对想象和记忆这两个概念的理解。其中，想象概念对后面我们会论述到的高阶对象的构造在理解上有必要的帮助作用（第十四章第三节）。休谟认为，记忆是心灵对观念和印象的原封不动的呈现，包括观念、印象之间的次序、位置都是不变的。而想象则不同，想象会改变观念、印象的次序和位置。由于想象的作用，认识中平

① 休谟：《人性论》，关文运译，商务印书馆，2016，第 85 页。
② 休谟：《人性论》，关文运译，商务印书馆，2016，第 107 页。

常的动物在想象中会成为怪物。[①] 相应地，在想象中，我们通过观察两个或数个对象之间的关系，发现它们之间的恒常结合（constant conjunction），由此，便形成了因果关系的概念。

其次，因果关系的发现包含两个条件，一个是对象的接近，另一个是时间上的因先于果的关系。[②] 对此，休谟仍然通过经验观察中的例子予以了说明，即通过对因果事情的观察获得因果概念。对此，休谟还说："认为每一个新的产物都必然有一个原因的那个意见，既然不是由知识或任何科学推理得来的，那么那个意见必然是由观察和经验得来的。"[③] 这是对"恒常结合"的预先的解释。

再次，因果关系是"引导我们超出我们记忆和感官的直接印象以外的对象间的惟一联系或关系"，也是"可以作为我们从一个对象推到另一个对象的正确推断的基础的惟一关系"。相应地，休谟也补充认为，"原因和结果的观念是由经验得来的，经验报导我们那样一些特定的对象在过去的一切例子中都是经常结合在一处的"。[④]

由这三点补充我们可以推断，因果关系作为观念联结的原则，作为概念，在休谟那里都是经验的构成，而不完全是主观性的构成。因为他最接近现象学的"想象"概念，也没有建立完全的主观性内涵，而是在经验中获得解释和理解的，而经验并不能证明观念联结关系的必然性。

因此，对于第一个问题，这里获得的回答是：即使在休谟那里，归纳法也不具有必然性。

相应地，基于对第一个问题的分析，第二个问题可以获得简要的

---

① 参见休谟《人性论》，关文运译，商务印书馆，2016，第17页。
② 参见休谟《人性论》，关文运译，商务印书馆，2016，第87～88页。
③ 休谟：《人性论》，关文运译，商务印书馆，2016，第95页。
④ 休谟：《人性论》，关文运译，商务印书馆，2016，第103页。

回答。因果关系不具有必然性，这是休谟在上述论述中所表明的认识。这也是“因果关系”所具有的认识上的性质。如此一来，这一认识就成了必然性的认识。这是从休谟的论述中推理出来的矛盾。当然，对此人们可以继续从休谟的论述中找到根据，如前面休谟所提到的“认识的屈服”。于此，迫于这里产生的“必然性”，我们不得不屈服于这种“必然性”。这样的认识，必然会导致无穷的悖论的出现。但每一个认识悖论的出现，都可以在休谟的意义上用这种“屈服”来获得自洽的解释。但对什么是“屈服”却不去真正追问，而只是将其解释为认识的习惯。“习惯”与“屈服”在此也可以获得循环的解释。这种循环解释，在追问其根源时，产生的就是不可知论。这也可以反过来解释休谟在上述引文中所说的，我们为什么长期以来不能坚持我们的哲学？因为休谟的哲学在本质上是不可知论，所以，无法长期坚持我们的哲学。经验主义会走向怀疑论，怀疑论会走向循环论证，而循环论证就是独断论，所以，独断论在根本上仍然是不可知论。于此我们可以简要地明白，经验主义为什么会以另一种方式走向不可知论。

对于第二个问题的解释，为了摆脱基于经验观察和归纳的认识所带来的循环，必须寻找新的彻底性的方法，才能满足这一更高的理论需求。这就需要在纯粹意识的领域探讨“不必然性”这一概念是如何给予的问题。关于此，在对象的高阶构造或高阶客体化中再予以说明(第十五章)。

胡塞尔认为，休谟的这些原理的获得过程不是以绝对的自明性提出来的，而是以绝对的不合理性提出来的。他认为，休谟“这种对于归纳的朴素的信赖，是对于绝对可洞察性的一种低劣的代用品”，休谟的这样一种认识论，作为一种心理学的认识论，是悬在空中的缺乏根基的认识论，它不是以绝对的自明性（明证性）奠立起来的，而是使用和客观科学同样的素朴性的经验感受奠立起来的。[①] 因而，休谟通过对人性的研究而构建起认识论的这一计划，并没有得到真正的实现。

因而，休谟拥有的通过人性的研究为科学奠基的这一出发点，并不意味着就能够达到预期的结果。他并没有在一种纯粹不借助已有的自然科学方法与前提的条件下进行关于人性的研究，而恰恰是通过经验主义的实证方法进行这样的研究。

如果休谟没有努力地去发觉适合于人性研究的方法，那么，就只能是借助于已有自然科学中得到有效验证的方法。这是人们在方法选择上不言而喻的“习惯”的体现。例如，休谟为了说明“观念不是印象的原因”，举了盲人和笼子的情形；[②] 为了说明“原因的概然性”，休谟举了钟表出现故障的例子。[③] 这样一种方法选择，尽管可以使我们巩固一些经验认识，但并不能够保证获得对认识的最终阐明。实际上，它自身也没有直接的理由保证某种方法选择会产生必然的预期效果，更没有考虑方法自身所蕴含的多重维度。

正是在这样一种习惯性的选择中，蕴含着意识自身对于选择的方法能够达到目的的“试一试”的态度。因而，与之相应的方法必然需要借助于进一步的证实来证明方法的有效性，证实虚构的理论的有效性。这是休谟选择经验主义的实证方法的内在原因。

三　怀疑主义的实质

胡塞尔认为，休谟虽然深受贝克莱思想的影响，但并没有按照贝克莱的思路前进，在休谟的做法中，“一切熟知的客观形式”，如空间、

① 参见胡塞尔《第一哲学》上卷，王炳文译，商务印书馆，2017，第229页。

② 参见休谟《人性论》，关文运译，商务印书馆，2016，第13页。

③ 参见休谟《人性论》，关文运译，商务印书馆，2016，第150页。

时间、因果性、力、国家等，都必须借助于心理学来解释，一切科学方法和成就，也必须借助于这种回溯为观念与印象的心理学来解释。①

从实际的做法来看，休谟想要证明世界是虚构的。休谟说："我们往往虚构某种联系起那些对象、并防止其间断或变化的新奇而不可理解的原则，这样，我们就虚构了我们感官的知觉的继续存在，借以消除那种间断；并取得灵魂、自我、实体的概念，借以掩饰那种变化。"② 关于同一性的争论，休谟还说过类似的话："我们的错误并不限于表达方式，而是往往伴有一种不变的、不间断的事物的虚构，或是伴有某种神秘而不可解说的事物的虚构，或者至少伴有进行那种虚构的一种倾向。"③

对此，胡塞尔是这样解释的，理性主义混淆了数学的因果性和自然科学的因果性，休谟将理性的必然性和因果的必然性予以区分，并认为理性的必然性是想象力的虚构。④ 严格地按照休谟的意思来讲，它仅仅是想象力的虚构，而不是想象力的虚构的产物。虚构在此处的另一层含义是不承认对世界会有真正的认识，所以，休谟的经验主义也是一种怀疑主义。休谟这样做，并不是为建立一门科学的形而上学或哲学而努力，也没有为建立他所拥有的认识所需要的方法而努力，所以，他的解释仅仅抵达"虚构"这一层次。但这对他而言就已经足够了。他虽然诉诸直观性，却没有看到这样一种直观性中的认识的可能性成分。

在休谟那里，通过经验所获得的认识前后相互抵消着合法性，因而也就不存在根本性的真正的认识。如休谟认为，我们的推理都是概然性的。休谟说："我们既然在每一个概然推断中，除了那个研究对象所固

---

① 参见胡塞尔《第一哲学》上卷，王炳文译，商务印书馆，2017，第215页。
② 休谟：《人性论》，关文运译，商务印书馆，2016，第280页。
③ 休谟：《人性论》，关文运译，商务印书馆，2016，第281页。
④ 参见胡塞尔《第一哲学》上卷，王炳文译，商务印书馆，2017，第384页。

有的原始的不确定性以外，已经发现了由判断官能的弱点发生的一种新的不确定性，并且已经把这两者一起调整，现在我们就被我们的理性所迫，再加上一种新的怀疑，这种怀疑的发生是由于我们在评价我们官能的真实可靠性时所可能有的错误。"① 两种不同的“不确定性”为什么是两种而不是一种且都可以被视为“不确定性”是值得深思的。如果不去考察这两种“不确定性”的起源，就有可能只是导致怀疑。休谟不承认自己是这样一种怀疑主义者，他将推理视为习惯得来的东西，但习惯这样一种信念似乎是天性中感性活动的部分，不是认识活动的部分，所以，一切信念和意见都被彻底推翻了。② 因此，在部分论述中，休谟通过瓦解作为理性基础的感性信念而瓦解了推理的必然性。

除此之外，休谟还讨论了感官的怀疑主义。休谟认为，继续存在的一切对象的恒定性都是依赖于感官而存在的，它的恒定性其实是在因果关系中推理出来的，所以，这种恒定性也是成问题的。③ 休谟在此不仅推翻了信念和意见，在后一论述中，连世界的可认识性也被推翻了。因而，休谟不仅是怀疑主义，而且是极端的怀疑主义，这一哲学的最终实质不仅是坚持世界是不可知的，而且是彻底的不可知的。这当然比高尔吉亚的怀疑论更为彻底。然而，恒定性依赖于感官而存在这一认识是含混和不明晰的，所以由此得出的认识也是含混不清的。

四　结论的荒谬性

休谟将认识论奠立在人性基础上，也就是奠立在关于认识的心理意识研究的基础上。但由于其经验主义的方法缺陷，必然导致其结果的失

---

① 休谟：《人性论》，关文运译，商务印书馆，2016，第204页。

② 参见休谟《人性论》，关文运译，商务印书馆，2016，第207页。

③ 参见休谟《人性论》，关文运译，商务印书馆，2016，第217~219页。

败。胡塞尔认为，在分析了休谟按一定的方法产生的诸多原理的荒谬性以后，就无需更多地探讨他的理论的荒谬性了，“这些理论的荒谬之处只不过是包含在这些根本原理中的荒谬之处的展开”。①

休谟一开始认为一切科学必须奠立在人性的研究之上，但又认为世界是不可知的，因而，休谟的哲学在根本上是否认科学和真理性的。胡塞尔也认为，休谟怀疑论的最终结果就是否认真理的存在，因而也就否认了传统意义上的理性认识的真理性。这种结局不仅胡塞尔看到了，在休谟本人的著作中也有鲜明的体现。休谟认为，借助于经验的东西无法推论出理性的东西，只能清楚地证明之前的推理“没有任何正确的根据”，“不但我们的理性不能帮助我们发现原因和结果的最终联系，而且，即在经验给我们指出它们的恒常结合以后，我们也不能凭自己的理性使自己相信，我们为什么把那种经验扩大到我们所曾观察过的那些特殊事例之外”。②

休谟关于认识之起源的考察，实际上也是以归纳法进行的心理学的考察。所以，他不可能彻底厘清认识的起源问题。其基本的错误早已存在于经验主义认识所伴随的先入之见中了。这样一种经验主义，相对于认识的彻底自明性要求而言，是一种坏的自然主义。胡塞尔认为，在这样一种经验主义中，只是注重对一些细枝末节的个别现象的体验，对于意识自身所给予的普遍性的东西并没有被看到。③ 也正是由于在经验的个别观察中看不到这样一种普遍性的东西，因而也就在最终意义上否认了普遍性东西的存在。

① 胡塞尔：《第一哲学》上卷，王炳文译，商务印书馆，2017，第231页。
② 休谟：《人性论》，关文运译，商务印书馆，2016，第105页。
③ 参见胡塞尔《第一哲学》上卷，王炳文译，商务印书馆，2017，第230页。

第四节 休谟经验主义的出路

尽管休谟哲学中蕴含着不彻底的东西，但从现象学来看，他关于想象的研究，已经执行着一些纯粹意识中的考察任务，执行着一种纯粹自我学的尝试。这已经不同于以往的客观科学的研究，已经是一种关于心灵的认识行为的心理学研究。胡塞尔认为，休谟从心理学的角度对诸法则进行说明的做法，是对有关认识的基本疑难问题所做的“第一个系统的全面的构想”，这些研究是“第一个具体的和纯粹内在的认识论”，他的《人性论》是具有纯粹感觉论的和纯粹经验论的现象学之形态的第一个纯粹现象学构想。[①]

休谟认为对超越之物的认识是不可能的。他通过内在意识的心理学考察，证实了自己预先设定的这种先入之见的合理性。实际上，休谟首先是在经验主义的基础上获得了认识之不可能这样一种结论，因为在感官中看不到那些认识的必然性和对象关系的恒常性，这些都是建立在因果关系之上的不可靠的东西，然后，又在观念意义上证明了这样一种结论，所以，他的认识中才出现了那种“不具有必然性”的必然性的矛盾。这实质上是以绝对被给予的东西证明了并非绝对被给予的超越的东西。由于他在认识的起源中借用了已有的经验性认识成果，所以，不仅无法真正解决这一矛盾，也无法满足更彻底的理论需求，由此，他也认为哲学是不坚固的东西。这实则说明他心中有一种关于“坚固性”的观念。

休谟不仅继承了贝克莱的内在经验主义传统，而且在内在的自然主义研究方面超越了贝克莱。休谟推进了贝克莱此方面的努力，将自然科

① 参见胡塞尔《第一哲学》上卷，王炳文译，商务印书馆，2017，第212页。

学的一些基本原理的阐明归之于这种感觉中的内在的生成；以观念间的关系作为诸学科的基础；全部的存在，物体的存在和精神的存在，都被还原为心理的事实，还原为许多没有自我的感知；推理的原则也被还原为感知之间的构成物。但是，这些原理和法则仍然不是纯粹给予的，是含有经验性前提的东西，在总体做法上仍然没有摆脱自然主义的影响。

休谟在贝克莱的理论和批判中看到了一种新型的心理学，并意识到这样一门心理学是一切可能的一般科学的基础科学，但在方法上也延续了经验主义的做法。为此，休谟虽然意识到了关于人性的研究对于其他科学的奠基作用，但并没有意识到如何通过一种严密的考察而获得关于“人性”研究的严格的方法。他所认可的方法就是观察和归纳的方法。观察就是直观主义的方法，而归纳法在休谟那里被认为是不可靠的，由此，他在根本性的认识维度上是怀疑所有认识的可能性的。换言之，他在根本立场上对认识既不肯定，也不否定，而是处于犹疑状态，所以，休谟关于人性研究的认识论实质是怀疑主义的。为了摆脱犹疑状态，他需要实证主义。

恰恰是休谟将经验主义极端化之后，人们才真正看到了经验主义的怀疑论实质。

从现象学来看，休谟对认识论的内在分析，并不含有建立一门科学的哲学的目标。他认为观念间的关系就是哲学，却又认为我们无法坚持我们的哲学。休谟对“人性研究为其他科学提供基础”这一命题，并没有进行真正的澄清，而是将其作为一种不言而喻的原则继承下来。《人性论》中基本概念的获得是通过用经验概念将内在经验事实表述出来而做到的；对于观念间的结合原则，休谟曾明确地认为，这是他归纳出来的，并且以联想这一原理的必然性赋予归纳推论的必然性。同样，他也可以以联想这一原理的不必然性赋予归纳推论的不必然性，所以，他的这一彻底性的研究缺少所需要的彻底的方法。他虽然在研究中诉诸直观性的东西，却没有看到这样一种直观性中的合理成分。由此，休谟没有意识到这样一种现象学意义上的纯粹的被给予性的研究，因而，也就无法在内在意识本身中完成同一性的构造行为，所以用对“偏向的屈服”解释了同一性与对象的种类之间的认识冲突。这一矛盾，只有进入现象学这样的内在意识的考察中才能真正解决。

胡塞尔也认为，休谟经验主义的感觉论并不是无价值的。我们也可以看到，休谟与现象学有一些相同的路数。休谟的认识论一开始着力进行的是主观性的分析：他从观念的起源及其关系的研究开始，过渡到了关于推理的研究，然后又推进到了对哲学体系的相关研究。胡塞尔认为，在休谟的所有论述中，都呈现着与现象学的某种关联，虽然这些错误的自然主义解释是荒谬的，却隐藏着真正的问题，“一切荒谬的否定背后，都隐藏着有价值的见解成分”。①

在现象学意义上，胡塞尔认为，休谟的哲学是“一种直观主义的和内在的哲学”，因此也是“惟一真正的直观主义哲学”的预备形式。②因而，尽管休谟的经验主义哲学带有实证主义的成分，但是，就其将认识回溯到意识内在性中进行研究这一点而言，休谟的实证主义是现象学的预备形式。③

---

① 参见胡塞尔《第一哲学》上卷，王炳文译，商务印书馆，2017，第240页。

② 参见胡塞尔《第一哲学》上卷，王炳文译，商务印书馆，2017，第241页。

③ 参见胡塞尔《第一哲学》上卷，王炳文译，商务印书馆，2017，第385页。

第十二章　对康德认识论的批判

康德开创了批判哲学的时代。胡塞尔哲学与康德哲学一样，都是带有批判性质的哲学。在对近代认识论的批判中，胡塞尔对康德认识论的批判在篇幅上是最多的。

这些批判主要集中在1923～1924学年《第一哲学》讲座及相应时间段的讲演和论文中。这些讲演和论文及其他时间段关于康德的论文，作为附录由编辑鲁道夫·博姆（Rudolf Boehm）编入《胡塞尔全集》第七卷（《第一哲学》上卷）中。另外，1936年胡塞尔寄给李凯尔特（Heinrich Rickert，1863－1936）的修改稿手稿KIII9也涉及了对康德认识论的批判。这份手稿附录于《胡塞尔全集》第六卷（《欧洲科学的危机与超越论的现象学》）。胡塞尔在《逻辑研究》修订版（1922）和《逻辑学与认识论导论》讲座（1906～1907）最后部分也批判了康德认识论。胡塞尔说："在人们能够以恰当方式利用康德的思想并使它变得有益于科学进步以前，首先必须完全打破康德思想世界之体系结构，并借助严格批判的硝酸将这种体系结构完全溶解掉。"①

关于胡塞尔对康德认识论的批判，有少量涉及康德认识论与胡塞尔现象学的比较研究的论文，有些已结集出版。但与本章主题最为相关的研究分别见于两部著作中。

第一部是瑞士籍现象学研究专家耿宁（Iso Kern）的博士论文《胡塞尔与康德》（1964）。此文篇幅不短，正文共424页。其中第9～12小

---

① 胡塞尔：《第一哲学》上卷，王炳文译，商务印书馆，2017，第464页。

节共计 80 页涉及了胡塞尔对康德的批判，但没有涉及胡塞尔对康德伦理学的批判；第 32～39 小节共计 64 页涉及胡塞尔对新康德主义者的批判。作者将胡塞尔对康德的批判归结为四个方面。第一个方面是对康德认识论的虚假前提的批判，如：先天概念是不充分的，感性与知性之间的区分过于死板，意向活动（Noesis）与意向相关项（Noema）混为一谈。第二个方面针对的是康德的奠基问题，如康德理性批判的前提是教条主义的，康德没有提出彻底的知识问题，康德的知识问题太悬了，康德的问题是狭隘的，康德的疏忽在于将先验哲学归之于先验的自身批判。第三个方面是胡塞尔从先验哲学的方法视角出发对康德的批判，如康德没有现象学还原的概念，对康德“回溯的－建构的”方法的批判，康德缺少直觉的－直向的方法，康德的先验哲学缺少本真的方法。第四个方面是对康德理性问题的出路的批判，如对康德心理主义的批判，对康德人类主义的批判。这些条理性的总结对于理解胡塞尔对康德认识论的批判非常重要，但并不适合大多数人阅读，尤其是非胡塞尔研究者。该著引文翔实，在一定程度上涵盖了胡塞尔对康德认识论批判的主要内容。但四个主题之间的界限并不十分明显，如第三、第四部分其实是一体的，第一、第二部分也应该是一体的，可归结为方法与前提两个方面。其他部分除介绍胡塞尔的主要观点外，还论述了胡塞尔与康德的思想关联。美国现象学家索科拉夫斯基（Robert Sokolowski）认为这部著作观点上是含混的，没有彻底厘清康德与胡塞尔的关系。因此，在批判的力度上是欠缺的。在表述上虽然没有问题，但没有凸显出胡塞尔的坚实立场。但无论如何，这都是一部康德与胡塞尔比较研究的力作，对今后康德和胡塞尔研究不可或缺。

第二部是当代美国著名哲学家汤姆·洛克摩尔（Tom Rockmore）的力作《康德与现象学》（2011），在康德与现象学比较研究中具有里程碑意义。这一著作不是简单的比较研究，而是从观念史的角度对康德与现象学的脉络进行了梳理。近 70 年来，能够对胡塞尔和康德进行双线作战的国内外优秀学者很少见。作者在古希腊哲学和近现代哲学方面造诣颇深，因此，该著第二章和第四章中对康德与现象学、康德与胡塞尔的关系把握得比较到位。涉及胡塞尔的主要章节虽内容不多（译成中文约 3 万字），但涉及很多要点。该著将康德放在了现象学家的位置进行考察，这与胡塞尔的出发点有一致之处。作者看到了胡塞尔所忽视的很多东西，但并不在于对康德认识论的系统性批判。

康德认识论的代表作是《纯粹理性批判》，由“先验要素论”和“先验方法论”两部分构成。其中，“先验要素论”包括“先验感性论”和“先验逻辑”两部分。目前没有找到胡塞尔对“先验方法论”部分的直接批判，但胡塞尔批判了“先验要素论”中所体现出来的方法。本章内容分为三部分，主要涉及胡塞尔对康德认识论中的先验感性论（空时论证的不纯粹、自在之物的荒谬性）、先验逻辑（先验理念的局限性、对休谟的误解）、方法（方法的不纯粹、独断论的理性批判的荒谬性）的批判。

通过这些论述，一方面旨在展示两位显赫的哲学家的思想中体现出来的不同的思考进路、思考层级和思考方式，而并非有意地通过这样的论述进行孰优孰劣的定性研究；另一方面，通过对涉及的相关内容的论述，展现胡塞尔现象学方法对近代哲学的超越之处，以及现象学方法对于推进现代哲学的发展所具有的重要意义，展现胡塞尔所期待的作为一门严格意义上的科学的哲学在方法意识上与以往的体系性哲学之间存在的根本区别。如果仅仅立足于纯粹意识的考察活动这一层面来看，胡塞尔对于康德哲学中与认识论相关的这些问题的批判，并不能有损于康德在哲学史上的突出地位和卓越贡献，反而，通过这样的批判，能够使人们进一步理解方法与体系在哲学史中传承和发展的具体处境，增强相关方面的哲学分析能力和批判能力，丰富对康德哲学的理解和认识，更加意识到康德哲学在哲学史上不可取代的重要地位。

第一节　对先验感性论的批判

康德把“感性（Sinnlichkeit）的一切先天原则的科学”称为“先验感性论”（Ästhetik）。① 胡塞尔认为：康德把感性的显现不仅理解为内在的感觉事物和相应的感觉事实的复合，而且理解为有关事物的显现；他的外部知觉既是我们自己的体验，也是我们对我们之外的空-时（spatial-temporal）中的此在（Dasein）的知觉；他没有清晰地揭示事物是如何在我们意识中呈现的，只是不言而喻地、笼统地把事物的呈现当作“主观-心理”的东西加以处理。② 因此，感性的显现被不言而喻地、笼统地处理的感性论是不纯粹的。相应地，包含在康德感性论中的空-时论证也就成为不纯粹的。自在之物（Ding an sich/物自身）在“先验感性论”中是与空间论述紧密结合在一起的，能被直观到的感性要素就是时间与空间。③ 反之不能被经验到的刺激我们感官的对象本身就是自在之物。这样的自在之物是“思维着的存在物”。④ 所以，它是设定的。自在之物作为设定又会导致重复设定，所以它是荒谬的。

一　空-时论证的不纯粹

康德把时间看作感性的认识形式，它不是独立存在的，不是附属于

---

① 康德：《纯粹理性批判》，邓晓芒译，杨祖陶校，人民出版社，2004，第26页。
② 参见胡塞尔《第一哲学》上卷，王炳文译，商务印书馆，2017，第275页。
③ 参见康德《纯粹理性批判》，邓晓芒译，杨祖陶校，人民出版社，2004，第41页。
④ 参见康德《纯粹理性批判》，邓晓芒译，杨祖陶校，人民出版社，2004，第32页。

物的客观规定。康德认为，时间是所有一般现象的先天形式条件，并因而具有了经验的实在性和客观有效性，同样也具有先验的观念性，如果抽掉了感性直观的主观条件，时间就什么也不是。在《纯粹理性批判》中，康德的时间阐明有五点："时间不是什么从经验中抽引出来的经验性的概念；时间是为一切直观奠定基础的一个必然的表象；在这一必然的基础上，还建立起了时间关系的那些无可置疑的原理、或一般时间公理的可能性；时间不是什么推论性的、或如人们所说的普遍性的概念，而是感性直观的纯形式；并且，时间的无限性只不过意味着，时间的一切确定的大小只有通过对一个惟一的、作为基础的时间进行限制才有可能。"在空间论证方面，康德认为，"空间无非只是外感官的一切现象的形式，亦即惟一使我们的外直观成为可能的主观感性条件"，空间所表象的也不是自在之物的属性。康德对空间的阐明包含四个方面："空间不是什么从外部经验中抽引出来的经验性概念"；"空间是一个作为一切外部直观之基础的必然的先天表象"；"空间决不是关于一般事物的关系的推论的概念，或如人们所说，普遍的概念，而是一个纯直观"；"空间被表象为一个无限的给予的量"。因此，空间是先天的表象，不掺杂任何经验性的东西就可以被直观到，所以它是纯直观；这种纯直观的空间，作为外直观的基础，它表象的是现象，所以它是外直观得以可能的主观感性条件。康德说："空间和时间是一切感性直观的两个合在一起的纯形式，它们由此而使先天综合命题成为可能。"① 因此，它们就是保证认识得以可能的先验要素。

无论是在单纯的主观性中解释空－时的实在性，还是单纯从客观性方面解释空－时的有效性，都不会是彻底的回答。前者无法回答它如何

① 康德：《纯粹理性批判》，邓晓芒译，杨祖陶校，人民出版社，2004，第36、38、34～35、31、28～29、40页。

能够获得客观性的问题，后者无法回答它如何达到主观性的问题。康德并没有直接犯这样的错误。他也强调："真理是建立在与客体相一致之上的。"① 从上述引文及相关论述来看，康德将空－时作为先验要素可以便捷地使认识的客观有效性和经验实在性在理论基础上获得合法性来源。但这样的做法在胡塞尔看来是不纯粹的，因为康德虽然在感性显现的层面解释了时间和空间，并将它们作为先天的形式条件和直观的基础，可是时间和空间为什么会成为先天的形式条件和外部直观的基础，康德并没有给出彻底的论证。

可以推知康德的理由或论证方式是这样的：如果没有时间，现象的形成就缺少了条件，认识、公理就无法形成。康德说："只有在时间中现象的一切现实性才是可能的。"② 因此，这个先验要素必须有。在这样的推理中时间似乎只是成为客观的存在。但如果没有主观的感性存在，客观的时间也就不存在了。但一物既是主观的，又是客观的，显然是矛盾的说法，故而，时间既不能只是客观的，也不能只是主观的，而只能是先天的有效的东西，且同时具备经验的实在性（主观方面）和客观的有效性（客观方面），所以它只能是先验的。

空间的论述与此类同。空间既是主观性条件（主观方面），又是外部直观基础的先天表象（客观方面），不掺杂任何经验性的东西就可以被直观到，因此，它是本质上必然的，也只有成为先验的，才能满足这一要求。

因此，在整体上，康德并没有直接在"二元对立"的基础上来看待空－时问题，似乎有一种"二元调和"。他在关于空－时的客观性的考察中看到了空－时的主观性方面，为了弥补这一单纯的对立所形成的

---

① 康德：《纯粹理性批判》，邓晓芒译，杨祖陶校，人民出版社，2004，第621页。
② 康德：《纯粹理性批判》，邓晓芒译，杨祖陶校，人民出版社，2004，第34页。

理论缺陷，康德想到了空－时的先验层面，只有将空－时作为先验要素对待，才能既满足经验的实在性，又满足其客观的有效性。因此，对于空时的论述既是感性论，也是先验感性论，更是先验要素论。如果空－时不作为先验要素，那么就无法在保证经验实在性的同时也保证其客观有效性。实质上，康德是要为通过推理而获得的知识的合法性做出根源上的论证。而这一点，无法通过经验的方式获得，只能通过纯粹理性进行审查。

这正是康德空－时论证的不纯粹之处。这是因为先验的东西是被推想出来的不可或缺的东西，它的有效性反过来要通过经验实在性和客观有效性来说明，而经验实在性与客观有效性又反过来通过先验的东西来保证。在这个意义上它是循环论证，所以空－时论证是不纯粹的，因为它无法满足对认识进行彻底奠基的理论要求。

胡塞尔现象学对空间和时间的论述与此不同，它需要在意识自身领域内澄清空间和时间观念的起源，并保证自身在观念的意识起源中获得绝对的自明性。

胡塞尔形象地说："时间的延展（Extension）与空间事物是同胞的。"① 这意味着在认识产生的过程中，时间与空间意识都具有同样的起源。在胡塞尔意义上，二者都是在意识显现中给予的。

在时间分析方面，现象学的时间分析的任务，首要目的在于寻求和阐明时间在感知中是如何构造的。在胡塞尔意义上，对象不仅仅在时间中显现，拥有时间上的扩展，拥有时间上的延续和改变，而且我们也在感性中找到时间性，显然是时间对象自身的感知拥有了时间性，感知延续自身预设了感知的延续，客观性的时间本身就是现象学意义上对我们

---

① Edmund Husserl, *Ding und Raum. Vorlesungen 1907*, Hrsg. von Ullrich Claesges, Den Haag: Martinus Nijhoff, 1973, S. 65.

显现的客观性。[①] 因此，显现作为更为原初的活动承载着后续的诸多意识活动。如果就时间意识而言，首先是显现中的时间意识。在胡塞尔早期（1904）思想中，他认为我们所接受的不是世界时间的实存，不是一个事物延续的实存，接受的是显现的时间、显现的延续本身。[②] 因此，显现的时间与显现的延续本身作为原初被给予的东西，成为时间现象学所要考察的东西。

在这个意义上，需要表明的是现象学的时间研究不是客观事件的既定分析，而是本质直观和本质研究，因为它研究的是时间意识而不是“时间”。胡塞尔反复强调，纯粹现象学的研究是对本质的研究[③]，它不是对语词含义的分析，也不是描述心理学。[④] 因此，相对于康德的时间分析而言，胡塞尔的时间分析是立足于本质直观的时间分析。在《关于时间意识的贝尔瑙手稿》中，胡塞尔认为，时间对本质对象而言就是一个被给予性形式，虽然在自然经验中的时间拥有一个固定的形式和秩序，但它绝不与自然时间相一致，康德虽然注意到了这一点，却不是在被给予性中分析时间的。[⑤] 因而，康德的时间分析是不纯粹的。

在胡塞尔思想的晚期（1925），他区分了客观的时间域与具有时间性的主体的显现域，并且区分了空间知觉物的客观时延和与其平行的主

---

① Cf. Edmund Husserl, *Einleitung in die Logik und Erkenntnistheorie, Vorlesungen 1906/07* (Hua XXIV), Hrsg. Ullrich Melle, The Hague, Netherlands: Martinus Nijhoff, 1985, S. 254f.

② 参见胡塞尔《内时间意识现象学》，倪梁康译，商务印书馆，2009，第35页。

③ 参见胡塞尔《哲学作为严格的科学》，倪梁康译，商务印书馆，2007，第38、40、45页。

④ 参见胡塞尔《〈逻辑研究〉第二版“序言”草稿的两个残篇》，倪梁康译，载倪梁康等编《中国现象学与哲学评论》第14辑，上海译文出版社，2014，第257～259页。

⑤ 参见胡塞尔《关于时间意识的贝尔瑙手稿》，肖德生译，商务印书馆，2016，第382～383页。

观的时延轨迹，他不只是在主体时间形式内阐明客观内容的构成，也在于阐明时延的客观形式如何在显现中被构成。[①] 因此，现象学的时间分析完全可以在主观流中纯粹地展开，并通过纯粹分析获得其中仅仅属于认识中的客观性，从而避免二元对立的认识的不纯粹性。

对于空间的分析，胡塞尔说："就像时间性一样，空间性从属于显现物的本质。显现物无论是变化的还是不变的，都持续存在并充实某个时间，进而，它充实某个空间，即它的空间，即使在不同的时间点会有所不同。如果我们从时间进行抽象并抽出事物持存的一个点，那么，包含在时间充盈的事物内的就是事物的空间扩展。"[②] 因此在胡塞尔的分析中，空间的产生与时间一样，首先是作为显现物的本质出现的。既然作为显现物的本质，那么，这一本质在认识过程中首先是作为意识中显现的本质被考察的，而不是在一开始就被预设为先验之物。因此，胡塞尔的空间与时间是从意识显现中去考察的。只存在显现的时空形式，并不存在绝对独立的时空形式。

对于康德的空间论证，胡塞尔认为有些奇怪。胡塞尔说："这就是出现在康德论证中的奇怪之处：无论让（我们）以何种方式想象地消除知觉，如果我们思考知觉客体消失，那么剩下的就是其形态相合于一个特定位置的'一般'空间。因此，我们拥有的不是事物而是一块空虚的个别空间。如果我们总是如此，那么剩下的总是空虚的空间、个别的'空－时形态'的纯粹一般形式以及可能的知觉事物和可能的事物。任何一个事物自身带有一般空间，从任何一个知觉事物出发，无限性在可能的直观进程中得以实现，任何一个都是'几何学地'运动的，从

---

① 参见胡塞尔《现象学心理学》，李幼蒸译，中国人民大学出版社，2015，第134页。

② Edmund Husserl, *Ding und Raum. Vorlesungen 1907*, Hrsg. von Ullrich Claesges, Den Haag: Martinus Nijhoff, 1973, S. 66.

任何一个出发可构成的是无限的空间，并且是同一空间，它是由任何一个事物出发都可产生的，等等。”①

也就是说在胡塞尔的理解中，康德的空间是附着在个别事物上的空间，通过在知觉体验中对个别事物的消除，在意识中就会思考到一般的空间。因此，胡塞尔后来关于“康德的空间概念是关于现实自然的空间概念”的看法，与此也是一致的，胡塞尔说：“康德意义上的形式空间是欧几里得几何学的、纯空间几何学的空间。”② 显然，在胡塞尔意义上，康德不是纯粹从认识的起源上探讨空间意识的构成。

就现象学的空－时问题而言，胡塞尔认为，如果改变了知觉上显现着的东西，那么，在视觉方面就不会获得任何必然性（因为认识中的必然性并不是从空－时中产生的），只能肯定的是某一个感性认识活动是必然发生的。③ 相应地，位置的变化会被同时记入空间和时间这两种形式中，这是达到更高级的认识的主动的认识行为中的做法。当康德认为“空间无非只是外感官的一切现象的形式”时，的确是将空间拉回到意识活动的显现层面进行考察。因此，这也是胡塞尔肯定康德的地方：康德的先验感性论的分析，已经是在现象学的平面上进行操作了。因此，我们就可以理解为什么胡塞尔说康德是第一位正确地瞥见现象学的人。④ 康德也说过，我们的主观性状“规定着作为现象的客体形

① 胡塞尔：《第一哲学》上卷，王炳文译，商务印书馆，2017，第 276 页。译文据德文版有改动。（Edmund Husserl，*Erste Philosophie*，*Erste Teil*，Hrsg. von Rudolf Boehm，Den Haag：Martinus Nijhoff，1956，S. 212）。相关的康德论述参阅《纯粹理性批判》第 4 页。

② 胡塞尔：《形式逻辑与先验逻辑》，李幼蒸译，中国人民大学出版社，2012，第 78 页脚注。

③ 参见胡塞尔《第一哲学》上卷，王炳文译，商务印书馆，2017，第 276 页。

④ 参见胡塞尔《纯粹现象学通论》，李幼蒸译，中国人民大学出版社，2014，第 116 页。

式”。[①] 这与胡塞尔现象学的看法有一致之处，即被考察的对象的形式是意识活动给予的或构造出来的。但是，康德将空间进一步解释为“亦即唯一使我们的外直观成为可能的主观感性条件”时，这一解释在胡塞尔意义上意味着将意识考察中的空间感知的结果直接予以客观化并直接确定为先验之物。意识活动中“实项的”（reell）内容被不言而喻地等同于客观认识中的“实在的”（real）内容。这种做法是不彻底的，也是含混的。在胡塞尔现象学中，“实项的”指意识生活的意向活动内涵的存在方式，它在客体的内在时间的当下中是现存的，在这个意义上是“现实的”，“实在的”指在时空的感性感知中被给予之物的存在方式。现象学中“实项”的东西在心理学中常被看作“实在”的东西。这两者不能混为一谈。如此来看，康德对于空间的论述显然是不纯粹的。

胡塞尔认为：“我们具有视觉的感觉内容，它奠定了空间显现的基础，空间显现是指各种确定的、在空间中这样或那样被安置的事物的显现。如果我们从所有超越的意指中抽象出来，并且把感知显现还原为被给予的原生内容，那么这些内容就产生出视觉领域的连续统，这是一个拟－空间的连续统，但不是空间或空间中的一个面积：大致说来，这是一个双重的、连续的杂多性。”[②] 它是多个元素的有序集合，是感性内容有序且连续的集合。

在此，空间是作为事物显现基础上的空间，并不是在一开始就存在一个绝对的空间，事物的显现本身在认识的起源中才是第一性的。而康德的时间与空间，是作为一个既定的实存的（existential）东西出现的，本身蕴含着原初的时间和空间设定的含混性，它的起源并没有得到真正的澄清。因而，在其进一步的分析中，必然会产生二律背反。康德在感性范围内考察了“空时形态”的来源，这等于是将空时形态作为人自

① 康德：《纯粹理性批判》，邓晓芒译，杨祖陶校，人民出版社，2004，第43～44页。

② 胡塞尔：《内时间意识现象学》，倪梁康译，商务印书馆，2009，第35页。

身的体验予以考虑，然而康德并没有追问这种体验。

从胡塞尔的角度看，康德空－时论证的缺失，也与方法意识的缺失有关。严格的方法意识的缺失，不能促使康德解决认识起源的深层问题。如果按照胡塞尔现象学方法所孜孜以求的对科学、认识进行严格辨明的态度来看，现象学方法作为探讨认识的深层起源的方法，最终只有回溯到纯粹意识的领域内，到达一个不可逾越的综合出来的可被反复直观到的起点，并在这一起点上明白感性形式的主体性起源，才能对认识的基础及其伴随的原初因素进行严格的澄清。

二 自在之物的荒谬性

胡塞尔在《反对康德的人类学理论》（1908）一文中论述了“康德哲学中自在之物的荒谬性”，并认为这一荒谬性的来源是康德的先天综合判断。[①]

康德认为：“对象就是由于感性才提供给我们，而感性并不表象自在之物本身，而只表象自在之物的现象。”[②] 因此，主体所获得的知识就受限于有关对象的现象，对象自身则是无法被认识的，那个不能被人深入认识的对象自身的本体，就是自在之物。[③] 因此，在康德的意义上，我们所认识的对象其实是对象的现象，而不是自在的事物本身。[④] 因此，我们无法知道自在之物本身的样子，只能接受对象刺激我们的感官所产生的感性表象，却不知道它如何刺激感官。

康德说：“我们关于作为自在之物本身的任何对象不可能有什么知识，而只有当它是感性直观的对象、也就是作为现象时，才能有知识。”[⑤] 因

① 参见胡塞尔《第一哲学》上卷，王炳文译，商务印书馆，2017，第471～477页。
② 康德：《未来形而上学导论》，庞景仁译，商务印书馆，1997，第17页。
③ 参见邓晓芒《纯粹理性批判讲演录》，商务印书馆，2013，第23页。
④ 参见康德《纯粹理性批判》，邓晓芒译，杨祖陶校，人民出版社，2004，第17页。
⑤ 康德：《纯粹理性批判》，邓晓芒译，杨祖陶校，人民出版社，2004，第20页。

而，位于空－时这一感性知识的先天条件之前的自在之物只能思考，不能被经验到。而知识是凭借其先天形式具有确定性和普遍必然性的，物自身虽然不能构成知识，却不能将其排除于认识之外，这是因为我们的理性本能要保留它，出于实践的需要而建立“自然的形而上学”，即现象界的存在论。① 针对康德的这些观点，胡塞尔说：“将空间性当作实在的特征添加到物自身之上，这意味着毫无根据地将属于我们的主观性的和属于我们的显现的诸形式之双重化硬加于物自身上。”② 这即意味着我们无充分根据将现象及其认识与物自身联结起来。因此，把观念上的存在与物理对象的存在混为一谈，也就是将主观性直接客观化了。这也即意味着康德在自在之物与现象之间的推论是断裂的，我们无法说明某一现象背后的自在之物，甚至无法判定现象背后就是自在之物。

康德的物自身就是人类认识的界限，即人们能够认识的只是现象界的东西。在这一意义上，康德与胡塞尔从事的都是现象界的工作。康德在 1770 年也把自己所要建立的关于纯粹理性的哲学称为“一般现象学”（*phaenomenologia generalis*）。康德说：“看来，一门完全独特的、尽管是纯粹否定性的科学（一般现象学）必须走在形而上学前面，这门科学规定了感性原则的效力和范围，以便它们不至于像至今一直在发生的那样，搅浑了关于纯粹理性的对象的判断。”③ 然而，康德仅仅把现象作为一般的感性现象对待。

康德的现象，与胡塞尔所谈论的现象有所不同，他所谓的“现象”（Erscheinung），是经验性直观的未经规定的对象。④ 也可译为显现或显

---

① 参见邓晓芒《纯粹理性批判讲演录》，商务印书馆，2013，第 24 页。

② 胡塞尔：《第一哲学》上卷，王炳文译，商务印书馆，2017，第 521～522 页。康德对此的相关论述见《纯粹理性批判》第 40～41 页。

③ 参见康德《康德书信百封》，李秋零编译，上海人民出版社，2006，第 28 页。

④ 参见康德《纯粹理性批判》，邓晓芒译，杨祖陶校，人民出版社，2004，第 25 页。

相。他没有认真区分自然科学的现象和心理学的现象，也没有区分文化科学中的现象，他只是在自洽的描述中指出了认识的对象是“对象的现象”，也没有进一步对“对象”进行澄清。而胡塞尔将认识范围拓宽到了纯粹现象之中，所考察的对象除了一般意义上的感性现象之外，还包括纯粹现象——对意识的意识。

在认识论意义上，现象学中的对象，不是自然客体，也不是被表象的对象，而是构造的对象，在现象、客体、对象、时间、存在（Existence）、存在者之间有着明确的区分。并且，现象学是以不同的态度来对待这些“现象”的，它通过反思将这些现象的特殊性和自然态度的特殊性提升到了科学意识的层次。在康德认识论中出现的物自体，既不可能是现象，也不是能认识的对象，却可以在他的认识论中被当作对象本身而出现。康德说：“正是由于把经验的对象仅仅当作现象来认识，理智（Verstand）才必须承认自在之物。”[①] 对于康德的论述，胡塞尔认为那只是一种假设。胡塞尔说：“在关于物自身的谈论中康德假定，它们是某种东西，有某种东西应归属于作为对象的它们，尽管我们关于它们不可能知道任何东西。”[②] 因此，物自身在根本上是一个预设之物。它是为了逻辑的自洽而被设定的东西，它的存在是由理性推导出来的，只能被预设而无法被经验。

因此胡塞尔认为，在康德的理性批判中，物自身的有效性没有得到根本的考虑。胡塞尔说：“即使是上帝，在他通过‘认识－思想’而设定个别事物（而这只有根据刺激才能做成）的地方，也必须在他的事物背后再次设定物自身，而对这个物自身的认识又导致物自身，

① 康德：《未来形而上学导论》，庞景仁译，商务印书馆，1997，第153页。

② 胡塞尔：《第一哲学》上卷，王炳文译，商务印书馆，2017，第475页。

如此以致无穷。"① 因此，这样的物自体也是康德假定的神秘性实体。在胡塞尔意义上，这样的思考也是与本质法则相反的思考，因而是荒谬的。

那么，是什么原因导致康德对物自身思考的荒谬性呢？

胡塞尔认为，问题一方面在于康德一开始就将先天综合判断看成综合判断，却没有注意到这些综合判断也能以另外的方式实现，即必须由人根据事实的主体性以一种经常相同的方式来实现；另一方面在于康德相信理性纯粹由于自身的特性，经常需要一再地实行某种综合，必须去实行某种综合，而且理性也能够先天地认识到它必须这样去做才行。除此之外，康德未能真正明白主体通过自身的观察就可以从自身获取认识，他混淆了真正的认识的先天性（*a priori*）。②

在《逻辑研究》第六研究的修订版中（1922），胡塞尔在最后部分增加了对康德的批判。他说："康德从未弄清纯粹的'观念化'（Ideation），从未弄清对概念本质、对本质规律之普遍有效性的相即观视（Erschauung），即是说，他缺乏现象学的真正先天概念。"③ 也就是说，康德没有看到先验之物的主观性起源，因为他没有看到感性直观与范畴直观之间的对立，因而也就只能诉诸先天综合判断这样的预设性前提，并在这一前提之下去处理主观认识所能达到的界限问题。因此，正是沿着这一思路，他预设了物自身的存在。

胡塞尔认为，真正的认识论就是先验现象学的认识论，这种认识论作为先验观念论，与那种预设了原则上不可知的自在之物的超越是无关的，它需要对认识成就进行系统而彻底的澄清，而康德的观念论，仍然

---

① 胡塞尔：《第一哲学》上卷，王炳文译，商务印书馆，2017，第476页。

② 胡塞尔：《第一哲学》上卷，王炳文译，商务印书馆，2017，第476页。

③ 胡塞尔：《逻辑研究》，倪梁康译，商务印书馆，2015，第1087页。

是为一个自在之物的世界的可能性存在留有余地的。[①] 因此，康德的认识论是不彻底的认识论。

第二节 对先验逻辑的批判

在《纯粹理性批判》中，“先验逻辑”是“先验要素论”的第二部分，它主要包括“先验分析论”和“先验辩证论”两部分。胡塞尔认为，康德的先验逻辑理念是有局限性的，他对休谟的分析判断也存在误解。

一 先验逻辑理念的局限

先验逻辑是康德的创设。康德认为，先验逻辑用于处理那些既没有经验性来源也没有感性来源的概念，用于“完全先天地来思维对象”，它是用来规定纯粹知性知识和理性知识的来源、范围和客观有效性的科学。[②] 因此可以说，这种逻辑是在认识过程中自发地产生的，并且由于它是先验的而必然成为客观有效的。

与先验逻辑相比，形式逻辑不大会考虑内容，只讲形式。对于形式逻辑，康德和胡塞尔都认为“形式逻辑的可能性并不意味着实在的可能性”。[③] 其中，胡塞认为在认识领域内“逻辑上的形式正确性根本不是质料的正确性”，命题形式与它的包含实事的概念所体现的命题质料

① 参见胡塞尔《笛卡尔式的沉思》，张廷国译，中国城市出版社，2002，第115~117页。

② 参见康德《纯粹理性批判》，邓晓芒译，杨祖陶校，人民出版社，2004，第55页。

③ Cf. Iso Kern, *Husserl und Kant*, Den Haag: Martinus Nijhoff, 1964, S. 133.

内容是相互区别的。① 但是，形式逻辑虽然不会考虑内容，却也可以是普遍的，能够在一般意义上运用于任何对象身上。而先验逻辑则与内容有关，内容本身也意味着形式显现，所以它只能运用于真实的东西之上。②

国内著名康德哲学研究者邓晓芒也认为，先验逻辑是逻辑发展史上一次不彻底的革命，因为"它一方面把以往的形式逻辑提升到了先验的层次，它是辩证逻辑的前身，但另一方面它只是采取一种外在的分析方式，把本来具有能动性的成分完全被动地一个个分析出来，所以，它是一次不彻底的革命"。③ 在这一意义上，康德将范畴视为分析出来的东西，而忽视了范畴在意识内在中的起源。而在胡塞尔意义上，范畴是意识构造出来的高阶对象，是内在意识活动中被给予的东西。

在"先验逻辑"的导言中，康德认为："我们的知识来自于内心的两个基本来源，其中第一个是感受表象的能力（对印象的接受性），第二个是通过这些表象来认识一个对象的能力（概念的自发性）；通过第一个来源，一个对象被给予我们，通过第二个来源，对象在与那个（作为内心的单纯规定的）表象的关系中被思维。"④ 由此，康德认为直观和概念构成我们一切知识的要素，二者要么是纯粹的，要么是经验性的。⑤

然而胡塞尔认为，在对事物的知觉中，只能觉察到那些落入我的现实的知觉之中的变化，另一些变化是我推测的，对于没有知觉到的变化，我并没有通过知觉而确信它，或者也不能够在事后确信这些变化，

---

① 参见胡塞尔《伦理学与价值论的基本问题》，艾四林、安仕侗译，中国城市出版社，2001，第 51 ~ 52 页。

② 参见邓晓芒《纯粹理性批判讲演录》，商务印书馆，2013，第 78 页。

③ 邓晓芒：《纯粹理性批判讲演录》，商务印书馆，2013，第 84 页。

④ 康德：《纯粹理性批判》，邓晓芒译，杨祖陶校，人民出版社，2004，第 51 页。

⑤ 参见康德《纯粹理性批判》，邓晓芒译，杨祖陶校，人民出版社，2004，第 55 页。

但可以在知觉范围内，或者在假定的知觉范围内，肯定这样一种必然性："即应该能够对我显现的东西"一定会满足先验的且是感性论的条件。[①] 即对象的"被思维"是先天必然的。换言之，某些思维是先天必然的。

但从这些理解出发，胡塞尔产生了对康德的怀疑：当感性论的条件得到满足时，肯定哪些条件得到了满足，才会使真正存在的事物的对象在未被知觉的情况下成为可认识的？"我们如何能够由对象在被知觉的或被记忆的位置的和时间的如此存在中表明的和已经表明的东西，向没有在知觉上给予的东西'推论'呢？"[②] 在关于自在之物与现象的思考中康德就没有意识到这样的问题。康德并没有较为清楚地认识到这一点，在他那里，对象的"被思维"是先天必然的，这样一种先天必然性中所呈现的关系，就是先验逻辑。或者更准确地按照康德的说法，用来规定纯粹知性知识和理性知识的"来源、范围和客观有效性的科学，我们也许必须称之为先验逻辑"，其中，概念是自发产生的。康德因此也将自己产生表象的能力或认识的自发性称为知性。[③]

这不像胡塞尔所论述的那样，概念是在内在的意识活动中被相即给予的，并可以通过直观的方式重新得到审查。而康德只是将概念视为自发产生的，没有进一步追溯它的起源，没有真正回答什么是自发性，因而是不彻底的。借用纳托尔普（Paul Natorp，1854 - 1924）的说法，"由于康德在先验演绎中依赖于一个所谓的'自发的行为'，所以他陷入了心理主义"。[④]

---

① 参见胡塞尔《第一哲学》上卷，王炳文译，商务印书馆，2017，第 278 页。

② 胡塞尔：《第一哲学》上卷，王炳文译，商务印书馆，2017，第 278 ~ 279 页。

③ 参见康德《纯粹理性批判》，邓晓芒译，杨祖陶校，人民出版社，2004，第 51 ~ 52 页。

④ Tom Rockmore, *Kant and Phenomenology*, Chicago: The University of Chicago Press, 2011, p. 108.

但是，尽管心理主义是后起的术语，康德仍可以算作反心理主义者，因为“康德在一般的知识前提的先验分析与心理学分析之间做出了严格的区分，拒绝了心理学的进路”。[①] 胡塞尔也认为：“自康德以来，一种先验认识理论获得极大的影响力和认同，此种理论坚决拒绝一切经验心理学的基础化立场并将其视作心理主义加以反对。”[②] 但康德虽然反对这样一种心理主义倾向[③]，却没有在真正意义上澄清“先天概念”，所以他的先验逻辑理念是有缺陷的。胡塞尔说：“至于康德本人，在相关于亚里士多德传统的核心部分的问题上，他清晰地看出了逻辑学的先天性特征，摆脱了一切经验心理学现象的纯粹性，并认识到将其纳入一种经验理论的错误性，但他并未把握逻辑学观念性的真正意义。”[④]

在胡塞尔意义上，逻辑学应该系统地从观念形成物返回到现象学构成的意识中，并将其纳入先验主体的关联域内的研究之中。[⑤] 因此，如果忽视了范畴演绎在主体间的源起，忽视了范畴演绎的内在生成过程，那么，这样一种逻辑理念在根源上的有效性是存疑的，没有在内在的直观中获得最终的明证性。[⑥]

胡塞尔认为，在康德哲学中存在着一些“先验”性质的由经验而来的问题，例如，空间和时间作为纯直观是必然的，世界必须是怎样的，然后才可以论述人的认识、理念范围内的认识、一般认识、自然科

---

① Tom Rockmore, Kant and Phenomenology, Chicago: The University of Chicago Press, 2011, p. 106.

② 胡塞尔：《现象学心理学》，李幼蒸译，中国人民大学出版社，2015，第 29 页。

③ 关于康德对心理主义做法的反驳见《纯粹理性批判》，第二版序第 10 ~ 11 页。

④ 胡塞尔：《形式逻辑与先验逻辑》，李幼蒸译，中国人民大学出版社，2012，第 222 页。

⑤ 胡塞尔：《形式逻辑与先验逻辑》，李幼蒸译，中国人民大学出版社，2012，第 224 页。

⑥ 参见胡塞尔《第一哲学》上卷，王炳文译，商务印书馆，2017，第 510 页。

学的认识是否可以达到对世界的认识。胡塞尔进一步认为，如果按照这样的思路，这些问题就演变成对认识具有什么样的性质的研究，最终，这种探讨就变成了生物学和心理学的应用领域的思考。① 因为这些科学都是假定了事物存在秩序后进行研究，假定后，就会产生我们能否抵达对它的认识的问题。如果认为认识活动也存在着必然的秩序，那么，就会产生认识具有什么样的性质的研究。

因而，康德与胡塞尔的区别在于：康德未能摆脱心理主义和人类主义的制约。② 在胡塞尔看来："性质就是充实（Fülle），它展开于表面并穿透形态的物体性。"③ 因此，如果没有意识到这一点，关于认识应该具有什么样的性质的研究，就会演变为关于客观性的研究，并进一步发展为对主体与客体关系的思考。虽然"主客二分"的思考进路、叙述进路和理解进路并不一定是僵死的，有时是为了传诉的需要，可是，在胡塞尔之前却很少有人彻底思考主体如何切中客体的问题。而主体的认识究竟如何能够切中客体的问题，对它的回答是胡塞尔现象学的思考起点之一。这一点在康德哲学中是没有得到彻底阐明的。

虽然胡塞尔认为自己与康德关于认识之主观性的探讨有相同之处，即在主观性与客观性的相互关系中，寻找客观性意义的最后规定，但这仅仅是表面上的一致，在胡塞尔看来，康德没有看到认识和认识的对象性之间的相互关联的真正意义。④ 康德体现出的主要是典型的理性主义思考方式，因而最后的根据必然诉诸被预设的前提。

而从认识论传统而言，胡塞尔使用的是经验主义直观的方法，但他

---

① 参见胡塞尔《第一哲学》上卷，王炳文译，商务印书馆，2017，第503、505页。

② 参见德尔默·莫兰、约瑟夫·科恩《胡塞尔词典》，李幼蒸译，中国人民大学出版社，2015，第137页。

③ 胡塞尔：《现象学的构成研究》，李幼蒸译，中国人民大学出版社，2013，第67页。

④ 参见胡塞尔《第一哲学》上卷，王炳文译，商务印书馆，2017，第508页。

没有像他的老师布伦塔诺和斯通普夫那样将自己看成坚定的经验主义者，而是发展了这一方法。[①] 所以胡塞尔的现象学必然从描述开始，以构造收尾。在胡塞尔那里，对象及范畴都是通过意识构造的方式产生的。[②] 所以，胡塞尔的纯粹逻辑学在向直观的回溯中要求的是一种直觉的哲学方法。[③]

因此，胡塞尔与当今科学理念的一致之处在于：真正意义上的科学，不是对对象的描述，而是通过概念和范畴化的思考，对对象之间可以被把握到的关系的探寻。胡塞尔说："对象如果能够成为自然科学的对象，它们必然具有一定的思想形式；因此一定存在着一切现实的对象都必然会服从于它们的某些范畴。"[④] 对于这一点，康德与胡塞尔的看法大致相同。

但是，胡塞尔认为康德那里"缺少直观与被直观物之间的明确区分，缺少在作为意识之样式的显现形式与显现着的对象性的形式之间的明确的区分。没有看到真正现象学的东西"。[⑤] 也就是说，胡塞尔主张对意识自身的活动和意识的对象性活动做出区分，因为二者中并不一定具有同样的类型或形式，而且各自的形式并不是有限的那些种类。因此，判断中的纯粹含义和关于对象的含义需要被区分开来。在这一意义上，胡塞尔所要发展的不是一门先验的逻辑学，而是一门纯粹的逻辑学。

---

① 参见斯皮格伯格《现象学运动》，王炳文、张金言译，商务印书馆，2011，第99页。

② Cf. Edmund Husserl, *Einleitung in die Logik und Erkenntnistheorie*, *Vorlesungen 1906/07* (Hua XXIV), Hrsg. Ullrich Melle, The Hague, Netherlands: Martinus Nijhoff, 1985, SS. 42 – 49.

③ 详见胡塞尔《〈逻辑研究〉第二版"序言"草稿的两个残篇》，倪梁康译，载倪梁康等编《中国现象学与哲学评论》第14辑，上海译文出版社，2014，第229页。

④ 胡塞尔：《第一哲学》上卷，王炳文译，商务印书馆，2017，第510页。

⑤ 胡塞尔：《第一哲学》上卷，王炳文译，商务印书馆，2017，第509～510页。

这门纯粹的逻辑学对立于具有“心理学动机”的逻辑学，它是一个“观念的东西”，是一个“自在”（Ansich），不包含任何“心理的东西”（行为方面、主体方面、任何实在现实的经验事实个人方面的东西），它被胡塞尔定义为对“普遍数理”概念的解释。[①] 它有三个任务：第一，确定纯粹含义范畴、纯粹对象范畴以及它们的规律性复合（Komplexion）；第二，建立位于这些范畴中的规律和理论；第三，建立纯粹的流形论（Mannigfaltigkeitslehre）。[②] 这意味着胡塞尔要在纯粹的直观中建立逻辑学和哲学。而对于这一点，康德不是这样的。

胡塞尔说：“康德理性批判的伟大思想不是在真正根本的意义上从最原初的和最清澈的源泉（纯粹直观的源泉）中可直接汲取的；因此康德的先验哲学在其本原的及更新了的形态中不可能成为真正意义上的第一哲学。”[③] 并且，胡塞尔认为他自己的批判比康德的纯粹理性的批判更为彻底。[④] 胡塞尔在这里也在表明的是：第一哲学是在最初的认识源泉和直观中可以看到和建立的认识，如果看不到，就不是第一性的哲学。

因此，由于先验逻辑理念的局限性，康德未能区分意识的认识形式和被当作对象而呈现的形式之间的关系。例如，含混地把意识中的时间与认识对象的时间混为一谈，把感性上的空间与自然界的空间混为一谈。因而，未能真正阐明客观上使用的范畴在主观性中的内在起源。因

---

① 参见胡塞尔《〈逻辑研究〉第二版“序言”草稿的两个残篇》，倪梁康译，载倪梁康等编《中国现象学与哲学评论》第14辑，上海译文出版社，2014，第225~226页。

② 参见胡塞尔《逻辑研究》，倪梁康译，商务印书馆，2015，第241~251页。

③ 胡塞尔：《〈逻辑研究〉第二版“序言”草稿的两个残篇》，倪梁康译，载倪梁康等编《中国现象学与哲学评论》第14辑，上海译文出版社，2014，第223页。引文据原文有改动。

④ 参见斯皮格伯格《现象学运动》，王炳文、张金言译，商务印书馆，2011，第165、170页。

而，也就未能觉察到自然科学的对象所具有的思想形式才是科学得以产生的真正的内在原因。康德只是从已有的形式逻辑和认识经验中推导出了范畴的存在，而不是通过彻底性的方法阐明这些范畴和逻辑的起源，这将必然导致矛盾。正如胡塞尔所认为的，“纯粹知性概念的先验演绎”这一章杂乱无章，先验统觉包含许多隐秘的且极其有害的作用。①康德也没有进一步去阐明矛盾的根源，而是利用矛盾修正了知识，获得了某一认知的界限，在他看来，这种方法就是“先验方法论”中的纯粹理性的训练并理所当然地认为理性需要这样的训练“使它远离放纵和迷误”。②

二　康德对休谟的误解

在近代哲学史上，英国哲学家休谟的思想对康德产生过重要影响。康德说：“我坦率地承认，就是休谟的提示在多年以前首先打破了我教条主义的迷梦，并且在我对思辨哲学的研究上给我指出来一个完全不同的方向。”③ 然而，康德的目的不在于如何去正确解读休谟哲学，他所要解决的问题是如何拯救休谟的怀疑论所引起的知识信仰体系的坍塌。他的《纯粹理性批判》在很大程度上是由休谟对因果性关系的思考引发的。可胡塞尔认为，康德对休谟的一些理解是有误的。

首先，将观念间的关系视为分析判断会产生矛盾。

康德把观念间的关系的判断视为分析判断，但在休谟哲学中数学判断是包含在观念间的关系这一类判断中的。这样，休谟的数学判断也就成了康德的分析判断。

① 参见胡塞尔《第一哲学》上卷，王炳文译，商务印书馆，2017，第510页。

② 康德：《纯粹理性批判》，邓晓芒译，杨祖陶校，人民出版社，2004，第551～552页。

③ 康德：《任何一种能够作为科学出现的未来形而上学导论》，庞景仁译，商务印书馆，1997，第9页。

胡塞尔认为，如果按照康德对分析判断和综合判断的区分，休谟的数学判断是综合的，而不是分析的。[①] 休谟认为："人类研究的一切对象可以自然而然地分为两类"，一类是观念间的关系，一类是实际的事情，其中，几何、代数、算术等科学中的一切断言，都属于观念间的关系，"这类命题仅仅依靠思想的活动就能发现出来，并不依靠宇宙中任何地方存在的东西"。[②] 这就意味着，当康德把观念间的关系视为分析判断时，隶属于观念间的关系中的数学命题也就理所当然地成了分析判断。

因此，按照矛盾律，数学判断就不能再被视为综合判断。可是，康德却又认为："数学的判断全部都是综合的"；"真正的数学判断总是先天判断而不是经验的判断，因为它们具有无法从经验中取得的必然性"；"纯粹几何学的任何一个原理也不是分析性的"，例如，在"两点之间直线最短"这个命题中，"最短"这个概念完全是加上去的，而绝不能通过分析从直线这个概念中引出来。[③] 这显然与前面的论述是矛盾的。

什么是康德的综合判断呢？当要超出概念 A 去把另一个 B 作为与 A 相结合的概念来认识时，表示前后关系的"原因"概念完全外在于前面的概念，因而它不包含在后一个表象 B 中。因而，观念间的关系中的这样一种因果关系，在知性认识中就是综合判断。这样的因果原理将后面的表象加之于前面的东西，就成为一种综合性的、扩展型的原理，

---

① 参见胡塞尔《第一哲学》上卷，王炳文译，商务印书馆，2017，第 458 页。

② Cf. David Hume, *Enquiries concerning Human Understanding*, Ed. by Tom L. Beauchamp, New York: Oxford University Press, 1999, p. 108. 中译本参见休谟《人类理解研究》，关文运译，商务印书馆，1982，第 26 页。

③ 参见康德《纯粹理性批判》，邓晓芒译，杨祖陶校，人民出版社，2004，第 10 ~ 13 页。

所有先天的思辨知识的全部目的正是建立在这个基础之上。①

这里的矛盾就在于：一是如果因果关系是综合判断，那么，包含了因果关系的观念间的关系也应该是综合判断，继而，包含在观念间的关系中的数学判断也是综合判断；二是如果康德将观念间的关系的判断视为分析的，那么，包含了数学判断的观念间的关系的判断也就都是分析的，继而，包含在观念间的关系中的因果关系也就是分析的。可见，康德并不是在同一含义上理解观念间的关系的，也不是在同一含义上使用分析这一概念的。

其次，观念间的关系不一定是分析判断。

胡塞尔认为，康德把休谟的观念间的关系解释为分析判断，因此在康德的理解中，这样的分析判断也就成了同一判断。但这并不真正符合休谟的观点。康德不恰当地理解了休谟的同一判断和观念间的关系。一切同一的判断都是观念间的关系，但反过来而言，一切观念间的关系却不必然是同一判断。例如，休谟并不主张数学是由同义反复构成的。胡塞尔认为，在“观念间的关系”这一名目之下，存在着两类判断。一类是先天的形式判断，即纯粹逻辑的判断。另一类是实质的判断，存在于感性概念的本质之中的先天命题，就属于实质的判断。这一类判断之中不存在逻辑矛盾，形式判断中存在的矛盾是关于概念的意义或内容引起的矛盾。②

因此，从胡塞尔的角度来看，分析判断所依存的矛盾律并不能判定实质的情形。它能衡量实质命题的无效性，但不能保证实质命题的有效性和合法性。因为数学判断的有效性仅仅是形式判断中按照无矛盾法则建立的有效性，所以数学判断并不能断定实质判断的有效性。因此，在

---

① 参见康德《纯粹理性批判》，邓晓芒译，杨祖陶校，人民出版社，2004，第10~11页。

② 参见胡塞尔《第一哲学》上卷，王炳文译，商务印书馆，2017，第457页。

休谟那里数学判断虽然属于观念间的关系，但这一点也不能构成将数学判断归之于分析判断还是综合判断的充足理由。胡塞尔认为，因为通过“分析判断”这一概念并不能将休谟的根本立场予以精确化理解或表述，休谟有着一些含混的说法，他并不在意于概念的精确化，他也将“分析的”和“先天的”混同使用，所以严格的语词分析在休谟这里并不合适。[①] 如果康德从分析和综合的概念出发就会发现，休谟的观念间的关系中既有分析判断，也有综合判断。

因此，不能将休谟的观念间的关系的判断必然地归之于分析判断或综合判断。

此外，休谟为何会成为怀疑论者，胡塞尔与康德存在分歧。

在《纯粹理性批判》第二版中，康德认为，休谟只是停留在“结果与原因”相联系在一起的综合命题（因果律）之上，他虽然接近了分析判断与综合判断这样的形而上学命题，却认为先天综合判断是不可能的，因而摧毁了一切纯哲学的主张。康德还认为：根据休谟的论证，由于纯粹数学包含先天综合判断，所以纯粹数学也不会有了。[②] 换言之，综合判断的不可能导致了认识的不可能，所以，休谟是怀疑论者。

关于这一结论，胡塞尔和康德是一致的。但胡塞尔的根本理由与康德是不一样的。胡塞尔认为：因为休谟没有看到间接的事实判断的原理可以理解为奠基意义上的先天的可能性，所以成了怀疑论者。[③]

这里的不同理由在于：康德认为，休谟没有看到综合判断中存在的先天综合判断是可能的；而胡塞尔认为休谟没有看到间接的事实判断的原理的先天可能性。实质上，康德与胡塞尔之所以在这里产生分歧，是

---

① 参见胡塞尔《第一哲学》上卷，王炳文译，商务印书馆，2017，第458页。

② 参见康德《纯粹理性批判》，邓晓芒译，杨祖陶校，人民出版社，2004，第15页。

③ 参见胡塞尔《第一哲学》上卷，王炳文译，商务印书馆，2017，第458页。

因为二者对知识采取了不同的奠基方式。前者立足于先天综合判断，后者立足于原理包含意识所给予的先天性。

在休谟与康德之间，胡塞尔肯定的是休谟通向现象学的成分。胡塞尔说："不管休谟阐明中的含糊不清有多么严重，不管这种含糊不清在他的认识论基本观点上酿成多少本质性错误，总的来看，他是受正确意图支配的，而且尽管眼睛有一半被蒙住，他仍是漫步在正确道路上。"①这是因为从近代认识论发展史来看，经验主义是通向现象学的重要环节。

胡塞尔认为休谟在青年时代就已经提出了一种几乎是纯粹的先验哲学，但他是以背理的感觉论的怀疑论的形式提出来的，由于休谟的《人性论》在18世纪几乎没有产生影响，所以，胡塞尔认为康德没有阅读过该著作。② 由于没有读过，所以存在误解。

---

① 胡塞尔：《第一哲学》上卷，王炳文译，商务印书馆，2017，第458页。

② 参见胡塞尔《第一哲学》上卷，王炳文译，商务印书馆，2017，第293页。按：目前，罗素与胡塞尔的这一说法仍是一桩学案。关于康德没有读过《人性论》这一问题，邓晓芒提出了质疑，并指出康德《未来形而上学导论》脚注的《人性论》引文："形而上学和道德是科学最重要的部门；数学和自然科学的价值还不及它们的一半。"括号注为："《人性论》，第4部分，德译本214页。"（庞景仁译，第7页脚注；李秋零译，中国人民大学出版社，2013，第3页脚注。此引为庞译）但笔者反复查阅《人性论》，没有找到与该引文和关键词大致相同的原文。经查对《未来形而上学导论》德文本，在对该脚注所加的尾注中，德文编者也声称未在《人性论》中找到该引文。经笔者查证，马克思在博士学位论文中引用了休谟《人性论》德译本的内容。马克思这段引文笔者在《人性论》（中译本，商务印书馆，2016，第276页）第四章第五节找到了。《马克思恩格斯全集》1975年历史考证版的编辑在脚注处注明了该译本出版信息：1790年哈雷版。（《马克思恩格斯全集》第一卷，人民出版社，2002，第11页）Theodor Lipps（1851－1914）德译本于1904年出版。这两个译本都晚于《未来形而上学导论》（1783）和《纯粹理性批判》第二版（1787）的出版时间。1790年译本与康德《纯粹理性批判》第二版时间已接近。曼弗雷德·库恩在《康德传》中推断《人性论》德译本（黄添盛译，上海人民出版社，2010，第400页）于1790～1792年出版；推断康德读过《人性论》（转下页注）

胡塞尔宣称：“将康德‘从独断论昏睡中唤醒’的休谟的《人类理解研究》，在哲学上的重要性远不及系统的《人性论》——这后一本书康德显然不知道，就是在休谟的这部青年时代的天才著作中，就已经拟定了超越论疑难问题的整个体系，并且以超越论的精神思考了这个体系。”① 因此，胡塞尔认为，如果康德了解休谟的《人性论》，那么，他就不会认为休谟的根本立场不在于“分析判断”这一概念的精确化和数学的综合性质的证明，休谟关于结果不在原因中的说法，将康德引向错误的道路。②

（接上页注②）删节版，因为康德有机会通过哈曼和格林接触到这个删节版（第306页）；1782年6月哈曼为格林带来了三卷本《人性论》，实现了承诺（第314页）；1771年7月5日与12日在《哥尼斯堡学术政治报》发表了休谟《人性论》第一卷结论部分，康德知道这是哈曼翻译的（第235页）；《人类理解研究》于1755年发行德译本（第140页）。《康德传》中有关于康德教育经历的记载；他有着良好的拉丁文能力和古典文学素养，终身阅读不辍，晚年仍能记诵；学习过希腊文和希伯来文；选修过法文；他的朋友说他热衷于古典语言；康德似乎没有受过英语训练，但或许可以猜出段落大意。（第77~82页）国内也有学者以康德不会英语为由认为康德没读过《人性论》。这是无法证实的。后来，笔者于2018年4月21日曾就这个问题在成都第一届西部现象学论坛举办期间咨询过参会的北京大学哲学系的康德研究学者南星博士，他解释说，当时《人性论》德译本的确没有；康德参考的这个译本或许是当时《人类理解研究》和《道德原则研究》合编本，不是真正的德译本；康德主要通过他的一位研究休谟的朋友来了解《人性论》。笔者在这两部著作中都没有找到这句引文。但在《人类理解研究》第四章第一节最后一部分内容中讨论了自然哲学（物理学）和数学：“最完美的自然哲学只能将我们的物质避开一时，同样，最完美的道德哲学或形而上学哲学，似乎只适于发现我们更多的无知。”（周晓亮译，中国法制出版社，2011，第25页）这部分文字指出，自然活动的终极原因是不敢断定的，我们要发现它们乃是徒劳的，数学也帮不了自然哲学这个忙。这部分内容有强调道德哲学和形而上学的意图，在含义上与康德引用的那句话最为接近。笔者目前认为，以康德未读《人性论》为由批评康德误解休谟以增加人们的确信度是不合适的。还需留意的是休谟当时的一些著作被译为法文。目前笔者也没有找到《人性论》法译本在康德年代的相关信息。此外，胡塞尔说康德没有读过《人性论》，并没有充分的根据，而只是为了增强对康德批判的说服力而已。

① 胡塞尔：《第一哲学》上卷，王炳文译，商务印书馆，2017，第307页。

② 参见胡塞尔《第一哲学》上卷，王炳文译，商务印书馆，2017，第458页。

胡塞尔肯定休谟的地方在于，认识是从印象和观念开始的，必须从被给予之物开始。而康德像洛克那样，是从对象对认识主体的刺激开始的，所以康德在分析的开端就明显地带有二元论的特性。①

胡塞尔认为，如果人们进入现象学的认识论深度的话，“从根本上讲，康德认识论基本问题的构想对我们似乎是不正确的。它对于彻底的认识批判以及科学化的充分的认识批判的发展是不利的，康德自己完全认可休谟，但他并没有从休谟怀疑主义中‘拯救’出认识的可能性”。②

可以说，康德在无矛盾性的原则下进行推演与论证时，并没有对他的原则和方法进行彻底的考察。而概念、观念，最终只有在返回到体验或意识中的经验之后，才能得到真正的理解。休谟阐明了这一点，而康德把经验中获得的东西与经验性的构造混为一谈。在胡塞尔看来，经验仅仅“是在经验性的综合中引导我们的东西”。③ 因此，将经验与经验性的引导混为一谈，难免产生混乱。

第三节　对方法与前提的批判

康德的先验方法论主要包括四个方面：纯粹理性的训练，纯粹性的法规，纯粹理性的建筑术，纯粹理性的历史。通俗地讲，纯粹理性的训练指的是质证的方法，即用否定性判断质疑并修正判断的行为，它的贡

① 参见胡塞尔《第一哲学》上卷，王炳文译，商务印书馆，2017，第458~459页。

② Edmund Husserl, *Einleitung in die Logik und Erkenntnistheorie*, *Vorlesungen 1906/07* (Hua XXIV), Hrsg. Ullrich Melle, The Hague, Netherlands: Martinus Nijhoff, 1985, *S*. 337f.

③ Edmund Husserl, *Einleitung in die Logik und Erkenntnistheorie*, *Vorlesungen 1906/07* (Hua XXIV), Hrsg. Ullrich Melle, The Hague, Netherlands: Martinus Nijhoff, 1985, S. 339.

献是消极的，在仅仅利用概念进行推理时尤其需要如此。它不是作为工具来扩张认识，而是作为训练来规定某一认识的界限。康德说："它不声不响的功劳在于防止谬误，而不是去揭示真理。"从康德的原文来看，纯粹理性的法规实际上就是指纯粹理性的努力目标。纯粹理性的建筑术是将知识凝聚成各种系统的技艺，康德认为它属于方法论。在纯粹理性的历史中，康德强调了批判的方法相对于独断论的方法和怀疑论的方法所具有的优越性和独创性。①

结合以上康德的论述及相关论述来看，在胡塞尔的批判中没有直接针对"先验方法论"的部分。胡塞尔所批判的主要是康德在"先验要素论"中体现出来的方法。胡塞尔认为康德的论述中缺少纯粹的方法意识，这是导致他的分析不彻底的原因。因此，康德的理性批判在根源上就是独断论的。

一　缺少纯粹的方法意识

可以说，康德对休谟分析判断的误解，根本原因在于康德对思考问题的方法缺少更为细致的考察。而胡塞尔现象学的重要贡献，就在于始终贯穿的方法意识。

胡塞尔认为，他的先验现象学，目的在于研究对象与认识之间的相互关系的真正本质，因此，是与一切错误的形而上学相割裂的。先验现象学保证一切现实的科学认识的可能的有效性，并且澄清真正现实的有效认识，保证逻辑上的完善而不是范围上的完善。通过这些途径，使科学上被认识的存在还原到绝对，还原到意识。同时也使目的论的形而上学得以可能，使机械的自然观和目的论的自然观之间的和解成为可能。

① 参见康德《纯粹理性批判》，邓晓芒译，杨祖陶校，人民出版社，2004，第549、550～552、606、629、633～634页。

此外，胡塞尔先验现象学的方法，体现了通过追溯到“起源”而研究认识的有效性这一古老的意图。这种意图是英国经验论哲学最终想要完成却没有完成的东西。它不是错误地追问认识的心理学化的起源。这样的追问不具有历史意义上的合理性。它追问一切进展所服从的逻辑上的开端，并进一步对这些原理中所陈述的客观东西的构成进行先验现象学研究。追溯客观性在主观性中的起源。但是这种方法，“康德以及整个依赖于他的新康德主义和新观念论，毫无所知”。[①]

胡塞尔认为，缺少明确界定的和完全澄清的方法是人们无法学习哲学的原因之一。[②] 胡塞尔的这一批评直接针对康德。

康德认为，当哲学作为用来评判主观的哲学体系的客观范本时，“哲学就是一个有关某种可能的科学的单纯理念，这门科学永远也不被具体地给予，但人们却从各种不同的道路去试图接近它，直到那条惟一的、被感性的草木所壅蔽了的小路被发现、而迄今错位的摹本在命运赐予人类范围内成功地做到与蓝本相同为止”。因此，人们对于哲学的学习，不能像学徒学习技术那样。康德接着说：“我们只能学习做哲学研究（Philosophieren），即按照理性的普遍原则凭借某些正在着手的尝试来锻炼理性的才能，但却总是保留着理性对那些原则本身在其来源上进行调查、认可和抵制的权利。”[③]

胡塞尔将此总结为：人们无法学习哲学，而只能学习哲思（Philosophieren）。胡塞尔认为，康德的这一说法“无非是对哲学的非科学性的供认不讳”。[④] 我们可以这样理解，由于未能在方法上取得有效的进展，所以淡漠了认识活动所特有的方法意识，从而导致了哲学的学

---

① 参见胡塞尔《第一哲学》上卷，王炳文译，商务印书馆，2017，第501～503页。

② 参见胡塞尔《哲学作为严格的科学》，倪梁康译，商务印书馆，2007，第2页。

③ 康德：《纯粹理性批判》，邓晓芒译，杨祖陶校，人民出版社，2004，第633页。

④ 胡塞尔：《哲学作为严格的科学》，倪梁康译，商务印书馆，2007，第2页。

习困境。

胡塞尔认为真正的学习应该是这样的："科学的学习从来都不是一种精神以外的材料的简单接受，而始终立足于自身的活动，立足于一种内部的再造，即通过创造性的精神而获取的、按照根据与结论而进行的理性明察的内部再造。人们无法学习哲学的原因在于，在这里还没有那种得到客观领悟和论证的明察，而这也意味着，在这里还缺乏那些在概念上得到明确界定、在意义方面得到完全澄清的问题、方法和理论。"①

因此，从胡塞尔的观点来看，方法的不明晰必然增加认知与理解之间的混乱。按照通常的探查我们也可以发现：学习活动本身就蕴含着与事物相关联的认知方式的自我获取过程。如果只是承袭过去的方法，必然会在一定阶段产生认知的局限性。由于没有领会到哲学家使用的方法，所以，尽管取得了一致的结论，但是并不能实现真正的理解。

胡塞尔的现象学方法，首先要保证的是自身认识的清晰性和彻底性。

从清晰性方面而言，胡塞尔通过现象学方法将客体与现象进行了区分。胡塞尔认为，如果以逻辑语言来说，对象仅仅是真实的直言判断的某一个主词，那么，任何现象也都是一个对象。在这样一个对象概念的内部，形成了客体与现象的鲜明区分。所有的客体，包括自然客体在内，都是未被意识的对象。"这些客体虽然在意识中被表象为设定的实在，但经验它们和认识它们的意识是如此奇特，它赋予它固有的现象以未被意识的客体的现象之意义，并且在认识意义的过程中认知了这种'外在'的客体。而自身并非是意识体验或其内在内容的对象，我们称之为确切词义的客体。"②

---

① 胡塞尔：《哲学作为严格的科学》，倪梁康译，商务印书馆，2007，第 2 页。

② 参见胡塞尔《文章与讲演（1911—1921 年）》，倪梁康译，人民出版社，2009，第 77 ~78 页。

因此，在这一区分中，现象学就是关于意识自身的科学，与之对应的是各种“客观”科学的总和。纯粹现象学就是纯粹意识的科学，它仅仅来源于纯粹的反思，排斥任何外在经验，排斥任何未被意识到的对象的混杂，现象、客体、对象、主词、存在等之间有着明确的、清晰的、彻底的区分，这些都是在意识中明晰地把握到的东西。胡塞尔认为，在纯粹的反思中，“自然观点的所有事实，即整个自然界都始终是被排斥的”。在此基础上，在面对所有客观实在的入侵时，彻底地纯化现象学的意识领域并保持其纯粹性的方法，就是现象学还原。在对所有的客观实在进行排除之后，剩余下来的就是仍然被给予的所有的经验现象。这些剩余的经验现象就是“在其绝对自身性中被反思的目光所把握的那个世界的全部现象”。相应地，纯粹现象学不是依据事实的实存，而是根据纯粹的可能性和规律来研究纯粹意识及其现象的王国，其中，合乎意识地显现的纯粹现象，具有必然地形成的先天的固定体系，因而，任何“认识着”的意识，如果它能够直观空间物体的意识，都绝对与此体系相联系。①

从彻底性方面而言，胡塞尔现象学的方法，从无预设的前提出发，将已有的实存的东西予以悬搁。进而通过现象学还原，剩下了仍然被给予的经验现象。只有在这样一个经验现象中，反思才获得它的纯粹性和一致性。因而，在此之中的现象就是纯粹的现象，意识也成为纯粹的意识。并且，不能使自己陷入客观信仰上去，而是在纯粹意识和现象的王国中把握其固有的先天联系，紧紧把握住“纯粹的现象”，将客观科学本身作为“价值”排除出去，只在科学现象的意义上将其作为现象学研究的课题。② 因而，作为客观科学的心理学也被排除在纯粹现象学的

---

① 参见胡塞尔《文章与讲演（1911—1921 年）》，倪梁康译，人民出版社，2009，第 80、82、84 页。

② 胡塞尔：《文章与讲演（1911—1921 年）》，倪梁康译，人民出版社，2009，第 73 ~ 85 页。

考察之外，仅仅是当作科学现象来考察，因为以它作为认识的基础必然是不彻底的。为了保证绝对的彻底性，现象学必须放弃任何已有的前提，并在严格考察的基础上自己获得自己的认识前提。因此，胡塞尔现象学在这一意义上是“无前提性”的现象学。

在胡塞尔意义上，“无前提性”表示的只是“企图消除未受彻底审查的前提，或者至少从原则上说是未被提供给这种审查的前提”，并“严格排除所有不能用现象学方法充分而完全证实的陈述”。① 即排除那些无法还原的陈述。这一做法至少可以回溯到柏拉图的辩证法，因为柏拉图把哲学的辩证法看作对假设的超越。② 康德也不是未加分析地承认已有的假设，他也把天文学和哲学的“哥白尼革命”仅仅作为假设。③ 但是康德把认识奠基在先验要素之上，由于方法意识的缺陷，没有对假设或必然性进行回溯，没有进一步对前提进行还原，没有进一步探索认识的深层起源。

方法的不彻底必然会导致前提的不明晰或不彻底。与康德相比，胡塞尔没有将超越性的主体性领域当作知识的形式条件。④ 康德仍然局限于自己的自然主义的偏见中，他是在心理学意义上理解主体性的。他的认识论存在着一些可以当作前提的既定的东西，所以在考察上是不彻底的。胡塞尔确信地说：“康德自身绝对没有摆脱对彻底问题的预设，并且，所有这方面尝试的解释都是站不住脚的。”⑤

---

① 斯皮格伯格：《现象学运动》，王炳文、张金言译，商务印书馆，2011，第127、217页。

② Cf. Tom Rockmore, *Kant and Phenomenology*, Chicago: The University of Chicago Press, 2011, p. 121.

③ 参见康德《纯粹理性批判》，邓晓芒译，杨祖陶校，人民出版社，2004，第二版序第18页。

④ Cf. Dermot Moran, *Husserl's Crisis of the European Sciences and Transcendental Phenomenology*, New York: Cambridge University Press, 2012, p. 219.

⑤ Iso Kern, *Husserl und Kant*, Den Haag: Martinus Nijhoff, 1964, S. 69.

胡塞尔认为，虽然康德没有将心理物理的知识作为联系环节编入认识论的思考之中，致使他产生方法上荒谬的混乱，但他仍然缺乏为一切科学在认识论意义上奠定基础所依赖的纯粹的方法意识。在胡塞尔看来，一切认识，素朴的经验认识，以及一切科学，在认识论上都要当作可疑的。因而，这些认识仅仅应该看作现象，而不能当成一劳永逸的有效的真理来使用。从而，对于处于先验主体性中的我而言，现象就意味着全部的认识。这种纯粹的方法首先需要的是处于第一位的主观性。①

胡塞尔认为，康德并没有看到这种方法，他专心于系统研究，在系统学方面取得了进展，没有看到对于一种先验科学而言的不可缺少的方法。虽然人们也可以认为康德的整个研究都是在先验主体性这个绝对基础上进行的，并且以一种前人所没有体现出来的直观能力看到了这种主体性中的一些本质结构，但由于缺乏方法上的追溯和洞察，这些发现变得难以理解，所以，“康德的理性批判与莱布尼茨的理性批判一样远离作为进行最终奠立的和最终被奠立的科学的超越论的哲学。”②

尽管如此，胡塞尔仍然把康德视为第一个正确地瞥见现象学的人。他认为，当我们真正通过艰苦的努力对现象学领域的特殊性获得清晰的认识以后，才能真正理解康德那最伟大的直观。③ 不仅如此，人们也认为，从胡塞尔现象学入手来学习欧洲现代的诸多思想，便于找到一条比较可行的线索。④ 然而，由于康德没有认识到现象学是一门严格的本质科学的研究领域，所以错误地在《纯粹理性批判》第一版中，将先验演绎解释为心理学领域。⑤

---

① 参见胡塞尔《第一哲学》上卷，王炳文译，商务印书馆，2017，第256~257页。
② 胡塞尔：《第一哲学》上卷，王炳文译，商务印书馆，2017，第259页。
③ 参见胡塞尔《纯粹现象学通论》，李幼蒸译，中国人民大学出版社，2014，第185页。
④ 参见赵一凡《从胡塞尔到德里达》，三联书店，2007，第113页。
⑤ 参见胡塞尔《纯粹现象学通论》，李幼蒸译，中国人民大学出版社，2014，第185页。

因此，康德哲学中的理性批判之所以显现出不彻底性，根本原因在于他缺少纯粹的方法意识。康德缺少现象学还原的概念，缺少“直觉的 - 直向的”（intuitiv-aufweisende）方法。① 因此，方法意识的缺失，导致了一些不彻底的思考。康德将一些不言而喻的东西当作实存的东西继承了下来，他并没有从根本上排除掉不彻底的心理学的或心理主义的东西。他的主体也仅仅是在心理学意义上理解的主体。就方法而言，方法并不只是方便之法，也并非只可被理解为规矩之法，方法一定是对应于具体的所要解决的问题的方法。它在自身的起点内蕴含着自身的终点或使用范围。因此，现象学方法也只能被最大限度地理解为在意识活动方面对准它所考察的对象的方法。它是关于认识的方法，也是关于方法的方法。在这个意义上的胡塞尔现象学，是认识，也是对认识的批判，更是现象学认识论。

在胡塞尔意义上，既不存在一劳永逸的万能的方法，也不存在一劳永逸的万能的体系。因此，胡塞尔现象学旨在以现象学方法进行认识的起源和方法层面的考察，并不断地努力去克服已有认知的局限性，而不是去未经反思地追求完美系统的建构，它服务于更高的理论需求，这正是近代哲学未被注意到的方面。康德的认识批判，也是对已有认知的局限性的克服。但康德的一些思考，在方法上不是依据彻底的辨明和最为直接的直观进行的，而是本着无矛盾的原则进行的，这些思考成果更多地依赖于他孜孜不倦的思考、良好的知识训练、开阔的视野、对哲学与人类社会的高度使命感和崇高情怀。康德那卓越的洞见，如果缺少彻底的方法意识，注定会成为将来的谜团。

二　前提是不言而喻的

由于缺少彻底的或纯粹的方法，康德认识论的基础并没有得到澄

---

① Cf. Iso Kern, *Husserl und Kant*, Den Haag: Martinus Nijhoff, 1964, S. 92ff.

清，所以，康德的理性批判在根基上是独断论的。

康德将哲学方法归纳为三种：独断论的、怀疑论的、批判的。他批判了自然主义的方法和科学性的方法。自然主义的方法在日常理性中就足够了，它更多的是使用经验主义的方法。科学性的方法要么是独断论地操作，要么是怀疑论地操作。怀疑论的方法以休谟为代表。康德将沃尔夫的哲学称为独断论的，因为他的哲学在对人的认识能力没有预先加以批判性地探讨的情形下就默认了它们的有效性。① 康德在这些论述中，指出自己哲学的方法是批判的方法，是前人没有尝试的方法。

然而胡塞尔认为，康德仍然缺少一种为哲学获得真正奠基的方法意识。② 由于缺少对认识进行真正奠基的纯粹的方法意识，康德哲学的这些认识前提是不彻底的、不言而喻的，所以他的认识论仍然是独断论的。

这些不彻底的前提代表性地体现在以下几个方面。

首先，“先天”概念没有获得真正的澄清。

康德认为：“几何学知识因为基于先天的直观而具有直接的自明性。”③ 然而，经过胡塞尔的考察，这种“先天的”东西，在康德那里是不证自明的预设的东西。这相当于是设定了几何学的自明性（明证性），然后将其作为先天的明证性。同样，康德对于数学、物理学、形而上学何以可能的思考，首先已经预设了它们的可能性，然后赋予其“先验的”特质，继而，再获得论证的自洽性。这些做法都没有真正去考虑认识起源中所蕴含的主观性的东西，都不含有现象学那样对于意识把握活动的本质分析。虽然人们也可以认为康德的整个研究都是在先验

---

① 参见康德《纯粹理性批判》，邓晓芒译，人民出版社，2004，第584、644页。

② 参见胡塞尔《第一哲学》上卷，王炳文译，商务印书馆，2017，第256页。

③ 康德：《纯粹理性批判》，邓晓芒译，杨祖陶校，人民出版社，2004，第81页。

主体性这个绝对基础上进行的，并且以一种前人所没有体现出来的直观能力看到了这种主体性中的一些本质结构，但由于这些不言而喻的前提，这些发现并不能获得彻底性的理解。

其次，康德没有真正回答直观为什么是感性的。

对于“直观为什么是感性的这一问题”，康德并没有做出彻底的澄清。康德只是认为，是“我们的本性导致了直观永远只能是感性的”。①这是因为，如果不这样认为，就不能获得自洽的解释。但这样的回答，是以“本性”掩盖了认识的真正根基。这里的本性不是什么别的东西，而是一个未知的“X”。这其实也意味着任何根据都可以用“本性”来解释，而实则是用一个未知的“X”来解释，这是基础主义者的最终办法。这即是说，康德并没有彻底考察他的认识中所获得的这些支撑推理与批判的认识基础究竟是什么。关于这些基础的知识是由于对其无法质疑而得以确定的，或是作为有效的“准经验”而被确定的，可是，如果在推理中产生悖论，并且这些悖论的出现不是由于推论中的逻辑错误，那么，便产生了对认识能力的应用范围或认识界限的考虑。这实则是这个作为基础的“X”没有获得解决，从这个“X”的本性（固有性质）推论到感性能力的固有性质的思考路径，所以，康德又一次得到的是关于人的认识能力的性质研究。按照他的推理方式，也只能变为关于“性质”的研究。关于性质，其实就是以已经获得的与性质相关的结论，指向着将会遇到的特征或表象。

再次，将知性能力默认为前提是不彻底的。

康德在理性批判中从一开始就将这种能力当作前提，即将知性认识能力作为前提。胡塞尔质疑康德有关心理学能力的一切认识是从哪些地方获得的？除去将这些能力当作“本性”的能力之外，这里的感性能力和知性能力实则是从哲学史中继承来的。但只通过相关已有认识的存

---

① 康德：《纯粹理性批判》，邓晓芒译，杨祖陶校，人民出版社，2004，第52页。

在来表明它们的存在，并不是彻底的澄清。如果这样，建立在其上的认识与它们之间就会产生循环论证。而循环论证本质上是独断论的。

如莱布尼茨认为："我甚至认为我们灵魂的一切思想和行动都是来自它自己内部，而不能是由感觉给予它的"，"即使在通常的体系中（谈到身体对灵魂的作用，就像哥白尼派也和旁人一样谈到太阳的运动，并且是有道理的），也有一些观念和原则，并非来自感觉，而我们发现它们是在我们心中，却并非我们把它们形成的，虽然是感官给了我们机缘，使我们察觉到它们"。①

胡塞尔认为，康德只是接受了莱布尼茨关于知性本身的这个假说："存在着一些精神纯粹由自己本身得来的概念，它们不是由外部刺激产生的；此外，由这些概念形成的所谓的先验法则应该表达纯粹属于精神之内在本质的法则性"，康德正是接受了这个假说而形成了自己的形式学说。② 因此，胡塞尔认为，康德的理性批判与那些从莱布尼茨出发的哲学一样，都带有哲学和认识论中的独断论的荒谬性；他的理性批判避开了通常意义上的自然主义、心理学主义和历史主义，将认识论建立在自然科学和心理学之上，甚至建立在了历史主义之上；康德只是避开了盛行于当时的荒谬性中的一种，却陷入对认识论基础含糊不清的另外一些荒谬性中。③

胡塞尔认为，先验认识论只能在普遍的认识论范围内进行，而普遍的认识论只能作为纯粹意识的科学进行。④ 因为无论是外在对象，还是意识活动自身，都是在同一意识平面中形成认识，所以，纯粹意识的科学构成前述诸认识论的前提，它不能未经审查地借用任何已有的认识成果研究自己和证明自己。正如《逻辑研究》中指出的，现象学是一门关于意识的纯粹

---

① 莱布尼茨：《人类理智新论》上册，陈修斋译，商务印书馆，2002，第37页。
② 参见胡塞尔《第一哲学》上卷，王炳文译，商务印书馆，2017，第498页。
③ 参见胡塞尔《第一哲学》上卷，王炳文译，商务印书馆，2017，第483页。
④ 参见胡塞尔《第一哲学》上卷，王炳文译，商务印书馆，2017，第484页。

无前提的科学，它不能在研究中假定其他任何科学的成果。①

复次，康德没有澄清“全部”（全体）这个概念。

胡塞尔认为，康德所使用的“全部”一词，从来没有科学地确定过，也没有在纯粹的先验基础上确定过。胡塞尔认为，只要科学的先验基础在直观给予的范围内没有被给予，没有得到探讨，没有以前进的方法获得回溯的方法所需要的作为肯定前提的认识，那么，一切回溯的方法都是悬空的，即找不到真正的坚实的落脚点。康德的根据和出发点只是数学的、物理学的、一般科学的事实。正是在这样的基础上，随着认识论反思的推进，哲学的根据变成了完全不清楚、完全靠不住的东西。②

胡塞尔进一步认为，对于包含诸多问题的“全体”以及与之相关问题的解决，凭借的是共用而允许的认识手段。如果康德“使用了不同于在进行认识的自我（ego）之纯粹意识中能够指出的手段，运用了不同于由这个自我和意识本质内容预先规定的方法，就都是荒谬的”。③

最后，胡塞尔认为，康德的先天综合判断是一个谜团。

康德没有真正澄清什么是普遍性和必然性，所以，先天综合判断的必然性是一个谜团。

康德认为，人们要么通过概念，要么通过直观，才能先天综合地并以无可置疑的确定性认识几何学定理，例如，为了获得“凭三条直线可以有一个图形”这样一条定理，你必须在自己的直观中提供一个先天对象并在此基础上建立你的综合命题。④ 即是说，康德以先天综合判断的存在来说明认识的可能性问题。

---

① Dermot Moran, *Introduction to Phenomenology*, London: Routledge, 2000, p. 126.

② 参见胡塞尔《第一哲学》上卷，王炳文译，商务印书馆，2017，第484～485页。

③ 胡塞尔：《第一哲学》上卷，王炳文译，商务印书馆，2017，第489页。

④ 参见康德《纯粹理性批判》，邓晓芒译，人民出版社，2004，第45～46页。

然而在胡塞尔看来，按照康德的意图，不论我们如何形成一个判断，判断的必然性和普遍性都是属于这些判断外部的另外的东西。但疑问是：这些判断如何能够得到客观有效性?[①] 即这里的必然性和普遍性究竟存在于哪里？康德从已有的逻辑推论出了这些范畴存在，并且认为需要费一些功夫才能完成。这无外乎是说，这些范畴已然是在已有的认识中的确存在而且起作用的东西。又由于它们是知性所使用的东西，且可以不包括经验内容而存在，所以，就被视为知性中的纯粹概念。在这里出现的迷局是：一方面它们是认识中纯粹的东西，另一方面也是经验的运用中被看到的东西，但如果没有经验的存在，它们又如何被认识到？对此，康德当然有自己的解释，那就是：感性无概念则盲，知性无经验则空。除此之外，康德还有关于经验通过受孕而形成认识的比喻。如继续追问：在认识中，感性为什么必然需要概念？知性为什么必然需要经验？这样追问下去，如果不是陷入循环论证，即诉诸本性进行解释，那么，按照康德的方法也不会有什么更进一层的回答。

因为这里产生矛盾的实质是：康德混淆了心理学意义上的必然性和普遍性与认识论意义上的必然性和普遍性。[②] 前者是自然主义的，后者是构造的。

胡塞尔认为，真正的认识问题就是按照认识的本质意义弄清楚什么是认识，关于认识的体验都是对象意识的体验；对认识的说明绝不是心理学上的说明，我们对认识所关注的兴趣也不是因果性的或思想功能上的生物学上的发展规律，我们需要理解的是直观活动、思维活动和认识活动等被称为“活动”的此类活动“究竟是什么，在它们上面发生了什么事情，才使得它们以各种各样的方式意指各种各样的东西”。于

① 参见胡塞尔《第一哲学》上卷，王炳文译，商务印书馆，2017，第498页。

② 参见胡塞尔《第一哲学》上卷，王炳文译，商务印书馆，2017，第499页。

此，胡塞尔认为：一方面，思想行为作为心灵状态，是整个自然的无限运转中的偶然因素，服从于自然法则；另一方面，自然法则只是通过我们的思想活动而存在，它给予我们的不是意识之外的自然，而是有关自然的思想活动、意指活动、认知活动。①

这也意味着，法则是以意识中被给予的状态呈现在意识中的，人们无法操纵和使用那些在意识中无法呈现的法则。胡塞尔强调，思想法则一方面是思想活动的法则，另一方面又是客观有效的存在的可能性条件。只有坚持从认识的固有意义出发，对认识进行反思时所陷入其中的一切困境才能够得到澄清。然而，康德并没有彻底完成这件事情，他假定在外部、人心之外存在着刺激人心的事物，感性直观在其内容方面是由这些施加刺激的外部事物决定的；康德将变化着的东西归之于外在的刺激，将普遍的和必然的东西归之于“心”固有的能力，而这些，都是对认识论毫无意义的内容，应该属于心理学和心理物理学，丝毫不包含有关认知本质的导引，也丝毫没有包含对认识本身向我们提出的任何困难的说明。② 因此，先天综合判断由于它的必然性和普遍性没有获得彻底的澄清，必然是一个谜团。

康德也曾认为哲学家的任务在于追求清晰的东西，但胡塞尔认为在他那里缺少的是真正严格的自我辨明的彻底精神。自然科学中无可怀疑的成就对康德而言是一种主观的确信，康德并没有对这种无可怀疑性在根本上进行怀疑，而是将这种无可怀疑性当作他的理论依据。个人的先入之见变成了前提并成为不言而喻的。胡塞尔说：“在他的哲学研究中，有大部分的前提，他甚至连它们的可能性也没有询问过，因为他甚至没有用适当的语言将它们表达出来。”③ 胡塞尔还认为，康德对认识

① 参见胡塞尔《第一哲学》上卷，王炳文译，商务印书馆，2017，第495～497页。

② 参见胡塞尔《第一哲学》上卷，王炳文译，商务印书馆，2017，第498页。

③ 胡塞尔：《欧洲科学的危机与超越论的现象学》，王炳文译，商务印书馆，2009，第528页。

的可能性进行彻底追问的精神是陌生的，对哲学之可能性条件的追问是陌生的。因而，康德的理性批判由于基础性问题未能很好地得到解决，从而成了另一种形式的独断论，这是康德理性批判的荒谬性所在。胡塞尔认为康德缺少严格辨明的彻底精神，是针对必真地奠立哲学这个目标而言的，并没有否定康德本人对哲学的自身负责的态度。哲学上自身负责的道德在支配着康德。对于哲学的思考，应该是康德自身作为一个自律的人、作为理性的存在所应该拥有的东西的一种必然的高度负责的思考。①

第四节　批判康德认识论的启示

胡塞尔对康德认识论的批判是他对近代理性主义进行认识批判的最重要的部分，这也是近代认识论批判中胡塞尔着墨最多的部分。从胡塞尔出发，康德哲学的缺陷可以概括为两方面：前提是设定的；方法是不彻底的。康德只是追溯了认识的可能性问题，并没有追溯认识的可能性问题的起源，所以他并没有从休谟的怀疑论中拯救知识的可能性，因此，他的认识论是不彻底的。正如现象学家耿宁所认为的，“胡塞尔在康德的问题立场和真理中所表明的或仅仅要表明的是，他一方面把握了奠基性的认识，另一方面却是通过虚假的偏见把握的，包含未充分阐明的前提和方法上的缺陷，或者甚至看起来就是虚假的”。②

在关于超越的认识方面，在先验现象学的产生方面，胡塞尔与康德

① 参见胡塞尔《欧洲科学的危机与超越论的现象学》，王炳文译，商务印书馆，2009，第531、534页。

② Iso Kern, *Husserl und Kant*, Den Haag: Martinus Nijhoff, 1964, S. 53.

是近亲。在先验感性论和纯粹意识的构造方面，他们仍然是近亲。纳托尔普早在1901年就恰当地推断出胡塞尔理论将会走向越来越康德的方向。[①] 当代哲学家洛克摩尔认为："胡塞尔始终尝试去克服心理主义的问题，通过他对心理主义问题的回应，他的观点和康德的批判哲学一直处于对话之中，通过他的观点从描述现象学到先验观念论的演变，他开始越来越靠近康德的批判哲学。"[②] 就批判特征而言，二者都是对认识进行批判的哲学。但胡塞尔认为，系统的认识批判必须将所有种类和形式的知识从颠倒中揭示出来，但是康德的理性批判并不力图获得对所有形而上学的澄清，它没有在任何地方形成一个彻底完整的问题的清晰构想。[③] 胡塞尔早期批判康德认识论的目的是揭示认识的真正起源，晚期批判康德认识论是为了阐明先验现象学的立场。

通过胡塞尔对康德认识论的批判也可以看出，胡塞尔哲学重在认识的方法，而康德哲学习惯性地走向了认识体系的建设。康德认为："一切哲学知识的系统就是哲学。"[④] 胡塞尔对这样的将哲学予以体系化建设的做法是持批判态度的。体系性的认识在起源上首先是作为广义的教学法而出现的，也是认识成果在意识中能够得以保留和良好发展的需要，也是传承人类认识的需要。片面地而不是科学地夸大或执着于体系性认识的价值，不是真正的理论化行为。

胡塞尔看到了康德哲学中的现象学成分，他认为先验演绎"实际

---

① Tom Rockmore, *Kant and Phenomenology*, Chicago: The University of Chicago Press, 2011, p. 103.

② Tom Rockmore, *Kant and Phenomenology*, Chicago: The University of Chicago Press, 2011, p. 101.

③ Edmund Husserl, *Einleitung in die Logik und Erkenntnistheorie*, *Vorlesungen 1906/07* (Hua XXIV), Hrsg. Ullrich Melle, The Hague, Netherlands: Martinus Nijhoff, 1985, S. 340.

④ 康德：《纯粹理性批判》，邓晓芒译，杨祖陶校，人民出版社，2004，第633页。

上已经是在现象学领域内的工作了”，“但康德错误地把他解释为心理学领域，从而把它又放弃了”。[1] 康德自己主张，批判哲学本身就是现象学。[2] 这虽然不是指完全意义上的现象学，但二者在研究领域和立场方面的确有一致之处。从前者可以发展出后者的一些主要的东西。胡塞尔也强调，他的可能经验世界的明证性结构问题与康德的先验感性论、分析论和辩证法等问题之间有本质类似性。[3] 胡塞尔认为，为了发现先验哲学的真正任务，为了达到进行最终奠基的方法，必须坚持从康德开始。[4] 这意味着从康德哲学可以通向现象学或先验现象学。

在胡塞尔现象学中，单子性的具体的自我由于包含了全部现实的和潜在的意识生活，对这个单子性的自我（*monadic ego*）进行现象学解释的问题，就是自我对自身而言的构造问题。这个问题也必须包括所有一般的构造性问题。进一步的结果，就是导致这种自我构造的现象学与一般现象学的相吻合。[5] 这潜在的意味在于表明从现象学构造中可以获得对康德哲学的彻底理解。如果从康德的先验哲学向认识的更深层推进，就走向了先验现象学。因此完全可以说，康德的“一般（普通）现象学”是现象学隐秘的发展历程中的一环。胡塞尔说：“现象学可以说是一切近代哲学的隐秘的憧憬。”[6]

---

① 胡塞尔：《纯粹现象学通论》，李幼蒸译，中国人民大学出版社，2014，第112页。

② Tom Rockmore, *Kant and Phenomenology*, Chicago: The University of Chicago Press, 2011, p. 67.

③ 参见胡塞尔《现象学心理学》，李幼蒸译，中国人民大学出版社，2015，第73页。

④ 胡塞尔：《欧洲科学的危机和超越论的现象学》，王炳文译，商务印书馆，2009，第573页。

⑤ 胡塞尔：《笛卡尔式的沉思》，张廷国译，中国城市出版社，2002，第93页。

⑥ 胡塞尔：《纯粹现象学通论》，李幼蒸译，中国人民大学出版社，2014，第112页。

著作有其自身的命运。我们需要从观念史角度研究康德哲学，不能仅停留于康德著作。熟读文本与贯通哲学史缺一不可，如此才能找到其后来的演变姿态。对康德的研究，既要立足于认识的彻底性，也要立足于批判的彻底性。如果没有从哲学史角度去挖掘康德哲学的“来龙去脉”，就难以切中康德哲学的真正内涵。同样，对于现象学的研究，也需要从哲学史中去寻找它隐秘的孵化史，不可厚此薄彼。没有人可以摆脱认识的社会历史性而独自推演出整个人类的精神之花；没有人可以摆脱自然性而凭主观性推演出同样的东西。但这两者，不是消解那种为寻找更高理论需求的纯粹性理论建构的理由。后者有其自身更积极的意义。

胡塞尔对康德认识论的批判，对于当今的哲学研究具有非常重要的启示。

体系与方法是并行的。一方面，由于力求得到认识的体系性架构，忽视了对方法的彻底考察，康德哲学固有所失。另一方面，又由于康德对这些架构所需的概念所牵涉的内在可觉察到的起源情形在直观上进行了一定程度的澄清，人们看到了康德认识论所拥有的新的洞察、发现和认知诉求。但由于将洞察、发现和诉求推向了深层，很多人难以理解。

任何认识都是有前提的，而彻底认识需要自身确定前提，而不是借助现成的认识。就意识的原初显现而言，由于在起源上不同的内在给予会产生不同的东西，在认识开端上会形成不同的设定，而不同的设定会产生不同的理论或认识。但现象学认识中的开端设定是相即地给予的，是通过直接地内在把握获得的具有明证性的东西，它需要自己为自己提供前提并进行彻底的辨明，这种对认识的自身负责的态度就是“实事求是”的态度。但是，随着理论需求的提高，它自身也需要不断突破这些设定，将认识向更深层推进，而不是仅仅从已有的预设出发进行推论，也不是从已有的逻辑推理中抽取范畴作为自己不言而喻的前提。

方法与态度是相互伴随的。在胡塞尔意义上，现象学所强调的是现象学方法及与之相伴随的现象学态度。现象学不仅寻求彻底的认识，也蕴含着彻底的精神。[①] 与彻底的精神相关的是现象学方法。就意识显现的特征而言，意识自身就带有一种根基上会产生偏差的特征，这种偏差起源于设定的东西在原初设定中所涉及的更为丰富的关系和可以多样化的形式要素。如果遗忘了那些只能在意识中领会却未能在语词及叙述要素中鲜明地体现出来的东西，自然而然，原初的设定由于此类关联根基的缺失，就带来了含有偏差的叙述结果和理解结果。因此，通过理解活动，就不能对所要言说的实事进行绝然的断言，而只能对言说的严格性进行某种程度的断言。因此，现象学方法也必然需要彻底性的态度、严格的态度。

理解哲学需要理解其本人的知识结构，自行补足相关理解的要素。需要明白的是，康德认识论蕴含着真切地对确定性进行寻求的情怀，拥有着产生相关思考的不可或缺的知识背景与信念憧憬，蕴含着康德本人的学识和修养，不是单单依靠文本的阅读就可以获得完好的理解。因而，康德哲学的晦涩在根本上不应归之于语言的晦涩，而很有可能是我们自身的局限性所致。康德哲学在体系性架构中始终蕴含着对认识起源的深层问题的回溯，虽然这些回溯并不一定都是彻底的，但可以把人们带向思维的冥暗之处。如果理解者自身缺少对认识起源的本己的内在省察，只是一味方便地寻求认知体系的宏大结构，按照未经严格审查的理解方式审视康德哲学，就会忽略理解过程中的诸多要素。由于认知、叙述过程中必然存在的省略，由于语言的概念化特征，需要在理解过程中自觉补充理解一个概念和框架所需要的诸多原初体验中存在的但在叙述中被省略的要素。如果能够复原哲学家的表述中所涉及的认识的诸多原

---

① 参见胡塞尔《第一哲学》上卷，王炳文译，商务印书馆，2017，第297页。

初要素，并且有所对应地明白康德的表述与自己内在考察中涉及的各自省略的要素之间的差异，才能获得完好的理解。要清晰地理解别人的思想和言语，必然需要自身拥有认识的相应的清晰性程度。

在为了达到人类的认知目的和控制目的而产生的方法中，应该存在有效性程度不同的方法，在认识中不能遗忘对方法的考察，方法也不是通过继承的方式就能够真正获得的。胡塞尔说："没有人会将方法赠送给我们，我们只能通过对问题意义的深入理解来汲取方法，并且从确定的工作问题中汲取更为确定的方法。"① 对于某一问题而言，不只是拥有已经存在的一些有限的方法，方法的产生和选择永远是向任意主体敞开的。

体系有其自身存在的必要意义和局限性。体系只是在已有的有效的认知方法的基础上，在暂且无法质疑的认知基础之上，按照一定的规则建立起来的封闭系统。已有的一些体系性哲学在方法上的某种忽视所造成的缺陷，其本身构建中所存在的基础设定问题、形式抽取问题所带来的解释和理解效力的局限性，使后来的那些模仿的建筑彼此之间不易融通。甚至人们也将许多有卓越洞见的、对人类社会诸多活动做出深刻思考的哲学思想整理为某种"体系"。这不完全是有积极意义的活动。不能随意地仿造体系，一些体系性的哲学，其实只是一些解释性话语的堆积。这些解释性的话语形态，主要依赖于已有的被注入的或留下深刻印象的认知形态的变形与交织。这种变形与交织由于自身可以体会到的混乱，由于自身可以体会的面对问题时的无可奈何状态，使得哲学不断地成为自己或他人质疑的"灰色地带"。这种类型的解释性体系，由于在方法上缺少深刻辨明，所以，它只是智

① 胡塞尔：《现象学与哲学史的关系》，载《文章与讲演（1911—1921年）》，倪梁康译，人民出版社，2007，第216页。

慧，而不是哲学。

哲学追求的不是辩才，反对问题不一定能真正解决问题。由于辨明所需要的彻底自明的方法意识和相应方法的缺失，由于对自我缺乏深入反思，由于缺乏对哲学真正负责的严格精神，哲学史上一波波的争吵，就变成了叙述策略支配下的话语方式的变更，甚至发展为一厢情愿的形形色色的话语技术。如休谟所言："在一切吵闹中，获得胜利者不是理性，而是辩才。"①

概念的含义既是固定的，又是变动的。如果不去关注像康德这样的哲学家背后所拥有的渊博知识、广阔的视野和深邃的思索对于其哲学思考的影响，而仅仅想获得其思考的那一点点"精华"，那么，可能获得的理解会非常有限。在随波逐流的这样一种含混因循的教条化的研究中，将概念和命题在缺乏充分根据和理解的情况下，进行僵死地定义和判定，而没有看到其发展和演变的维度，将作为逻辑学核心的概念和通常的哲学思考中的概念式表达混为一谈，这样做不仅不能很好地传达哲学家的思想，反而引起了反感。于此，思想的研究就成为思想自取灭亡的方式。"概念思维"和直接的认知之间应该是相互并存并且相互提升的。在一定程度上，人们可以通过概念及建立在其上的东西获得某种真正的理解。但是，只有通过将概念的东西回溯到真正的内在体验时才能得到完好的理解。也就是说，在思量性的构想（理解）活动和中止性的暂定的择取（概念抓取与表达）之间互不影响和干扰的情况下才能更好地达到智慧的认知境地。② 因而，为了追求更为通透的理解，偏执的认知应该是不可取的。

---

① 休谟：《人性论》，关文运译，商务印书馆，2016，第2页。

② 参见安妮·克莱因《知识与解脱——促成宗教转依体验的藏传佛教知识论》，刘宇光译，上海古籍出版社，2012，第3～4页；陈观胜、李培茱编《中英佛教词典》，外文出版社，2005，第432～433页，"止""观"相关词条。

当然，这里所延伸的这些讨论，目的不在于刻意反对认知体系的建立，而是旨在强调：体系性的认知有助于对世界的把握，但这仅仅是方便法门。在没有更好的方法之前，它在思想的传播和言说方面有很多的好处。但是，在认识活动中不能遗忘对已经建立的和即将建立的体系所使用的方法及源头的考察。对于认知体系的建立与理解，一定要立足于鲜活的世界和可以“鲜活化”的世界之上。

小结　近代认识论批判的启示

在笛卡尔前，哲学远非有今天这样的规模，自然科学家和社会活动家自觉地进行哲学性的思考，并将自己与传统认识中的某些理论区别开来。这些自觉的思考和探索无一不是从实际的经验触动开始，从而进入纯思性的哲学思考。自觉的哲学探索在康德之后形成了另一种学院式的局面。康德希望将哲学作为自然科学与社会其他学科的基础的构想，无疑是将哲学的作用提高到了“女王”的地位。哲学也体现出了跃居为一门科学的企图。自此，哲学又一次体现了明显的科学化的取向。但这些努力都没有最终达到胡塞尔所希望的严格科学的哲学目的，所以，需要通过批判以澄清真正的哲学问题。这首先面对的就是认识的彻底性问题，其次才是合法性、明证性等问题，接下来才是一般认识的构成及其真理性的问题。

一　经验主义认识论批判的启示

洛克将认识论推进到心理意识层面的研究，是继对古希腊亚里士多德的“白板说”的进一步发展后，将这一研究作为观念学说的基础的又一做法。但在胡塞尔看来，由于经验主义归纳方法的缺陷，他未能彻底澄清认识论问题。洛克关于观念起源的学说，以心理主义的思路进行，对天赋观念论的反驳，并没有揭示出这些论证的根本荒谬之处。因为他使用的是经验认识中的法则，这会导致对认识起源的说明陷入循环。

贝克莱仍然利用经验主义的方法对认识活动进行考察，仍然没有完全摆脱自然主义的影响。外在世界的客观性与内在世界的构成性之间并没有得到明确的区分，被作为一回事来对待。单个精神实体具有对世界的感知能力，为了克服时间和空间上的感知断裂，设想了一个相对于人这一有限存在而言的无限的“大心灵”。这些困难的解决导向了上帝这一世界的本源。贝克莱的精神实体学说中蕴含的就是像莱布尼茨一样的单子论的东西。但是，单个精神实体之间的关系没有获得清晰的解决，所以，其交互主体的构成是存在矛盾的。从贝克莱所讨论的个体经验出发无法获得对世界的彻底性解释。与其他经验主义者不同，他不断试图克服经验认识的局限，以寻求一个统一的解释，所以，他又不是一个纯粹的经验主义者，他的思考中也蕴含着理性主义。

休谟不仅继承了贝克莱的内在经验主义传统，而且在内在的自然主义研究方面超越了贝克莱。休谟对认识论的内在分析，并不含有建立一门科学的哲学的目标。他虽然意识到了关于人性的研究对于其他科学的奠基作用，但并没有意识到如何通过一种严密的考察而获得研究“人性”的严格方法，他也没有建立彻底的认识论所需要的方法，他虽然在研究中诉诸直观性的东西，却没有看到这样一种直观性中的合理成分，所以，他对他所获得的那些认识所持的总的态度是摇摆不定的。根据休谟的论述，这个世界上根本就没有什么确定的认识，拥有的只是暂且的一些认识，既无法肯定，也无法否定，所以，他的认识论的实质就是怀疑主义的。他所认可的方法就是经验和观察的方法，不过这个方法中也包含着被休谟称为观察的直观主义方法。但这种方法无法突破认识的局限性，无法满足更高的理论需求，所以，在更高的理论需求下，必然导向对这些认识方式和认识成果的怀疑。当这种怀疑主义的态度演变为对世界抱有不可认识的态度时，就结束了自己的历程，成为极端的怀疑主义。怀疑主义走向极端后，它自然就结束了。

胡塞尔认为，近代以来的经验主义哲学，对一门返回到内在意识中去寻求认识之彻底性的现象学有着重要的作用，“它促使建立一种使哲学一般第一次成为可能的、将一切知识返回到现象学起源的方法获得成功，并且使一种彻底直观主义哲学的要求得以突出。”① 然而，经验主义由于其方法的缺陷，由于其所秉持的不言而喻的未经证实的前提的存在，最终必然走向怀疑论的结局。

但经验主义中始终存在着优秀的成分，这种成分就是直观主义的方法。这种直观主义的方法虽然一再地帮助经验主义，将其从旧的经验主义所面对的怀疑论的质疑中拯救出来，可是由于它没有充分意识到这种方法的重要意义，由于其没有认识到一门真正的彻底的认识论的建立必然需要回到意识之中且通过对内在意识或内在体验中自身给予性的考察而获得真正的奠基，所以，这种直观主义的方法也没有发展成为彻底的方法。简言之，因为它没有意识到它自己真正的直观对象，方法所蕴含的目的、原则、对象的构成都是含混的。

无论何种方法，都不是绝对适用于一切领域以实现固定目的的方法。在同样目的的引领下，方法与其自身所使用的对象是紧密结合在一起的，对象在同样目的引领下也是与其方法紧密结合在一起的。方法与被考察的对象，有时候人们也含混地称之为方法与要素，这二者的紧密关系意味着二者需要在彼此之中澄清自身或许才能发挥各自的作用。这就需要推进到更深层的研究。如果对象是含混的，那么，方法就无法以清晰的方式被意识到并发展出来，从而就无法被固定下来，就无法成为可以继续有效使用的东西。正是那些经验认识论中的认识对象的含混性，没有使这样一种真正的直观主义方法发展成为彻底的认识论的方法。

经验主义的杰出哲学家大多是年纪轻轻的天才，他们大多在年纪轻轻的时候就写出了辉煌的作品，这是值得深思的问题。其实，每一个人

① 胡塞尔：《第一哲学》上卷，王炳文译，商务印书馆，2017，第242页。

都是天才，因为他们内心蕴藏着人类认识起源中一开始就存在的直观主义方法，蕴藏着观念构造的方法和理解世界的方法，在尚且没有被现实的经验生活中的教条所教化的那些人之中，在尚且没有被那些具有诱惑力的现实信条所完全诱惑以致失去了自己纯真的直观方法的人之中，才可能闪烁出那种带有原初性的智慧火花。一旦他们贪图便宜而购买了人类社会中那些现成的知识经验，就会逐渐沉浸在这样的知识获取方式中，从而弱化了发现新东西的能力，弱化了达到彻底性理解的能力。正如生活的安逸使人们逐渐降低了奔跑的能力，文字的出现虽然沉淀了人类的智慧，但也使人们的依赖感增强而逐渐弱化了自己的记忆，失去了丰富的想象力和还会增进的思考能力，失去了知觉的敏感性。因而，每一次文明进步都蕴含着新的危机。含混地讲，这不是知识自身的危机，而是人性的危机。当人们忽视了对认识起源的考察而任思维的惰性一味嚣张时，就逐渐弱化了自己思考新问题、解决新矛盾的能力，从而爆发了危机，所以，胡塞尔说，“欧洲最大的危险是厌倦”。[①]

经验主义者习惯性地使用着直观主义方法，并且偶然地发现着探索的新领域。他们将那些经验认识中被认为是有效的东西继承下来，并且通过归纳的方法寻找新的认识体验中的规律，或者形成预设性的理论，期待进一步的经验去证实这些理论。这样一种经验主义，在发展过程中所出现的好的形态就是实证主义，坏的形态就是怀疑主义。当其无法彻底澄清认识自身所要求的清晰性和彻底性时，便成了极端怀疑论。然而，正是在这种怀疑论中，蕴含着认识起源中所需要的东西，蕴含着对一门彻底的认识论的渴望，也蕴含着相应的方法。但这些并没有被经验主义哲学家所明晰地发现，他们在一代又一代的努力中不断碰壁。久而

① 胡塞尔：《欧洲科学的危机和超越论的现象学》，王炳文译，商务印书馆，2009，第421页。

久之，便开始否定客观性的真理，或者寻求一些神秘的东西来支撑认识的基底，或者转变认识取向，试图调整人类知识的航向。经验主义哲学的这些类型，最终都不是科学，它们从来都不是严格科学的哲学，也没有意识到哲学可以向这样一个方向努力。

二　理性主义认识论批判的启示

胡塞尔重视经验主义认识论。他认为，理性主义与经验主义相比，“需要一种谈不上详尽的考察”。[①] 在近代认识论批判中，胡塞尔除对笛卡尔和康德有较多批判外，其他几位理性主义哲学家都被一笔带过。

胡塞尔认为，理性主义是对柏拉图主义和中世纪实在论的继续，它承认普遍的理念。[②] 作为近代哲学的开创者，笛卡尔意识到了建立认识之绝对性基础的必要性，并通过怀疑论的方式做了有力尝试，在他的哲学中，既蕴含着理性主义的成分，也蕴含着经验主义的成分。但是笛卡尔没有意识到需要从怀疑论中可以发现的哲学应有的真正意义，也没有发现这样的怀疑中蕴含的哲学意义，他的哲学致力于探讨科学赖以存在的坚实条件。那些哲学内容的探讨只不过是为其以数学为基础的物理学扫清障碍，这些讨论也是脱胎于神学的科学逐渐地树立自身信心的标志。仅就笛卡尔哲学企图为科学提供立足点这一目的来说，胡塞尔认为，这意味着他将整个以后的哲学发展“引上了独断论的形而上学和独断论的专门科学”的道路。[③] 笛卡尔虽然将认识的确定性建立在主观的绝然明证性中，然而，由于客观化的冲动，他只是以一种立即客观化了的“客观性”反对了另一种客观性，并没有意识到这两种客观性认

① 胡塞尔：《第一哲学》上卷，王炳文译，商务印书馆，2017，第242页。
② 胡塞尔：《第一哲学》上卷，王炳文译，商务印书馆，2017，第243页。
③ 胡塞尔：《第一哲学》上卷，王炳文译，商务印书馆，2017，第243页。

识背后的东西及其相应的形成过程，也没有在内在心理的层面认识到认识的起源问题。或许他根本志不在此。

近代以来，形而上学被看成现实世界的最高问题。但胡塞尔认为，由于它未能真正澄清形而上学之基础的东西，没有真正澄清它的起源，而且它的基本概念从来没有得到真正的澄清，所以，在开端上并不彻底的近代形而上学，如同古代形而上学和中世纪形而上学一样，其真正面目是独断论。① 这些形而上学所宣扬的客观性真理中虽然蕴含着主观性的成分，但这之中的主观性成分是含混的，并没有得到彻底澄清。然而，认识论的研究却将这样一种形而上学当作它的前提，因而必然蕴含着矛盾。

在认识论所面对的这些困境中，理性主义不断地对经验主义的认识论展开着批判，却没有意识到经验主义哲学中所蕴含的主观性探讨的有效成分。因而，它也就不会意识到经验主义哲学中的内在的方法，也就不会意识到一种方法对于建立哲学所具有的重要意义。经验主义力求对认识明晰化的努力并没有引起他们的重视。

胡塞尔认为，理性主义者大多赞成以数学为典范的精密方法，并将其中蕴含的抽象的东西设定为某种实在的前提，公理化是他们的哲学的共同特征。例如，斯宾诺莎以“冷酷无情的态度”试图通过纯粹公理式的基本规定，并加之以严格演绎的方法，“阐明一种无神论的存在的学说和神的学说以及一种伦理学”。② 无论是斯宾诺莎的《伦理学》还是他的《笛卡尔哲学原理》，都由这样的模式构成：首先是对推理中所要使用的主要概念的界定，其次是推理所要遵从的公理或法则、公则，再次就是对命题的说明、演绎或证明。而斯宾诺莎《笛卡尔哲学原理》

① 胡塞尔：《第一哲学》上卷，王炳文译，商务印书馆，2017，第244页。
② 胡塞尔：《第一哲学》上卷，王炳文译，商务印书馆，2017，第249页。

的副标题直接就是“依几何学方式证明”。这一标题完全可以说明近代理性主义哲学极端化的特征。这完全是近代以来数学化的自然科学的胜利波及开来之后对形而上学的指导成果。在这样一种数学化了的哲学体系中，胡塞尔认为，“没有为自由、目的性活动，为神的目的论，留下任何余地”。[①] 如果在理性认识与神学信仰之间出现不一致，都是理性认识通过调整自己而保持与神学信仰的一致性。

胡塞尔认为，对于莱布尼茨和康德而言，他们仍然缺少一种为哲学获得真正奠基的方法意识。[②] 莱布尼茨直接认为，思想中纯粹的概念摆脱了偶然的经验，是在我的纯粹本质中获得的。这样一来，诞生于主观性中的认识不是通过严密的考察而获得了彻底性，而是被直接地、便捷地赋予了一种有效性。这些认识的起源与相关环节都没有获得澄清，所以，无论从根本上来说，还是从推理过程来说，其都是作为精致的独断论出现的。这种独断论有其自身必然的局限。康德也没有看到对于一种真正的哲学而言所需要的科学的方法。

因而，近代以来理性主义的认识论都是不彻底的认识论。与之相应的理性主义哲学，更多地显现为抽象思辨的形而上学特征。而经验主义则不同，经验主义哲学更多地体现为科学化的特征，或者其从一开始就努力将认识打造为一门具有科学特征的认识论。然而在实质上，我们无法把经验主义与理性主义截然剥离开来。正如康德认为感性与知性在认识中是相互依存的一样。当经验认识在强行突破自身的界限而寻求更高的理念时，它自身就走向了理性主义。而理性主义者也无法脱离经验认识而进行思考，因为他所使用的很多概念是在经验认识中蕴含的。两者的区别在于对认识的根据的理解和侧重点不同。但二者之间的对立无助

---

① 胡塞尔：《第一哲学》上卷，王炳文译，商务印书馆，2017，第250页。
② 胡塞尔：《第一哲学》上卷，王炳文译，商务印书馆，2017，第256页。

于问题的彻底解决。

胡塞现象学要求对认识进行彻底的奠基，从而为其他科学提供奠基。这里面不仅有经验主义的一些要素，也有理性主义的一些要素。与前两者的不同在于，它要以一种更为彻底的方式思考观念的发生情形和对象的根本把握方式。现象学的认识意味着将认识不断向深层推进，它需要永远用力。因此，它需要的是一种永远努力的精神。胡塞尔说："现象学并不是人们可以走马观花式地浏览的'书籍'。正如在一切严肃的科学中一样，为了作为其获得物而获得一种按一定方法训练过的识别力，并借此获得独立的判断能力，人们本来就必须用力。"①

现象学不是一时之需要，而是终身之追求。

在对近代认识论的批判中，我们发现胡塞尔现象学恰恰是要解决近代认识论的一些深层问题。这些问题具有相通性，又是一贯地发展的。然而令我们惊讶的是，胡塞尔不曾深熟哲学史，但他的哲学研究却又是在解决近代认识论所面临的根本问题。这是巧合吗？不是。胡塞尔的哲学研究所致力的目标，正是哲学史或科学史久久以来的方向，也恰恰是其师承谱系中一直蕴含的东西。

---

① 胡塞尔：《第一哲学》上卷，王炳文译，商务印书馆，2017，第305页。

第四篇

胡塞尔对近代认识论的超越

引言　认识论作为第一哲学

胡塞尔说："哲学家为自己提出的任务，他作为哲学家的终身目标，就是关于世界的普遍科学，关于世界的，即自在的世界的普遍的最终的知识，真理本身的总体。"① 这门关于世界的普遍科学，作为胡塞尔的最终目标，就是建立一门严格科学的哲学。这种将问题予以科学化的精神，来自他的老师魏尔斯特拉斯等人的持续影响。

在前面的论述中，笔者从基本线索展现了胡塞尔现象学产生的动机、操作方法，以及胡塞尔现象学蕴含的发展形态。胡塞尔在一定程度上也属于苏格拉底-柏拉图哲学的后继者，也继承了亚里士多德科学化的精神。我们已经无法判断他归之于理性主义还是经验主义。从他的思想起源及发展来看，胡塞尔力图克服这两者各自的不足，在认识论立场上，就是解决主客二元的对立困境。

胡塞尔所要建立的这样一门普遍的科学，需要贯彻的是一种更为普遍化的理论认识的态度。相对于已有的理论态度与实践态度，它要实现从前者向后者的过渡，并在这种过渡中形成二者的综合，所以，这是一种更高的理论态度，它是服务于更高理论需求的普遍态度。在这样一种普遍态度之下，实现一种普遍科学，即关于世界的普遍科学。这门普遍科学，作为一种系统化的、严格化的普遍知识，目的就是以一种新的方式服务于人类，按照莱布尼茨的说法就是"改善人类境遇"。从其产生的源头和发展过程来看，意味着通过对已有文化构成物和文化系统进行

① 胡塞尔：《欧洲科学的危机与超越论的现象学》，王炳文译，商务印书馆，2009，第330页。

普遍批评的方式，通过对明确地或不明确地指导人类的许多价值进行批判的方式，以一种科学的理性服务于人类。它所要达到的另一目的在于，以这种科学的理性和各种形式的真理规范，将人类转变为能够依据对绝对理论的洞见而绝对自我负责的全新人类。①

在这一意义上，胡塞尔的一生，亦即在苏格拉底意义上，可以被视为是实施自身批判的理智与理性的自身负责的一生。② 胡塞尔对哲学思潮和近代认识论的批判，正是在这一动机和立场之下进行的。他对心理主义、自然主义的批判，对经验主义和理性主义的批判，一方面展示了现象学的运作目标和思路，另一方面也指出了近代哲学所存在的弊端和值得改造和继续发展的地方，这都是理性自身负责的体现。但这些批判的最终目的是要形成一门真正的普遍的学问，以科学化的理性帮助人类的生活。

因此，哲学不会仅仅是以批评结束，不仅仅满足于指出前人的不足。一个轻松的怀疑和一个没有解决思路的否定，都是相对容易办到的事情。而作为一门哲学，虽然应该包含怀疑和否定的成分，但这二者仅仅是其中的一部分。普遍的态度希望通向一条更为美好的道路，所以，怀疑和否定不应该是它的全部，也不能成为它的全部，否则，也就成了毫不新鲜的流俗的意见。因此，哲学必须重新呈现认识。

这个重新呈现的过程，必然包含着对认识的研究。而认识也是人类生活首要的和普遍的东西。人类的一切成就都是精神性的成就，因为它体现为不同类型、不同层级、不同范围、不同生理需求和心理需求的知识的构成。无论我们谈论什么，我们都在谈论“知识”。谈论本身必然

① 参见胡塞尔《欧洲科学的危机与超越论的现象学》，王炳文译，商务印书馆，2009，第400页。

② Dermot Moran, *Introduction to Phenomenology*, London: Routledge, 2000, p. 187.

包含着我们的认识。哲学的成就不外乎由知识构成，这是最基本的废话，也是最基本的真理。形如这样的“废话”，因为是同义的反复，必然都具有真理性，因为它包含着主观性中直接提供的“需求”。我们虽然可以从自然意义上区分人类与其他物种，但这在哲学探讨中并不具有决定性意义，因为人类是按照自己的主观努力应对周围世界的。人正是以自己特有的认识和对认识的努力将人类与周围世界区别开来，并实现着自己特定的愿望，这些认识代代传承，所以，将人在种类上定义为“不断认识着的动物”，也是完全可以的。亚里士多德曾言：“求知是人类的本性。”① 这一“定义”在今日体现得更为明显，因为人的主观努力的实现化程度不断增强，它带着那些不变的主观意志和那些不断变更了的丰富的主观意志，改变着这个世界，所以，在目前仍显现为不断发展着的人类历史中，以生物种类上的定义去区别人类与周遭世界，并不能满足我们不断提升的理论需求。如果认识带来的是美好的感受，这是人类的幸运；如果认识造成这样或那样不祥的东西，这也似乎是人类无法摆脱的“厄运”。总之，人类是在自己特有的认识活动中存在的生存者。

因为人类特有的构成体现为人类知识的构成，所以，认识是人类首要的东西。而对认识的认识，或者说对认识的基础的探讨，就构成了认识论研究。为此，我们不能再局限于从主客二分的角度去理解认识论，那仅仅是在理论形态上体现为如此。

但是，认识是意识活动的产物，所以，对认识之所以产生的彻底研究必须研究意识。胡塞尔现象学从一开始就在探讨认识的基础问题，如算术的基础、逻辑的基础，所以，现象学一开始在胡塞尔那里进行的就是认识论研究。这些探讨深入了人的意识世界，研究意识行为中相关的

---

① 亚里士多德：《形而上学》，吴寿彭译，商务印书馆，2012，第1页。

认识要素的构成及发生形态，以此来帮助逻辑及诸门类的科学知识获得最终的奠基和最终的完成。这样的认识论，作为最终的和最底层的东西时，就是第一哲学。

为此，这样一门认识论，不能再接受以往那些不彻底的认识前提和方法，而是要以根本性的方法和目标进行重新考察，澄清含混的东西，获得彻底明晰的东西。胡塞尔不仅意识到了建设一门严格科学的哲学所需要的方法、手段，意识到了建立这样一门哲学所可能有的种种途径，而且也意识到了近代认识论对于现象学的重要意义。而他最终将哲学予以严格地科学化的任务，就是彻底的认识论工作所要完成的任务。如果在一般意义上使用“超越”（beyond）这个词来表示相比某种已有的东西所具有的优越性，表示其对已有局限性的克服的话，那么，现象学作为认识论研究，由于它进一步澄清了认识的一些根本问题，又由于它的方法具有对认识的更深层探索的优越性，它超越了近代认识论。

第十三章　胡塞尔严格科学的哲学理想

建立严格科学的哲学是胡塞尔的哲学愿景，是现象学哲学努力的方向。就哲学史而言，这一目标是哲学有史以来的精神夙愿。它不仅是在新的时代理论要求下追求认识确定性和彻底性的体现，也蕴含着克服自然主义和历史主义局限性的必然要求。除布伦塔诺、魏尔斯特拉斯的影响外（参见第五章），胡塞尔树立严格科学的哲学理想也是在时代理论困境的触动中逐渐增强的。

第一节　哲学的科学化是哲学史的精神夙愿

据德国哲学家文德尔班的研究，哲学的明确含义是科学（Wissenschaft）。文德尔班说："现在我们仍可认出，φιλοσοφεiν 和 φιλοσοφία 两词在文献中初次出现时，它们简单而不确切的涵义是'追求智慧'，而在苏格拉底以后的文献中，特别是在柏拉图和亚里士多德学派中，'哲学'一词获得了明确的意义，根据这个意义，'哲学'指的恰恰是德语'Wissenschaft'［科学］。按照这个涵义，一般哲学指的是我们认识'现存'事物的井井有条的思想工作，而个别'哲学'指的是特殊科学，在这些特殊科学里我们要研究和认识的是现存事物的个别领域。"① 根据文德尔班《哲学史教程》中的相关研究，在亚里士多

---

① 文德尔班：《哲学史教程》上卷，罗达仁译，商务印书馆，2010，第8页。

德的《形而上学》中，亚里士多德用复数形式的“φιλοσοφίαι”来表示历史上先后连续的不同的科学体系，恩披里柯在《反对数学家》中记载了伊壁鸠鲁关于哲学的定义，哲学在希腊化时期便获得了“基于科学原则的生活艺术的实践意义”。①

“哲学”一词从不具有明确的含义到具有明确的含义的演变，具有重要的科学性意义。从含义的模糊性和明晰性所具有的不同效用来讲，明确的含义可以使研究和努力朝向特定的目标，不明确的含义可以使超出已有研究领域的对象和内容被尝试纳入已有的研究范式中以寻求对其认识的可能性。然而，认识的进步在于明确化了的意义逐渐增多。人们不应以模糊性抵制明确性。但另外，模糊性在认识的触动中也有积极的意义，它的积极意义在于推动明确性的东西逐渐增多，或校正已有的明确性，因为模糊性自身在意识中是另一种等待被充分把握的明确性。在通向彻底的认识中，模糊性和明确性之间随着理论要求的增高而相互促进。因此，哲学在其源头上发展出明确的含义“科学”，意味着它的进步。

唯有获得了明确性，包括获得那种等待被把握的明确性，哲学作为科学的严格性才会有积极方面的增强。在胡塞尔文本中，我们可以嗅到相似的表述：“真正的科学在其真实的学说领域中不包含任何深邃。深邃是智慧的事情，概念的清晰和明白是严格理论的事情。将那种对深邃的预感改变为明确的、合理的构形，这是严格科学之新构造的一个本质过程。”②

因而可以说，哲学的明确含义（涵义）使哲学作为科学而存在。

① 参见文德尔班《哲学史教程》上卷，罗达仁译，商务印书馆，2010，第8页脚注④、第9页脚注①。

② 胡塞尔：《哲学作为严格的科学》，倪梁康译，商务印书馆，2007，第67页。

它的模糊了的含义就是智慧（“追求”智慧与“爱”智慧已经有别于智慧）。而科学（Wissenschaft / science）的词根（Wissen / Sci-）本义就是知识。英语世界的人将“科学”（science）理解为现代意义上的诸科学，而德语中的“科学”（Wissenschaft）仍然保留了“知识”这一含义。无论是从词源上来说，还是在近代的哲学家那里，这一含义基本是一致的。

笛卡尔认为，科学就是心灵所认识到的东西，是一种确定的、明显的认识。① 笛卡尔所要建立的就是关于 Mathesis 的学问。从我的理解来看，这门学问另有一个目的，就是便于学习、便于记忆。这就需要一种系统性的东西以有助于学习和记忆，以便于掌握和操作，所以，它所坚持的另一目的也是将那些复杂深奥的东西以明晰的方式解决。后来，在康德的认识论中，纯粹理性批判就是指纯粹理性的科学，科学在康德那里就意味着系统的统一性。② 这就必然也要求一种彻底性的东西。

通过对苏格拉底 - 柏拉图哲学的考察，以及近代以来笛卡尔、康德、费希特哲学的考察，胡塞尔认为，将哲学变革为严格的科学这一理想，是哲学史中本来就有的夙愿。这更加坚定了胡塞尔彻底构建严格科学的哲学的愿景。胡塞尔说，哲学“成为严格的科学，这样一个充分被意识到的意愿主宰着苏格拉底 - 柏拉图对哲学的变革，同样也在近代之初主宰着对经院哲学的科学反叛，尤其是主宰着笛卡尔的变革。它的推动力一直延续到 17 世纪和 18 世纪的伟大哲学之中，它以极端的力量在康德的理性批判中更新了自己，并且还主宰着费希特的哲学思考”。③

---

① 参见笛卡尔《探求真理的指导原则》，管震湖译，商务印书馆，2009，第 5 页。

② 参见康德《纯粹理性批判》，邓晓芒译，杨祖陶校，人民出版社，2004，第 629 页。

③ 胡塞尔：《哲学作为严格的科学》，倪梁康译，商务印书馆，2007，第 5 页。

在直接的继承上，除了魏尔斯特拉斯对伦理学的科学化影响外，胡塞尔从布伦塔诺那里认识到哲学“也必须在严格科学的精神中受到探讨”。①

承接着这些影响，胡塞尔不仅要将哲学作为一门科学去对待，而且要在严格意义上来探究哲学。这样一门哲学，产生于对一切认识进行最根本的奠基的愿望，是一门普遍的科学，它在每一步的构建中都需要自身为自身负责，以理性的方式为理性自身负责，并承担相应的价值论或伦理学的任务。它不是起源于一个绝对不可怀疑的前提，而是说，它开端于“无前提”的清晰性（自身在意识中获得原初明证性)，它开端于绝对清晰的问题，开端于与这些问题相伴随的方法，开端于清晰地展现出的最为底层的研究领域中的实际样子，而且在其构建的每一个步骤上都力求达到绝对的清晰性和严格性。

在这样一种理念下建立的哲学也是具有必然性的。但这种必然性与以往的经验世界中的那种能够从效果上检验的必然性不是一回事，那不是建立在绝对无疑的前提之上的、通过严密的逻辑推理而获得的必然性。这种必然性是一种确真的必然性，是意识中可以明证地被把握的必然性，它是从清晰性出发，在每一步中都能够保证清晰性的必然性。在此过程中，必然性首先是作为一种意识行为的给予物而言的，它是直观中的相合行为的产物，它起初并不意味着对事物的性质或变化规律的含混的断定。这样一门哲学的理想，既包含严格性，也包含彻底性。

① 胡塞尔：《回忆弗兰茨·布伦塔诺》，载《文章与讲演（1911—1921年)》，倪梁康译，人民出版社，2009，第339页。

第二节　科学化是追求认识确定性的体现

彻底而又严格的探索是追求认识确定性的体现。正是在严格科学的哲学理想的促动下，在《逻辑研究》（1900）的心理主义批判之后，经过多年的思考，胡塞尔在《哲学作为严格的科学》（1911）中又批判了自然主义和历史主义。前者盛行于实验心理学中，后者则是狄尔泰等人所倡导的历史学派。① 这些观念都是彻底的经验主义，是认识中的相对主义与怀疑主义。这些看法都将会导致彻底的认识的丧失，并且也将导致对彻底的认识信念的丧失。这种相对主义，与怀疑主义在本质上是一致的。相对主义是经验世界的认识作用于理性认识之后，以一种含混而不明确的方式将确定性予以消解的做法，也是对理性的消解。而怀疑主义与此有相似之处，但它最终则是以极端怀疑的方式否认了认识之确定性的存在，成为不可知论。后者忘记了怀疑行为在本原上的积极向度。它们都是经验主义的近亲，是理性主义的媚俗。

如果认识的“确定性”信念丧失了，那么，在摆脱“神性”的确定性之后，在“人性”之上就无法建立起确定性的东西。“人性”中统一性的建立，包括社会法则及伦理法则的建立，首先只能建立在认识的“确定性”信念之上。无论它在之前是以何种方式建立的，无论多么不彻底，毕竟都是一种确定性。依靠这样一个统一的信念，才能建立起彼此在一定程度上协调的信念，从而，社会的伦理构建才能够在某个基础上完成。个体的人并非具有伦理诉求，而社群中的人一定是具有伦理诉求的人。确定性的丧失带来的是统一性的丧失，人性中（理性）的统一性的丧失，会使社会的无序层次增多。

① 胡塞尔：《哲学作为严格的科学》，倪梁康译，商务印书馆，2007，译者前言第3页。

因此，严格科学的哲学也应立足于确定性及信念的统一性。由于在最为抽象的表述行为中，抽象行为所带来的概括性特征其实就是一种含混性，并且这样一种含混性恰恰就是概括性表述所体现的一种特定的完全性和精确性，或者说概括性在缺乏内在的清晰认识时就是含混性，但人们不应该以自己的这样一种认识的含混性来消解认识的确定性，如果含混地理解了这种“最终的统一性信念”，那么，势必会形成这样一种误解：否认该信念所伴随的丰富性且将该信念上的统一性归结为单调性的来源。因为根本信念的统一性并不一定影响着数量上的“多数性”与“少数性”，这种“统一性”根本就不能直接在数量意义上进行计量，它是在意识体验中给出的统一性，它既可以作为认识目标的统一性，也可以作为行为生活的统一性。

在确定性的认识中，概念之间必须在彻底的考察中获得严格的关联才能获得明晰的含义，其模糊的边界也是由明晰的含义确定的。没有明晰性，人们就无法真正理解和澄清模糊性，认识是朝向清晰化的努力，也是朝向确定性的努力，认识中根本就不存在“模糊的模糊”这样一种无穷的倒退，它是一种人为制造的混乱与幻象，在不清楚其实质构成的情况下，只能带来消极的意义。其实，作为修饰词的前者，有着清晰的含义，但并没有被人们清晰地区分和把握。

哲学作为严格的科学，其概念的建立和意义的给予本身就意味着获得认识中的确定性和统一性，意味着获得其意义给予过程的严格性，不断通向认识的彻底性，意味着获得认识的明晰性。五者彼此关联，彼此相通。这也是科学化的重要特征。

第三节　克服自然主义和历史主义的局限性

为了获得认识的严格性、统一性、确定性、彻底性、明晰性，必须克服已有的流行的哲学思潮的局限性。

胡塞尔对历史主义与自然主义的批判，仍然立足于“哲学作为严格的科学”这一信念。胡塞尔认为，这一哲学观念的展开有两个方面的意味：“一方面，向最终论证、最终奠基的回溯被理解为向认识主体的‘意义给予’之成就的回溯，这种回溯是直接进行的，是自身负责的，任何间接的中介都必须被排除在外。另一方面，在获得了经过最终论证的真理之后，哲学的任务还在于，将这种真理付诸实践并且根据这种真理而承担起主体性的责任与义务，这也是一门哲学伦理学和价值论的中心任务。”① 因此，严格科学的哲学不仅意味着其自身所包含的理论需求维度，也包含着其实践的－伦理的维度，而且永远也不能抛弃认识的彻底性和确定性的维度，也不必以更高要求的彻底性和确定性作为消极的怀疑论的武器，自身负责任的哲学家应该为此做出持续的努力。

胡塞尔认为，就自然主义哲学而言，“自然”（Nature）的发现会是一系列的结果的显现，自然是依赖于精确自然规律的统一意义中的“时－空存在”的自然。② 自然主义者一方面将意识进行了自然化，对所有的观念行为也进行了自然化。其典型的表现就是把形式逻辑当作思维的自然规律，把心理规律当作物理规律去研究，这些研究中存在着一些不言而喻的东西，他们不承认有很多认识是通过直观就可以理解的。这种做法也是对认识活动尽可能采取简单化处理的取向造成的。在自然科学中包含着有价值的、理论化的、实践的理想，但并不是自然主义者所解释的那样。相对来说，自然科学在发展中已经成为现有观念中最好的典范，却不一定是理想中的最好典范。因为理想的真

① 胡塞尔《哲学作为严格的科学》，倪梁康译，商务印书馆，2007，译者前言第6～7页。

② 参见胡塞尔《哲学作为严格的科学》，倪梁康译，商务印书馆，2007，第8页。

正典范是在意识领域的自身严格的塑造中随着理论需求的不断增加而不断出现、不断塑造的。道德领域中的至善（das höchste Gut）目的，与认识领域中的“至善”目的（更高的理论要求）有着不同的向度，但都是出于最高“需求”的产物，这一需求来自意识，所以，以自然科学及逻辑作为哲学的一般化观念的范本是行不通的，因为观念已经被提升了。

对自然主义的批判是对心理主义批判的延续。胡塞尔认为，自然主义哲学，要么是主观主义的，要么是客观主义的，因而也就成为“二元对立”的哲学。建立在二元对立之上的哲学，必然不能达到最终的彻底性。因为其中存在着对世界的实存性的设定，所以是不彻底的，因而，也不可能成为严格科学的哲学。这种做法，首先忽视了认识行为在意识中的给予性特征，因而，它要么在将来的推理中产生悖谬，要么就是立足于一个含混的基础。如果未能悬搁这些实存性的设定，必然不会带来严格意义上的科学的哲学。而现象学研究在诉诸彻底性和纯粹性时，必然要排斥这种不彻底的自然主义的态度和观点，寻找更为彻底的方法。因而，就需要在每一步的考察中充分意识到是否将超越之物还原到了意识自身的被给予性之上，以使研究中的要素在单纯的单个性中能够被直观到，并能够被相即地描述出来。因而，在此意义上，现象学哲学作为严格科学的哲学，意味着在考察中借助直观获得真正的绝对被给予性意义上的本质考察。本质考察也相应地意味着对意识行为的分析，这是一种区别于经验直观的先天的直观，是对经验的经验，对感知的感知，对意识的意识，即一切认识的构造都可以在纯粹的“看”中被获得。(对自然主义的批判详见第六章第二节)

历史主义作为流行的哲学思潮也有着认识的局限性。胡塞尔认为，历史主义不是将历史建基于抽象的观念物中，而是建基于可经验到的精神生活的事实领域中，在这样的意义上，历史主义将精神生活设定为绝对的东西。[①] 因而，基于这一前提，历史主义中梳理出的一般性关系，由于以精神生活的绝对性作为合法性支撑，从而具有了合法性。显然，由于这种预设的根基是存疑的，所以这些一般性的关系是不彻底的认识。精神的规律服从于精神生活中的目的，所以它不能成为自然规律那样的规律。而历史规律既有精神的成分，也有自然的成分，所以要区别对待，历史中的一些事实并不等于就是精神活动的事实。

需要认识到的是，历史原因虽然可以通过事实得以说明，但事实自身并不能为自己提供合法的论证或支撑。因为这些事实首先是被认识到的事实，而不是既定的不可更改的事实自身。这导致历史主义中的认识确定性的产生有两类情形：它一方面以过去的确定性支撑将来的确定性；另一方面当将来的情形有悖于过去的确定性时，它又以将来的确定性否定了过去的确定性。因此，这之中的认识确定性显然是一种相对的确定性，对这样的确定性的认识根本无法做出彻底性的要求。

由于历史主义中认识的相对性，其最终成为相对主义哲学，并最终演变为主观主义和不可知论（极端怀疑论），也因为它们更多的是一种经验主义。

在历史主义的观念下，除了偶尔对永恒之物产生的偶然的闪念之外，永恒的东西在精神世界中消失了，也不作为信念而存在。因为找不到真正的认识的确定性，只有历史的相对性和认识的相对性，所以，这种哲学最终必然成为相对主义的哲学。相对主义如果要求确定性，必然会重新退回到主观主义。继续做出要求，就会演变为极端怀疑论或不可知论。胡塞尔也认为：“如果将历史主义坚定地贯彻到底，它就会导向极端怀疑的主观主义。”[②]

历史主义哲学的这种本质使它无法对很多认识做出解释，所以根本

---

① 胡塞尔：《哲学作为严格的科学》，倪梁康译，商务印书馆，2007，第46页。
② 胡塞尔：《哲学作为严格的科学》，倪梁康译，商务印书馆，2007，第49页。

无法满足认识之统一性的更高的理论需求。例如，所有数学的真理，都无法用历史主义的观点来解释。因为数学的有效性并不是建立在历史之上的。胡塞尔援引数学家的倾向性做法以劝退历史主义对统一性认识（哲学中的一般性）的要求："数学家也不会为了获得关于数学理论真理的教益而去求助于历史；他不会想到要将数学表象与判断的历史发展与真理的问题联系在一起。"① 因此，历史主义面对数学问题时的无力使它无法决定哲学和科学的一般可能性。

同样，历史主义如果要作为哲学，也不能通过限定自己的特有领域和目标而形成特有的哲学样式的方式，否认一个哲学体系的一般观念的可能性。历史主义将自己的学科探索范围通常定位于精神科学或人文科学之内，并宣称精神科学与自然科学的对立，或认为二者之间存在着明显的界限，它们对于自然科学是一套法则，对于人文科学又产生了另一套法则，这样的看法在面对自然科学的人文性问题时，必然陷入困境，所以，这些限定办法并不能真正解决人类精神世界中的问题。

由于历史主义对人类精神世界的探索带有模糊了的主观性和个体性，它的认识实则是建立在个人的心灵感受之上并获得相对默许的一致性的，所以，历史主义在本质上只能是一门人类学（人本学）或"自然学"，它只是局部的认识或理论，不是一门真正的关于一般性观念的哲学，如胡塞尔所言："从历史根据中只能产生出历史的结论。"②

经过分析，胡塞尔认为，历史主义是一种认识论的混乱，它的结论是悖谬的，因而，必须像拒绝自然主义那样，拒绝历史主义。③

基于现象学的考察，我们可以认为，在严格意义上，历史主义仅仅

① 胡塞尔：《哲学作为严格的科学》，倪梁康译，商务印书馆，2007，第50页。
② 胡塞尔：《哲学作为严格的科学》，倪梁康译，商务印书馆，2007，第50页。
③ 参见胡塞尔《哲学作为严格的科学》，倪梁康译，商务印书馆，2007，第53页。

是事实生活或事实事件的理解模型，它提供的是解释而不是本质，所以，并不能进一步将历史主义的方法当作获得哲学一般观念的有效方法继承下来。

然而，拒绝了历史主义后会碰到这样的难题：哲学也在历史中演进，也需要历史，所以，历史的广阔性，更能够使历史成为一种更为普遍的哲学。这难道不可以吗？

驳倒这个问题并不难。哲学中需要的历史，不是所谓的历史的逻辑，而是历史生活中蕴含的精神内涵或可以被一般化的诉求，这些精神内涵不仅蕴含着哲学自古以来所需要的理想要素，也蕴含着为构建一种人类生活形态所需的理想要素。这一精神内涵，反映在哲学上，是对一门真正的永恒哲学的追求；反映在生活中，是对美好生活的追求。但随着人类社会的迁变，这些理想要素和精神内涵的含义在时代的理论需求中是不断增加或减少的，而不是停滞不前的，所以，历史中可以理解并使人们熟知的精神构形或历史上的哲学家的前提，并不能必然成为哲学一般化观念的前提。而且，历史作为一个广阔的领域是一个预设的领域，它的边界是不清晰的，也不应该是完全清晰的，所以，除了将不清晰本身作为明晰的东西之外，在一个不清晰的观念之上难以构建一个明晰的一般化的观念。

而哲学的探索在一个明确的含义目标的引领下才能真正前进，即使它拥有的是一个“不当的”（或被认为是“错误的”）明确的含义，那接下来的任务就是在新的理论需求下不断修正它的含义并努力实现这样的目标，而不是全然消解哲学的明晰性含义，从而瓦解它对统一性的寻求。明晰性被瓦解了，统一性自然就失去了意义。

由此可以扩展出的认识是：关于历史的问题，不是在历史自身意义上来追问“历史是什么”的问题，而是我们如何以一种彻底性的态度和一种不断提升的明确的理论需求来面对历史的问题。在其含混的构成中，我们更需要的是明确性的东西的引导。通过消解明确性和彻底性的方式所带来的那种“明确性”和“彻底性”是没有积极意义的，是认识的倒退。

因而，在胡塞尔的认识中，对于严格科学的哲学的建构，既要克服自然主义的局限性，也要克服历史主义的局限性，“带着那种属于真正哲学科学之本质的极端态度”，“不接受任何现有的东西，不承认任何传统的东西为开端，并且不为任何哪怕是伟大的名字所迷惑，而毋宁是在对问题本身以及从它们中所产生的要求的自由献身中来试图获取开端”。①

在胡塞尔这样的努力中，蕴含的不仅仅是一种哲学的态度，也是一种对认识之确定性孜孜追求不断探索的永恒奉献精神。这也是胡塞尔在他所看到的历史中、在他所处的思想氛围中、在他的师承中获得的可贵的东西。

在胡塞尔意义上，哲学在本质上是“一门关于真正开端、关于起源、关于万物之本（ριζωματα παντων）的科学”。而关于彻底之物的科学必须在其运行方面是彻底的，而且从任何一方面看都是彻底的。②胡塞尔认为，哲学不仅是关于彻底之物的学问，而且其在科学化的努力中是从含混到明晰的学问，所以，这种哲学追求的不是深邃。

胡塞尔说，在作为科学的哲学中，深邃并不值得效法和受到多重赞扬。深邃是认识不完善的体现，是混乱的标志，而真正的科学要将它转换为一种秩序和简单明晰的系统。③

然而，在哲学研究中人们很少考虑其“运行方法”的适合性，由于对技术和“窍门”的依赖，由于厌倦进行彻底的考察而依赖于那些

① 胡塞尔：《哲学作为严格的科学》，倪梁康译，商务印书馆，2007，第69页。
② 参见胡塞尔《哲学作为严格的科学》，倪梁康译，商务印书馆，2007，第69页。
③ 参见胡塞尔《哲学作为严格的科学》，倪梁康译，商务印书馆，2007，第67页。

既定的认识，人们忘记了那些与“直观的看”相关的最为直接的方法，因而，也就没有觉察到一种彻底的方法对于构建哲学明晰性的重要性。而彻底的科学的哲学不仅追求认识的明晰性，在操作上也必须是彻底的，所以，它需要坚持无前提性的原则，贴近最本己的意义上所展示的方法，依赖于绝对清晰地给出的最底层工作领域里的可以被直观到的东西，才能达成。而且，它从任何一方面看都要求是彻底的，所以，不能依赖于已有的伟大思想家的认识结果，更不能把直接“看”到的东西当作虚无、把那些“看”不到的东西当作实存，从而陷入无根据的荒谬之中。这样一种严格的哲学，不带有任何间接的符号化和数学化的方法，不带有推理和证明的辅助，却可以获得严格的决定性的认识。① 为此，它也不能因为“图省事”而逃避任何困难的问题，而是要主动去克服那些已有的认识的局限性。

第四节　在理论困境的触动中增强这一理想

在胡塞尔看来，自然主义哲学和历史主义哲学都无法真正满足对哲学一般观念的真正解释，而近代世界观哲学作为历史怀疑论的产儿，是建立在个别科学基础上并标榜自己的科学性以满足统一性认识这一需求的，它没有考虑到基础的科学性、目标问题的科学性、方法的科学性，没有考虑基础与方法是否和谐。② 这些基本要素由于缺乏科学性的考察，面对时代理论困境时必然是无力的。

历史主义积极的成熟形态是世界观哲学，胡塞尔认为，这样的世界

① 胡塞尔：《哲学作为严格的科学》，倪梁康译，商务印书馆，2007，第70页。

② 参见胡塞尔《哲学作为严格的科学》，倪梁康译，商务印书馆，2007，第53～54页。

观哲学，虽然为以思维的方式去把握哲学家智慧的做法开启了逻辑加工的可能性，在较高文化层面也“开启了在严格科学中展开的逻辑方法学”，处于智慧这一本欲（目标）之下而产生的新的世界观哲学，也具有崇高的价值，但它对严格科学的目标并没有从这些追求中明确区分出来，但由于人类精神生活不断带来新的要求和变化，所有的精神构形都在生活视域中扩展，因此，世界观也在发生着变化，相应地，哲学也在发生着变化，这就迫使它们不断向更高的顶端上升。①

然而，人们只是为了追求最高的智慧，以期待对问题的永恒解决，而不是以科学的路径去明晰地解决问题。为此，胡塞尔也认识到，对完美智慧的崇高目标的追求路径中人们通过自然的反思形成的是一门“关于有德行的人或精明的人的工艺学”和“精明的观念”。② 这些理念也再度进入了世界观哲学中。但从根本上而言，技术问题的解决与理论问题的解决有着本质的不同，因此，这些工艺论不可能满足理论探索的更高需求。并且，这样一种哲学虽有着合理的动机和认识要素，但面对时代困境时仍然不能获得解释。

胡塞尔说，这个时代的困境是任何规范都受到争议，而世界观哲学的目的论作用不能有效地通过提升人们的生活经验、教化、智慧来解除争议，规范也被剥夺了观念的有效性，“自然主义者们和历史主义者们在为世界观而战，但他们是在两个不同的方面从事这项工作：将观念转释为事实并且将所有的现实、所有的生活都转变为一个不可理解的、无观念的‘事实’混合物。他们两者的共同之处就在于对事实的迷信”。③ 因此，他们的观点在根本上是含混的。这是他们在时代中的困境。

---

① 参见胡塞尔《哲学作为严格的科学》，倪梁康译，商务印书馆，2007，第56～59页。

② 参见胡塞尔《哲学作为严格的科学》，倪梁康译，商务印书馆，2007，第58页。

③ 胡塞尔：《哲学作为严格的科学》，倪梁康译，商务印书馆，2007，第64页。

面对新的理论需求和困境，实证科学并不能彻底解决这一问题。相反，实证科学的发展带来的是哲学困境的增多，因为实证科学在其起点和原则上仍然是一个谜。人们期待自然科学可以解决这些谜团，并寄希望于自然科学在未来的发展中能够解决这些谜团，这种信念在目光深邃者那里只是一种迷信。于此，虽然我们尚不能理解精神世界，但是，也不能将精神世界的谜团与世界和生活的谜团混为一体。①

为此，人们也不能等待着科学的发展为他提供精确的答案和咨询，唯有寻找解决困境的出路并为之努力才是可行的选择。这些困境主要包括生活之理论、价值和实践的不确定性。而这些不确定性，却是随着自然科学和实证科学的推进让人们觉察到的并逐渐增强的不确定性。

然而，"解铃还须系铃人"，认识造成的那些混乱还需要"认识"去解决。胡塞尔认为，这个困境起源于科学，也唯有科学才能最终克服这个困境，因为唯有科学才能决断。② 因此，科学地批判现实问题和习惯的方法，并在可靠的基础上建立一门彻底的、自下而上的、向严格方法前进的科学，是解决时代困境的可行手段。

本章内容有助于我们从整体上重新理解胡塞尔的哲学动机和理念。

胡塞尔认为，从哲学史的考察来看，哲学的发展一直存在着这样的要求：它要求成为一门严格的、精确的科学，成为一门奠基于原理之上的普遍有效的科学，同时也成为一门具有明证性的科学。然而，哲学却没有成为一门科学，通过对个别学说的单纯反驳性的批判并不能达到这一目的，它需要的是一种保持严格科学信念的积极的批判。浪漫主义哲学削弱和歪曲了构建严格科学的哲学的愿望，历史主义是一种认识论的

① 参见胡塞尔《哲学作为严格的科学》，倪梁康译，商务印书馆，2007，第63页。

② 胡塞尔：《哲学作为严格的科学》，倪梁康译，商务印书馆，2007，第65页。

混乱，因而，它们都必然不是彻底的哲学。而严格科学的哲学必须是寻求彻底性的哲学，它需要以现象学的本质研究、现象学方法，通向一条科学的理论理性的道路，在这样一种研究中，作为一种本质学的现象学王国从个体精神出发很快便伸展到整个普遍精神的领域。[①]

而这样一门彻底的哲学，在胡塞尔那里，就是现象学或现象学哲学。同时，胡塞尔的现象学，作为彻底的认识论的现象学，是以更为明晰的方法和认识的彻底性澄清之前哲学的困境和问题，它揭示了独断的偏执的理性主义和不彻底的经验主义的根源，揭示了自然主义和心理主义的不彻底性，揭示了历史主义的认识混乱与世界观哲学的精明性。从这个意义上说，它也是对近代哲学及认识论的超越。

---

① 参见胡塞尔《哲学作为严格的科学》，倪梁康译，商务印书馆，2007，第 1、7、5、53、45 页。

第十四章　现象学作为彻底的认识论

胡塞尔不仅将现象学作为一门哲学，也将现象学研究作为真正的认识论研究。胡塞尔在1906～1907学年冬季学期《逻辑学与认识论导论》专题课程中，以及该课程的姊妹篇《现象学的观念》（1907年4月26～5月2日）讲座中，对认识论问题和认识问题进行了现象学的考察。在1917年撰写的《现象学与认识论》的文稿中，胡塞尔再次强调了一门纯粹现象学存在“各种认识论动机”。① 在他的后期著作中，如《第一哲学》上卷的内容，整体上就是利用现象学方法对近代认识论问题进行的澄清。在该著作的下卷，胡塞尔也明确地将“现象学作为彻底的认识论”。② 因此，结合胡塞尔本人的这一思路，将胡塞尔现象学作为现象学认识论而进行研究且在这一线索上澄清其主要概念，也是完全合适且很有必要的。

借用赖尔（Gilbert Ryle，1900－1976）的研究，“认识论”或“知识理论”表示两种意义，一种是对现成的理论结构的系统研究，另一种是用来表示学习、发现和发明的理论，前者大都以科学为对象，后者则出现在教学实践和职业中。③ 近代的认识论研究，显然并没有进行这样的区分，因为在其中预设着认识的过程和教学中获得认知的过程具有同源的东西。或者更确切地说，近代认识论研究侧重于前者，并且预设

---

① 胡塞尔：《文章与讲演（1911—1921年）》，倪梁康译，人民出版社，2009，第130页。

② 胡塞尔：《第一哲学》下卷，王炳文译，商务印书馆，2017，第693页。

③ 吉尔伯特·赖尔：《心的概念》，徐大建译，商务印书馆，2005，第398页。

性地认为前者中包含着后者，它实施的是哲学层面的研究。胡塞尔现象学的认识论显然属于前者。

然而，赖尔的这种划分从日常描述的角度出发，对于推进一些人对认识论基本问题的理解有重要作用，但与胡塞尔现象学意义上的认识论所探讨的起点有所不同。但这也无损于胡塞尔的认识论。因为胡塞尔所进行的是更为根本的对认识之彻底性的探讨，他注重于通过对个体自身的意识体验中的给予性的把握去获得认识。因而，这也就应当与归属于第二种使用范围的关于教学的认识论研究相区分。后者更多地体现为教育心理学的研究，因而，它不是一种哲学的认识论，而是分属于实践操作方面的认识论，它不是一门严格的科学，而是一门技艺学。

相比这两者而言，胡塞尔的认识论更为根本。胡塞尔在这里所探讨的是关于认识之起源的研究，不是关于认识的性质的研究。它追求的是彻底性，需要克服的是以往认识论中所出现的矛盾。他强调认识论就是对认识的认识，包括对自然认识的认识。这样一种认识论，也就是理论理性的根本，或理论理性中最究竟的东西。它意味的也是认识活动中最为彻底的东西。简要来看，认识论是对认识活动的哲学研究。

为了克服认识中出现的矛盾，就需要获得彻底性的东西。这就首先需要对认识的起源进行重新审查，这样的审查就是认识批判活动。因而，也就相应地形成了认识论研究的需要。如果将认识的批判回溯到对认识所使用的概念等方面的主观起源的探讨，那么，这样的认识论诉求就属于现象学的课题。在现象学运动中，现象学不全是认识论，但没有现象学，这种彻底的认识论是完不成的，所以，在认识论研究中，现象学就是彻底的认识论。

因而，作为这样一种课题研究，需要首先澄清的就是现象这一概念（本章第一节），因为这是现象学的研究对象；其次澄清现象学这一概念（本章第二节）；最后，澄清现象学认识论（本章第三节）的概念。相应地，在现象学意义上，在对认识可能性问题的起源之探讨中，对现象学认识论的对象（第十五章）与方法（第六章）及任务（第七章第一节）也需要做出说明和澄清。后面的这三项重要内容，在相关章节予以了讨论。

第一节 现象的概念

一门科学的建立或某一专门研究的展开，首先需要确立专属于自己的研究对象，或至少需要确立其研究对象与其他学科的研究对象之间的差异。无论将现象学视为认识论，还是视为纯粹现象学，现象学的研究对象就是现象。然而，在其他自然科学的研究中人们也会经验到现象，于是，在此产生的追问就是：自然科学中存在的现象与现象学中所研究的现象究竟有什么区别呢？为了回答这一问题，就需要对它们各自的“现象”进行严格考察。因此在现象学认识论的研究中，也就意味着需要对“现象”概念进行澄清，以便真正发现作为现象学研究对象的现象与作为其他科学的研究对象的现象之间的不同之处，从而，才能真正把握现象学中的“现象”概念，为此，才能进一步理解“现象学”这一概念，继而，才能真正理解“现象学认识论”这一概念。

一 自然科学中的“现象”

从胡塞尔现象学的考察来看，自然科学中的现象是指在直接的感性经验中被给予的东西，是具有现实性的现象。

一般而言，自然科学的研究者忠实于感性经验，这样的感性经验包括颜色、声音、光泽等。但是，在自然科学意义上，并不能直接在感性经验中经验到事物的客观真理，感性事物作为显现者，意指的是非感性的自然，这个非感性的自然“只有根据物理学的精确方法才能被认识”。[①] 这意味着，被感性经验所表象的这个自然，具有的是非感性的一些东西，它在经验认识中以感性经验的方式被默认为是现实的东西，并可以通过量化的方式或特定的方式对其进行研究并获得相应的认识。这里的“默认”已经意味着一个不可避免的转化层面的存在。这使我们意识到这一情形的必然性：这里的感性经验，一方面意味着在感知活动中获得的体验；另一方面也意味着人们在这样的经验或体验之上拥有的现实信念。且由于这种现实性的信念的存在，对这一非感性的自然的研究才让人觉得能够获得具有客观性的认识。因此，“默认”的含义在这里是一种信念，二者之间是可以互释的。因此，这也意味着“非感性”与“可获得客观性的认识”二者在自然科学研究中被认为是紧密相关甚至互为基础的，感性经验与其背后的非感性自然具有的是牵扯关系。

因此，当谈论自然科学中的现象时，一方面意味着感性事物的显现，另一方面意味着这些感性之物作为“此在（Dasein）的现实”而呈现自身。但是，自然科学研究的不是“如何给出自身”，而是“现实的此在”，即被感性现象所表象的自然。自然科学的研究者认为，在这些现象之间存在着自然之物的现实进程及相关关系，并且，能够被经验到的领域，包括借助某些手段而被持续经验到的领域，就是自然科学的研究领域。因此，“感性经验”这一现象所表象的东西，就是自然科学研究的东西。同时，感性经验的扩展就意味着自然科学的研究对象或研究范围的扩展，所以，对于同一对象，可以通过不同的视角在不同的学科中被研究，因为所表象的东西不一样。因而，在这样的经验中，作为感性经验之手段或方式的感性直观，在近代认识论的划分中就被视为主观

① 参见胡塞尔《文章与讲演（1911—1921年）》，倪梁康译，人民出版社，2009，第86页。

的东西，从而也成为与客观的东西相对立的东西。继而，通过科学研究，就可以使这些在感性经验中表象出来的事物的属性得到客观方面的规定。并且，只有那些可以被反复经验到的现象所表象的客观物，即在重复的给予中所表象出来的客观物，才能在名义上成为自然科学研究的对象。

因而，自然科学所忠实的现象，是在感性经验中被赋予了现实性的现象，它排除了那些不能被经验到的现象。[①] 因而，也就相应地排除了那些不能经验到的现象所可能表象的现实之物的存在。简单地说，自然科学研究中的现象被视为自然客体产生的现象，它只是用来表象客观对象的现象。其在主观性方面仅仅是感性经验，无法直接提供认识或客观真理；其在客观性方面意味着它是现实的现象，且在这些现实的现象之间的关系中蕴含着被视为自然客体的关系或属性。

在这个认识过程中，作为其主观性与客观性之间的信念环节或默认环节是没有以科学的方式处理的。所以，自然科学的证明或质疑也就是对“信念”或“默认”的证明或质疑，然后才传递到对认识结果或认识预设的证明或质疑。简言之，自然科学通过研究可感性化的经验而研究自然，其中的现象就是感性化的东西。

二　错觉中的现象

在胡塞尔的考察中，错觉中的现象是不具有现实性的现象。

如果说可以被忠实地经验到的事物的现象是自然科学中的现象，那么，为了在此意义上做出区分，那些不能被忠实地经验到的事物现象就被称为错觉中的现象。自然科学中的现象是正常感性的直观事物的被给予性，在这些感性行为中，错觉中的现象就是在非正常感知中出现的东

① 胡塞尔：《文章与讲演（1911—1921 年）》，倪梁康译，人民出版社，2009，第 87 页。

西。由于它被视为非正常的现象，所以不具有现实性。例如，在一定程度上，错误的回忆、梦境中的显现，以艺术手段重现出来的摄影、绘画等图像，都属于错觉中的现象，或与之类同的现象。[①] 也就是说，这些错觉中的现象不能表象出事物的客观存在，它不是“此在的现实”，因此错觉中的现象之间不存在自然之物的现实进程及相关关系。

与自然科学中的现象相比，错觉的现象有可能只是在很少的情形下被呈现，而自然科学中的现象是可以多次呈现的现象，无论它是以直接的方式呈现，还是以间接的方式被呈现。

三 本质直观中的现象

本质直观中的现象是意识自身给予（呈现）的可以被视为本质的现象，它有别于自然科学中感性经验的现象和错觉中的现象。前者主要立足于其在意识活动中的本质给予性，后两者主要通过是否具有现实性而予以区分。实施对本质的把握过程，是系统化认识的开端。

在上述考察中，可以发现，从自然科学的现象概念到错觉中的现象概念的扩展，并不是前者中的现象概念自身的扩展，而是在意识体验过程中将两种不同的或前后有可能联系的现象统一到“现象”这一名称之下，并根据它们之间是否具有现实性而予以了区分。主动将某些东西牵扯进来，是认知扩展的一种方式。

因而，在这里进一步所要讨论的现象，已不再是具有或不具有客观属性和现实性的现象，而是迁跃到了意识活动中具有本质给予性的同一性的现象。它是意识活动中给出（提供）的纯粹现象。这里的“同一性”，它自身维护着自身的同一性，但在它的实现功能上，又可以给出被称为“统一性”的东西。进一步地，就意味着可以在意识功能上对

---

① 胡塞尔：《文章与讲演（1911—1921年）》，倪梁康译，人民出版社，2009，第88页。

诸现象予以统一。“系统化”这个词，不仅使人想到同一性、统一性等，最为关键的是其一定是以本质认识为基础的。

本质直观中的现象，因为它是作为意识的纯粹的给予物而存在的，这种纯粹的给予物在作为主动性地构成的东西时，可以主动地将其又一次作为现象而产生其作为“种”而存在的东西，所以，它一方面可以连接自然科学中的现象，另一方面可以连接错觉中的现象。与此同时，它也显现出了观念性之物的把握方式的存在，显现出了被给予之物的同一化行为。这是一种真正的不掺杂任何多余物就可以凭自身直接进行把握的过程，它无需掺杂除此之外的经验性东西以证明自身。我们也可以含混地将其称为直观的过程，但这种直观与经验直观或感性直观有很大不同。由于它与感性直观的对立，且我们在这种真正的本真的把握过程中将所与之物给予为“本质”时，也可以称之为本质直观。

因而，也可以说，这两种现象之间的“统一”是在本质的给予行为中被把握的，在这一基础之上，它们之间具有相同的本质，都是作为拥有共同本质的现象。这一相同的本质首先是意识把握行为所赋予的，是在意识自身的直观中自身被给予的东西，是实现系统化认识的需要。因而，这两种现象之间具有了“本质亲缘性”。[①] 换句话说，这种本质亲缘性的存在，本身就意味着现象概念的扩展，这种扩展是在意识把握行为中完成的，“似乎”也是伴随进行的。换言之，在本质直观中，我们将自然科学的现象与错觉中的现象通过本质给予的方式把握为其自身“所是”的东西，并在本质的把握中进一步给出“种”“属”之间的区分，这就使得诸现象可以统一到“现象”这一种类之下，形成现象学及诸认识的认识对象。简言之，作为本质直观而言，不仅意味着诸现象

---

① 胡塞尔：《文章与讲演（1911—1921 年）》，倪梁康译，人民出版社，2009，第 88 页。

的存在，也意味着给予为本质之物的这种现象的存在，同时也意味着“现象”之本质与诸现象之本质的存在，且意识之给予行为作为诸现象之中的一种而存在。针对意识所给出的特定的目的或认识需求，我们将这些现象予以不同的分类，形成本质上的认识。并且也可以对意识自身的与此相关的把握行为进行自省式的分析，由此可以区分出被作为认识对象而存在者和作为处理认识对象的行为而存在者这两个方面。它们作为显现者均又被视为现象学的研究对象——现象。现象的含义在不同范围和不同程度的理论需求中发生相应的变化。

通过从自然科学中的现象到错觉中的现象的扩展性考察可知，现象不仅仅是与现实性相关的现象，也不再是客观的事物现象，而是成为在意识把握中具有意识自身内涵的东西。它似乎寄生在现实的经验现象和非现实的经验现象之中，但实际上已经不是二者中的任何一个，而是意识自身所给予的现象，这一给予过程也显现了意识把握中存在的同一化行为，每一现象都牵扯着本质及相关的东西。

四　所有直观中的现象

在上述分析中，当我们将显现者（显现着）视为现象时，我们就将对现象的认识推进到了所有直观中的现象。所有直观中的现象，是指所有在意识体验中以不同的方式呈现的东西。

对错觉中的现象的考察，不仅意味着经验活动中的表象了对象的现象的存在，也意味着与某一些对象现象没有取得一致性认同的错觉现象的存在。后者无法对应于能够被人们经验到的那些现象的现实中的对象，至少暂且不能。而“暂且”在这里的含义就是现实性。这是在意识行为中被给予的新的东西。从而，在这两种现象的衡量中，便出现了衡量现象是否具有现实性的意识行为，即衡量某一现象是否与现实性的对象现象具有一致性的现实评价的行为，这一现实评价自身又可以被视为现象。[①] 评价这种现象是否具有现实性的评价行为，首先是一种直观行为。除上述意识中的给予物之外，它也无需更多的东西就可以被直接地把握到。因而，在这种评价行为中，也蕴藏着“现象”。蕴藏着纯粹意识中被把握到的东西。

因此，“现象”概念的出现意味着在杂多的直观进程中存在着将不同的显现进行统一化的行为。这里的“现象”作为对象，意味着各不相同的、杂多的给予之物在意识中被统一后，成为一个综合的现象。[②] 其形成过程已经意味着不同于前面三者（自然的现象、错觉的现象、本质直观中的现象）中的任何一个，然而，却被统一到“现象”之下。也就是说，无论是任何对象的现象，还是任何被当作对象的显现的某种“外观”，都被称为现象。亦即所有在意识体验中以不同的方式呈现的东西，都叫作现象。在布伦塔诺的意义上，后两者就是心理现象或心理行为，或借用古老的用词而称之为意识。

五 现象与客体的区分

在对现象概念进行澄清之后，我们再来看看与现象相关的客体究竟意味着什么。这对于理解过往的哲学或认识并对接过往的这些认识成就具有重要意义。每个意识和意识内在的东西都被视为一个对象。对象是广义逻辑学中与谓项相对而言的主项。[③] 如此一来，在借助于意识呈现自身而被当作对象的现象与借助于现象而表象出来的对象（自然客体）之间就产生了区分。前者是此岸的意识体验中的现象，后者是彼岸的要被意识切中的对象。从而，这些本身不是意识体验，但只是被感性事物

① 胡塞尔：《文章与讲演（1911—1921 年）》，倪梁康译，人民出版社，2009，第 88 页。
② 胡塞尔：《文章与讲演（1911—1921 年）》，倪梁康译，人民出版社，2009，第 89 页。
③ 胡塞尔：《文章与讲演（1911—1921 年）》，倪梁康译，人民出版社，2009，第 89 页。

的现象所表象出来的对象，就被称为“确切意义上的客体”。① 客体就是判断中的主词，是我们要研究和认识的对象。

学科的划分可以立足于研究对象的不同。因此，关于这种确切意义上的客体（借感性事物的现象而被表象出来的对象）的科学，就是客观科学。在现象学的考察中，这样的客观科学是关于客观经验或超越者的经验的科学，并且，在这样的科学之中，作为客体的外部事物在角度与方式的变换中，呈现的现象是不一样的。② 因此，同一客体可被置入不同的自然科学中去研究。继而，根据研究对象的不同，关于意识自身的科学，就是纯粹现象学。这之中的对象是内在经验，是在单纯观视的反思中把握到的现象。它不需要通过角度的变换和方式的改变而被经验到或被给予，而是在意识自身中被直接地给予。无论角度如何变化，也不会影响其给予。或者说，其中根本就没有角度的变化，只存在着意向朝向引起的充实与否。由于它所研究的现象在认识的发生过程中更为根本，所以站在从科学（Wissenschaft）一词的本意出发将科学视为关于认识（Wissen-/Sci-）的学问这样一种立场上，现象学就可以对科学进行奠基。

第二节　现象学的概念

一　“现象学”概念的双重意义

在客体与现象的区分中，对现象概念的考察是澄清“现象学”概念的重要环节，因为它确定着现象学研究的对象。借助于内在现象得以

① 胡塞尔：《文章与讲演（1911—1921 年）》，倪梁康译，人民出版社，2009，第 89 页。
② 胡塞尔：《文章与讲演（1911—1921 年）》，倪梁康译，人民出版社，2009，第 89 页。

显现出来的存在的外在的东西，当它既不是作为意识体验也不是作为某种内在对象而被研究的时候，并且如果将这样的对象作为客体，那么，它就是客观科学的研究对象。[①] 与之相对应的是，关于内在对象或意识体验的研究，就是现象学的研究。这也就是胡塞尔意义上的纯粹现象学研究。后来，“心理学的现象学”也被胡塞尔称作“纯粹现象学”，或“纯粹的现象学心理学”。这与《逻辑研究》第二卷第一版中的“纯粹现象学”这一称谓的内涵有所不同。前者有将现象学作为一门哲学而对待的取向，而后者是寻求逻辑的认识起源或其在意识活动内的起源。在胡塞尔思想的后期，或许是为了与当时诸多的现象学进行区分，或许也是为了突出他所坚持的这样一门现象学的某些特质，并且出于对“作为严格科学的哲学”这一理念的不断秉持，胡塞尔细化了现象学的区分。

现象学在第一重意义上，指的是一门要求成为原则性方法的基础的“现象学的心理学”，它是“心理学本身的彻底的基本科学”。[②] 这里的心理学指的是对意识活动或认识活动及相关活动的研究，既包含就意识自身把握自身的研究，也包含以自然科学方法和成就对意识或认识的研究。在这个意义上，现象学的心理学不同于心理物理学。后者就是今天建立在实验科学基础上的心理学，它的基础是经验主义及实证主义，应归属到自然科学的范畴，而前者是对认识之起源的分析。在胡塞尔为《大不列颠百科全书》撰写的“现象学”词条的几次修改及《阿姆斯特丹讲稿》中，“现象学的心理学”也被称为“心理学的现象学”，有时候也直接使用“纯粹心理学”这一说法，或者，在较为繁琐的称谓中，称之为“纯粹的现象学心理学”。当把它简称为“纯粹心理学”时，在

① 胡塞尔：《文章与讲演（1911—1921年）》，倪梁康译，人民出版社，2009，第89页。
② 胡塞尔：《现象学心理学》，李幼蒸译，中国人民大学出版社，2015，第188页。

这一意义上，它是与纯粹自然科学相对而言的，即与以实验科学为研究方式的心理学相区分。这样一门现象学的心理学源于在布伦塔诺那里对纯粹内部经验的严格描述，在理性理论的领域内，通向一种对纯粹心理进行研究的新颖的方法论。①

当现象学通向了对特定的哲学原则问题进行处理的新颖的方法时，它就是第二重意义上的现象学，这也指的是先验现象学，它本身在哲学领域中具有第一哲学的功能，是作为哲学的根本学科而出现的现象学。② 这样一门现象学的意义在于将预先给定的生活世界的存在意义确定为主观的构成物，并且将其当作前科学的生活的成就，客观科学因此而建立在这样一种前科学的构成物之上，成为一种更高层次的构成物，因此，只有追问这样一种前科学的主观性，才能达到世界“最终的存在意义”。③ 在这个意义上，客观科学的意义，是立足于这样一种前科学的主观性中的意义。前科学的现象学研究就是生活世界现象学。只有立足于此，才可能通过向生活世界的回溯避免客观科学发展中产生的危机。因此，客观科学的危机不是由客观科学自身带来的危机，而是一种主观性中的危机。

需要说明的是，在《阿姆斯特丹讲稿》中，胡塞尔表明，在意识自我的现象学心理学研究中，通过态度的转变，可以转向先验的态度，

---

① 胡塞尔：《现象学心理学》，李幼蒸译，中国人民大学出版社，2015，第 187 页。《阿姆斯特丹讲稿》稍晚于《大不列颠百科全书》的“现象学”条目，前者形成于 1928 年，后者形成于 1927 年，讲稿是在条目的基础上进一步修改完成的。从这里所涉及的相似的术语使用中可以看出，他在不同的修改阶段的表达中蕴含的侧重点各不相同，但都指向现象学分析意义上的那种心理学。

② 胡塞尔：《现象学心理学》，李幼蒸译，中国人民大学出版社，2015，第 187 ~ 188 页。

③ 胡塞尔：《欧洲科学的危机与超越论的现象学》，王炳文译，商务印书馆，2009，第 91 页。

从而，就形成了先验现象学，这两者都属于本质性的科学，二者是彼此蕴藏的东西。然而，稍有不同的是，现象学的心理学（纯粹心理学）是通向先验现象学的入门引导。①

二　内在经验作为现象学研究的对象

首先，从现象学的界定来看，它的研究对象就是内在经验。胡塞尔认为，内在经验位于单纯观视的反思目光中，在这种反思中把握到的是其绝对自身性中的现象；同时，内在经验是绝对无疑的经验。其次，相比较而言，自然观点中的经验是作为对象性的东西而存在的，它关注的是现实的存在，感性事物的现象本身并不是研究的客体，它与幻想都被当作虚无的东西；然而，现象学有所不同，包括“自然事物在意识中作为给予之物如何通过意识活动而得到统一”这一问题在内，现象学关注到了各个感知、回忆、想象的显现，就作为这样的自身显现而言，就显现着的意识而言，就成为现象学研究的对象或课题。② 这里，就产生了感性经验与内在经验的区分。后者是心理行为或意识行为，前者是感性的所与物。感性所与物并不是自然科学研究的客体，而心理行为或意识行为是现象学研究的客体。自然科学通过感性所与物研究产生所与物的客体，而现象学可以将意识中的所与物作为客体进行研究。

换句话说，现象学的内在经验就是纯粹的心理经验，这样一种心理经验包括那些朝向外在事物的抽象经验在内，可以赋予外在事物的不同形象以统一性。这种统一化的意识行为的自身给予物，就是内在经验，因而，也就是现象学研究的对象。它也被称为纯粹意

---

① 胡塞尔：《现象学心理学》，李幼蒸译，中国人民大学出版社，2015，第220~221页。

② 参见胡塞尔《文章与讲演（1911—1921年）》，倪梁康译，人民出版社，2009，第90~91页。

识或纯粹现象。

在《逻辑学与认识论导论》中，胡塞尔把现象学描述为关于纯粹意识的普遍科学，它是“与内在实证主义哲学相对立的真正的内在哲学，其（内在实证主义哲学）是探讨内在性且需要限定内在性的哲学，但不理解真正的内在性和产生它的现象学还原。它的任务是分析纯粹的现象，在一般可达到的程度上，它的任务在于确立它们的要素与它们的关系形式的范畴和伴随的本质法则。”① 这也即是在现象学的第二重意义上对现象学的定位。

由此，我们可以从实论主义研究进入现象学研究。如果我们要从实证主义进入现象学，首先转向的是内在实证主义，其次，转向纯粹内在的实证主义。转向纯粹内在的实证主义后，就是现象学的意识研究。胡塞尔说：“如果‘实证主义’主张一切科学均绝对无偏见地基于‘实证的’东西，即基于可被原初地加以把握的东西，那么我们就是真正的实证主义者。”② 我们也可以将现象学称为最彻底的实证主义！

三　现象学与心理学的区别

我们从胡塞尔的论述、从现象学的研究对象的界定入手，基本澄清了现象学的概念，但同作为对意识的研究，我们还需要进一步澄清现象学与心理学的关系，以此才能更好地明白作为主观科学的现象学与诸客观科学之间的根本差别。

胡塞尔对心理学与现象学做出过区分。胡塞尔认为，一般意义上的心理学，是关于主体性的科学，这个主体性是与身体交织在一起的主体

---

① Edmund Husserl, *Einleitung in die Logik und Erkenntnistheorie*, *Vorlesungen 1906/07* (Hua XXIV), Hrsg. Ullrich Melle, The Hague, Netherlands: Martinus Nijhoff, 1985, S. 219f. 引文括号内文字为译者所加以便于理解。

② 胡塞尔：《纯粹现象学通论》，李幼蒸译，中国人民大学出版社，2014，第37页。

性，“是处在与自然的联系中并且只有在这个联系中才能得到完整研究的主体性”。这样的心理学，在一般意义上也是关于意识探讨的学科。现象学对于意识体验的分析，仍然是对一般意义上的心理的分析，由于它本身就是从心理学兴趣中产生出来的，所以在其最初的这种动机形成中，它是无法与心理学明确地区分开来的。①

如果现象学暂不考虑意识体验分析中的意向性本质，那么，它关于表象活动、判断活动的研究，仍然是关于主体性的课题研究。这样的现象学，就是一门普通的心理学，它的范围是限定在内在性研究中的。但将它的研究范围进行扩展后，就不一样了。就其研究范围而言，胡塞尔说：“排除了所有超越的纯粹内在性研究的可能性延伸得有多远，它就有多远。”② 在范围随着给予性不断扩展的过程中，对纯粹内在性的研究不再依赖于超越之物，这样的心理学已经不是普通的心理学，而是现象学的心理学。

但是，一般的心理学研究是指通过经验主义方法及通过归纳总结外在的行为表现得到关于意识活动的一般规律或特征的研究。由于经验主义方法的缺陷，这样的心理学无法得到真正的彻底性的东西。因为它已经预先使用了一些不言而喻的东西。而现象学的意识研究是建立在自身纯粹的被给予性之上的意识研究，是关于纯粹现象的科学，它排除了经验意义上将主体作为自然客体而研究的做法，排除了超越的现实，“仅仅观看体验本身、现象本身，并且只是通过这种反思的经验来获得其基

---

① 参见胡塞尔《文章与讲演（1911—1921年）》，倪梁康译，人民出版社，2009，第107、110页。

② Edmund Husserl, *Einleitung in die Logik und Erkenntnistheorie, Vorlesungen 1906/07* (Hua XXIV), Hrsg. Ullrich Melle, The Hague, Netherlands: Martinus Nijhoff, 1985, S. 219.

地”。[①] 因此，在这一点上，现象学与心理学的区别在于是否排除了超越之物，在于方法上存在根本差异。包括那种就意识自身研究意识自身的心理学在内，现象学与它的区别仍在于是否排除了超越之物。

正是由于方法和要达到的彻底性层次的不同，对待超越之物的态度不同，形成了心理学与现象学之间的差别。因此，心理学是与自然科学处于同一意义上的客观科学，而现象学永远不会是客观科学。[②]

第三节 现象学认识论的概念

作为对哲学或科学进行奠基的现象学，就是对认识进行研究的现象学，因而，它就是认识论，为与以往的认识论进行区分，我们将其称为胡塞尔的认识论或现象学认识论。通过以往的研究得知，洛克的研究使认识论成为哲学的主要议题。在这样的认识论研究中，人们需要考虑认识的范围、认识的能力等方面的东西。如果立足于现象学的认识论研究取向，胡塞尔是洛克的推进者。然而，胡塞尔看到的不仅仅是洛克在哲学史上促成认识论研究得以形成的那个开端，他将认识论的起源追溯到了更为古老的开端。他认为，“认识论研究的最初开端几乎与科学的开端一样古老”。[③] 这也意味着，由于人们对完善性的认识的渴望，必然需要对那些建立起来的客观认识进行审查。这种审查在古代怀疑论者那里，是以怀疑的方式进行的。在洛克那里，能力与范围的这种限定和预设，实际在一定程度上已经否认了人们会对世界拥有彻底的认识。到了休谟这里，则彻底地否定掉了客观科学中的那些不言而喻的原则或真

① 胡塞尔：《文章与讲演（1911—1921 年）》，倪梁康译，人民出版社，2009，第 110 页。
② 胡塞尔：《文章与讲演（1911—1921 年）》，倪梁康译，人民出版社，2009，第 112 页。
③ 胡塞尔：《文章与讲演（1911—1921 年）》，倪梁康译，人民出版社，2009，第 130 页。

理。康德在一定程度上扭转了休谟所发现的不利局面，然而，并没有在真正意义上形成彻底的认识论。

一　认识论起源于理性与感性之间的对立

首先，在胡塞尔看来，对认识开端的不完善性的怀疑，造成了对理性进行反思的必要性。一方面，反思的内容是使科学得以可能的理性；另一方面，反思的内容是作为客观规范理论的科学所拥有的特性及它所特有的合理性。① 在第一个方面，仍然意味的是对于认识能力的反思；在第二个方面，仍然是关于认识或知识界限的反思，这一反思中不仅包含着认识的界限，也包含着其应用的界限。也可以说，只要是近代认识论问题，无论是何种形式，大都不会超出洛克的研究目的中所提出的认识能力与范围这两个方面，认识能力沿着感性、知性通向对理性的研究，认识的范围就是感性所能够经验到的范围，就是知性或理性能够产生实际效用的范围。但这两个方面既是认识论得以形成的基础，也是近代认识论在后来的发展中难以突破的瓶颈。

其次，胡塞尔认为，理论认识按照自身的兴趣和需求，将科学构造为依照原因和结果的命题系统，而且要求这些命题系统自身具有合法性。② 并且，如果认为理性认识的能力高于感性认识的能力，就形成了理性认识能力和感性认识能力之间的对立。因此，理性行为所得到的认识对所有理性判断者来说都是真理，感性认识则意味着感官假象。然而，在实际的认识发展过程中，理性认识造成许多互不相容的客观性理论，为了克服这里出现的矛盾，就需要对理性认识重新审查，这就需要

---

① 参见胡塞尔《文章与讲演（1911—1921年）》，倪梁康译，人民出版社，2009，第130页。

② 参见胡塞尔《文章与讲演（1911—1921年）》，倪梁康译，人民出版社，2009，第130页。

进行认识批判，“整顿这种混乱并且向我们揭示认识的本质”。[1] 为了真正澄清理性认识中所出现的矛盾，就需要考察理性认识的起源或基础，因而，也就相应地形成了认识论研究的需要。[2] 简言之，这一矛盾的形成和解决都需要从理性与感性之间的对立出发，或者迁变为认识的主体与客体的对立，因而，也就促进了近代认识论的形成。

二 现象学作为彻底的认识论

胡塞尔说：“一切彻底的科学工作方法都是‘认识论的’，并且以‘认识论’为前提。”[3] 现象学自身的构造也是为真正的合法性提供一切可能的形态，为认识活动、真理和真实存在、评价活动和意愿活动提供一切可能的规范理论。[4] 在先验的主观性达到真正理解的同时，认识的一切可能事件也就达到了自身给予的直观，达到了可以设想到的最终的清晰性。[5] 正是在这一意义上，胡塞尔也直接将“现象学作为彻底的认识论”来对待。现象学可以为以认识论为前提的科学提供合法性的东西，并且让其中的认识所拥有的合理部件得到清晰的呈现。

这也就意味着，如果对理性认识的批判需要回溯到理性认识所使用的概念和方法在主观上的起源，那么，这必然无法借助已有的客观科学的理论和方法来完成，否则就会犯循环论证的错误，而只能通过对意识把握活动中的观念起源进行探讨的方式。如此一来，这样的从观念起源上进行探讨的认识论研究，就成了现象学认识论的研究课题，所以，为

---

① 参见胡塞尔《现象学的观念》，倪梁康译，商务印书馆，2017，第 43 页。

② 参见胡塞尔《文章与讲演（1911—1921 年）》，倪梁康译，人民出版社，2009，第 131 页。

③ 胡塞尔：《第一哲学》下卷，王炳文译，商务印书馆，2017，第 700 页。

④ 参见胡塞尔《第一哲学》下卷，王炳文译，商务印书馆，2017，第 701 页。

⑤ 参见胡塞尔《第一哲学》下卷，王炳文译，商务印书馆，2017，第 693 ~ 694 页。

了满足认识的彻底性要求，以避免理性认识产生的矛盾，需要对意识活动中观念的给予行为进行探讨，这样一种研究，既是现象学，也是认识论，或者，可以称之为现象学认识论或认识的现象学。在这样的意义上，在对认识起源的考察中，现象学与认识论两种称谓，是等义的。

三　对象与方法：现象学悬搁后认识论的可能性

结合上面的考察，认识论作为关于认识之起源的彻底澄清的现象学研究，就不能再借助于已有的认识成果和客观上被认为是有效的经验，而必须将所有的与之相关的认识理论都悬搁起来。不仅如此，客观科学的研究对象由于无助于本质性地获得意识研究的东西，也需要被排除。因为那些对象是在意识的建构中所确立的东西，它并不标示着对意识研究具有同样的效用，所以需要悬搁。但如此一来，这样一种认识论如何可能便成为问题。

这可以通过笛卡尔式的道路获得解决。胡塞尔说，通过笛卡尔式的怀疑，能够确定的是"我正在怀疑"，而在这里能够确定的东西，就是认识，在这种认识中，对象性是确定的。[①] 对象性在这里是以意向性的方式构成的（或者以解释的方式说，必然需要给予为对象，认识的构成才能够得以建立）。也就是说，"我正在怀疑"意味着怀疑与怀疑的对象的存在，因而也就意味着认识及其确定性对象的存在。这个对象不是别的，是在意识中给予为"对象"。但它是作为意识现象而存在的被给予的"对象"，或者是被客体化了的对象。继而，对这一客体化了的对象进行扩展，或者说进行相应的充实，且由于其自身存在的本质性结

① Edmund Husserl, *Einleitung in die Logik und Erkenntnistheorie*, *Vorlesungen 1906/07* (Hua XXIV), Hrsg. Ullrich Melle, The Hague, Netherlands: Martinus Nijhoff, 1985, S. 198.

构的"抓取能力"，将自然科学的相关构成物及其对象抓取为"对象"。因此，就出现了这样一门认识论的研究对象。它不仅包含着意识中被纯粹地给予的对象，也包括在这一基础上以清晰的方式抓取的自然科学及其对象。双重的对象由此都被意识的统一化行为纳入了对象之中。而双重的对象都是作为现象而存在的对象，是被心理行为所表象的对象。如果在这里将自然科学及其成果都视为现象，它也就成为现象学中被考察的对象。将这些对象作为研究的主题时，就是明确意义上的客体。

在前面的研究中，我们已经获知，现象学的研究对象就是内在经验，通过对意识体验中的给予性情形的考察发现，可以在内在经验中通过意识给予构造出不同层次的对象、对象性范畴等，自然科学中使用的范畴也可以被重新构造出来，自然客体也可以被构造出来。这些都是在排除了预先设定的东西的基础上可以获得的。在这样的构造方式或意识的给予行为的作用下，现象学悬置后，认识对象的重新确立使这样一门认识论首先成为可能。

但是，仅仅将这样的现象作为对象仍然不能满足建立一门科学的认识论的要求。它还需要特定的方法，也就是现象学的方法。它是通过对认识的批判得以发展起来的方法，包括现象学还原和本质直观的方法。它所具有的多重维度及操作方式，在前面的论述中已经有了充分的讨论，在此不再赘述。

因而，通过严格的考察所得到的对象与包含在认识之起源中的严格的具有彻底性的现象学方法的共同确立，就使得这样一门认识论成为可能。

四　本质分析：现象学认识论的任务

对象与方法的确立使现象学的认识论在现象学悬搁后得以可能。然而，作为这样一种认识论，它还需要为自己确立一个任务，这个任务就是对认识进行本质分析。胡塞尔认为，现象学的认识论承担的是认识的本质分析的任务，它承担着解决认识中的先验问题的使命，因而，它就是作为本质现象学而出现的。胡塞尔说："这种研究的任务就是以现象学方式按照其种类、形式和本质可能性，研究有效的认识活动之本质、本质条件和可能性条件，研究认识的目的本身，以及真理之本质和意义，以获得有关认识的认识，形成有关认识的一切概念和规范。"① 我们需要再度强调的是：本质性认识使系统化的认识和科学得以可能。

胡塞尔也认为："唯有在现象学的基地上才能提出合理的认识论问题。所有彻底的认识论问题都是现象学的，而所有除此之外的其他被称作认识论的问题，包括对实际自然及其自然科学结论的合理'诠释'问题，都以纯粹认识论的问题、现象学的问题为前提。"② 这进一步突出了现象学的认识论的本质分析的地位和它的重要作用。纯粹认识论就是纯粹现象学，它摒弃了预先接受的超越之物，在内在的给予性中对认识进行考察。

胡塞尔还认为："认识是一个包容了整个意识的、即包容了纯粹意识的整个区域的标题。"③ 因而，在这样的对认识的澄清中，既包含了关于一般的外在事物的给予性研究，也包含了纯粹意识中的给予性研究，但二者都是在意识这一同一平面内进行的。在事物作为意识中的给予之物的研究中，通过本质直观获得的是一般对象的构造。在纯粹意识的给予性中，由自身绝对给予性所不断构造出来的，就是认识中的各种层次的范畴。

因而，这一本质分析的任务通过对认识领域中不断出现的范畴的研

① 王炳文：《作为第一哲学的超越论现象学》，《世界哲学》2005年第2期，第94页。

② 胡塞尔：《文章与讲演（1911—1921年）》，倪梁康译，人民出版社，2009，第197页。

③ 胡塞尔：《文章与讲演（1911—1921年）》，倪梁康译，人民出版社，2009，第203页。

究而展开，包括了所有的表象形式和所有的判断形式、构造形式。[①] 若分类来说，这样的任务中包含三类科学：第一类是纯粹的形式逻辑和普遍形式的科学（Mathesis），以及与之相关的规范逻辑；第二类就是对还原的现象世界的内在的本质分析；第三类是实存的本质科学，包含在事物、空间、时间本质中的先天科学，如几何学、运动学和纯粹时间理论。[②]

可以说，使用现象学认识论这一概念，或者在一般意义上将认识批判看作现象学认识论的一部分，或多或少会带有歧义。这样的歧义会产生将胡塞尔现象学与以往的认识论混同起来的危险，从而偏向于利用传统的主体与客体对立的认识论模式来理解胡塞尔现象学。也见到一些关于胡塞尔的研究从主体与客体的角度来理解胡塞尔现象学，并在大致相似的程度上将胡塞尔哲学归之于主体哲学的行列。虽然胡塞尔现象学是近代认识论的延续和深入，我们也可以通过对文本的梳理，从传统认识论视角去剖析胡塞尔现象学，但是，以这些非反思的现成的认识论视角，不能够在起源上真正把握胡塞尔现象学的实质，任何彻底的理解都不能以过去的理论解释而达成。而彻底性的认识的获得首先是内在的获得，所以任何外在的经验性方法都不能获得相应的彻底性的认识。传统认识论必须经过反思和批判后获取其积极的部分。

---

① Edmund Husserl, *Einleitung in die Logik und Erkenntnistheorie*, *Vorlesungen 1906/07* (Hua XXIV), Hrsg. Ullrich Melle, The Hague, Netherlands: Martinus Nijhoff, 1985, S. 327.

② Edmund Husserl, *Einleitung in die Logik und Erkenntnistheorie*, *Vorlesungen 1906/07* (Hua XXIV), Hrsg. Ullrich Melle, The Hague, Netherlands: Martinus Nijhoff, 1985, S. 334.

第十五章　现象学认识论中的对象构造

现象学作为认识论，在对象问题上不同于近代认识论中的对象。近代认识论中，与胡塞尔的对象概念在含义上最为接近的是康德的对象概念。然而，胡塞尔现象学认识论中的对象与之相比，是构造的意识对象，是意识体验中被给予的东西。无论是传统认识中的自然世界及自然客体，还是传统认识论中的意识的意向相关者，在起源上都是意识体验中被构造的对象。本章只讨论现象学认识论中的对象构造问题，暂不涉及物质自然、动物自然、精神世界的构造（Konstitution）（这三个方面的构造可参见胡塞尔《现象学的构成研究》）问题。对前者的掌握可以进一步自然而然地掌握后者。

现象学认识论中的对象构造，由初阶对象和高阶对象两部分组成，也可以称之为初阶层次的客体化和高阶层次的客体化。

第一节　区分现象学的和近代认识论的对象

一　经验主义认识论的对象

在康德之前，近代认识论中的对象都是不言而喻的自然对象或自然客体，康德与前人有所不同。经验主义认识论通常指洛克所开创的关于认识的起源、范围、能力、效用、特征的主观性研究。这一研究经过重要的哲学家贝克莱的继承和发展，最终在休谟这里结束。即使其最终结局是不理想的，但总体目标是沿着将认识论研究予以科学化的道路前进的，它整体上仍然是认识之主观性的科学研究。胡塞尔认为，无论其中具有多少不彻底性的东西，但它在整体趋向上是沿着现象学方向前进的。然而，休谟之后的一些研究者将这一认识论传统转变为主体与客体的问题，这在一定程度上不是对认识论问题的推进，而是问题的倒退。

由于经验主义认识论主要探讨了主观性的一些构成问题，对象作为自然客体并没有被真正地探讨其构成，而只是被视为通过主观的能力和法则的实施而要认识的东西，所以，在这里一笔带过。

由于康德推进了这一问题，以下重点论述与康德认识论的对象相关的问题。

二　康德认识论的对象

康德反驳了唯理论和经验论，前者没有考虑人的认识范围，后者没有考虑人的认识能力，前者最终导致了独断论，后者最终导致了休谟这样的怀疑论。他要综合二者之所长，克服二者之所缺，这就意味着要同时考虑认识的范围和认识的能力问题。但康德转换了问题，处理方式与前人不同，他所形成的是批判论。虽然在康德这里，的确可以找到将认识论问题发展为主观与客观的对立问题等这样一些字面的端倪，但从康德的《纯粹理性批判》的结构安排来看，并不一定如此。在康德的考察中，对象问题虽有推进，但其根本上就不是康德认识论的重点考察内容。对象在一定意义上虽然也作为认识对象而出现，但已经与传统的将自然客体作为认识对象的哲学有一些区别。康德认识论中的“先验要素论”的很大一部分，是与洛克的研究紧密相关联的。虽然康德在认识之主观性道路上推进了对于对象的理解，但是通过康德在涉及表象问题时所进行的论述，可以看出，康德的对象与表象之间是循环解释的，对对象问题的考察着墨不多，而且是不彻底的。

1. 康德考察的重点不是对象

理性批判问题分为“要素”与“方法”两部分，即“先验要素”和“先验方法”两部分。其实这两部分都是在谈论方法问题。前一部分是在谈论以往的经验认识中的一些方法要素及其在纯粹理性的批判性认识中应有的效力和实际情形。康德将这里的探讨限定为关于认识能力的探讨，即关于感性能力和知性能力的探讨（所以“先验要素论”的研究就划分为关于感性方面的“先验感性论”和关于知性方面的“先验逻辑”，理性自身没有工具，借用的是知性的工具）。前者是被刺激而获得表象的能力，这主要是指直观能力，后者是指自身提供表象的能力，这主要是指知性能力。因而，直观与概念构成一切认识（能力）的要素。① 这种认识能力的有效性首先从经验认识中体现出来，而后又通过理性法庭的审判，获得其“先验”考察中所具有的有效性范围，并且结合其中所出现的矛盾以划定人类认识能力的界限。当理性论证中出现不可调和的矛盾时，就意味着认识界限的出现。

因而，在康德认识论中，重要的方面都集中于感性、知性要素方面，这些考察就是对于认识能力的考察，关于认识对象的问题没有被康德作为考察的重点。

2. 康德对洛克认识论的改造

康德认识论中对认识起源的考察，其实就是对认识要素的考察。这其实是对洛克认识论一开始所要达到的目的进行改造的结果。洛克在《人类理解论》开始，阐明他所考察的目的就包含两个方面：一个是认识起源的考察，另一个是认识范围的考察。②

康德的改造思路如下。首先，意识到对于认识起源的考察就是对于

① 参见康德《纯粹理性批判》，邓晓芒译，杨祖陶校，人民出版社，2004，第51~52页。
② 参见洛克《人类理解论》，关文运译，商务印书馆，2011，第1页。

感性和知性的考察，在这一步仍然是沿着洛克的方向前进的。其次，对于感性的考察就是对于直观的考察，因为直观是认识与对象发生直接关系的手段。但是，由于“直观只是在对象被给予我们时才发生”[①]，所以，为了集中于按照康德自己将认识起源限定在对于认识之主观性中的初始动机，康德将那些经验性直观中的杂多的东西予以了分离，将颜色、硬度等这样一些不纯粹的感觉的东西分离出去，因为这些都是可变的、不纯粹的，以便只留下感性的纯形式（纯直观）的东西，这就是时间和空间。纯直观既是要素也是方法或手段，这是预先存在的不变的东西。借助这些不变的东西我们可以考察可变的东西，因而，在感性能力中对于直观的认识论考察就被进一步限定在时间与空间这二者上，并且，康德认为这二者是先天知识的来源。[②]这是要素论的第一部分。它是构建纯粹理性大厦的重要材料。（先验）要素的第二部分是“先验逻辑”，包括分析的要素（知性中的概念与原理）和辩证的要素（纯粹理性的概念与辩证推理）。其中，后者借用了前者。所以，这一部分的核心是关于知性的相关分析。康德认为这是自己花时间最多的部分，也是最重要的部分。[③] 这也是操作概念的原则，是认识要素第二部分的核心。

因而，在康德的改造思路中，对认识起源的考察就是对认识的（先验）要素的考察，对认识的要素考察的核心部分就是时空形式与概念（范畴）。前者整理感性杂多，后者成为推理（判断）的核心部分。对于“先验方法”的考察，也不可能将考察重点放在对象上。他最为重要的考察部分是先验分析论，也就是对于知性能力中涉及的概念与原

① 康德：《纯粹理性批判》，邓晓芒译，杨祖陶校，人民出版社，2004，第25页。

② 参见康德《纯粹理性批判》，邓晓芒译，杨祖陶校，人民出版社，2004，第27页。

③ 参见康德《纯粹理性批判》，邓晓芒译，杨祖陶校，人民出版社，2004，第5页。

理的考察。但实质上，康德的整个认识论具有贡献性的部分其实是对于方法或手段的考察，以及这些方法和手段是否具有客观有效性的问题。但人们往往由于纠缠于前一部分的理解，而忽视了康德最具贡献的这一方面。这一部分也是实践理性和判断力的重要方法根基。但康德本人并没有意识到要将这种重要性的方法提高到一门纯粹方法学的高度。纯粹的方法学必然是现象学。

因此，康德认识论中关于认识要素的分析，的的确确是在主观性领域进行的。在这个意义上，胡塞尔认为康德发现了现象学，但是并没有纯粹地贯彻下去。

3. 对象与表象的循环解释

康德之前的近代认识论的认识对象是自然客体或自然对象，这仍然是外在的对象。相关的认识论，都努力将认识的本质予以客观化。但康德认识论中的对象已经不是自然客体了。

那么，在康德这里，认识的“对象”是什么呢？

康德所说的对象不是物自体，因为物自体是不能认识的，在一定程度上代表着认识的边界。认识的对象只能是现象。然而，康德的现象，如前面的论述所言，与胡塞尔所谈论的现象有所不同。他所谓的现象是经验性直观的未经规定的对象。① 对象是借助于感性而给予我们的。② 康德在《纯粹理性批判》第二版序言中说：“对象刺激我们的感官，一则由它们引起表象，一则使我们的知性活动运作起来，对这些表象加以比较，把它们连结或分开，这样把感性印象的原始素材加工成称之为经验的对象知识。”③ 在这段叙述中，我们可以在一定程

① 参见康德《纯粹理性批判》，邓晓芒译，杨祖陶校，人民出版社，2004，第25页。
② 康德：《纯粹理性批判》，邓晓芒译，杨祖陶校，人民出版社，2004，第25页。
③ 康德：《纯粹理性批判》，邓晓芒译，杨祖陶校，人民出版社，2004，第1页。

度上将康德认识论中的认识对象理解为通过表象而显现出来的东西。认识是关于对象的认识，但认识不是直接去认识对象，而是认识由对象在感性体验中引起的表象或感性印象。

在这里，对象是通过表象来界定的。表象是对对象的表象，对象是所表象的东西。因此，在康德这里，对象与表象或感性印象是循环解释的。康德虽然认识到对象是被给予我们的感官表象所表象的东西，但并没有考虑到表象的被给予方式。

三 现象学与近代认识论的对象差异

胡塞尔现象学中的认识对象是现象，但不是通常意义上与显现相关的现象，而是内在现象，或者说是内在意识和纯粹意识。说它是内在意识，是因为外在事物也是被视为在意识体验中被给予的东西。纯粹意识是指对意识的意识。这二者都具有内在的存在方式。

在近代认识论中，认识的对象是自然意义上的客体。因而在这样一种认识论中，真理问题变成了主体与客体的关系问题，即主体如何能够切中客体的问题，对象成了可以对其执行认识的客观物。按照主客二分的认识论哲学的思路，这一矛盾是无法解决的。为了克服这一矛盾，胡塞尔将外在的自然客体，还原为内在的意识给予。这与贝克莱的做法也是一致的，但贝克莱并没有细致化了的对象论，因而，也就不会有对象的转化层次的思考，因而只会有主客对立意义上的对象的理解，胡塞尔将自然客体的考察转换到内在意识中，外在的客体事物是内在意识中构造的对象所表象出来的东西。康德虽然意识到了外在客体的内在化问题，但他的对象与表象是循环解释的。由于没有意识到外在事物的“内在给予”问题，所以是不彻底的。但在一定程度上，这种循环解释也反映出康德将自然客体置于意识中考察的努力。在这样的意义上，与康德之前的认识论相比，康德认识论也是向现象学的进一步推进。

与近代认识论中的对象相比，胡塞尔现象学认识论中的对象是构造的意识对象，是意识体验中被给予的东西。胡塞尔认为，每个意识和意识内在的东西都是一个对象，对象是广义的逻辑学中与“谓项”相对而言的主项。① 与对象相对应的概念始终是意识，意识对象与意识行为是相互对立的，当意识通过反思的目光朝向自身时，意识自身可以成为对象。② 这是胡塞尔现象学与近代认识论中对象的重要区别。

第二节　对象的初阶构造

现象学认识论中的对象构造由初阶对象和高阶对象两部分组成。对象的初阶构造主要包括两部分：一部分是最为基本的意识的构造，另一部分是时间意识的构造。意识自身的构造共分为四个层级：①体验、②意向性、③执态或行为、④注意或统觉。最前面的是作为研究对象的最高范畴，最后的是最为基底的东西。时间意识的构造属于现象学的对象构造的重要部分，主要包括三部分：①滞留、②原印象、③前摄。通过这一构造，高阶的构造才能很好地进行。

一　基础意识的构造

意识是胡塞尔现象学的中心课题和核心概念，胡塞尔也将自己的现象学称之为意识现象学。澄清现象学的意识概念，或者说在构造行为中把握现象学认识论的意识概念，对于明白现象学认识论的研究对象，在真正严格的意义上理解一门作为严格科学的现象学具有重要意义。

---

① 胡塞尔：《现象学与心理学》，载《文章与讲演（1911—1921 年）》，倪梁康译，人民出版社，2009，第 89 页。

② 参见倪梁康《胡塞尔现象学概念通释》，商务印书馆，2016，第 193 页。

1. 意识作为体验

胡塞尔将现象学的研究主题限定在“意识”这一标题之下，在对这一主题更为明确的说法中，意识指的是最广泛意义上的一般意识体验。[①] 在先验现象学中，体验是意向体验或意识体验的简称。对比心理学中的体验概念，对于认识现象学的体验概念具有重要作用，进而对于理解胡塞尔“意识作为体验”的现象学考察具有重要意义。

现象学中的体验与心理学中的体验是不一样的。在心理学意义上，感知就是体验。[②] 当然，这一体验也是出现在意识活动之中的东西，或者说属于内在的体验。但是，心理学中的体验并没有将外在事物的体验与外在事物清晰地区分开来。外在事物作为客体，仍然是具有客观性的东西，而不是意识中呈现的东西。而在现象学的意识体验中，一切都要回到内在性中进行考察，所以外在事物一开始所具有的心理学意义上秉持的这种客体化是需要悬搁或排除掉的。在现象学的考察中，这样一种客体化的东西，是在意识中被构造出来的与意识的直接给予具有相即性的东西。由于心理学将外在事物当作客体化的东西预先接受了下来，所以，认识行为或意识活动虽然也体现为某物的意识，却不言而喻地存在着主体与客体的对立。这样的意义上，认识论问题最终也就必然要回答“认识或主体是否能够切中客体”或“在何种程度上切中客体”的问题。在这一意义上，如果对外在事物的体验发生了偏差，就将这些把握中出现的这样一种带有与所谓的客体的客观性产生偏差的体验，称为错觉。与客体不相适的认识的出现，意味着需要调整主体的感受体验，以避免某些错觉的东西，或者，通过体验方式的改良，尽可能地获得对于客体物的感受的客观性。在这样一种思

---

① 胡塞尔：《纯粹现象学通论》，李幼蒸译，中国人民大学出版社，2014，第60页。

② Edmund Husserl, *Einleitung in die Logik und Erkenntnistheorie*, *Vorlesungen 1906/07* (Hua XXIV), Hrsg. Ullrich Melle, The Hague, Netherlands: Martinus Nijhoff, 1985, S. 243.

考中，因为主观规律性与客观规律性被预设为相互印证的，所以主观行为主要体现为“能动的”或“遵从的”两种类型。

在心理学意义上的体验中，与体验同时并存的有两种东西：被称为客体的东西，它一般可以指自然之客体，包括自身躯体在内，都作为自然客体；同时并存的还有主体性的东西，这种东西就被当作感受能力，通常也被称为感性或感官能力。其实，这些都不是通过严格的考察而获得的，而是不言而喻地预设的东西，是对自然科学研究或自然主义态度之下所认定的超越的东西的默许。在这里，包括知觉活动的回忆、想象、反思等在内，都是某种主体能力的体验。在这样的意义上的认识论研究中，如果将对于自然客体所产生的体验分离出去，接下来的认识论研究就变为对于主观性的研究。如果进一步予以限定，集中于对主观性中的不变项进行研究或揭示，那么，它就成为关于感性、知性、理性中所具有的一般本质或一般不变项的研究，与之相关的认识论研究就成为某种具有意识的自然客体所具有的认识能力的研究，从而也就成为真正意义上的关于认识的心理学研究。

因此，在心理学的意义上，体验并不是意识。

在现象学意义上，体验就是意识。体验区别于日常行为中的体验和心理行为领域的体验。例如，在对于单纯的具体感性印象的反思中，如关于一所房屋的印象的反思中，反思活动本身是伴随着这一印象在意识中的重新呈现而出现的，反思是纯粹地被意识给予的东西。随着这一感性印象的“重新出现”的消失，与之相关的反思活动自然就结束了。这里的反思，是作为感受性的东西给予的。[①] 因而也是一种纯粹的内在

① Edmund Husserl, *Einleitung in die Logik und Erkenntnistheorie*, *Vorlesungen 1906/07* (Hua XXIV), Hrsg. Ullrich Melle, The Hague, Netherlands: Martinus Nijhoff, 1985, S. 244.

给予。在对于反思活动本身的这一解释行为（对反思本身的反思）中，产生了一个与某物的原初印象及其素朴的反思不同的意识，它以自身为对象并充实着自身。原初印象、原初印象的反思、对反思本身的反思，三者都是在体验中呈现的，通过不同的方向和维度上的把握，被把握为不同的东西。但都是属于体验的部分，以统一性行为进行把握，也都属于意识。这样，三者作为体验意识是相即性地构造出来的，因而，具有充分意义上的明证性，是绝对被给予的东西。这三者也是直接在意识中呈现出来的东西，因而，也都理所当然地属于意识活动。在此，原初印象与自然反思中的原初印象可以成为具有先后顺序的这样一种“时间之流”中的东西，而对自然反思中所把握到的另一向度的反思本身的纯粹的被给予性，是一种不能被客体化的东西，是纯粹自身的给予性。一旦将这种东西客体化，那么，现象学的研究也就自然而然变成客观主义。这也正是传统认识论研究要么倒向客观主义的独断论，要么倒向神秘性或极端怀疑论的真正原因。

因此，在胡塞尔意义上，体验概念涉及这样两个方面。一方面，是“察觉到某一时间之流和它的实项构造的相即感知的内在对象”。① 这样的内在对象是与外在的自然客体相即地被给予的。因而在此意义上，对内在对象的考察所获得的知识就具有了直接的自身给予性上的严格性和相即性。因而，就成为确真的认识。另一方面，是“通过相即的感知立义的绝对的非客体化存在”。② 这是前现象的存在，而不是感受到的存在。

① Edmund Husserl, *Einleitung in die Logik und Erkenntnistheorie*, *Vorlesungen 1906/07* (Hua XXIV), Hrsg. Ullrich Melle, The Hague, Netherlands: Martinus Nijhoff, 1985, S. 246.

② Edmund Husserl, *Einleitung in die Logik und Erkenntnistheorie*, *Vorlesungen 1906/07* (Hua XXIV), Hrsg. Ullrich Melle, The Hague, Netherlands: Martinus Nijhoff, 1985, S. 246.

可以说，经验心理学中的体验概念在经过现象学还原和本质直观的构造之后，就成为纯粹现象学意义上的体验概念。与之相同的概念还有：意识内容、我思（cogito）、意识活动、意识行为等。

在《逻辑研究》（1900）时期，胡塞尔所认为的体验概念的意义是："在这个意义上，只要感知、想象表象和图像表象、概念思维的行为、猜测和怀疑、快乐和痛苦、希望和恐惧、期望和意愿等等在我们的意识中发生，它们就是'体验'或'意识内容'。"① 如果连同其后来所强调的意向相关项（noema）在内，凡是内在地给予的一切给予物都属于体验。因而，也都属于意识。

因而，在这个意义上，体验就是意识，意识就是体验，现象学的研究对象因而就是作为体验的意识。

通过以上考察可以看出，无论是意识概念，还是体验概念，都是现象学的认识论的研究对象的最高属。

2. 意识作为意向意识

作为体验的意识概念，是现象学研究对象的最高属。体验因而也成为意识中首要的概念，这是一个混合的意识统一体。② 仅仅认识到这一统一体并不能使关于意识的现象学研究得以顺利进行。因为科学化的研究中逐渐呈现的是对于研究对象的细致化的东西。因而，需要对研究对象予以进一步清晰的划分和限定，才能保证研究顺利进行。否则，一个含混的研究对象，难以产生清晰的研究结果，也无法做到研究结果的清晰的对应性。

因此，需要对作为体验的意识进行进一步的把握，这样才能够使现

---

① 胡塞尔：《逻辑研究》，倪梁康译，商务印书馆，2015，第688页。

② Edmund Husserl, *Einleitung in die Logik und Erkenntnistheorie*, *Vorlesungen 1906/07* (Hua XXIV), Hrsg. Ullrich Melle, The Hague, Netherlands: Martinus Nijhoff, 1985, S. 246.

象学的研究在认识论方面得以具体展开。

现象学的考察既是直观的考察，也是具体的考察，它不是虚无缥缈的预设，也不是排列组合那样的积木游戏。因而，对于意识的分析，随着对体验的进一步考察的展开而展开。在对外物的感知活动中，也会发现意识是对于某一对象（物）的意识。这样一种尚且带有含混性的意识，只有在体验的分析中才会逐渐变得清晰起来。胡塞尔说："在谈论体验和体验物时，'体验'并不意味着对象物的拥有和在这种方式中'有关系'的对象物且在这种方式中对对象物做出选择，等等，而是意味着在现象学时间的关联体中所有现象学发现和可能发现的统一性。"①在这里，就产生了一般的体验物与体验之间的区别。前者是意识体验所朝向的东西。后者是体验活动本身，它自身可以又被把握为一种统一性。因而，也就意味着这样一种在统一性意义上的意识体验是具有意向性的意识体验。

胡塞尔认为，意识的意向性是意识的本质特征，"它既可以成为一个体验，也可以在自身中拥有一个对象，无论是在相即地看到，还是以另一种方式给予，或者在超越的（transzendierender）方式中意指它"。② 胡塞尔同时也将意向性特征作为意识体验的第二种意义上的特征。

在这样的考察中，意向性的意识或意向体验与原先所获得的那种意识概念，即与在《逻辑研究》（1900）第一版时期所考察的意识

① Edmund Husserl, *Einleitung in die Logik und Erkenntnistheorie*, *Vorlesungen 1906/07* (Hua XXIV), Hrsg. Ullrich Melle, The Hague, Netherlands: Martinus Nijhoff, 1985, S. 247.

② Edmund Husserl, *Einleitung in die Logik und Erkenntnistheorie*, *Vorlesungen 1906/07* (Hua XXIV), Hrsg. Ullrich Melle, The Hague, Netherlands: Martinus Nijhoff, 1985, S. 247.

概念产生了区别。于此，胡塞尔说："意向体验不是单纯的感知，也不是想象表象、记忆，进一步地：也不是判断、推测等，而是追问、质疑，中止判断，也是欲求、盼望、希望。同样，是满意、忧伤、希望和恐惧等的体验。"① 无论是满意，还是恐惧，都是关于某物的恐惧，都是关于某一客体的体验。因而，它虽然不是脱离了这样的客体或事态的满意体验，但也不是直接对客体的拥有，而是对象性地拥有某一客体或某一事态。这一事态或这一客体，在本质直观中被构造后，就是意向意识的意向相关项，或者也可以借用以往的"对象"这个术语而称之为意向对象。当然，这一称谓是含混的，是需要进一步廓清的称谓，但也是可用的。并且，在这样的考察中，意识到的是与客体相关的内在给予的要素，且这一要素仅仅是内在地自身被给予的。例如，颜色内容并不是意向性体验或意向性意识，它只是再现于意向体验中，只是意识的搭载者，而其自身却不是意识，不是当下意义上的意识。②

意向体验本身的要素通过这样一种方式被给予，因而在考察中就获得了关于意识意向性的确真的体验。意向性在胡塞尔的认识中也是意识最根本的本质。需要说明的是，意向意识才具有构造对象的功能。而内意识的含义更为广泛，也是最基本的意识概念。

同时，可能面临的误解是，这样一种意向体验本身的要素是独立存在的东西，还是仅仅是一种随着对于某物的体验一同产生时被把握到的

① Edmund Husserl, *Einleitung in die Logik und Erkenntnistheorie, Vorlesungen 1906/07* (Hua XXIV), Hrsg. Ullrich Melle, The Hague, Netherlands: Martinus Nijhoff, 1985, S. 247.

② Edmund Husserl, *Einleitung in die Logik und Erkenntnistheorie, Vorlesungen 1906/07* (Hua XXIV), Hrsg. Ullrich Melle, The Hague, Netherlands: Martinus Nijhoff, 1985, S. 248.

或被内在地给予的东西?

如果将这样一种要素当作独立存在的东西，那无疑就是将这样的考察结果中出现的这样的要素也作为客体的东西而赋予其存在，从而它也就成为超越性的东西。显然，这已经不是在原初的意识自身给予性的平面上的操作，而是原初平面之上进行操作。如果再一次将这些要素本身所具有的特征当作无疑的东西继承下来，就会导向对主体的客观化，从而违背现象学考察的彻底性原则。这种当作本质关系或具有本质特征的意向性，是在每一次关于体验的考察中可以被重新给予并意识到的东西，而不是绝对的存在物，它仅仅是绝对地被给予。

因而，始终需要在被给予性、自身给予性、内在给予性的意义上来理解胡塞尔现象学及其所取得的成就。这样的关于胡塞尔现象学的研究，因而也就是真正地以胡塞尔的方法对其学说进行的再研究。自此，我们将胡塞尔的意向性看作对主客哲学中的二元论的一种新的推进，是在意识活动自身中对近代认识论中的主客二元论的新的处理方式。我在部分程度上承认这些分析的重要价值，但并不认为意向性作为意识的本质就能够真的回答意识分析的诸多问题。对意识意向的分析在目前仍然是一个没有尽头的活动，胡塞尔推进了此方面的分析并为我们展示了良好的思路，但这只是解决问题的方式中的一种，而绝非全部，唯有我们秉着更高的理论需求和对认识之彻底性的追求，才可以推进此方面的研究。

3. 意识作为执态

执态（Stellungnahme）是意识自身构造的第三个层级。前两个层级分别是体验和意向性。

执态是在意向意识的基础上进一步构造的。通俗地说，意识作为执态，就是指一种“立场”意识。信念、愿望、满意、意愿等，不仅仅是关于某物的这样一些体验意识，其中也可以包含某种信念，这“似乎都是另外把对象性呈现给它们的‘执态’”。① 而且，就意识自身而言，首先构造自身与对象性的关系，其次才是执态的构造。执态指向的是构造的对象性，在进一步的构造中，又构造为满意。因而，在这样一种情形下，执态意识有两方面的意义，一方面是意识中的对象存在与否，另一方面是执态自身的被选择或被放弃。因而，在通常的意义上，是否满足也意味着一种执态或一种立场选择。

在这里，执态作为意识，通过与体验之上的意向性构成的进一步区别，而被构造出来了。它侧重的是对象性的部分。因而，可以成为价值判断或评价判断的本质。

4. 意识作为注意意识

注意意识包含在最低层级的感知的统觉中，属于第四层级的构造的意识。

每一个执态以“表象”为基础，需要客体化的统觉，使对象性“表象”于执态中，这样，对象性才能够进入意识之中，或者说，进入执态之中。由于统觉包含了各种各样的统觉，包含着单个的对象和对象组合，这些对象及其组合在背景中是以含混的方式共同表象着的。② 因而，也就需要一种意识。这是在这些含混的背景中获得一种可以被进一步表象的东西的那种意识。

如此一来，在统觉背景中就需要一个将对象性带入执态中的意识。这个意识，显然不能用现象学一般意义上所构造的“执态”来清楚地表述，它的确也区别于通常的执态意识，是使执态得以成为

---

① Edmund Husserl, *Einleitung in die Logik und Erkenntnistheorie*, *Vorlesungen 1906/07* (Hua XXIV), Hrsg. Ullrich Melle, The Hague, Netherlands: Martinus Nijhoff, 1985, S. 249.

② Edmund Husserl, *Einleitung in die Logik und Erkenntnistheorie*, *Vorlesungen 1906/07* (Hua XXIV), Hrsg. Ullrich Melle, The Hague, Netherlands: Martinus Nijhoff, 1985, S. 249f.

执态的意识。这个意识，就是注意（aufmerken/attentionale）意识。它指向的是显现物。或者严格地说，它偏向于意识的对象，属于执态的突出功能或行为特征的突出性要素。胡塞尔说："一个行为可以被建立在统觉（Apperzipierens）基础上，统觉的客体建立在注意上，但它（行为）自身作为执态不是注意。反之亦然，注意在行为的意义上不是执态。注意不是意向。"① 从此可以看出，注意是既不同于执态也不同于意向的意识。

也可以说，注意力（Aufmerksamkeit）指向的是显现物②，并且将显现物从对象背景中剥离出来。这样，进一步的执态意识才会产生或被构造出来。或者说它就是执态的基础。因而，胡塞尔也说："我们可以说统觉和行为拥有这个或那个注意形式。并且，它们常常附有一些注意形式，有了它，它们就是这个或那个执态（或'行为'）的必要基础。"③ 胡塞尔也认为："在最低层级那里是感知的统觉，在其中我们注意地生活。加之于其上的是信念的执态要素，它指向的是显现的对象性，并进一步指向满意。"④

这里，通过这样的分析，就产生了一个意识构造的次序：从基础开始向上构造，分别是统觉（注意力）、执态、意向、体验，这是从深层向表层

---

① Edmund Husserl, *Einleitung in die Logik und Erkenntnistheorie*, *Vorlesungen 1906/07* (Hua XXIV), Hrsg. Ullrich Melle, The Hague, Netherlands: Martinus Nijhoff, 1985, S. 250.

② Edmund Husserl, *Einleitung in die Logik und Erkenntnistheorie*, *Vorlesungen 1906/07* (Hua XXIV), Hrsg. Ullrich Melle, The Hague, Netherlands: Martinus Nijhoff, 1985, S. 249.

③ Edmund Husserl, *Einleitung in die Logik und Erkenntnistheorie*, *Vorlesungen 1906/07* (Hua XXIV), Hrsg. Ullrich Melle, The Hague, Netherlands: Martinus Nijhoff, 1985, S. 252.

④ Edmund Husserl, *Einleitung in die Logik und Erkenntnistheorie*, *Vorlesungen 1906/07* (Hua XXIV), Hrsg. Ullrich Melle, The Hague, Netherlands: Martinus Nijhoff, 1985, S. 249.

的构造。从构造的顺序讲，是体验、意向、执态、注意，这是从表层走向深层的构造。在此，关于构造顺序的描述中也可以进一步构造出时间意识。

在这里，统觉与注意力之间存在着密不可分的关系，对于统觉或注意力的关系的构造，是现象学的意识构造的最深层部分。考虑到分析和表述的难度，以下引用一段原文。

胡塞尔说："首先，需要考虑的是这样的事实，当我们谈论整个对象背景时，排除的是每一个客体化缺少的前现象的东西和仅仅首先在反思中获得的东西。如果我们将自身限制在感知情形中，可能是这样的，不是将所有感性领域的所有感性嵌套到统觉中，而是来自感性领域的碎片实际上在感知的统觉中发挥作用。那的的确确几乎就是以纯粹现象学的方式判定的。这在任何情形中都是可能的。其次，如果我们现在采取实际的统觉的构造物、实际显现物的背景，那么，我能感知的是，实际上注意力的模式的确定包含在这样的每一个统觉中。于是，在任何情形中，标记出的、凸显地（abhebend）揪出来的（herausgreifende）注意力也仍然会从背景意识中被区分出来。"①

简言之，在注意力的构造过程中，伴随着对于对象背景的构造，也领会到或给予了感知统觉的存在。无论是注意力，还是非注意力，都显现出这样一个背景性的存在和生成方式。或者说在背景的显现中同时也出现了注意力的构造。如果注意力或注意意识没有被把握到，那么，对统觉的把握也就无法完成。然而，统觉在非注意意识的出现中也同时出现。最大的可能就是，它们在意识领域中的内在的自身给予中本身就是一回事，或必须被设定为一回事。这是最为根本的纯粹的设定和难题。

这里的探讨已经推进到了意识领域构造的最深处，超过这个边界，

① Edmund Husserl, *Einleitung in die Logik und Erkenntnistheorie*, *Vorlesungen 1906/07* (Hua XXIV), Hrsg. Ullrich Melle, The Hague, Netherlands: Martinus Nijhoff, 1985, S. 251.

就是现象学无法企及或无法触及的范围。如果存在那样一个领域的话，显然，这是延伸出来的，而且是不能被已有的现象学考察所发现的东西。因为现象学的领域就是被给予性的领域，自身被给予性“伸展得有多远，我们的现象学领域，即绝对明晰性的领域、真正意义上的内在领域也就‘伸展’得有多远”。[①] 超过这个领域的研究，就不能称之为现象学了。无论其是更优越的还是更低劣的，目前都不能做出判别，因为失去了准确对象的判别是没有意义的，除非对相应的方法进行变更以带来新的考察结果。如果按照理性的朝向方式，认为会存在更基础的东西的话，这就是意识现象学的终极界限。但并不是说这里的分析陷入了神秘，而恰恰是最终形式的相即性的体现，与那些繁琐的高阶构造和谓词构造相比，它或许没有那么复杂，却是最为深层的现象学训练的标的。

二 时间意识的构造

现象学的时间意识最为主要的部分不是胡塞尔所绘制出来的时间模式，而是时间意识在意识体验中如何被给予的问题。胡塞尔所绘制出来的这一时间模式使一些人放弃了在意识自身内对时间意识的给予过程的主动体验过程，而仅仅通过这些模式或相关的论述将胡塞尔的构造的时间与物理学意义上的时间对立了起来。这一方面违背了胡塞尔建立现象学的初衷，另一方面也对胡塞尔的时间意识及其构造过程进行了教条化的理解。时间意识的现象学主要分析的是“意识”而不是“时间”。

对胡塞尔时间意识的理解首先意味着对胡塞尔的这些观点的悬搁，其次需要回到自身的意识体验中去构造相应的东西，这样才能在真正意义上最大可能地贴近胡塞尔关于时间意识的相关表述。时间意识主要有

---

① 胡塞尔：《现象学的观念》，倪梁康译，商务印书馆，2017，第20页。

三个方面的重要构成：滞留、原印象和前摄。

1. 滞留

时间意识中，引发时间意识中其他部分之构造的最重要的概念是“滞留”（Retention）。① 对于滞留的把握，如果建立在意识中对“持续”的把握之上的话，或许更为容易理解。

如果说意识基础的构造部分更多的是借助于视觉意义上的察看而完成的，那么，对于时间意识的构造，更多的是借助于听觉意义上的察看来完成的。胡塞尔说：“我听到了声音。而且它拥有时间延展。当声音响起时我就现在而言听到了它，它不间断地拥有一个总是新的现在，当时的之前的现在成为过去。然而，当时在这里的只是实际的声音片段，并且，整个持续的声音的对象性在行为连续统中得以构造，该行为连续统一部分成为回忆，一小部分成为感知，更多的部分成为期望。”②

在这里，一方面存在的是声音的延续。这也是感觉的延续。可以称之为是由外在声音信号的持续刺激而造成的感觉的延续。或者说就是外在声音在意识中的持续的显现。它包含着原初并不能被立即当作同一显现的诸显现。外在物的刺激消失后，由这种刺激形成的感觉的显现也就随之而消逝了。如果未有对外在物所形成的刺激予以这样的辨明，可能也会形成难以区分的直接的刺激和被认为是直接的刺激的感觉。这就是心理学意义上的幻觉。

---

① 术语说明：“可以说，在1908年之前，胡塞尔没有在真正的意义上使用过‘滞留’的概念。他起初一直用‘清新回忆’、‘原生回忆’来描述意识流中某种不再是现在、却又尚未过去，不再被感知到、但又仍然以一种非回忆的方式仍然被意识到的东西。”（倪梁康：《胡塞尔时间意识分析中的“滞留”概念——兼论心智与语言的关系》，《现代哲学》2007年第6期，第73页）

② Edmund Husserl, *Einleitung in die Logik und Erkenntnistheorie*, *Vorlesungen 1906/07* (Hua XXIV), Hrsg. Ullrich Melle, The Hague, Netherlands: Martinus Nijhoff, 1985, S. 256.

然而，另一方面并行存在的是延续的感觉，也就是显现在意识中的持续。换用更为贴近的说法，就是持存。因此，延续（持存）显然不是外在事物以显现的方式在意识中被给予的，而是基于外在事物的显现之后意识自身所给予的东西，并且通过显现的持续而使人意识到原初的显现。或者说，“延续”这一体验是在至少两次的显现之间“多出来”的东西。在这里，既可以意识到原初的显现，也可以意识到原初显现的再次显现或再一次的显现。或者，从再一次的显现和再次的显现中意识到原初的显现的存在。将这些数次的显现把握为原初显现的相似物甚至同一物的时候，就被理解为原初的显现的“持续”。

这样的一个“持续”，在没有加入时间分割的情况下，或者说还严格地遵照非时间叙述的原则的情况下，它就是一种滞留。它既与原初的显现有关系，却又不同于原初的显现，但自身也不全是重新的显现，而是多出来了一些东西。这些东西作为一个给予之物，就是时间意识。因此，在感觉的延续中，我们才可以将每一个延续中的声音片段标记为“现在”或“过去”。

每一个声音片段，既可以标记为“过去”，也可以标记为“现在”，还可以标记为“将来”。当标记为“将来”的时候，自然而然就变成了想象，当然，这是一般意义上的想象，不同于在意识中产生想象变样的想象。想象这一传统术语是多义的，灵活运用可以获得不同的理解和不同的表述效力。

因此，滞留就是意识中的持续。如果借用以往的心理学术语，那么，就可以将持续与回忆、想象等关联起来。结合上面的引文，在意识之连续统中，一部分成为回忆，另一小部分成为感知，还有更多的部分成为期望。

因而，在这个意义上，“滞留是一个现在活跃的和可以成为自身被给予的行为，它确然地超越自身，将某个并不实项地寓居于它之中的东西设定为存在的，即设定为过去存在的”。[①] 其中，“设定为存在”的东西，就是滞留所蕴含的时间性的东西，就是时间意识。

2. 原印象

印象（Impression）是英国经验主义及之后哲学中的常见概念。它至今在心理学或日常用语中仍然是使用比较普遍的术语。它只不过是被休谟赋予了特定的认识论方面的意义。胡塞尔也使用这个概念，并且用其来代指外物刺激后在意识中获得的显现。这一意义与休谟的意义是等义的。胡塞尔有时也用感性或感性印象去表述它。

如果将其当作“原初”印象（原印象 / Urimpression），也就是给予其“原初性”，那么，就等于是已经在考察中赋予了时间性的东西。在赋予时间以基底性的东西的同时，就意指着时间性的存在。因为这个原初印象已经意味着在意识中与一个再造的印象的对立或区分。在原初印象与再造印象的这样的关联过程中，本身就已经意味着为时间意识的给予提供了基底或前提的可能性。

对于原印象的构造是伴随着对于滞留的构造而一同产生的必不可少的东西。将原印象构造在滞留之中，那么，显然原印象与滞留不能等同在同一个所指上。如果做出某种等同的理解，就等于将两种显现的东西及朝向方式混为一谈，因而也就不是一种严格细致的区分或描述了，因为它已经包含了被给予的新东西，也就是被称为“现在”的东西，以及在“现在”的基础上与“现在”产生分离的“原初”的东西。

胡塞尔认为，原初印象所包含的内容就是“现在”这一术语所指的东西。胡塞尔说：“每一个新的现在就是新的原印象的内容。以曾新的印

---

① 胡塞尔：《内时间意识现象学》，倪梁康译，商务印书馆，2009，第 396 ~ 397 页；参见倪梁康《胡塞尔时间意识分析中的“滞留”概念——兼论心智与语言的关系》，《现代哲学》2007 年第 6 期，第 77 页。

象引起的越来越新的印象，有时质料是一样的，有时是不一样的。将原印象从原印象分离出来的是原初的时间相位印象的个体化要素，原初的时间相位印象是对立于感性内容的质性与其他质料要素的根本不同的某些东西。"① 也就是说，如果没有时间相位印象或这样的时间意识的话，那么，一个原印象就无法与一个新的原印象区分开来。当然，这里所蕴含的对于原印象中的时间意识的本质直观是不容易直接被说出来的，这样的表达更像是论证而不是描述。然而，这种方式的叙述或描述更多的是一种叙述策略或不得不采取的叙述方式。不应该拘泥于字面去理解，而应该从直接的被给予性中去理解。然而，单单从胡塞尔本人的描述来看，原印象朝向不同的意向方向，就会在意识体验中给予这样的时间意识。

结合前面对于滞留的构造或分析来看：当滞留祛除时间性以后，自然而然就变成了原印象或原印象的再造印象，甚至就是等同的。因此，既可以从滞留退回到对于原印象的理解，也可以从对原印象的专门的意向朝向中获得时间性的东西的存在，也就是意识到滞留的存在。

这之中，从原印象到时间意识的给予过程，是一种主动性的给予过程，而认识，也需要在一种主动给予的过程中发生。无论是古老的几何学，还是承担了人类早期生活的把握方式中的预测活动，都是一种主动性的把握过程。

因而，在时间意识的给予过程或时间意识的构造过程中，通过这样一种相即的给予方式，在原印象和时间意识之间就形成了绝对的明证性。时间意识作为现象学认识论的给予对象，也就被构造出来了。而且，在意识中由于对不同的对象或时间客体（姑且借用"时间"一词来表述）的侧重

---

① Edmund Husserl, *Einleitung in die Logik und Erkenntnistheorie*, *Vorlesungen 1906/07* (Hua XXIV), Hrsg. Ullrich Melle, The Hague, Netherlands: Martinus Nijhoff, 1985, S. 268.

不同，给予性所借用的起点也是不一样的。滞留侧重于从现在走向过去，而原印象侧重于从过去走向现在。但无论是何种方式，都可以从一者中借力以走向对另一者的构造。并且在此之中，不同构造过程中所给予的同一的东西，就是时间意识自身的同一性，或者说不同的时间意识被统一为一种同质的时间意识。因而，在这样的构造中，从时间的不同构造方式所得到的同一性的给予过程和统一性的给予过程，就已经蕴含着在不同的朝向中会获得新的给予之物。因而，关于时间意识的构造，不仅是时间意识本身的构造，而且，也蕴含着高阶对象的构造。在这个意义上，时间意识的构造，是现象学认识论的对象构造的重要环节。

胡塞尔对原印象的论述，我大致是赞同的。稍有不同的是，我认为原印象的构造必然是在当下化的基础上共同被实现的。也就是说伴随着对"现在"的构造一同被实现的。在一个意识"方向"上给予为"现在"的同时，在另一个意识"方向"上同时给予"原初（性）"。如果在一个意识方向上给予为"原初"，在另一个意识方向上必须给予"现在"，才能完成意识把握的配套动作。这二者本没有先后之分，在意识的构造中形成了先后之分。

3. 前摄

前摄（Protention）是对未来的给予之物的期待，但本身又不是未来之物或未来的客体。它在一定程度上体现了意识的最原初的意向性。前摄与滞留有着密切的关系。它可以说就是在滞留的进程中被给予的东西，但它仍然不同于前面所说的滞留。胡塞尔说：前摄是"由滞留的进程从一开始就持续不断地被激发起来的连续发生变化的期待"。[①] 也

① Husserl：*Analysen zur passiven Synthesis. Aus Vorlesungs-und Forschungsmanuskripten 1918－1926*，Hrsg. Margot Fleischer，Den Haag：Martinus Nijhoff，1966. S. 323. 本段引文为胡塞尔在 1922 年以后的表述。

就是说，在滞留的给予过程中或“持续”的给予过程中，对继续向前延展或继续发生的变化的期望。因而，前摄就是走向将来却并没有立即被满足的意向的体现。

同样，胡塞尔在早期也认为每一个构造过程的开始都是由前摄所激活的。[①] 这在一定程度上是合适的，例如在主动化的把握行为中有着较为明显的体现。但在严格的意义上，我们不能够将这样的前摄理解为某种与其相关的期望模式，它仅仅是期望本身或前摄本身，是一种自身所给予的带有意向性的东西。通常我们所说的期望包含的东西要更为复杂，而且对内意识中的给予情形的区分也是含混的。但是，仅仅以给予性意义理解期望的时候，期望也就意味着前摄，所以，在对于看似接近或关联的概念的理解中，不同的给予行为或朝向行为，使概念拥有了不同于其他相近概念的含义或意义，这一区别是一种主动区别的理解过程或赋义行为。

如果采用通常的术语，滞留是“原印象”与“当下具有”之间的东西，虽然从中仍然可以给予时间意识，但更侧重于“之间”这一意义上的时间意识的给予，原印象侧重于原初给予的东西，而前摄侧重于将来这一意义。从其中的任何一个出发，都可以关联到其他两者的给予过程。在这个不同的给予中，体现的是意识活动自身给予所蕴含的主动性，尽管它仍然基于那些被动给予的东西。但对概念的把握或获得，都是一种主动化的给予行为所能够完成的。在这一意义上，可以将时间构造中这些系统地呈现出来的概念与近代认识论中的回忆、记忆、想象等连接起来。但是，如果没有前面的主动给予，没有前者之中的绝对地自

① 参见胡塞尔《内时间意识现象学》，倪梁康译，商务印书馆，2009，第86页。这一说法是胡塞尔于1917年为了补充施泰因的加工稿而写作的内容中所表达的。所以，在一定程度上，是胡塞尔关于前摄的较为成熟的描述。

身给予的“被意识到”，那么，对后面的这些术语的理解只能是含混的或不彻底的。

胡塞尔在现象学意义上构造的时间与康德的时间理解是不一样的。胡塞尔认为，时间不是意识的形式，因为时间首先是在综合（Synthesis）中构造的，如果没有统一性，获得的仅仅是对象化的时间意识的可能性，而不是实在性。① 因而，时间也不是感性的形式，时间秩序仅仅是在时间设定行为中实现的，它不是那种含混意义上的实在的东西，如果没有时间的开始，也就没有潜在的客观性。② 在胡塞尔看来，“时间意识不是通常的时间感知，不是通常的构造意识的原初时间，在再造记忆的形式中，在回忆形式中，在符号形式中和时间判断的形式中，我们都拥有时间意识”。③

＊　遗留给我们的任务

我认为，胡塞尔在关于时间意识的分析中，并没有把意识内部的纯粹性构造与逻辑推演区分开来。当然，这并不影响叙述的准确性，但影响着对时间意识构造的叙述的纯粹性。这种纯粹性体现为纯粹的描述。而笔者尚且没找到较好的方式将时间意识的构造纯粹地描述出来。这个问题或任务在这些认识底层的研究中更为迫切和明显。为此，我们需要在描述现象学中将纯粹描述的方法予以新的研究，找到合适的描述步骤和叙述的原则，以有别于掺杂了经验认识成果的含混叙述。叙述是影响

① Edmund Husserl, *Einleitung in die Logik und Erkenntnistheorie*, *Vorlesungen 1906/07* (Hua XXIV), Hrsg. Ullrich Melle, The Hague, Netherlands: Martinus Nijhoff, 1985, S. 273.

② Edmund Husserl, *Einleitung in die Logik und Erkenntnistheorie*, *Vorlesungen 1906/07* (Hua XXIV), Hrsg. Ullrich Melle, The Hague, Netherlands: Martinus Nijhoff, 1985, S. 273f.

③ Edmund Husserl, *Einleitung in die Logik und Erkenntnistheorie*, *Vorlesungen 1906/07* (Hua XXIV), Hrsg. Ullrich Melle, The Hague, Netherlands: Martinus Nijhoff, 1985, S. 275.

任何一门科学的重中之重。厘清了这些步骤和原则，才有助于表达和理解的畅通，才有助于思维和语言成果的有效转换，才有助于思考和认识成果在不同的个体间的有效转换。目前人们是在习得的语言与理解习惯中处理思维与表达的。这是胡塞尔哲学中始终蕴含的课题，也是留给我们的艰难课题，更是两千多年来有文字记载的哲学一直面临的难题。它在语法和修辞研究、辩证法中，在逻辑学、数学、唯识学中都有含混地涉及或不彻底的处理，但始终没有得到清晰彻底的考察。因为这些研究都缺少更为根本的彻底性的纯粹性的考察。

这一任务，用四个字概括就是"思叙双清"。它的原则和步骤需要被明晰化。

第三节　对象的高阶构造

基于初阶的意识构造与时间意识构造之上的是意识对象的高阶构造。高阶构造中主要包括：①同一性、②普遍性、③特殊性、④不确定性、⑤联言与选言及单称与复称、⑥否定、⑦事态的构造。高阶对象的构造是进一步的判断构造的基础。

一　同一性

同一性的构造是与想象（Phantasie）联系在一起的。在胡塞尔现象学中，想象是与感知（Wahrnehmungen）相对立的。这也是休谟意义上的观点。休谟认为想象是对印象的观念和基于印象的观念的再造行为。但休谟并没有刻意区分当下化的东西和再现的这种东西之间的差异，而胡塞尔做出了区分。在胡塞尔意义上，想象也是一种对当下化的东西的再现行为。因而，在再现行为中，一个曾在的显现与再次的显现，通过同一性意识而把握为同一的东西的不同的显现，从而，也将自身的这一行为给予为同一性意识。显然，在这里，这个同一的东西不再是严格意义上两次显现的东西，而是在意识中被给予的“新”的东西。

胡塞尔说：“在转向感知的一个显现推进到另一个显现的持续流动中，我们获得了流动的同一性或相合，但在与其自身真正浮现的显现的比较中，我们以另一种方式达到了作为明确综合的同一性意识。”① 在这里，一个显现和另一个显现都可以被把握为客体或对象，但是同一性并不能等同于这样的客体中的任何一个，它自身意味着一个意识行为的存在，是在这一意识行为中自身绝对给予的东西，是以直接的方式被把握到的东西。因而，也可以说，同一性就是在某物与某物之间的同一性，无论某物是外在事物在意识中的显现还是意识自身给予的东西。

虽然我们无法完全剥离感知而获得对“同一性”的想象，但同一性不是在感知中得到的，而是意识自身为了把握感知之物而增加出来的东西。如果继续承认感知与想象的对立的话，那么，同一性也就成为想象中所给予的同一性。在这个意义上，同一性意识就成为思想对象，而不是感性对象，因而，也就成为现象学认识论中被构造的对象。

二　普遍性

就一般意义而言，普遍是与个体相对的东西。这种对立，一方面显现的是二者之间的对立，另一方面显现的是二者之间的紧密关系。如果含混地讲，有对立必然有综合。如果不断地朝向单个的个体的东西，普遍性意识就可以在对个体的直观基础上被构造出来。胡塞尔有这样的例子：在我看到红色并且在对这个红色的持续的直观中，这些红色的东西就是我意指的红色，这些红色作为“属”意义上的红色，它总是在时间的连续统中显

① Edmund Husserl, *Einleitung in die Logik und Erkenntnistheorie*, *Vorlesungen 1906/07* (Hua XXIV), Hrsg. Ullrich Melle, The Hague, Netherlands: Martinus Nijhoff, 1985, S. 279.

现为一样的，并没有注意到个体要素之间的分离，而是直接获得了普遍性意识，然后才在普遍性意识的基础上构造出单个性意识。[①] 在这个意义上，普遍性意识对应的是单个性意识。胡塞尔的这个例子虽然不完全合适地呈现必要的把握要素，但基本上给出了“普遍性”意识的把握过程。

在这里需要进一步强调的是，无论是单个性，还是普遍性，都是在意识自身中给予的东西，虽然它们在一定程度上总是关联于那些具体的显现，但本身已经不再是这样的显现，因为在这些具体的感知显现中，它并不是“一开始”（暂且借用这个词）就显现为普遍性的东西，而是在不同的意识行为朝向中自身被给予的普遍性意识。也需要说明的是，普遍性意识是在意识朝向中直接被给予的东西，之后，“似乎”才是单个性意识的给予。在单个性意识中共同把握的东西，就是普遍性意识。但是，“似乎”这个词意味的是，普遍性意识的给予过程并不以单个性意识为基础，而是后者在意识朝向中才以前者为基础，所以，单个性意识实则是普遍性意识的把握中分化出来的伴随的东西，它是意识行为在把握过程中所需要的东西。因而，在普遍性意识被给予的意义上，一般意义上的普遍性，就可以被给予为不同程度或不同范围的普遍性。

因而，物理事物在微粒方面的无限可分的观念，完全是首先建立在意识之中的可分性。而这样一种可分性是将某种意识中给予的普遍性之物在意识中“首先”（暂且借用这个词）给予了“可分离性”，而不是个别的东西通过归纳的方式而获得了普遍性。因而，才会出现自然科学中对于无限可分的理论预设，预设之后才是实证活动。对这种实证活动

---

① Edmund Husserl, *Einleitung in die Logik und Erkenntnistheorie*, *Vorlesungen 1906/07* (Hua XXIV), Hrsg. Ullrich Melle, The Hague, Netherlands: Martinus Nijhoff, 1985, S. 297f.

进行仔细审查就会发现：普遍或整体是首先给予的，其次才是个体的东西的意识给予。而实证就是对观念的实证，因而也就是对于意识中给予之物的实证。从个别到一般的过渡，在其真正的起源中，不应该是通过归纳法得到的。意识的把握一开始“似乎”就是整体意识的把握，然后似乎才是局部意识的把握。其实，这种整体与局部的意识，都是在意识自身中被直接给予的，可以并行分化出来的东西。同样，普遍性意识也不能被等同于普遍性特征，后者完全是客体化的结果，而不是意识自身的直接给予。在这样的分析中，也可以看到胡塞尔的方法与经验主义的归纳方法的根本不同，也会更为根本地理解胡塞尔为什么认为经验主义的归纳方法对认识之彻底性目的的无效。相比而言，经验认识中的普遍性是带有偶然性的普遍性，它通过在事实经验中被给予出来的重复的对象而获得。① 这与现象学中被构造的普遍性在认识起源上有着明显的不同。

三　特殊性

在尚且带有含混性的说法中得以成立的是，特殊性意识是与普遍性意识对立的。但特殊性不是某种客观事物的特殊或差异，那是单纯显现意义上的差异。而特殊性或者说作为一种特殊性意识，是在不相同的客体之中产生的意识，它不是单个存在的依赖于单个之物的意识，而是在对感知显现的普遍性给予中所给予的另外一种意识，它预设了与这种普遍性不相容的东西，所以，在普遍性基础上，才产生了特殊性。因而，在含混的区分中，就会出现普遍性与特殊性的对立关系。然而在实际的意识给予行为中，二者是在同一维度的不同向度上被给予的东西。

---

① 胡塞尔：《经验与判断》，邓晓芒、张廷国译，三联书店，1999，第 393 页。

四　不确定性

不确定性意识与确定性意识是伴随产生的。在确定性意识的给予中本身就蕴含着不确定性意识。这样一来，不确定性意识似乎是意识给予中最为根本的东西。然而，在不确定性意识的给予中似乎也蕴含着确定性意识的给予。之所以产生这一矛盾，是由于某种客体化行为造成的结果的存在。如果单纯地从给予性行为之中来看，二者就不存在这样一种相互奠基的矛盾关系，所以，严格来看，在意识行为的这一给予过程中，朝向不同的方向导致了确定性与不确定性的给予的不同。

通常来讲，“确定”就是在一些要素与观念固定之间产生的“确定”。借用以往的尚未得到现象学奠基的“抽象”这一概念，它就是由抽象行为所关联出来的结果，或者，蕴含在尚没有明晰地给予的抽象行为之中。胡塞尔说：“位于直观中的确定对象是在个体化直观素朴地给予的这个东西中构造的；如果位于一个观念化的抽象——任何要素与观念固定等同为一个特定本质——之上，那么，我们就拥有了一个新的对象，就是这个本质。”① 从这段描述中来看，这个本质就是为了将一些要素和观念固定等同起来加以确定而产生的意识中给予的东西。

如果我们一开始没有一种本质的东西，便无法将这一本质断定为就是这个事物的本质，这样会导致无穷倒退。这最终会导致怀疑论的结局，即我们无法获得事物的本质。因此，即使站在逻辑推导的角度来看，必然存在一个在开始就被称为本质的东西。这个本质作为意识中

① Edmund Husserl, *Einleitung in die Logik und Erkenntnistheorie*, *Vorlesungen 1906/07* (Hua XXIV), Hrsg. Ullrich Melle, The Hague, Netherlands: Martinus Nijhoff, 1985, S. 304.

的东西，只能是在意识体验中给予的东西。换句话说，就是在上述的抽象行为中给予的东西。当我们将这种观念与要素所等同的东西或给予物当作本质的时候，这个本质就是确定性意识，是确定性意识在意识体验中的自身给予，它既不是那些要素，也不是“观念固定”本身。

因而，从另一个角度也可以说，一个对象被在此确定为这个对象的时候，这个“确定”已然不是那个对象，也不是那个对象在意识中的两次显现，而是意识中自身给予的东西。它似乎位于这个对象的两次显现之间，但本身不是这样的显现，而是意识自身中给予的东西。当一个显现确定为这个显现的时候，随着显现的消失，确定性似乎也就随之消失，但这并不能说明确定性就是显现物，反而恰恰是意识自身的给予物。不确定性是不能再次意识到的同样的显现的过程中出现的东西，它是“期望”的落空，只有在这种情形下我们姑且可以说不确定性意识先于确定性意识。但我们同时也拥有着对“不确定”的确定。因而，同样也可以说，在意识中首先给予的是确定性，而后才是相对应的不确定性。这是由初阶的时间意识所奠基的先后顺序，而时间意识自身又包含着奠基。

在此，我们只能粗略而简化地处理这个问题。确定性意识，它同时跟随着不确定性意识。反之亦然。在这样的意识中，既可以给予出确定性，也可以给予出不确定性。在不同意识呈现者或相同意识呈现者的接连显现过程中，借助不同起点而给予出确定性或不确定性。在这个不同向度的给予中，产生的也包括判断的合理性与否的给予行为。确定性意识与确定性在这样的考察中，是两种不同的东西，不能混为一谈。后者是客体化，而前者仅仅是意识体验。

在高阶构造中，高阶本身就意味着复杂化，所以在这里还蕴含着需要澄清的更多的东西。

五　联言与选言及单称与复称

联言（Kollection）与选言（Disjunktion）作为意识对象的构造过程，与确定性意识或不确定性意识的构造有着密切的关系。“联言”表示的是一种综合。在上述的一些要素与观念固定之间，其实就已经发生了一种关联，只不过这种关联是以通常的“抽象”这一术语来表述的。这一术语表示着的另外的朝向行为，是与联言有所不同的。然而，只要将这种朝向进行调转，那么，就会产生“联言”这一意识行为。

胡塞尔说：“表象 a 与表象 b 同时或者先后发生，并不意味着 a 与 b 的发生。在这里出现了专门的综合，它通常不仅关联于两个表象，不只是在意识中表象地意指两个对象，而且将‘关联’意指为‘两个’。”①也就是说，对表象在意识体验中的给予与表象之间的综合是完全不同的事情。前者对应于某种显现的东西，或者是外在事物在意识中的显现，或者是意识自身给予的客体化的东西的显现。作为“综合”，是在意识中给予的。因而，在意识中既可以将两个表象给予为综合的，也可以给予为分离的。因而，在这一意义上，“关联”自身是意识中给予的新的东西，是意识自身的给予行为所产生的。“关联”产生后，“关联”自身所意指的东西（它已经不完全是原来所指的表象），作为一个新对象，就可以成为述谓判断中的主词。在此之上，产生的就是联言判断。如果将其予以一定程度的分离，产生的就是选言判断。举例而言，如果说苏格拉底和柏拉图都是哲学家，那么，这就是一个联言判断，也是一个复称判断。如果说要么苏格拉底是一个哲学家，要么柏拉图是一个哲

---

① Edmund Husserl, *Einleitung in die Logik und Erkenntnistheorie*, *Vorlesungen 1906/07* (Hua XXIV), Hrsg. Ullrich Melle, The Hague, Netherlands: Martinus Nijhoff, 1985, S. 306.

学家，那么，这就是一个选言判断，其中蕴含的是单称判断。

因此，由于意识自身的给予性行为，在不同的朝向中，单称判断可以结合成复称判断，联言判断也可以变化成选言判断。

六　否定

在胡塞尔现象学中，否定（Negation）同样是作为意识给予之物来考量的。它来自两个表象在同一化中所产生的冲突。胡塞尔认为，普遍性意识在冲突中进一步构造自身时，就产生了否定性意识。① 例如，这张凳子是绿色的，这张凳子不是绿色的，当绿色作为这张凳子的统一的一部分却没有进入表象中时，就产生了颜色内容的冲突。因而，在这里，颜色本身和凳子本身并没有直接显现出被称为"否定"的东西，而是在两者之中进行综合的统一性处理时，意识自身所给予的这样一种"否定意识"。

七　事态

事态（Sachverhalt）是与实事（Sache）不同的东西。"实事位于表象和适合判断的考量中。"② 事态指的是对象的状况与对象之间的联系，就是实事的状态，与事态相应的就是判断行为，而判断都是建基于表象及对象之上的。事态就是真实的东西，事态表象、判断行为与事态相对应，因此，在事态的构造中，不仅包含着系词"是"、实存、存在者、

① Edmund Husserl, *Einleitung in die Logik und Erkenntnistheorie*, *Vorlesungen 1906/07* (Hua XXIV), Hrsg. Ullrich Melle, The Hague, Netherlands: Martinus Nijhoff, 1985, S. 308.

② Edmund Husserl, *Einleitung in die Logik und Erkenntnistheorie*, *Vorlesungen 1906/07* (Hua XXIV), Hrsg. Ullrich Melle, The Hague, Netherlands: Martinus Nijhoff, 1985, S. 7.

此在等概念，也包含着真理与明证性的概念的构造，以及判断行为等。

经过考察或构造，胡塞尔认为："存在（Sein）就是真实的存在，在实在意义中的存在者（das Seiend），客观时间中的存在者，就是此在（das Dasein），就是狭义上的存在（Existenz）。"① 相应的确真的直观中的充实，就是判断的明证性，这一明证性涉及两个方面：一个是判断的本质，另一个是事态的直观给予性的本质意义中的真理。判断就是与真理保持一致。对于判断"S是P"而言，将这个命题本身当作一个对象进行真假判断的时候，其实就是以"真理"表述这一命题本身是否具有一致性。如果它能够以相即的方式看到其中的关系，就等于是直观为真理。因此，真理所表示的是一个普遍的对象，而明证性则是一个体验。②

在此意义上，胡塞尔的真理概念就与前人的真理概念相区分开来了。人们通常所说的真理，是表象与对象之间是否符合的问题，而不是通过明证性体验而获得的对象性认识，所以，建立在这样的认识之上的真理就是符合论。

建立在这些高阶对象之上的构造，就是判断问题，或述谓问题。它包含着一般的经验性判断和严格意义上的逻辑学判断。但这些都可以从现象学认识论中的初阶对象和高阶对象的构造中找到起源或相关的东西。

同时，在一种相互界定的方式中，事态应该是这样一种事态：它不

---

① Edmund Husserl, *Einleitung in die Logik und Erkenntnistheorie*, *Vorlesungen 1906/07* (Hua XXIV), Hrsg. Ullrich Melle, The Hague, Netherlands: Martinus Nijhoff, 1985, S. 315.

② Edmund Husserl, *Einleitung in die Logik und Erkenntnistheorie*, *Vorlesungen 1906/07* (Hua XXIV), Hrsg. Ullrich Melle, The Hague, Netherlands: Martinus Nijhoff, 1985, S. 316.

是传统形式逻辑表述的那样的对象，它可以以通常的方式被具体化、被追问，是一个传统的形式逻辑没有涵盖的且现在通过胡塞尔的处理可以表述为对象的东西，并且是一般化的东西。这就需要从一种更为原初的表述活动的考察中抽取出某种可以对象化的东西。这些东西在通常所理解和表述的逻辑形式中被忽视了。因而，必须从一个可能的视角进行表述。通过这样一个视角的固定，才可能进一步为描述的顺利进行提供一个可以追溯的初步线路或坐标。这恰恰犹如在非平直空间的点的描述中，首先要建立一个更好地适合这一非平直空间的描述的坐标系，才能进一步利用这一坐标系描述这一非平直空间内的点。在这一非平直空间内利用新建立的坐标系将这个点准确地描述以后，这个点就可以成为一个一般的可供反复意指和进一步探讨的对象。例如，利用平直空间内的坐标系去描述引力场或磁力场及粒子场之内的某个点时就可能陷入困境，造成某些数值无法通约的情形，而建立某种形式的“场坐标”或许能够很好地解决这一问题。例如，时间的最为精确的形式应该是粒子的轨道或波函数，但仍然可以推进到以粒子震动频率为基本单位的更为精确的层次。

事态这个一般对象的形成，显然要区别于传统形式逻辑所描述的一般对象。要将描述活动及逻辑描述活动发生的原初情形中被忽略的东西抽取出来，加以强调或进一步考察。只有经过回溯，才能够更为完全地理解逻辑活动和描述活动所产生的结果物。在这些活动中，排除了一些东西，限定了一些东西，才形成了推理和描述的严格性。排除的东西和限定的东西，排除的东西和涵盖的东西，是相互界定的。在波尔扎诺－魏尔斯特拉斯定理中，在有限维空间中，紧集和有界闭集是等价的。这也可以延伸地理解为限定的东西所包含的各个函项围绕某一中心形成逻辑意义上的聚点，否则的话，就不能在考察中获得等价的判定。而逻辑的形成显然就是一种凝聚，这种凝聚一定带有省略。

因而，要形成对于判断的真正理解，就必须复原这种原初的情形，明白其中到底排除了什么，到底限定了什么。这就意味着要回到实事本身。即使数学，也要在原初的事态和描述中建立稳固严密的对应，并且，原初的事态是描述的最终决定的参照，即数学真理也必须是相即性地给予的。被描述出来的对象，仅仅在一般情况下代表符号意义上的对象，真正的位于全方位的意识考察中的对象只能在还原的考察中获得它的原初性的所有东西，并且承担着澄清在符号理解中形成含混和意义变迁的责任，且拥有描述的变更与调整的权利。当然这一变更与调整是为了与新的描述系统结合起来。因此，不同阶段的物理学理论虽然被后来的理论所推翻，但仍然具有一定的适用效力，就是因为采取的描述要素不同。优秀的物理学定理绝不是一个简单之物，它是物理学家排除掉了很多东西并选取了其中一些东西而形成的稳固的表述的过程，物理学家对原初事态进行了重新处理和描述，哲学理论亦复如是。

第十六章　自然科学的现象学阐明

认识论作为对认识的认识，不仅要阐明认识的根本性问题，而且要能够以这些根本性认识，反思自然科学的知识成就。自然科学的成就作为知识历史上的皇冠，在其经验领域的效用上，具有无可撼动的地位。胡塞尔批判经验主义，批判经验主义归纳法，看到了这些方法的不足。这些批判的目的并不是批判自然科学，不是批评其经验领域中的效用，而是批评将这些方法用于彻底的哲学建构及认识论建构的做法。胡塞尔的认识论作为现象学认识论，通过对自然科学的阐明，表明了其立场、原则和一些基本的观点，这对于人们深入、全面地理解这样一门认识论，具有不可替代的作用。

胡塞尔明确认为，科学的目的在于洞见基础。① 基础的含义，在这里指认识的根本和本质，它是知识成就中的通项部分，从知识的价值次序来看，就是更高的东西。对于基础的洞见，就是对这些通项、不变项或本质形成洞见。但本质直观自身并不能构成科学，它只是建立科学的基础。洞见到基础后，科学的大厦才能找到牢固的基地，才能获得系统化的建构，所以，对自然科学的阐明必然包含着对其基础的阐明。这一基础不仅包含其实实在在的研究对象，还包括构成其理论的那些主观要素。

胡塞尔认为，科学是在语言中实现的。由于人类能够借助语言形式

---

① Edmund Husserl, *Einleitung in die Logik und Erkenntnistheorie*, *Vorlesungen 1906/07* (Hua XXIV), Hrsg. Ullrich Melle, The Hague, Netherlands: Martinus Nijhoff, 1985, S. 6.

来完成知识系统的构造过程，所以，科学成为人类与动物相比独有的东西。胡塞尔说："就像动物在玩耍中特定地展现出并不精妙的想象和高兴一样，即使它们拥有感知和经验，却没有科学。并且，科学（Wissenschaft）这个词直接指向我们更进一步的思想。动物没有语言。科学在本质意义上是在语言形式中实现的。但它不只是语言形式。语言不仅仅表达思想，也表达感觉和欲望。此外，错误也是在语言形式中形成的，浅薄的争辩、说服，是在语言形式中完成的。"① 由此，从意识内部的把握行为到概念的外显化及符号化行为来看，语言是人类思维器官的延伸。无论是文字符号还是声音符号，都是人类思维器官的延伸。这种延伸出来的器官的另一端，就是思维本身或意识活动本身。由此我们可以通过外显的符号推断内部的意识把握行为。基于此，在种群之间相互交流和学习。因而，对认识活动的考察或科学基础的阐明，表面上看是对其概念构成的阐明，实则是要回归到认识的底层进行基本的说明。这一回溯最终要回归到对自己的认识活动的说明中才能完成。这也就成了关于认识的内在性阐明。

胡塞尔还认为，科学的目的在于纯粹地追求真理。它不是我们对意见、主观确信的争辩，不是通过话语的魅力或党派立场的伦理的-政治的或其他的实践动机赢得我们，它的领域是冷冰冰的客观性。胡塞尔说："它将自己的出发点固定，在此之上进一步进行构建。它所固定的东西就是真理，首先是最简单的基础的真理。并且，我们不相信它们是自信或权威之上的真理，但我们看到、我们把握到它自身，并且无疑的是，我们看到如此已固定的东西，不是含糊的意见、空乏的观念或想

① Edmund Husserl, *Einleitung in die Logik und Erkenntnistheorie*, *Vorlesungen 1906/07* (Hua XXIV), Hrsg. Ullrich Melle, The Hague, Netherlands: Martinus Nijhoff, 1985, S. 3.

象，而是一个给予物，去怀疑是没有意义的。原初意义上而言，所有的科学，可以肯定的是，开始于从不明晰的经验中发展起来的日常生活中含糊的意见。但是，科学通过对此经验的批判，通过有条理的处理以形成明晰的事实的东西与确切的东西而发展起来，首先创建了作为出发点的固定的点。"① 从这些固定的点上发展起来的，就是自然规律，就是通过对那些经验性的东西的批判而形成的东西。自然科学的精华体现在自然科学研究所发现的自然规律中，借助这些规律，人们在认识活动中发现和预判了很多未知事物的情形，自然规律是自然科学不同于其他科学的本质部分。然而，这些自然规律是以经验性断言的方式发现的，它的已有的理想的发展形态是实证主义自然科学。虽然在这些发现中蕴含着现象学的直观的部分，但由于这一部分被忽视了，所以其最终的彻底的根基性是欠缺的。

胡塞尔说："科学不包含在直接的把握和察看中，而是在间接地演绎和奠基中。它进行比较、区分、归类，并且从给予的东西中得出结论。它从结论中构造根据，从根据中构造理论。"② 因此，自然科学的理论演变过程成为理论模型的更替过程，或者说，成为范式的更替过程。这种做法中，由直观所得到的认识转化为理论预设，从而期待以试验的方式证实它的有效性，所以，对自然科学成果的阐明必然涉及对其方法的阐明。

自然科学的目标、方法，已经在现象学的批判中做过说明。其

① Edmund Husserl, *Einleitung in die Logik und Erkenntnistheorie*, *Vorlesungen 1906/07* (Hua XXIV), Hrsg. Ullrich Melle, The Hague, Netherlands: Martinus Nijhoff, 1985, S. 3.

② Edmund Husserl, *Einleitung in die Logik und Erkenntnistheorie*, *Vorlesungen 1906/07* (Hua XXIV), Hrsg. Ullrich Melle, The Hague, Netherlands: Martinus Nijhoff, 1985, S. 4.

成果主要指其在发展中形成的对自然规律的认识，这是自然科学区别于其他类型的认识的本质部分，它构成自然科学阐明的主要部分。其基础至少可以分为两部分：一是自然科学的研究对象，这构成其客体的部分；二是自然科学认识的主观性构成。前一部分形成自然科学独有的研究对象，后一部分在现象学的对象构造中已有阐明。因此，对自然科学的阐明在这里涉及的是自然科学的独有的部分，包括其研究对象、特有的自然规律这一成果，以及对成果的根本特征即经验性特征的阐明。

第一节 对“自然”概念的澄清

自然是自然科学的研究对象，与精神科学的研究对象“灵魂”或“精神”相对立。在《现象学的构成研究》中，胡塞尔对“自然”（Nature）概念进行了讨论。该讨论从人们对“自然”这一概念的称谓和使用开始。通常情况下，由于没有严格区分自然和经验，在习惯性理解中，“经验”所指的东西就是“自然”所拥有的东西。经验与自然被粗略地认为具有同义性。故而在未加详细指明的情况下，人们习惯于将“自然科学”和“经验科学”作为同义语使用。①

既然人们对自然的称谓和理解存在含混性，那么，在探讨或澄清自然科学的问题前，首要的问题就是如何定义自然。这样的问题也即意味着在何种意义上或者说在怎样的意识发生条件下，我们把“什么”称作“自然”？

---

① 参见胡塞尔《现象学的构成研究》，李幼蒸译，中国人民大学出版社，2013，第3页。

一　自然对象并非自然客体

我们在这里先回顾一下自然科学中的“自然”概念及其相关意义。“Nature”源于拉丁语动词“nāscī”（be born），后来演变出“世界”（physical world）或“宇宙”（universe）的含义。对应于古希腊语中的“φυσις”（physis／自然）。古希腊自然哲学的研究对象是“φυσις”，“φυσις”既作为事物总和的世界或宇宙（cosmos），也是事物运动变化的本原（ἀρχή/ archí）。古希腊自然哲学对于“φυσις”的研究实际上也就是古老的物理学（physics）研究。自然哲学后来的成熟形态就是物理学，物理学是自然科学的基础。牛顿在其著作《自然哲学的数学原理》中所使用的“自然哲学”这一术语实际上就是指物理学。“cosmos”的古希腊文为“κοσμος”，意为“复杂的有秩序的系统”，其对立的词是“χάος”（chaos），意为“混沌”。在古希腊也指“混沌之神”。因此，自然哲学或物理学的研究既在于“cosmos”这一设定的复杂的有序的系统，同时，这一设定也意味着自然哲学的研究目的也在于对“自然”这一复杂之物获得系统性的认识。为了获得系统性的认识，就需要研究其本原（ἀρχή）。近代以来，物理学中对于弱力、强力、电磁力、引力的研究，就是对这一秩序系统中的“本原”的研究，“M 理论”和“弦论”是为了获得对物质世界（matial/matter）的更为统一的解释。“宇称不守恒”及“希格斯”粒子的发现，是这一探索路线上的重要进展。因此，获得系统性的认识是自然科学的目的和基本形态。

但是，物理学或自然哲学的这一研究对象在胡塞尔看来是含混的。因为其没有考虑到意识的构成层面。从胡塞尔的立场看，只有被主体（意识）处理过的东西才是真正的研究对象。研究对象就是客体。通常所说的自然对象（object）并不能成为自然科学的相关项，因为它还预设了非意识层面的东西在内，掺杂了未能清晰确定的东西（X）。只有自然客体（Object）才是自然科学的相关项。后者是作为研究的主题被认真切实地予以处理了的东西。由此，从现象学立场看，（自然科学的）“自然”＝（现象学的）客体＋X。如果令“客体＋X”＝“客体”，那么，这个“客体”中就存在不清晰的东西。如果将前一客体的认识与后一客体等同起来，那么，就等于预先断言了后一客体中还包含着的不清晰的东西。因此，自然科学不应局限于或受制于对客体的预先断言，不能预先接受关于客体具有某种性质的断言，而应该详察其始末以确定其认识中的坚实基础。

作为一种系统化的研究，自然科学所追求的是本质的东西，因为“本质”关系到系统的基础问题和统一性问题。胡塞尔认识到，“自然科学所强调的通常就是自然之本质的观念”。① 也就是说，自然科学中，“自然”与“自然的本质”之间是被默认为等同的。相应地，对于“自然（客体）”的研究，在自然科学中是以最为根本的数学化的时间性和空间性为基础的。而时间性和空间性，在根本上又是由精神主体进行定位的，所以，关于自然客体的研究，在这一认识层次上获得的仍是相对的认识结果。但自然科学中并没有明确区分这一点。一旦人们对“自然”进行了客观化的论断，或者某种论断被视为客观化的或一般化的，就可以重新通过主体的重新定位对这种客观化的认识进行反驳。这就是一般化的研究为什么会不断遭受质疑和否定的根本原因。

驳斥这些混乱，澄清认识，就必须澄清对象与客体的关系。在胡塞尔现象学中，客体与对象并不是一回事。当对象作为研究的主题时，它就成了客体，这时的客体就是一般意义上的主词。当把客体化的东西进行事物化（verdinglichenden）时，就成了一般意义上的事物。胡塞尔

---

① 胡塞尔：《现象学的构成研究》，李幼蒸译，中国人民大学出版社，2013，第3页。

说："事物的客体化是完全不同的。包含在这个超越的客体化的本质之中的是，它们产生的某个观念之物，是始终重新确定的，并且无限地确立为不同的。"① 因此，似乎看来是同一个对象，但在研究中可以被作为不同的客体。由此产生的认识也是不一样的。客体中关联着客体化的行为，因而也关联着人的意识活动所需要的东西，所以，自然对象并不是自然客体。

但自然科学并没有认真考虑这里的区分。就"对象"而言，在胡塞尔现象学中，每个意识和意识内在的东西都是一个对象。对象是广义的逻辑学中与谓项相对而言的主项。如此一来，在借助于意识呈现自身而被当作对象的现象与借助于现象而表象出来的对象（自然客体）之间就产生了区分，前者是此岸的意识体验中的现象，后者是彼岸的。这些本身不是意识体验，但只是被感性事物的现象所表象出来的对象，就被称为"确切意义上的客体"。②

胡塞尔认为，什么是自然科学意义上的自然或客体，什么不是自然科学意义上的自然或客体，是由意识决定的。③ 因为意识在现象学考察中本质上是统一的东西。意识中的这种主动性区分决定着进一步的认识。正是在统一的意识或支配性的"统觉"的作用下，才能区分何者是自然科学意义上的客体，何者不是自然科学的客体。针对自然科学特定的目的和研究对象，意识将美丽、愉快等描述排除在自然科学的研究范围之外，获得了自己特定的研究对象。这些排除掉的东西，就是诸人文科学（humanities）所探讨的东西。

---

① Edmund Husserl, *Einleitung in die Logik und Erkenntnistheorie*, *Vorlesungen 1906/07*, Hrsg. Ullrich Melle, The Hague, Netherlands: Martinus Nijhoff, 1985, S. 341.

② 参见胡塞尔《文章与讲演（1911—1921年）》，倪梁康译，人民出版社，2009，第89页。

③ 参见胡塞尔《现象学的构成研究》，李幼蒸译，中国人民大学出版社，2013，第3页。

二 自然是纯实事领域

基于上述考察，胡塞尔细化和扩大了对自然的理解。胡塞尔认为，“自然”是纯实事的领域。纯实事意味着它尚未被主题化和理论化。它是未加把握的东西，是不包含预设的东西。对这个纯实事领域的研究，不仅包括自然科学研究，也包括精神科学研究。前者的研究位于自然主义态度之下，并不需要认识上的彻底反思，后者的研究位于人格主义态度之下，它关系到人们的主观需求。为满足这些需求产生了不同的手段和技术。后者具有的是精神的个性，具有思想、实践能力和实践技术。[①] 它建基于对行为的本体的研究，不是可以客观化的东西。在不同的主观需求中，产生不同的研究主题。

胡塞尔认为，自然科学的特征是其主题化的态度，因而，它也是形式化和理论化的态度，在不同的主题化中，处理方式和要达到的目标是不一样的。例如，人作为自然科学的客体，一方面包含着物质性躯体，这可以通过数学化或理学化（Mathesis）的方式去研究，它是作为自然客体呈现的现象；另一方面是较高层次上的主体性或心灵，是具有意识体验的东西。[②] 在后者中，自身对自身以直观的方式存在着，而直观自身无法被形式化。人们借助自然科学认识和方法希望对此达成理论化的构成，是行不通的，因为二者的本质特征并不一样，即主题化的方向并不完全相同。在主体性的精神或心灵中，一方面可以产生被感知的自我，这是精神的主体，它产生的是感性论和关于心灵的研究，并通过它获得广义上的空间定位和

---

① 胡塞尔：《现象学的构成研究》，李幼蒸译，中国人民大学出版社，2013，第21、115页。

② 胡塞尔：《现象学的构成研究》，李幼蒸译，中国人民大学出版社，2013，第140页。

时间定位；另一方面是被作为客体研究的我，这是自然的客体，并将心灵设定为这种自然客体的附加物。①

三　自然是经验的意向相关项

经以上论述，我们知道，自然科学的主题化特征决定了自然科学的客体，相应地，在现象学意义上，“自然”就成为与意识构造相关的东西。如果将意识理解为自然科学中的经验，那么，“自然”就是经验意识的相关者。胡塞尔认为，如果我们更为贴近地审视思想主体的态度特征，就会明白价值、善、目的、工具、手段等，都不是自然科学家所关心的东西，通过对这种态度的现象学描述，我们将明白：那个被称为“自然”的东西，更为准确地说是产生于这种态度的经验的意向性相关项。② 自然科学家的自然经验和经验研究的主题化态度，是信念化和理论化的，与之相反的是评价的态度和实践态度。

因而也可以说，自然科学家是在经验和经验研究的基础上确定了什么是自然，“自然”就是为理论主体而存在的，它属于主体的相关领域。但这并不意味着“自然”在理论主体中是被完全确定了的，它仍然是认知的对象和可能认知的对象。“自然”仅仅作为自然而言，并不包含价值、艺术品等。评价、成就、创造等均属于精神行为。在此基础上，精神科学家所面对的“自然”，就不是作为自然客体的自然，而是个人和一切人可以共同经验到的东西。在此基础上，一切人的行为所促成的东西，都是带有精神性的东西，它不仅包括人有目的的行为表现，

① 胡塞尔：《现象学的构成研究》，李幼蒸译，中国人民大学出版社，2013，第176页。

② 参见胡塞尔《现象学的构成研究》，李幼蒸译，中国人民大学出版社，2013，第4页。

也包括由人所创作的作品、绘画、著作、产品等。①

立足于对纯实事的理解，胡塞尔将“自然”分为两种：一种是物质自然，其中包括以移情（同感）作用获得的广义的心灵物，它是客观实在的实事领域，是相对于纯主观事实而言的，不包括主观性的规定；另一种就是精神自然，在此之中，精神物、体验相关项被纳入其中进行研究。② 以此，就出现了精神科学与自然科学的分野。

胡塞尔通过对物质自然、精神自然的构成研究，澄清了一般自然科学与精神科学的起源问题。其中，动物自然的构成包含物质自然和精神自然的双重构成，这对于从根本上理解现代自然科学和精神科学具有重要意义。不仅如此，胡塞尔对“自然”概念的澄清，对于我们从胡塞尔现象学的角度理解自然主义与经验主义的基础和方法的局限性，具有彻底性意义。

第二节　自然规律的现象学澄清

一　经验性的普遍性断言是意识给予的

自然规律囊括了经验性的普遍断言。在现象学还原之后，关于既定事实的东西，全都被排除了，这之中也包括对自然科学中已有的认识的排除。可是，自然科学及其相关的东西，已经在预先的经验性感受中存在了，或者，暂且先借用以往的含混的表达来说，它在观念的重新呈现中是存在的。此处，遇到的问题是，它是否具有已有的经验性断言中的

① 胡塞尔：《现象学的构成研究》，李幼蒸译，中国人民大学出版社，2013，第325、275页。

② 胡塞尔：《现象学的构成研究》，李幼蒸译，中国人民大学出版社，2013，第320页。

那些合理的东西？

首先，在回答这个问题之前，需要重申一下“还原”或“排除”概念。出于习惯，人们会倾向于将这里的“排除”理解为“不存在”，甚至在某些含混的理解中当作对实际事物的否定。问题就出现在这里。“哪里有不清晰性，哪里就有荒谬性”。[①] 问题的产生恰恰是由于对“还原”一词的理解不清晰。现象学还原不是否定，不是要消解实际事物的存在，不是要恶意消解关于实际事物的已有认识，还原与排除在胡塞尔的用法中是等义的，它们的意思都是中止判断，意味着对已有的认识或判断持中立化态度，在未经考察时不去肯定这些判断是否具有有效性。因此，现象学还原不单单是一种方法，也是一种态度，它所要摒弃的是对已有断言在未经考察时就予以承认或接受的这样一种态度。如果说这之中存在否定态度，那么，它否定的就是这样一种未加详察就予以接受某种既定认识观点的态度。如此一来，它自己的态度就显现出来了，就是这样一种对实事的自身辨明的态度。

因此，现象学还原不仅意味着一种方法，也意味着一种态度，如果再加上其对于认识之彻底性和绝对无疑性的追求，那么，它也意味着一种彻底地对认识自身负责的精神！

其次，在将已有的事实或断言排除之后，含混地去表述，事物仍然可以与心灵产生关系。或者严格来讲，外在的事物作为意识中的给予之物呈现在意识中。因此，即使预先在经验性断言中关于“某一事物存在”这样的断言，也在意识把握中被重新给予，所以，这里的“存在”不是因为事物自身具有“存在性”而存在，而是因为意识体验中，意识自身“绝对地”赋予了它“存在”。如此一来，关于“某一事物存

① 胡塞尔：《第一哲学》上卷，王炳文译，商务印书馆，2017，第 108 页。

在”这样的断言，或者严格讲，这一判断中的“谓词”，就被意识重新给予了，所以，胡塞尔说：“事物存在着：它是什么和它如何存在，这是在感知与经验的进程中确定的，始终是重新确定的，并且让这些新的确定始终敞开着。”①

总之，诸如“事物存在”这样一种经验中的普遍性断言，是可以在意识把握中被重新给予的，是可以被反复地重新给予的。

二 自然规律与本质规律

胡塞尔认为，对于本质规律而言，任何本质规律都是相即的规律。② 这一方面意味着它是充分呈现的规律，另一方面意味着认识与事物在直观的把握中是绝对一致的对应的。它在根基上作为绝对的呈现，必然也意味着是绝对被给予的东西。它不仅有着充分呈现的明证性，还有着绝对呈现的明证性。这即是说它是直接在意识自身中给予的规律。

这与自然规律有着根本的不同。力学、声学、光学、电学这样的规律，都不是自然的本质规律，而是后天的规律。③ 包含在事物的本质规律中的，如事物的同一性，是通过意识把握所给予的同一性。借此，事物在其固有性质的变化中被视为同一个事物，在与其他事物的关系中，

---

① Edmund Husserl, *Einleitung in die Logik und Erkenntnistheorie*, *Vorlesungen 1906/07* (Hua XXIV), Hrsg. Ullrich Melle, The Hague, Netherlands: Martinus Nijhoff, 1985, S. 336.

② Edmund Husserl, *Einleitung in die Logik und Erkenntnistheorie*, *Vorlesungen 1906/07* (Hua XXIV), Hrsg. Ullrich Melle, The Hague, Netherlands: Martinus Nijhoff, 1985, S. 336.

③ Edmund Husserl, *Einleitung in die Logik und Erkenntnistheorie*, *Vorlesungen 1906/07* (Hua XXIV), Hrsg. Ullrich Melle, The Hague, Netherlands: Martinus Nijhoff, 1985, S. 335.

在不同的时空关系中，被视为同一个事物。

然而，自然法则不会去考虑这样的给予性问题。事物的同一性是预设的，而不是在意识中被给予的。在预设了这种同一性之后，进一步再去考虑事物之间的关系或事物自身在感性中呈现出来的性质与属性，继而以数学化的物理度量方式或其他的特定方式来衡量预设的形式理论是否在进一步的经验进程中具有现实性意义。在设定的前提之下，在自然规律的认识中不去关心认识何以可能的问题由来，不去关心自然认识的意识起源。

实质上，这种开端上的设定，不仅包含着认识的可能性，也包含着认识的不可能性。可能就是设定的边界之内的可能。设定的边界之外就是另一种可能性或不可能性。然而，当你追问“可能性”这一概念本身意味着什么的时候，在自然科学立场中获得的是经验性的描述。但很多学习者并没有追问这种描述的背后的东西，误以为优秀的科学家对“可能性”的经验性描述就是“可能性”的本来面目。

另外，自然法则的断言是从经验中得来的。它首先来自单个的经验，但是，单个的经验如何能够保证一种普遍性的东西的存在呢？胡塞尔举了这样一个例子：“这朵花是玫瑰花。”这样的断言，在经验中容易做到，只需凭借经验去看它就可以做到。同样，要得到“这个花园里的花都是玫瑰花”这样的断言，通过一个一个地去观看、去判断的方式，也是可以做到的。但是，随着范围的进一步扩大，要断定“所有花朵都是玫瑰花”就没有办法做到了。

人们在计数范围的扩展中，通过观察和归纳可以获得不同的规律或结论，后面的结论可能对前面的结论产生否定，但否定这样的经验规律中的断言，并不会产生荒谬性，因为它所面对的是不同的事实。胡塞尔说：“自然规律的断言不是本质规律的断言，虽然在一定方式中，存在着形式上无条件的普遍性，但它们只是事实的（faktischer）

断言。"① 在这种以经验观察为主的认识中，认识是随着事实推移的，人们不能以一朵花的"白"将另一朵花的"红"荒谬化，"白"和"红"位于认识的同一平面中，二者之间不存在对彼此的荒谬化，因为它们对认识并不存在真正的奠基性。

然而，要否定本质规律中的断言，就会产生荒谬性。对本质规律的否定就是荒谬性的本义，因为本质规律是相即的给予性，是直接给予的，是本质地包含在有效性理念中的，当否定它的时候，它已经是一种绝对给予性了。对意识绝对的否定构成荒谬。换言之，认识中的相即的给予物作为认识奠基中的底层的东西，需要维护给予物的同一性，如果一给予物被另一个给予物悄悄取代了，自然就会产生荒谬性。理性认识中的荒谬性的源头其实就是产生于这一层次。

总之，经验给出的只是个别性，而不是普遍性。经验中的普遍性，是实际地看到的普遍性，或者就是普遍性被"看到"。这样一种看到的"普遍性"，在现象学中就是意识自身给予的东西，而不是包含在经验性的认识事物之自身中的普遍性，所以说，普遍性被看到，就是一般本质被看到，就是一般的本质关系被看到。这样的本质关系，这样的普遍性，在这里不是事实的东西，而是观念的东西，是意识中给予的东西，而不是实际存在的东西。② 仅仅对于观念自身或被给予性自身而言，才可以说它是实存的，所以，"实存"这样的超越之物，也是在意识中给予的，它并不一定只能用来代指经验认识的实存或事物的实

① Edmund Husserl, *Einleitung in die Logik und Erkenntnistheorie*, *Vorlesungen 1906/07* (Hua XXIV), Hrsg. Ullrich Melle, The Hague, Netherlands: Martinus Nijhoff, 1985, S. 337.

② Edmund Husserl, *Einleitung in die Logik und Erkenntnistheorie*, *Vorlesungen 1906/07* (Hua XXIV), Hrsg. Ullrich Melle, The Hague, Netherlands: Martinus Nijhoff, 1985, S. 337.

存。它在意识体验中被超越（给予）为哪一种实存，就可以用来代指哪一种实存。

第三节　本质断言与经验性断言

本质断言（Behauptung）和经验性断言之间的区别实际上意味着现象学认识论中的普遍性与经验自然科学中的普遍性的区别。

一　本质断言的特征

1. 现象学的断言就是本质断言

胡塞尔说："在现象学的断言和经验性的断言之间存在着根本差异，现象学的断言纯粹是关于观念的、关于本质的，经验性断言相关于事物统一性（Einheit）和事物的自然关联。"①

这就是说，现象学的断言就是本质断言。作为本质断言中的本质，是在一个完全不同于事物客体化的方式中被构造的，它之中所拥有的意义，完全不同于事物性的意义。在经验性断言中，事物的统一性是设定的，是不言而喻的。然而，本质的统一性是这样的，它是通过意识体验自身所给予的东西，也就是说，它仅仅依靠意识自身的直观或观念化而被给予。这样一种给予物，不是外在事物在意识中作为显现者而被给予的那种给予，不是经验性的给予。

在经验性的给予中，意识自身的绝对被给予和外在事物的被给予是没有区分开的。自洛克、贝克莱到休谟以来，虽然意识到了认识起源的

---

① Edmund Husserl, *Einleitung in die Logik und Erkenntnistheorie*, *Vorlesungen 1906/07* (Hua XXIV), Hrsg. Ullrich Melle, The Hague, Netherlands: Martinus Nijhoff, 1985, S. 340.

主观性探讨，但由于没有认识到这两种不同的有区别的给予方式，所以在他们的认识论中，本质规律和经验规律被混为一谈，本质规律自身的有效性是通过借用经验规律的有效性而得到论证的。所以，这种考察最终陷入了循环论证。从而，他们也没有使其认识论的目的得到彻底的实现，极端怀疑论成为其最终宿命。

2. 本质断言中本质规律的内在性

胡塞尔认为，本质断言中的本质规律，它出现在每一个它自身给予自身的关联中，它的存在是内在的（immanentes）存在，仅仅是在内在的意义上可确定的。[①] 因而，与之相关的观念间的关系，是纯粹地、内在地建立在观念中的，是建立在意识自身的给予活动中的，而不是建立在事物之间的。这也是休谟对先验现象学的重要贡献和与胡塞尔的一致之处。

在这里如果按照对自然规律的一般理解习惯来思考：如果说事物之间的关系存在于事物之中，那么，同一事物如果与无穷多的事物发生联系，它自身中就蕴含着无穷的东西，如果说这种关联是一种实体，那么一个微小的物理学的粒子或量子自身就包含着所有的东西，这一想法的荒谬结果就是被称为宇宙“全息论”的这样一种理论认识的出现。最终，这种论调和认识只能导致神秘化，而不能产生学理化的东西，与其说它是一种理论，不如说它就是经验人类学，因为它是无法获得预期效果的无法有效验证的那种设想。与这种全息论相似的观点，就是那种被称为量子纠缠（quantum entanglement）的哲学理论，这是物理学理论在哲学中的扩展，这种扩展是古老的自然主义和经验主义习惯在当今哲学领域的重新抬头。这一哲学理论把物理科学探索中所发现的新型成果，

---

① Edmund Husserl, *Einleitung in die Logik und Erkenntnistheorie*, *Vorlesungen 1906/07* (Hua XXIV), Hrsg. Ullrich Melle, The Hague, Netherlands: Martinus Nijhoff, 1985, S. 341.

扩展为一种哲学理论，或者准确地说扩展为一种与人类认识有关的理论。从表面上来看，是物理理论的机械移植；从本质上来看，是对认识的自然化，是对物理学的某一理论功效的“魅力”的迷恋而导致的信念扩展。起初是一种信念行为，其后才是将其哲学化的理论行为。

其中的症结在于，通过观念把握方式所预设的这样一种物理理论的成功，如何能够重新返回去证明其认识来源的根本样态？显然，这是一种循环论证。意识认识自身的基层特征是意向性，是意识体验自身中的绝对的直接被给予，尚且不能证明是某种稳定的物理模型和物理性质的显现。

同时，现象学的本质规律也意味着，观念被给予的地方，关系以永远不变的方式存在于那里。① 这种“永远存在于那里”，就是永远可以在意识中被重新直接地给予。因而，也可以说，现象学意义上的本质法则是包含在“观念”的意义中的，并通过构造出来的客体化的意义而“表象”出来或描述出来。②

3. 本质断言中事物的客体化

事物客体化的过程中蕴含的观念之物，始终是可以重新确立的，并且由于这种确立的结果取向是始终敞开的，所以，可以被确立为无限的不同的观念之物。③ 随着经验的扩展，或者严格地说，随着意识体验

---

① Edmund Husserl, *Einleitung in die Logik und Erkenntnistheorie*, *Vorlesungen 1906/07* (Hua XXIV), Hrsg. Ullrich Melle, The Hague, Netherlands: Martinus Nijhoff, 1985, S. 341.

② Edmund Husserl, *Einleitung in die Logik und Erkenntnistheorie*, *Vorlesungen 1906/07* (Hua XXIV), Hrsg. Ullrich Melle, The Hague, Netherlands: Martinus Nijhoff, 1985, S. 341.

③ Edmund Husserl, *Einleitung in die Logik und Erkenntnistheorie*, *Vorlesungen 1906/07* (Hua XXIV), Hrsg. Ullrich Melle, The Hague, Netherlands: Martinus Nijhoff, 1985, S. 341.

的朝向的变化或扩展，在不断变化的感知进程中，观念之物可以被重新确定。不仅如此，确定事物的方式也可以是全新的。反之，如果存在一个与所有可能出现的经验相关的绝对存在的东西，那是无法验证的。

因而，也就意味着，普遍性的东西是意识体验中给予的观念之物。随着感知的变化，随着意识体验的变化，普遍性的东西也会发生变化，而不是绝对不变的。当然，也不存在这样一个超出所有经验事物的绝对存在的事物，以使所有的经验中的可能性都是与它相关的。而绝对的普遍性自身，只能是意识体验本身，而不是别的。

对于通常所言的外在事物或一般事物，从不同的侧面观看时，呈现的东西是不同的。但是，呈现的这些不同的东西在意识体验中仍然会将其作为同一事物的显现。在这些不同的显现中，或者说在意识体验中的外在事物的不同给予中，作为同一事物的“同一的东西”，是意识体验自身所给予的，与事物在意识体验中的作为显现的不同的给予是不一样的。前者是观念的给予，后者是被表象的事物的给予。前者的相即性是本质的相即性，后者的相即性是与现实事物一致的相即性。因而，观念中的给予是直接的自身给予，事物作为显现在意识中的给予是变化的，或者说无限敞开的。随着角度的不同，时间的不同，可以成为不同显现，因而就成了不同的给予。

二　经验性断言的特征

1. 经验性断言中的同一性

在贝克莱那里，也出现了同样的情形，解决的方式却不是这样的。贝克莱把外在事物在意识中的不同显现，称为外在事物在直观的透视中显现出来的不同形象。那么这些不同的形象如何被当作同一个事物的不同形象呢？他是通过归纳的方式而获得的。胡塞尔认为，通过归纳的方式，得到外在事物是一种感觉的复合体。① 由于每一个人都可以在相同的秩序作用下将这样的感觉复合物整理为同一个东西，因而就构成相同的自然（参见本书第四章相关小节）。这完全是经验中的断言方式，所采取的方法就是归纳法。

那么，问题在于，归纳法自身如何能够保证自身的合法性？这在贝克莱那里只是不言而喻的东西。它的有效性可能是以这样的简单的方式确立的。在意识中，这些不同的形象本身就被直观为同一个事物。但由于没有意识到意识的自身给予性，所以，无法进行直接的意识自身的给予性的论证。从而，借用经验法则，恰好可以完成这种证明，所以，就利用这种方法进行了证明。这与其说是论证，还不如说是通过归纳法进行事物同一性的循环说明。这在本质上是一种改良了的归纳法。

在这种断言中，使用的是一些不言而喻的东西，而不是经过绝对洞见的意识自身的直接给予性的东西。

因而，当从不同的侧面对同一事物进行观察时，在意识中呈现了不同的给予之物。然而，意识体验却可以将其视为同一事物的不同显现。由于经验主义的认识没有意识到意识体验中绝对自身给予性的存在，因而，也就无法明白这种同一性是意识体验自身绝对给予的东西，所以，它要么通过一种不产生矛盾的论证来证明这种同一性，要么就将其预设为同一事物。

2. 经验性断言中的时间意识

在经验性断言中，时间作为预先设定的东西而存在。尽管对时间的理解在康德那里取得了一定意义上的突破，把时间当作感性形式或感性要素，但仍然没有考虑到这样的时间在意识中是如何产生的问题，只是

---

① 胡塞尔：《第一哲学》上卷，王炳文译，商务印书馆，2017，第205页。

作为不言而喻的东西接受下来了，所以，尽管康德在纯粹理性的方法训练中拥有不少优越的东西，但是，在关于时间意识的分析中，仍然无法摆脱经验性的东西或感性的东西。

在本质断言中，也就是说在现象学断言中，时间是在意识中构造的。例如，声音进程的先后次序是在意识体验中给予的，而不是物理声音自身带有“先、后”这样的特征。

即使不从胡塞尔现象学的时间意识分析去考虑这个问题，单纯利用经验判断中的矛盾律也可以说明经验断言中的时间的荒谬性。虽然结论的相合并不一定意味着推理过程的严格性或合法性，但仅仅通过侧重于结论的方式来转变谬误的信念，仍然是一种暂且可取的说明方式。

如果说时间是物理事物自身所携带的东西，那么，以音乐旋律为例，处于声音序列中的某一个声音元素，与之前的某个声音元素相比，在时间上是靠后的，与之后的某个声音元素相比，在时间上是靠前的。这里自然而然涌现的矛盾是：这一声音元素如何能够同时具有两个互不相容的东西？康德最先发现了类似的矛盾，但是，康德并没有意识到这种矛盾的根源。

3. 经验性断言中的或然性

胡塞尔说，“经验性的信念，虽然它是信念，但它是这样或那样的实际之物（Reale）。”① 这也就意味着这样的信念是以这样那样的方式存在的。在经验性信念中，事物在意识中的不同给予伴随着不同的信念。这些不同的信念给予都指向同一事物。然而，每一信念又的的确确是存在的，由于

---

① Edmund Husserl, *Einleitung in die Logik und Erkenntnistheorie*, *Vorlesungen 1906/07* (Hua XXIV), Hrsg. Ullrich Melle, The Hague, Netherlands: Martinus Nijhoff, 1985, S. 342.

其没有意识到经验性信念中信念的自身给予性，所以将这些不同方式的信念作为同一事物的不同东西接受了下来。如果将这些不同的东西显现的信念整体上予以客体化时，由于其中不断出现的经验信念的作用，就产生了一种将会出现不同显现的可能性的或然性。已经出现的东西，就被当作新出现的可能性的根基。在这样一种断言中，或然性不是意向性地给予的东西，而是具有客观性的东西，或客体性的东西，它是立足于客体完成的。

在经验性的把握中，经验不仅扩展自身，并且“会带来新的经验起因，新的经验起因使法则与新的事实组合产生对立，它需要改变、约束、或变革，并且，也只是拥有关联的和或然的有效性”。① 它的意义通常是从实在的感知、记忆、经验中得到的，而不是在意识体验的绝对自身给予中获得的，所以，它不能被理解为绝对的知识。因而，它只能要求作为或然性的知识得以有效，即它并不再去承认过去经验中所获得的普遍性，只承认认识结果的部分的普遍性。这样一来，普遍性的断言其实在经验断言中是被放弃的。真理变成了一种随机事件，代之而起的就是朴素的概率论。

因此，或然性或概率论是经验性断言的必然宿命。这种或然性，最终在客观化努力中被处理的时候，自然而然就成了概率论。

4. 素朴的经验性断言的合法性

由于经验判断具有或然性的特征，所以，“经验判断时常将自身当作确定性的，但也时常当作不完全的确定性，当作似是而非的推测，当作脆弱的推测”。② 因而，在这样的经验判断中也蕴含着矛盾，并且可

---

① Edmund Husserl, *Einleitung in die Logik und Erkenntnistheorie*, *Vorlesungen 1906/07* (Hua XXIV), Hrsg. Ullrich Melle, The Hague, Netherlands: Martinus Nijhoff, 1985, S. 343.

② Edmund Husserl, *Einleitung in die Logik und Erkenntnistheorie*, *Vorlesungen 1906/07* (Hua XXIV), Hrsg. Ullrich Melle, The Hague, Netherlands: Martinus Nijhoff, 1985, S. 344.

将这种矛盾当作一种基本样态，为进一步的经验断言提供借鉴。

然而，这仅仅是经验判断的一般样态。素朴的经验性断言首先并不需要考虑这样一种合法性的基本情形或实际样态，不需要考虑它的判断自身是否拥有普遍的合法性的问题。单个的经验断言在当下的有效性是不能否认的。素朴的判断行为，其自身中可以获得合法性。[①] 这是因为素朴的感知判断通过感知自身就能够获得合法性，它自身是充实的，是因为我们能够看到其中的情况就是这样。但这样一个感知判断的陈述的合法性，仅仅在此时此地的经验中是明证的，是在此时此地的感知中获得的合法性。在这样的断言和陈述所包含的内容还没有进行扩展时，这之中的合法性都是存在的。但因为它当前还无关于其他的感知断言，所以，它的合法性并不会受到影响。对这种合法性的获得方式的潜在继承，会形成虚无主义。

三　本质断言与经验性断言之间的差异

现象学的断言是关于本质的，经验性断言则是关于事物同一性和事物的自然关联的。本质断言中的本质，以完全不同于事物客体化的方式被构造，它的意义完全不同于事物性的意义。在经验性断言中，事物的同一性则是设定的，是不言而喻的，意识自身的绝对被给予和外在事物在意识中的被给予没有区分开。本质断言中的本质法则是内在的。也就意味着，普遍性的东西是意识体验中给予的观念之物，随着感知与意识体验的变化而变化。经验性断言中的同一性则是通过归纳的方式获得的。但归纳法自身的合法性是不言而喻的，不是经过绝对洞见的意识自

① Edmund Husserl, *Einleitung in die Logik und Erkenntnistheorie*, *Vorlesungen 1906/07* (Hua XXIV), Hrsg. Ullrich Melle, The Hague, Netherlands: Martinus Nijhoff, 1985, S. 344.

身所直接给予的东西。所以，本质断言可以是普遍性断言，而经验性断言最终不是普遍性断言。

对自然科学的现象学阐明，就是在现象学的本质研究的基础上所进行的认识阐明，它最终在于表明什么是本质性的认识。尽管自然科学中充斥着经验性认识，但其根本上仍然是对事物之本质的研究。缺少对本质的研究，就不会形成对自然规律的认识，在认识中就不会形成规律性的认识。自然科学在其起源上是朝向本质的研究，并在此基础上形成了一系列认识。本质是认识之系统化得以可能的前提，朝向对本质的认识，才能建立起系统化的知识或科学体系。现象学根本的任务之一，就是对认识之本质的现象学研究。

结　语

胡塞尔哲学与欧洲传统哲学有非常密切的关系。然而，这种字面上的关系，并不能真正体现胡塞尔从中继承的东西。当哲学作为观念物而存在时，或者准确地说哲学通过一系列话语来表现时，其就已经成为超越性的东西。这种超越性的东西在胡塞尔那里需要悬搁或排除，且不能作为有效的东西直接使用。胡塞尔将柏拉图－苏格拉底哲学视为哲学史上具有开端意义的卓越洞见。① 然而在真正意义上，胡塞尔对他们的继承不是术语上的继承，而是对哲学之彻底精神的继承，真正继承的是这些优秀的哲学家对于哲学的情怀。胡塞尔追求的是明晰性的真理，而不是含混的真理。并因为他的精神而使现象学充满了灵性。正如费希特所言："一个人之所以选择某种哲学，正因为他是这种人，因为一种哲学体系绝非人们可以恣意取舍的无生命的家什，它因掌握它的人的精神而充满灵性。"②

如果要在柏拉图哲学和后世哲学之间寻找某种思想关联，那么，有人也许会想起怀特海（A. N. Whitehead，1861－1947）的那句经典表述：欧洲哲学是柏拉图哲学的注脚。包括威廉·巴雷特（W. Barrett，1913－1992）在内的大多数人的引用，切中的并不是这句话的实质，而仅仅是语词。③ 怀特海在描述欧洲哲学传统与他的哲学阐释体系之间的

---

① 参见胡塞尔《第一哲学》上卷，王炳文译，商务印书馆，2017，第36页。

② 转引自卡西尔《卢梭·康德·歌德》，刘东译，三联书店，2015，第11页。

③ 参见威廉·巴雷特《非理性的人》，段德智译，陈修斋校，上海译文出版社，1992，第82页。

相关性时说："对构成欧洲哲学传统最可靠的一般描述是，它是对柏拉图学说的一系列脚注。"① 人们在不同的语境下引用这句经典表述，产生的表达效果不尽相同。在这句话中赋予柏拉图哲学以重要价值时，怀特海这一有文采的表述，就会演变为教条化的表达。人们或许迷恋的不是怀特海所表达的深刻性，而是表达的精巧性。也可以如法炮制，说柏拉图哲学就是巴门尼德的注脚。依此类推，胡塞尔哲学也可以说成巴门尼德的注脚。这样，思想和见解的表达变成了修辞，修辞又掩盖了真理的内涵。当修辞的意义大于思想描述的意义时，表达本身所侧重的思想性成分就流变为遗失了部分内容的形式化的东西，其中，相即性地给予的东西被弱化了。胡塞尔哲学的语言很少有这些修辞的东西，他虽然在一定程度上因此而变得难以理解，却也在一定程度上减少了误解。

巴门尼德留下的残篇是一种诗化的语言。巴门尼德通过女神之口，指出了真理之路与意见之路的区别："一条路——存在，不可能不存在，/这是皈依之路（因为它伴随着真理）；/另一条路——不存在，必定不存在。"② 在残篇中，又有这样的诗句："……因为能被思考的和能存在的是在那里的同一事物。"③ 如果将意识的给予性与存在等同起来，那么，胡塞尔思考的恰恰就是这些存在的东西，而不是那些不存在的东西。如果将存在的意义给予为直观，那么，存在、直观、真理三者就可以是等义的。所有的认识，都可以通过直观的方式逐渐产生，如果借用经验主义的直观概念，直观是真理的起源。

胡塞尔哲学不是对欧洲传统的观念性继承，而是首先来自对内在意

---

① 怀特海：《过程与实在》，李步楼译，商务印书馆，2011，第63页。

② 巴门尼德：《巴门尼德著作残篇》（汉、英、古希腊语对照版），广西师范大学出版社，2011，第73页。

③ 巴门尼德：《巴门尼德著作残篇》（汉、英、古希腊语对照版），广西师范大学出版社，2011，第73页。省略号是残篇中的省略号，表示前面的句子丢失了。

识的思考。脱离了内心的省察，得到的从来都是一些空洞的符号，根本不是实实在在的智慧。那些埋头于哲学著作而忽视了内心省察的人，今天读到一个柏拉图，心里便只有这样的柏拉图，早年读到的柏拉图又不同于晚年读到的柏拉图。他们的理解建立在一种符号的单纯类比之上，并夹杂着这样那样不彻底的相似性经验。他们缺少对自己内心的省察，当然也就无法知晓认识的源头究竟面临着怎样一种困境，也不能理解离开了内心的省察一切讨论都将对人自身失去彻底性的意义，更无法洞见到人本身对周遭世界的作用和在周遭世界中所处的地位。

如果就认识论是关于认识活动的探讨这一规定而言，现象学一开始是作为认识论出现的，但不是以传统认识论的主客二元模式出现的，这一模式无法真正回答“主体如何切中客体”这一根本问题，最终必然是不彻底的。如果立足于对认识的彻底性寻求这一目标，那么，“回到事情本身”不仅意味着对认识彻底性的追求，同时也蕴含着对认识的含混性予以克服的希求。因而在寻求认识的彻底性方面，完全有理由将胡塞尔关于认识之起源的意识分析，视为对近代认识论的深层推进，并视为现象学的认识论（现象学认识论）。

这样一来，胡塞尔的认识论与近代认识论就产生了根本的不同。

从笛卡尔开始，近代认识论将精神或灵魂在认识中的重要性突显了出来，并进一步演变为对作为认识行为的本体（人的“精神”）进行探讨的活动，继而演变为对感性、知性和理性进行探讨的活动。这一工作是由洛克完成的。从洛克开始，认识论讨论的是主体的认识能力及其范围。在洛克那里，认识的对象是自然客体，自然客体是主观上的反映物。贝克莱继承了洛克的主要观点，将世界也作为意识的构成物而予以考虑，但他并没有在统一的意识平面上将自然客体与意识活动融合起来。因此，当他追问如何能够真正地认识自然客体时，他仍然是一位洛克主义者。在贝克莱与洛克的哲学中，认识都不是一种彻底的主动性的构成活动，而是自然化了的意识构成或对客观世界的被动反映过程。休谟推进了认识论研究，因果关系被理解为意识活动的主动构造。由于经验主义方法和基础的影响，休谟不但未很好地利用和发展这一卓越洞见，反而借此否认了认识的可能性，滑向了不可知论。康德面对休谟问题时，其实仍然是在洛克的基础上研究认识论问题的，他重新赋予了认识的可靠来源。这一来源的每一处分析都是从经验开始获得对纯粹性的考察的。但他只是注意到了“认识的可能性”问题，并没有注意到“认识的可能性”的起源，即不是从认识的起源去彻底考察认识的可能性，所以，康德虽然涉及了纯粹性的分析，但他的认识论仍然是不彻底的，最终结果是发展为一种世界观哲学。

在这些认识论哲学中，所暴露的总体问题是认识的对象始终没有得到彻底明晰的考察和界定，得到界定的对象指的是与认识主体相对立的认识客体，主体始终作为与客体相对立的东西，而且它的功能尚不清楚。由于这种对立，认识论研究相应产生了“主体如何切中客体”的问题，这一问题在根源上面临矛盾。然而在胡塞尔这里，认识的对象与主体的认识活动都是在同一个意识平面上考察的，对象是现象或意识现象，是在意识的不同层次构造起来的对象，对象间的关系，成为一种在意识活动中被给予的关系，一切认识都可以在意识中重新获得，可以在直观上重新验证和考察。

以往认识论虽然蕴含直观主义方法，但这些方法被经验主义归纳法、实证方法湮没了。近代认识论哲学家都没有彻底思考过与对象相关的方法问题。他们依据的最主要的原则是分析命题的最高法则——矛盾律。方法的根源没有得到彻底的和重新的澄清。这些方法是从曾经的认识活动中总结出来的，是经验主义的归纳方法。利用这样的方法去获得彻底性的认识，最终必然面临困难。因为这些方法都是借来的，不是认识起源上的，所以不能反过来借此去考察认识的起源问题。而现象学方法是面向认识之起源的方法，借此，它才能够保证在认识考察中获得真正的彻底性。

因此，胡塞尔现象学总的思路是：彻底性的对象加上彻底性的方法，获得彻底性的认识。

在这里始终需要认识到的是：对象与方法相伴出现，相应的方法必然对应于相应的认识对象。在认识活动中，目的、对象与方法之间，基本可以确定是一种拓扑关系。这一点是我们可以获得的客观化认识。在对象确定的情况下，目的的转变蕴含方法的转变。在目的不变的情况下，对象的转变需要配合方法的相应转变才能实现目的，所以，始终将对象与方法结合在一起进行思考，是获得认识彻底性的最主要的原则。相比近代认识论，胡塞尔的现象学认识论由于切中了这两个方面，具有了真正的彻底性。

由于对客体（对象）有着准确的意识构成中的把握，所以，现象学才能够在真正的自身被给予性意义上获得对自然科学研究对象及其相关命题的本质的真正把握。任意的自然科学中的断言，都可以在现象学考察中获得澄清。胡塞尔也对欧洲科学危机在起源上进行了澄清：近代物理学主义的客观主义和先验的客观主义的对立，即与现象学的主观主义的对立，是欧洲科学危机的真正源头。它的另一表现就是人性的危机。人性的厌倦造成了科学危机。①

现象学认识论在认识论发展史上具有非常深远和重要影响，是对近代认识论的超越。

---

① 参见胡塞尔《欧洲科学的危机与超越论的现象学》，王炳文译，商务印书馆，2009，第421页。

参考文献

（按首字母排序）

C. O. Hill, "Translator's Introduction," in Edmund Husserl, *Introduction to Logic and Theory of Knowledg: Lectures 1906/1907*, Trans. by Claire Ortiz Hill, Dordrecht: Springer, 2008.

Dale Jacquette, "Brentano's Science Revolution," in Dale Jacquette Ed. *The Cambridge Companion to Bretano*, Cambridge, Mass: Cambridge University Press, 2004.

Dermot Moran, *Husserl's Crisis of the European Sciences and Transcendental Phenomenology*, New York: Cambridge University Press, 2012.

Dermot Moran, *Introduction to Phenomenology*, London and New York: Routledge, 2000.

Edmund Husserl, *Die Bernauer Manuskripte über das Zeitbewusstsein 1917/1918*, Hrsg. von Rudolf Bernet und Dieter Lohmar, Dordrecht: Kluwer Academic Publishers, 2001.

Edmund Husserl, *Analysen zur passiven Synthesis, Aus Vorlesungs-und Forschungsmanuskripten 1918 – 1926*, Hrsg. von Margot Fleischer, Den Haag: Martinus Nijhoff , 1966.

Edmund Husserl, *Ding und Raum. Vorlesungen 1907*, Hrsg. von Ullrich Claesges, Den Haag: Martinus Nijhoff, 1973.

Edmund Husserl, *Einleitung in die Logik und Erkenntnistheorie.* Vorlesungen *1906/07*, Hrsg. von Ullrich Melle, The Hague, Netherlands: Martinus

Nijhoff, 1985.

Edmund Husserl, *Erste Philosophie*, *Erste Teil*, Hrsg. von Rudolf Boehm, Den Haag: Martinus Nijhoff , 1956.

Edmund Husserl, *Ideen zu einer reinen Phänomenologie und phänomenologischen Philosophie*, *Erstes Buch*: *Allgemeine Einführungin die reine Phänomenologie*, Hrsg. von Karl Schuhmann, Denn Hague: Martinus Nijhoff, 1976.

Edmund Husserl, *Phantasy*, *Image Consciousness*, *and Memory 1898 – 1925*, Trans. by John Brough, Dordrecht: Springer, 1980.

Edmund Husserl, *Philosophie der Arithmetik. Mit ergänzenden Texten 1890 – 1901*, Hrsg. von Lothar Eley, The Hague, Netherlands: Martinus Nijhoff, 2003.

Edmund Husserl, *Phäntasie*, *Bildbewusstsein*, *Erinnerung. Zur Phänomenologie der anschaulichen Vergegenwartigungen. Texte aus dem Nachlass 1898 – 1925*, Hrsg. von Eduard Marbach, The Hague: Martinus Nijhoff, Husserl, Edmund, 2005.

Franz Brentano, *The Origin of Our Knowledge of Right and Wrong*, Edited by Oskar Kraus, English Edition Edited by Roderick M. Chisholm, Trans. by Roderick M. Chisholm and Elizabeth H. Schneewind, London: Routledge, 2009.

G. Frege, *Frege an Husserl*, 24. *V.* 1891, in Husserliana: Edmund Husserl Dokumente 3/6. Briefwechsel, Ed. by Karl Schuhmann, The Hague, Netherlands: Kluwer Academic Publishers, 1994.

Iso Kern, *Husserl und Kant*, Netherlands: Springer, 1964.

J. N. Mohanty, *Husserl and Frege*, Bloomington: Indiana University Press, 1982.

Leo Groarke, *Greek Scepticism: Anti-Realist Trends in Ancient Thought*, Montreal & Kingston, London, Buffalo: McGill-Queen's University Press, 1990.

R. T. Murphy, *Hume and Husserl: Towards Radical Subjectivism*, The Hague: Martinus Nijhoff Publishers, 1980.

Tom Rockmore, *Kant and Phenomenology*, Chicago: The University of Chicago Press, 2011.

A. F. 查尔莫斯:《科学究竟是什么》第3版，鲁旭东译，商务印书馆，2009。

A. T. 贝尔:《数学大师：从芝诺到庞加莱》，徐源译，宋蜀碧校，上海科技教育出版社，2012。

奥古斯丁:《忏悔录》，周士良译，商务印书馆，1996。

巴门尼德:《巴门尼德著作残篇》（汉、英、古希腊语对照版），广西师范大学出版社，2011。

《柏拉图全集》第2卷，王晓朝译，人民出版社，2012。

柏拉图:《巴曼尼得斯篇》，陈康译注，商务印书馆，2010。

柏拉图:《蒂迈欧篇》，谢文郁译，上海人民出版社，2003。

柏拉图:《泰阿泰德》，詹文杰译，商务印书馆，2015。

柏拉图:《智者》，詹文杰译，商务印书馆，2011。

北京大学哲学系外国哲学史教研室编译《西方哲学原著选读》，商务印书馆，1981。

贝克莱:《海拉斯与斐洛诺斯对话三篇》，关文运译，商务印书馆，2017。

贝克莱:《人类知识原理》，关文运译，商务印书馆，2010。

贝克莱:《西利斯》，高新民、曹曼译，商务印书馆，2008。

布朗等编《20世纪物理学》（第1~3卷），刘寄星等译，科学出版社，2014。

布伦塔诺：《从经验立场出发的心理学》，郝亿春译，商务印书馆，2017。

曹街京：《在“构造”与“分析”之间：〈逻辑研究〉在胡塞尔现象学中的地位》，载倪梁康编《现象学在中国胡塞尔<逻辑研究>发表一百周年国际会议》，上海译文出版社，2003。

陈观胜、李培茱编《中英佛教词典》，外文出版社，2005。

德尔默·莫兰、约瑟夫·科恩：《胡塞尔词典》，李幼蒸译，中国人民大学出版社，2015。

邓晓芒：《纯粹理性批判讲演录》，商务印书馆，2013。

邓晓芒：《康德哲学的当代意义》，《文汇报》2004 年 2 月 22 日。

笛卡尔：《第一哲学沉思集》，庞景仁译，商务印书馆，2012。

笛卡尔：《谈谈方法》，王太庆译，商务印书馆，2012。

笛卡尔：《探求真理的指导原则》，管震湖译，商务印书馆，2009。

费希特：《全部知识学的基础》，王玖兴译，商务印书馆，2010。

弗雷格：《弗雷格哲学论著选辑》，王路译，商务印书馆，2006。

傅有得：《巴克莱哲学研究》，人民出版社，1999。

格拉切：《形而上学及其任务》，陶秀璈、朱红、杨东东译，傅永军校，山东人民出版社，2008。

格瑞特·汤姆森：《洛克》，袁银传、蔡红艳译，中华书局，2014。

耿宁：《心的现象》，倪梁康等译，商务印书馆，2012。

黑格尔：《逻辑学》，杨一之译，商务印书馆，2012。

胡塞尔：《〈逻辑研究〉第二版“序言”草稿的两个残篇》，倪梁康译，载倪梁康等编《中国现象学与哲学评论》第 14 辑，上海译文出版社，2014。

胡塞尔：《被动综合分析》，李云飞译，商务印书馆，2017。

胡塞尔：《纯粹现象学通论》，李幼蒸译，中国人民大学出版社，2014。

胡塞尔：《笛卡尔沉思与巴黎演讲》，张宪译，人民出版社，2008。

胡塞尔：《笛卡尔式的沉思》，张廷国译，中国城市出版社，2002。

胡塞尔：《第一哲学》上卷，王炳文译，商务印书馆，2017。

胡塞尔：《第一哲学》下卷，王炳文译，商务印书馆，2017。

胡塞尔：《关于时间意识的贝尔瑙手稿》，肖德生译，商务印书馆，2016。

胡塞尔：《观念——纯粹现象学的一般性导论》，张再林译，陕西人民出版社，1994

胡塞尔：《经验和判断》，邓晓芒、张廷国译，三联书店，1999。

胡塞尔：《伦理学与价值论的基本问题》，艾四林、安仕侗译，中国城市出版社，2002。

胡塞尔：《逻辑学与认识论导论》，郑辟瑞译，商务印书馆，2016。

胡塞尔：《逻辑研究》（第1～3卷），倪梁康译，商务印书馆，2016。

胡塞尔：《内时间意识现象学》，倪梁康译，商务印书馆，2009。

胡塞尔：《欧洲科学的危机与超越论的现象学》，王炳文译，商务印书馆，2009。

胡塞尔：《欧洲科学危机和超验现象学》，张庆熊译，上海译文出版社，1989。

胡塞尔：《生活世界现象学》，倪梁康、张廷国译，上海译文出版社，2016。

胡塞尔：《文章与讲演（1911—1921年）》，倪梁康译，人民出版社，2009。

胡塞尔：《文章与书评（1890—1910）》，高松译，商务印书馆，2018。

胡塞尔：《现象学的方法》，倪梁康译，上海译文出版社，2016。

胡塞尔：《现象学的构成研究》，李幼蒸译，中国人民大学出版社，2013。

胡塞尔：《现象学的观念》，倪梁康译，商务印书馆，2017。

胡塞尔：《现象学和科学基础》，李幼蒸译，中国人民大学出版社，2013。

胡塞尔：《现象学心理学》（单行本），李幼蒸译，中国人民大学出版社，2015。

胡塞尔：《现象学与哲学的危机》，吕祥译，国际文化出版公司，1988。

胡塞尔：《形式逻辑与先验逻辑》，李幼蒸译，中国人民大学出版社，2012。

胡塞尔：《哲学作为严格的科学》，倪梁康译，商务印书馆，1999。

怀特海：《过程与实在》，李步楼译，商务印书馆，2011。

吉尔·得勒兹、菲利克斯·迦塔利：《什么是哲学》，张祖建译，湖南文艺出版社，2007。

吉尔伯特·赖尔：《心的概念》，徐大建译，商务印书馆，2005。

江怡：《当代西方分析哲学与现象学对话的现实性分析》，《厦门大学学报》（哲学社会科学版）2007 年第 5 期。

靳希平：《海德格尔对胡塞尔现象学还原方法的批判》，《北京大学学报》（哲学社会科学版）1986 年第 1 期。

卡西尔：《卢梭·康德·歌德》，刘东译，三联书店，2015。

卡西尔：《人论》，甘阳译，上海译文出版社，1986。

康德：《纯粹理性批判》，邓晓芒译，杨祖陶校，人民出版社，2004。

康德：《康德书信百封》，李秋零编译，上海人民出版社，2006。

康德：《任何一种能够作为科学出现的未来形而上学导论》，庞景仁译，商务印书馆，1997。

康德：《未来形而上学导论》，李秋零译，中国人民大学出版社，2013。

莱布尼茨：《人类理智新论》，陈修斋译，商务印书馆，2010。

李云飞：《从纯粹自我到习性自我——胡塞尔发生现象学的引导动机》，《安徽大学学报》（哲学社会科学版）2010 年第 5 期。

梁志学：《自由之路：梁志学文选》，商务印书馆，2013。

罗杰·斯克鲁顿：《康德》，刘华文译，译林出版社，2013。

罗素：《西方哲学史》下卷，马元德译，商务印书馆，2003。

洛克：《人类理解论》，关文运译，商务印书馆，2011。

马尔库斯·奥勒利乌斯：《沉思录》，王焕生译，三联书店，2010。

曼弗雷德·库恩：《康德传》，黄添盛译，上海人民出版社，2010。

莫里斯·克莱因：《古今数学思想》第 2 册，朱学贤等译，上海科学技术出版社，2012。

倪梁康：《Transzendental：含义与中译》，《南京大学学报》（哲学·人文科学·社会科学版）2004 年第 3 期。

倪梁康：《哥德尔与胡塞尔：观念直观的共识》，《广西大学学报》（哲学社会科学版）2015 年第 4 期。

倪梁康：《胡塞尔时间意识分析中的“滞留”概念——兼论心智与语言的关系》，《现代哲学》2007 年第 6 期。

倪梁康：《胡塞尔现象学概念通释》，商务印书馆，2016。

倪梁康：《现象学的始基：胡塞尔〈逻辑研究〉释要》，中国人民大学出版社，2009。

倪梁康：《现象学与心理学的纠缠——关于胡塞尔与布伦塔诺的思

想关系的回顾与再审》，《同济大学学报》（社会科学版）2014年第3期。

倪梁康：《自识与反思：近现代西方哲学的基本问题》，商务印书馆，2002。

舍尔巴茨基：《佛教逻辑》，宋立道、舒晓炜译，商务印书馆，2010。

舍斯托夫：《思辨与启示——舍斯托夫文集》第5卷，方珊、张百春、张杰等译，上海人民出版社，2005。

舍斯托夫：《钥匙的统治——舍斯托夫文集》第1卷，张冰译，上海人民出版社，2004。

索利：《英国哲学史》，段德智译，陈修斋校，山东人民出版社，2007。

汤姆·索雷尔：《笛卡尔》，李永毅译，译林出版社，2010。

梯利：《西方哲学史》，伍德增补，葛力译，商务印书馆，2013。

王炳文：《作为第一哲学的超越论现象学》，《世界哲学》2005年第2期。

威廉·巴雷特：《非理性的人》，段德智译，陈修斋校，上海译文出版社，1992。

维克多·维拉德-梅欧：《胡塞尔》，杨福斌译，中华书局，2014。

文德尔班：《哲学史教程》，罗达仁译，商务印书馆，2010。

肖德生：《胡塞尔与布伦塔诺时间观的勘比度》，《学海》2012年第4期。

休谟：《人类理智研究》，周晓亮译，中国法制出版社，2011。

休谟：《人性论》，关文运译，商务印书馆，2016。

休谟：《休谟经济论文选》，陈玮译，商务印书馆，2012。

休谟：《休谟政治论文选》，张若衡译，商务印书馆，2010。

亚里士多德:《灵魂论及其他》,吴寿彭译,商务印书馆,2011。

亚里士多德:《形而上学》,吴寿彭译,商务印书馆,2012。

英加尔登:《五次弗莱堡胡塞尔访问记》,倪梁康译,《广西大学学报》(哲学社会科学版)2016年第3期。

张廷国:《重建经验世界——胡塞尔晚期思想研究》,华中科技大学出版社,2003。

赵一凡:《西方文论讲稿:从胡塞尔到德里达》,三联书店,2007。

主题索引

C

D

E

F

G

H

J

K

L

M

N

O

P

Q

R

S

T

W

X

Y

Z

人名索引

B

D

F

G

H

J

K

Y

图书在版编目（CIP）数据

现象学入门：胡塞尔的认识批判 / 何涛著. -- 北京：社会科学文献出版社，2019.7（2024.11 重印）
ISBN 978-7-5201-3904-5

Ⅰ.①现… Ⅱ.①何… Ⅲ.①胡塞尔（Husserl，Edmund 1859-1938）-现象学-研究 Ⅳ.①B089 ②B516.52

中国版本图书馆 CIP 数据核字（2018）第 252531 号

现象学入门
——胡塞尔的认识批判

著　　者 / 何　涛

出 版 人 / 冀祥德
责任编辑 / 仇　扬　刘　翠
责任印制 / 王京美

出　　版 / 社会科学文献出版社 · 文化传媒分社（010）59367004
地址：北京市北三环中路甲 29 号院华龙大厦　邮编：100029
网址：www.ssap.com.cn
发　　行 / 社会科学文献出版社（010）59367028
印　　装 / 河北虎彩印刷有限公司

规　　格 / 开　本：889mm × 1194mm　1/32
印　张：17.25　字　数：453 千字
版　　次 / 2019 年 7 月第 1 版　2024 年 11 月第 3 次印刷
书　　号 / ISBN 978-7-5201-3904-5
定　　价 / 158.00 元

读者服务电话：4008918866